特长隧道施工机械配套及工艺标准化技术研究

李　科　冯恩耀　黄红勇　主　编

云南出版集团公司
云南科技出版社
·昆明·

图书在版编目（CIP）数据

特长隧道施工机械配套及工艺标准化技术研究 / 李科, 冯恩耀, 黄红勇主编. -- 昆明 : 云南科技出版社, 2017.12（2025.10 重印）
ISBN 978-7-5587-1012-4

Ⅰ. ①特… Ⅱ. ①李… ②冯… ③黄… Ⅲ. ①特长隧道－隧道施工－研究 Ⅳ. ①U455

中国版本图书馆CIP数据核字(2017)第322426号

特长隧道施工机械配套及工艺标准化技术研究

李科　冯恩耀　黄红勇　主编

责任编辑：王建明　蒋朋美
责任校对：张舒园
责任印制：蒋丽芬
封面设计：张明亮

书　号：978-7-5587-1012-4
印　刷：长春市墨尊文化传媒有限公司
开　本：787mm×1092mm　1 / 16
印　张：26.75
字　数：410千字
版　次：2020年8月第1版　2025年10月第2次印刷
定　价：94.00元

出版发行：云南出版集团公司云南科技出版社
地址：昆明市环城西路609号
网址：http://www.ynkjph.com/
电话：0871-64190889

作者分工

ZUO ZHE FEN GONG

本书由李科，冯恩耀，黄红勇担任主编， 全书共九章，具体分工如下：

李　科（云南公投建设集团隧道工程有限公司）负责编写第二章、第五章、第六章、第七章内容，共计28万字；

冯恩耀（云南公投建设集团隧道工程有限公司）负责编写第三章、第八章、第九章内容，共计8万字；

黄红勇（云南公投建设集团隧道工程有限公司）负责编写第一章、第四章内容，共计5万字。

作者简介

ZUO ZHE JIAN JIE

李　科，男，1972年9月生，本科学历，四川泸州人。原工作单位：中铁十一局、云南公投建设集团隧道工程有限公司。现工作单位：中建七局西南公司。职称：正高级工程师，职务：公司副总工程师兼基础设施事业部总经理。在施工一线从事施工技术及项目管理多年，有较为丰富的施工技术及项目管理经验，在隧道桥梁施工方面有一定的研究。现主要负责公司基础设施版块项目管理、市场营销、科技创新、团队建设等全面管理工作。曾获省部级科技进步奖1项、省部级工法3项、国家发明专利3项、国家实用性专利7项，荣获2010年度铁道部火车头奖章称号。目前在国内外公开发行的中文核心、CSCD核心、EI核心等学术刊物上发表较高水平的论文10余篇。

冯恩耀，男，1967年4月生，本科学历，云南腾冲人。原工作单位：云南省交通规划研究设计院，现工作单位：云南公投建设集团隧道工程有限公司。职称：高级工程师，职务：公司董事长。在设计院、施工一线、公司管理层从事设计工作、施工技术研究、项目及公司管理多年，有着丰富的施工技术及项目管理经验。

黄红勇，男，1973年11月生，本科学历，四川资阳人。原工作单位：中铁隧道局，现工作单位：云南公投建设集团隧道工程有限公司。职称：高级工程师，职务：项目经理。在施工一线从事施工技术及项目管理多年，施工经验丰富。

前　言

JIAN　JIE

近10年来，国内隧道的建设迅猛发展近3年来每年增长约60万~70万延米，2008年底我国公路隧道通车里程318.64万延米（5426座），已建成或正在建设中的6km以上隧道约30座。我国隧道设计水平有了很大提高，积累了丰富的勘察设计经验，近10年来一大批重大科研项目和重大隧道工程的完成表明，制约我国特长隧道建设与运营的技术瓶颈已经取得了突破，隧道的设计水平已接近国际先进水平，部分超过国际先进水平，施工技术有了重大进步。复杂水文地质和工程地质环境下（断层、岩溶、富水、瓦斯等）的隧道、非常规隧道（大跨度、小净距、连拱、分岔、螺旋隧道、棚洞、大断面竖井等）、高寒地区隧道、黄土地区隧道等修筑技术，及特长、超长隧道的修筑与营运技术，在设计、施工与营运管理等诸多方面均取得了长足的发展并日益成熟，新材料、新技术和新工艺的应用与研究也层出不穷。然而，在隧道工程建设中还是存在着一些问题，需要在今后的发展过程中逐步完善、提高。笔者将结合自己的工程实践提出目前在特长隧道的设计、施工中存在的问题和对策措施以及工艺标准，供与同行探讨。

目　录

第一章 公路隧道设计与施工技术

第一节 高速公路隧道施工技术及控制要点分析

我国地域辽阔，各地区的地形地貌不尽相同，在高速公路建设过程中，不可避免地需要穿过丘陵、山区内部，这就需要采用隧道工程的施工方式。要想提高隧道的施工质量，就必须对其施工技术进行优化，同时加强施工控制。

一、高速公路隧道施工技术要点分析

（一）隧道洞口及明洞工程施工技术

对于高速公路隧道工程施工来说，在隧道洞口破土施工之前，需要对周围的各种环境影响因素进行调研，包括地质条件、天气情况、地下水变化等，尤其需要对仰坡及周边的稳定情况进行调研，查看是否存在悬石、危石等安全隐患。如果该地区雨水较多，就需要针对洞口施工设置排水通道，从而避免雨水冲刷周围的坡体。与此同时，在隧道进洞施工之前，需要在沿拱部 120° 的范围之内施工自进式锚杆，然后才可以实施人工开挖进洞。通常情况下，明洞施工过程中需要采用明挖外边的施工方法对墙体，以及拱部开展施工，并采用暗挖的方式对内墙进行施工，同时需要利用混凝土喷涂的方法对内墙进行加固与防护。在明洞施工完成以后，就需要进行明洞钢筋的绑扎，并利用全断面的施工方法对明洞进行混凝土浇筑，从而提高明洞施工的安全性及稳定性。

（二）钻爆施工技术

对于高速公路隧道钻爆施工来说，首先需要选择合适的爆破器材，现阶段我国高速公路工程施工中，硝铵炸药得到了普遍的应用，并选择大中空孔型或者直眼型的掏槽进行施工。高速公路施工企业需要安排专业人员并整体布局，依照隧道工程的施工要求进行钻爆施工，其中需要注意的是，隧道钻爆施工需要充分结合隧道围岩的各种性质开展与进行，同时需要做好支护工作，提高隧道的安全性与稳固性。在高速公路隧道钻爆施工中，还需要针对不同的施工工

序采用合理的施工方式，从而提高施工质量与施工效率，并保证隧道的安全性。例如，对软围岩的施工需要将防治围岩松弛作为主要任务，而对硬围岩的施工主要以控制遗留岩体损伤为主。

（三）锚杆施工技术

锚杆施工是高速公路隧道工程的重要工作，因此需要高速公路施工企业加以足够关注与重视。首先需要进行锚杆钻孔施工，该工序需要在预先设计的点位采用岩凿机进行施工，同时需要将杂质、铁锈、油污等污染物进行彻底的清理。其次，需要针对具体的锚杆施工要求对岩屑进行清理，从而避免岩屑对锚杆施工造成影响。除此之外，需要预先准备药包，并对钻凿后的锚杆孔眼进行清洁，在其清洁度满足锚杆施工的标准后，将药包顶入孔内，并控制顶入的力度，使药包既可以固定在孔道内，又不会因外力过大而产生变形、泄露等问题。随后再将已经加工好的杆体插入到岩石孔道中，同时要保证其与钢筋网焊接成一体的形态，最后需要抽样检测，以保证锚杆的抗拔能力。

（四）混凝土喷射施工技术

在高速公路隧道施工中，混凝土喷射技术包括 2 大类，即潮喷与湿喷。其中，潮喷施工技术可以对工作环境进行有效的改善，并可以节约速凝剂的用量，从而将施工成本降低；而湿喷施工技术的优势主要可以提高混凝土喷射的支护性能与黏结性，其一次性的喷射厚度可以达到 0.1m，并且回弹力比较低，可以提高支护的质量，并将围岩的自承能力充分发挥出来。为了提高混凝土喷射的效果，需要对混凝土喷射的厚度、强度、附着、密实等指标进行有效的控制，并重点抓好以下几项工作：

1. 保证开挖断面的有效尺寸及清洁性；

2. 混合料配合比应增大，并且提高岩石与混凝土的黏结性，将外加速凝剂掺量减少等；

3. 混凝土的规格及性能需要符合工程施工的规定与标准；

4. 依据具体的环境特点采用合适的混凝土喷射方法；

5. 选择参数合理的喷射机，从而保证混凝土运输的均匀性、连续性及密封性。

二、高速公路隧道施工工艺控制要点

（一）施工工艺的改进

高速公路施工企业需要对施工工艺进行不断的改进，并且学习与借鉴新型施工工艺，从而提高企业施工工艺的先进性。其中，先拱后墙的施工方法在高速公路隧道施工中运用较多，大多是运用于高速公路隧道施工中断层破碎带及地址复杂的区域。然而随着时代的发展，该方法已经不再适应现阶段隧道施工的要求，从而逐渐被台阶法施工所代替。台阶法施工不仅可以提高隧道的安全性及稳定性，同时在一定程度上还可以降低施工成本并提高施工质量。诸如此类，需要高速公路施工企业特别关注与重视。

（二）施工安全的控制

在高速公路隧道施工中，施工企业需要始终贯彻“安全第一”的施工理念与原则，对施工安全加强控制。其中，隧道通风的控制是隧道安全控制的重中之重，按照高速公路隧道内同时工作的人数进行计算，依照最多人的计算方法根据以下公式进行通风量的计算。

$$Q=q\times m\times k$$

式中：

Q 为隧道施工洞内的通风量，m^3/min；q 为施工中每分钟每人呼吸需要的空气量，以 $q=3m^3/min$ 为标准值；m 为隧道施工洞内同时工作人员的数量；k 为风量备用系数，以 $k=1.15$ 为标准。

除此之外，高速公路施工企业还需要对隧道周围的各种环境因素进行调研，并提前做好预防措施，避免外界环境变化引发的安全事故，并提高施工人员的安全意识，定期对施工人员进行安全培训，避免施工人员操作失误引发施工质量及施工安全问题。除此之外，还需要对针对隧道施工布设安全监督系统，对隧道施工进行实时的安全监督，一旦发现安全问题需要立即向上级管理部门汇报，并协助处理。

作为高速公路建设的重要组成部分，隧道工程的施工质量与高速公路的整体水平息息相关，因此高速公路施工企业需要对隧道工程加以足够的重视，并对施工技术进行不断的优化，主要针对隧道洞口及明洞工程施工、钻爆施工、锚杆施工、混凝土喷射施工等重点施工工序进行调整与规划，同时还需要对隧道工程质量与施工安全加强控制力度，从而提高隧道工程的施工质量，提升高速公路的整体水平。

第二节　高速公路隧道防排水施工技术

一、高速公路隧道排水问题

高速公路隧道复杂，应对的地质条件多样，影响高速公路隧道的有高地应力、高低温和地下水等地质灾害，地下水是其中最为突出的问题。高速公路防排水涉及面也广，有材料、构造、施工等方面，目前，国内的高速公路渗漏水灾害包括拱顶渗水、拱脚渗水、滴水、伸缩缝渗水、淌水、侧墙渗水、局部涌水、道墙积水、涌泥等等，冬季时节以冰挂、冰堆、冰坡等灾害为主。高速公路隧道处于地下水的包围中，设计施工的各种不利因素都可能造成隧道排水体系的纰漏，引发渗漏现象。

防排水存在的主要问题有施工过程中，隧道防水等级和要求不明确，只定性不定量，执行难度大：地质情况复杂，勘探费用高：地下水运动复杂，难以计算，大多数工作人员对地下水源和水量流向等勘察不全：国内外隧道设计及规定缺乏可靠的理论依据：施工队伍质量不高，施工粗糙：科研设计及施工水平低，对配套设施研究不够。

二、技术分析要点

（一）进洞前的防排水处理

施工之前，要根据不同的地质条件，做好施工的基础，岩层多裂谷地带，要先喷射混凝土再对沟底进行铺砌：积水多的地方，通过挖渠排净积水后进行：在有泉水处，铺设排水导管：隧道洞口要设置截水沟，能够排水，顶部要用防水混凝体育进一步喷射，防止漏水现象。

（二）涌水地段的防排水处理

涌水地段是施工过程经常要处理的问题。断层地带经常会造成涌水，洞顶岩层厚度太小，裂隙扩张，降雨时水分渗漏也会造成涌水。我们一般采用的方法是超前钻孔排水、超前小导管预注浆堵水和辅助坑道排水。超前对于围岩堵水处理，要根据地质和水文条件做好方案再施工。

围浆注浆堵水是灌注浆液至围岩区富水区域，封堵地层渗水裂隙，减少围岩渗水。注浆液通常包括水泥浆液、水泥—水玻璃浆液以及化学浆液，注浆时候通过从地表钻孔或者径向、超前向方式进行。

各浆液的材料特点也有差异，水泥浆液优点是结石强度高，配置容易，材料丰富，成本低廉，缺点是颗粒粗，易沉淀，不稳定。水泥—水玻璃浆液来源丰富，结石率高，无毒，易配置，可靠。可以通过改变水泥和水玻璃的配合比，调节扩散范围。化学浆黏度低，凝胶时间可控制，稳定性好，抗渗性强，结石率高，但是有点毒性。

岩石裂缝、浆液黏度、凝结的时间、注浆的速度和压力等等，会影响浆液扩散半径。扩散半径与压浆压力和压入时间成正比，与浆液黏度成反比。注浆过程还要注意涌水压力，裂缝大小和粗糙度及浆液性质和浓度对注浆的压力大小的影响。修建隧道的时候，要注意减少地下水渗流带的泥沙，因为这些会使得围岩黏聚力下降，加大衬砌的风险，同时，大量的泥沙会堵塞排水管道，造成隧道渗流。

采用围岩注浆好处是能够封堵渗水通道，形成隔水保护效果，固化的浆液使得围岩力学性质改善，减轻隧道结果外水压力。

此外的涌水集中大范围的地方，可采用开缝的摩擦锚杆排水后喷锚。也可以使用排水管和汇水孔后，喷射混凝土进行防水。

（三）防水材料填充

利用控制式的排水系统，控制水压在合理的水平上，在高速公路结构缝隙，诸如施工缝、伸缩缝和沉降缝等地带，设置遇水膨胀型防水材料。

选用缓膨的材料，对于遇水容易膨胀的防水材料要存放在干燥处，防止遇水。工程实施时候，可以适当控制混凝土的结构裂缝宽度，使用明挖法和暗挖法可以双重加强外围约束。在内部空隙及衬砌注浆，可以约束防水材料切向膨胀，进而防止结构变形过大现象。如果支护混凝土脱空，通常用压浆的方法，使用 0.5 ~ 1MPa 压力将注浆材填充进去，将积水封闭在围浆中。不过施工过程要注意周围结构的变化。

（四）二次衬砌防排水施工

防水层施工的时候确保防水板的质量，施工前要进行检查，发现厚度不均匀啊，缝隙质量的要及时更换或者想相应的解决办法。铺设防水板前要保持其平整，切掉露出的钢筋啊，锚杆等坚硬的东西，再用混凝土封堵，再在防水板靠近围岩处，再铺设无纺布，确保防水板不被坚硬的物品破坏。拱部和侧墙试着铺防水板的时候要控制好固定点的位置，一般顶点离拱部 0.6cm 左右，离侧墙 1.1cm 左右。不平的地方要多增加固定点，确保固定的效果。喷射混凝土的时候，要保证能够密贴混凝土，所以一定要保证防水板平整。在洞内铺设时候，由下面往上面铺设，环形布置，将防水板用螺丝固定在膨胀管上。

止水带施工的时候，要先确定好止水带的长度，接头等等，要保持止水带的平整，变形缝中心和止水带中间的空心圆环重合同一个位置，位置要找准。为了保证止水的效果，不能采用打孔的方式固定。

在高速公路铺设排水管设施时候，要按照施工规范，首先在，隧道以环形的方式，铺设盲沟，在边墙两侧双打孔波纹集水，将水引入这里，再用横向的水管引入两侧更大面积的侧式排水管，将水排出洞外面。如果是路面的水，可以经由排水沟排出。它和路基排水沟、截水排水管都是统一排水系统的。

（五）运营过程的维护

防排型隧道中，如果是衬砌地下水并不是很多，只是浸渍的方式，只需内部涂刷防水涂料。施工缝变形后，发生渗漏的话，要疏干这个地方的地下水，涂上防水材料。必要的时候，进行开槽修复，注浆止水。而且还要利用排水系统清理泥沙，排水，保持管道畅通。

第三节　设计现状、问题及对策

目前公路隧道主要采用以喷锚构筑法（或新奥法）为理论基础，结合工程经验类比的复合式衬砌结构形式，隧道施工期间主要的风险是大变形与坍方，运营期间主要的病害是裂缝与渗漏水。国内公路隧道施工现状不能完全与设计体系相匹配是公路隧道目前主要的矛盾，而粗放式施工的现状是导致隧道运营期间出现病害的重要因素。

第四节　施工现状、问题及对策

近 10 年来，国内公路隧道的建设迅猛发展，近 3 年每年增长约 60 ~ 70 万延米，2008 年底我国公路隧道通车里程 318.64 万延米（5426 座），已建成或正在建设中的 6km 以上隧道约 30 座。我国公路隧道设计水平有了很大提高，积累了丰富的勘察设计经验，近 10 年来一大批重大科研项目和重大公路隧道工程的完成表明，制约我国特长公路隧道建设与运营的技术瓶颈已经取得了突破，公路隧道的设计水平已接近国际先进水平，部分超过国际先进水平，施工技术有了重大进步。复杂水文地质和工程地质环境下（断层、岩溶、富水、瓦斯等）的隧道、非常规隧道（大跨度、小净距、连拱、分岔、螺旋隧道、棚洞、大断面竖井等）、高寒地区公路隧道、黄土地区公路隧道等修筑技术，及特长、超长隧道的修筑与营运技术，在设计、施工与营运管理等诸多方面均取得了长足的发展并日益成熟，新材料、新技术和新工艺的应用与研究也层出不穷。

然而，在公路隧道工程建设中还是存在着一些问题，需要在今后的发展过程中逐步完善、提高。笔者将结合自己的工程实践提出目前在公路隧道的设计、施工中存在的一些问题及对策措施，供与同行探讨。

目前公路隧道工程的设计，是按喷锚构筑法（新奥法）原理为基础采用工程经验类比法，结合破损阶段安全系数法进行结构强度验算。并结合工程实践，采用模拟隧道施工过程的有限元分析进行结构设计与变形预测，以及采用实际监测数据进行反分析来评估安全性、修正设计参数和施工措施。实践已经证明，相比早期的矿山法施工，现行设计理论体系和方法在保证快速、安全施工及一定时间内支护结构的安全上是行之有效的，在促进公路隧道修建技术进步，以及配合我国交通基础设施的快速发展方面也发挥了极其重要的作用。但也主要存在如下几方面的问题。

一、衬砌支护参数设计相差较大，且难以体现同一围岩级别围岩稳定性差异

根据喷锚构筑法（或新奥法）原理，隧道结构采用复合式衬砌，由初期支护和二次衬砌两层结构组成，两层衬砌间设置防水层。初期支护由喷混凝土、系统锚杆、钢筋网、钢架组成，喷混凝土厚度一般不大于 30cm；二次衬砌为模筑素混凝土或钢筋混凝土薄壳结构。

目前的隧道衬砌支护结构设计主要根据工程类比，根据隧道纵向长度上的围岩分级，对Ⅰ～Ⅴ级围岩分别拟定不同的支护参数，必要时结合实际地质条件和施工方案进行验算。笔者在工作和技术交流中发现，对同一跨度的隧道支护参数的设计（主要是初期支护），不同设计单位存在着明显的差异。以 80km/h 设计速度的单洞两车道隧道为例，同样是Ⅴ级围岩的深埋一般地段，型钢架的型号差异较大，从Ⅰ 14～Ⅰ 22 不等，部分设计单位习惯采用大型号的钢架；同样，对Ⅳ级围岩的深埋一般地段，有的设计单位对初期支护均设置钢架，有的仅必要时设置，并导致喷混凝土厚度存在明显差异，厚度 15～22cm 不等。

之所以发生这样的状况，主要可能是：

1. 受设计单位总体水平及设计者个人经验局限，对围岩稳定性、支护结构作用的认识和理解存在差异；

2. 地层岩性多样，受构造和风化的影响，使得物理力学参数差异大，故围岩的分级也只能是定性划分为主、量化划分为辅；

3. 隧道工程地质受勘察技术的局限具有不确定性，实际地质只有“挖开了才清楚”，由于围岩变化的不确定性和量化的困难，使得隧道的结构设计具有岩土工程和结构工程的双重特征。

鉴于此，建议公路主管部门借鉴铁路部门经验，对公路隧道编制标准图或通用图，进行标准化设计。此外，按围岩级别进行支护参数设计的经验类比设计方法，难以体现围岩稳定性的差异，即使对同一围岩级别设计了多种支护参数，也难以与实际施工中变化的围岩精确匹配。主要体现在锚杆的数量、长度和打设角度，以及是否必须设置钢架或调整钢架的型号上。虽然设计理念强调进行动态设计、动态施工管理，但实际执行往往存在一定程度的困难。动态设计和施工的主要工作还是通过对拱顶竖直位移、周边收敛位移的变形监测及支护结构的外表变化，来判断隧道施工的安全性，若认为不安全，则进行加强支护或施工方案的变更，对围岩"变好"应减弱支护参数则往往被忽略了。

之所以发生这样的状况，主要可能是：

1. 缺乏结合施工中围岩的微观特性进行量化设计的体系；

2. 在施工中要较为准确地掌握岩体差异风化程度、软弱结构面及节理的组数、产状变化及地下水等对围岩稳定性的影响，需要很强的专业素养，在目前我国交通建设快速发展情况下，这样的人才显然比较缺乏；

3. 现场施工具有较强的时效性，且需多专业密切配合，缺乏严格流程或评审的支护参数减弱，往往意味着降低安全度的风险，现场决策人员可能需要承担相当的风险；

4. 目前的建设体制缺乏精细化施工、节约成本的动力。

建议进一步研究围岩稳定性与岩体强度、完整性、结构面产状、地下水的定量关系，理清各支护措施（包括各种情况下锚杆的角度、长度、间距和钢架间距等）在提高围岩稳定性中的权重，真正体现信息化施工、合理支护的理念。

二、传统新奥法理论不利于软弱围岩的快速施工和机械化作业

按传统新奥法理论的设计和施工，对软弱围岩主要采用隧道断面横竖切割、纵向台阶的方式。以单洞两车道公路隧道为例，对Ⅴ级围岩一般采用拱部预留核心土弧形开挖的短台阶法施工，很差的或对沉降要求高的Ⅴ级围岩则采用 CD、CRD 工法或双侧壁导坑法施工；对Ⅳ级围岩一般采用台阶法施工。虽然技术成熟有效，是目前主流的施工方法，但施工单位尤其不愿意采用工序多、进度慢、只能人工或小型机械的 CD、CRD 工法或双侧壁导坑法施工，从而增加了施工的风险和事故。

"新意法"隧道施工工法是一种系统的全断面机械化开挖的隧道设计、施工技术，是对传统新奥法理论的继承与发扬，其精髓都是"保护围岩，充分调动和发挥围岩的自承能力"。"新意法"设计和施工以工作面超前核心岩土的变形与隧道的稳定性为主要评价指标，在进行超前预加固措施基础上，采用全断面施工。该工法适用于软弱地层大断面隧道开挖、浅埋隧道控制地面沉降等复杂地质条件的地下施工，被意大利公路及铁路领域纳入规范并且被广泛采用。欧洲国家的大型项目施工也较多地采用此工法。

建议国内公路交通系统在进一步研究应用的基础上，推广使用该工法。

三、隧道支护结构的耐久性设计还没有形成共识

公路隧道的耐久性设计已经开始得到了逐步的重视，正在修编的《公路隧道设计规范》将会明确设计使用年限和相应的耐久性设计规定。但以复合式衬砌为主流的隧道衬砌结构到底如何考虑其耐久性，是值得探讨的问题。

复合式衬砌设计理念是以初期支护和围岩共同作用，并作为主要承载结构承担大部分围岩荷载的，适用于双车道隧道的《公路隧道设计规范》（JTGD70–2004）第 9.2.6 条规定Ⅰ~Ⅲ级围岩中的二次衬砌为安全储备，并按构造要求设计。可见，按照传统复合式衬砌设计方法，首先应确保初期支护的耐久性，以满足隧道长期运营中的结构安全。具体地说，应保证喷混凝土、系统锚杆、钢架在设计使用年限内的耐久性，即采用抗渗性能好的耐腐蚀喷射混凝土，采用耐腐蚀锚杆，全长黏结型系统锚杆的锚固剂采用耐腐蚀砂浆或树脂等，增加钢架的喷混凝土保护层厚度等等。从现状来看，按传统复合式衬砌设计理念考虑初期支护的耐久性，就意味着初期支护应采用耐腐蚀新型材料、更严格的施工工艺和施工机械配套，由此将带来建设成本的大幅增加，施工质量控制难度很大。

因此，有必要寻求基于复合式隧道衬砌结构耐久性设计的合理思路，可以考虑如下 4 种。

1. 按现行复合式衬砌理念不变，考虑初期支护和二次衬砌结构的耐久性。即初期支护的各组成部分和二次衬砌混凝土均按设计使用年限考虑耐久性。

2. 初期支护按现设计承载比例不变，增大二次衬砌在复合式衬砌结构中的承载比例，以考虑二次衬砌的耐久性设计为重点。以一般两车道隧道为例，Ⅴ级围岩二次衬砌可考虑承担 70% ~ 80% 的荷载，Ⅳ级围岩二次衬砌可考虑承担 40% ~ 50% 的荷载，Ⅲ级围岩二衬设计可考虑由仅作安全储备提升到承担 20% ~ 30% 的荷载，Ⅰ、Ⅱ级围岩仍作为安全储备，但应按耐久性混凝土结构设计。该思路中二衬承载比例的增加值，即为初期支护耐久性损失的承载能力。

3. 强化初期支护中的钢架设计，二次衬砌承载比例按常规考虑并按耐久性混凝土结构设计。对初期支护增设、加密钢架间距或采用耐腐蚀性钢架，并采用与喷混凝土结合较好的格栅钢架，以弥补系统锚杆腐蚀引起的承载能力的减弱。强化钢架设计主要是因为钢架的施工质量相对于系统锚杆而言容易控制，且实践证明更有利于施工的安全。

4. 二次衬砌承担全部荷载，只考虑二次衬砌的耐久性，初期支护仅作为施工临时措施并作为安全储备。这种方法一般应对水下隧道或高水压隧道适用，用于一般山岭隧道就显得很不经济。上述4种耐久性设计思路究竟采用哪一种，还需工程界各方的共同参与，在实践中不断总结完善。笔者个人倾向于采用第二种，即强二衬的思路。

四、隧道衬砌结构病害后的安全性和加固前后的使用寿命难以定量化评估

公路隧道建成运营3～5年后，往往会出现不同程度的裂缝和渗漏水病害现象。对隧道结构发生病害后的安全性，目前主要是根据《公路隧道养护技术规范》（JTGH12–2003）对隧道衬砌结构病害进行定性分级（共B、1A、2A、3A级），主要包括按外荷载作用、材料劣化和渗漏水3种情况。同济大学罗鑫、夏才初等根据国内外隧道病害分级进行了分级方法的综述，包括衬砌裂缝的分级、渗漏水的分级、衬砌剥落的分级、衬砌材质劣化的分级、衬砌变形、移动、下沉的分级以及冻害、鼓出等的分级。

这些病害的分级基本都是定性的分级方法，没有给出隧道病害分级与隧道结构性能的定量关系（只有日本铁路隧道给出了一些病害下的损伤值）。同时由于隧道病害的复杂性，隧道结构的加固设计也只能是以工程类比或经验设计为主。对隧道结构加固后的安全性和使用寿命评判，也只能从所采用加固材料的耐久性上予以体现，必要时还结合长期观察或监测跟踪其加固效果。

建议进一步研究隧道病害分级与隧道结构性能的定量关系，以及隧道不同加固措施对结构安全性能影响的定量分析方法。

五、软弱围岩拱部是否设置系统锚杆认识不统一

对软弱围岩段的隧道，各设计单位均对拱墙部位设置了系统锚杆，这是符合新奥法理论的。王梦恕院士结合国内施工技术现状，多年来一直呼吁取消软弱围岩段隧道的拱部系统锚杆，仅在边墙设置。可能认为软弱围岩隧道一般初期支护中设置了钢架，并采用小断面开挖施工，由于隧道拱部空间狭窄，人工打设锚杆难以保证设计所要求的角度（实际施工更像是超前锚杆），且由于围岩结构松散，普通的系统锚杆能提供的锚固力很小，故往往实际起到的作用也有限。故认为拱部系统锚杆没有起到应有的作用，且大部分软弱围岩隧道段的施工也能保证安全，还不如取消拱部系统锚杆。

现行隧道规范和新奥法理论强调系统锚杆的作用，故设计对软弱围岩段隧道拱部设置系统锚杆，而实际由于主要采用人工打设系统锚杆，因此存在人为地减少锚杆的情况，使得拱部系统锚杆的作用大打折扣。对拱部取消系统锚杆如不进行系统研究，并形成理论支撑和成套技术，恐怕这一分歧会长期存在下去。

六、工字钢架使用普遍，较少使用格栅钢架

目前公路隧道初期支护中大量使用工字钢架等型钢钢架，而较少使用格栅钢架。主要原因在于型钢钢架加工方便，将节省施工单位大量的人工作业，即使设计了格栅钢架，施工现场要求变更的意愿也很强烈。应该说型钢钢架和格栅钢架各有优缺点，但从衬砌结构长期安全性的角度，宜优先采用与喷混凝土结合好、耐久性好的格栅钢架。

第四节　施工现状、问题及对策

目前公路隧道主要采用钻爆法开挖施工，基本为国内施工单位施工。施工采用无轨装渣、无轨运输方式（一般采用侧卸装载机、挖装机、回转式装渣机装渣，大吨位自卸车运渣）；湿喷混凝土工艺、自制简易台车手持风枪施钻后插入系统锚杆；自制简易台车无钉铺设防水板；采用模板台车泵送混凝土施工二次衬砌（多采用洞外集中拌和、自行式罐车运输、混凝土泵压注、全断面钢模台车灌筑、手持式振捣器捣固）。随着我国公路建设的快速发展，特别是在近10多年来的快速发展中，施工技术得到了快速的发展。主要表现如下：

大量复杂条件下隧道的修建，使得软弱围岩、岩溶、浅埋偏压、大断面、连拱、小净距等隧道的开挖与支护技术已经成熟。

施工通风技术的发展，使得独头掘进长度越来越长。如甘肃宝（鸡）天（水）高速公路12.29km的麦积山特长隧道，6330m的独头掘进长度创下了亚洲公路隧道最大独头掘进纪录。

深竖井施工技术确保了超长隧道的施工及隧道的运营通风。

隧道围岩变形自动检测预警技术、隧道施工灾害处理技术、神经网络技术在隧道施工中的应用，提高了隧道信息化施工水平，隧道的施工更安全。

但公路隧道的施工也存在着一些比较常见的问题，需要进一步改进完善，主要表现如下：

一、部分关键工序施工机械化程度有待进一步提高

相比传统矿山法施工而言，现代公路隧道采用的机械化程度较高。但在部分关键工序上仍然比较原始，最突出的表现在爆破开挖钻孔和系统锚杆的钻孔施工上，目前基本采用人工手持风枪施钻，取代了钻孔台车。其优点是操作灵活，投入并不比机械台班贵，且避免了大量购置钻孔台车。采用人工进行超前支护钻孔可行，符合人体手持风枪的施力习惯，但用于爆破开挖周边眼的钻孔则角度控制精度低，是超欠挖严重的重要因素之一；用于拱部的径向系统锚杆施工，则人工难以垂直开挖面向上施力钻孔，大部分锚杆打设角度更像是“超前锚杆”，使得系统锚杆作用效用难以发挥。

建议在一次投入大、周转存放不便的大型钻孔台车不能全面推广的情况下，开发适用于隧道简易台车上，可任意角度钻孔的小型钻孔机，用于爆破开挖的周边孔钻孔和拱部系统锚杆的钻孔。可弥补人工的缺陷，大幅提高施工质量。

二、光面爆破开挖效果不理想

设计均要求采用光面爆破，以提供平整圆顺的开挖轮廓，并尽可能使围岩的完整性受爆破振动影响小，利于初期支护与围岩的共同承载，同时也能节约混凝土回填工程量。但比较普遍的情况是，光爆效果很不理想，超欠挖相当严重。《公路隧道施工技术细则》（JTG/TF60-2009）中提出了开挖断面形状、轮廓尺寸及爆破效果检测的标准，建议施工企业能加强爆破人员培训，提高隧道光面爆破水平，建设单位、监理单位能建立并强化对施工企业光爆效果的考核管理。

三、二次衬砌施工质量需改善

二次衬砌施工均采用模板台车，泵送混凝土浇筑。模板台车过长、拆模过早、衬砌厚度不足、缺乏二衬混凝土养护是隧道二次衬砌施工比较突出的问题。目前二衬施工往往滞后开挖掌子面过多，使得为提高二次衬砌施工进度，部分施工企业制作成12m长的模板台车，同时一天一模或两天三模是二衬混凝土浇筑普遍的进度，且拆模后少有养护跟进。这种现状也是目前二次衬砌裂缝较多的重要原因。

随着地质雷达越来越多地用于二衬厚度的无损检测，二次衬砌厚度不足的问题开始逐渐暴露，并成为目前一个比较突出的问题。根据笔者的观察，造成二次衬砌厚度不足的原因主要有三个：施工欠挖；初期支护表面平整度差，拱顶、拱腰防水板处预留富余量不足，“带紧拉直”，并留下空洞；泵送压力不足或未排气使拱顶厚度不足。

随着隧道结构耐久性的提出，建设各方对二衬施工质量应该予以更多的关注。建议从以下几方面着手：

模板台车长度不宜超过10m，否则采取台车中部预留凹槽的方式。

二衬施工滞后掌子面应不超过200m，以避免二衬控制工期，不得不过早拆模造成抢工期现象。

选择混凝土的合理配合比，并严格按规范对二衬混凝土进行养护，以减少混凝土浇筑质量引起的裂缝。

二衬施工前应采用断面仪进行初期支护内轮廓测量，对欠挖部分应凿除。

对超挖严重部位的应适当回填补平，满足规范要求的平顺度要求，并预留足够的防水板富余量。

加强模板台车承载能力，选用压力足够的输送泵。对端头模板位于下坡侧的，应采取排气措施确保上坡侧拱顶混凝土浇筑到设计厚度。

四、开挖与支护工序衔接不够紧凑

隧道的支护强调及时性和尽早形成封闭环，对软弱围岩还宜及时施作二次衬砌。实际施工组织过程中，常见的施工误区如下。

（一）仰拱施作离掌子面距离过长

V级围岩段采用拱部弧形开挖预留核心土是最常用的施工方法，对遇水软化、承载能力低的全风化地层和土层围岩，拱部初期支护完成后，若不及时将仰拱跟进形成封闭环，就容易导致初期支护下沉变形过大甚至突沉的施工事故。对承载能力尚可的Ⅳ、V级围岩，若不及时封闭成环，也容易引起支护能力不足的大变形甚至坍方事故。故一般设计提出V级围岩上台阶长度不宜大于1B（B为隧道开挖宽度）且仰拱距掌子面距离不宜大于30M，Ⅳ级围岩上台阶长度不宜大于5B。

（二）二次衬砌滞后掌子面过长

实际施工中，为使二衬施工能连续进行或因模板台车周转使用，二衬的施工常常严重滞后掌子面，一些特长隧道甚至有大于1 ~ 2km的长度未施工二衬，从而导致前文所述的二衬质量问题。因此建议设计文件中规定二衬到掌子面距离不超过200m，在施工组织中也应将二衬施工作为关键工序之一严格执行。

五、防排水施工不规范

公路隧道运营3 ~ 5年后，一般开始有渗漏水现象出现，除影响隧道表观形象和结构安全度降低外，还会使隧道路面湿滑导致事故增加，因而防排水施工质量的好坏直接关系到防排水的可靠性。常见的问题为：防水板破损、接缝质量不好；纵向横向盲沟的连接不采用三通，且防水板不对纵向盲沟采用U形包裹；中心水沟爆破开挖后清渣不干净，回填碎石含泥量大，易造成中心水沟堵塞或淤塞等。建议施工企业重视防排水施工，加强对防排水施工质量的控制。

六、认识对策

本部分对我国公路隧道设计、施工的现状及存在的主要问题进行思考和梳理，并根据笔者多年的工程实践经验，提出了自己的粗浅认识和对策。

（一）设计方面对策措施

1. 编制公路隧道标准图或通用图，进行标准化设计。进一步研究围岩稳定性与各影响因素的定量关系及各支护措施在围岩稳定性中的权重，更深入体现信息化施工。

2. 研究推广“新意法”工法，实现软弱围岩的快速施工和机械化作业。

3. 采用强二衬的思路进行隧道复合式衬砌结构的耐久性设计。

4. 研究隧道衬砌结构病害加固前后安全性的定量化评估与分析方法。

5. 对软弱围岩拱部不设系统锚杆的可能性进行系统研究，以解决长期以来的分歧。

6. 优先采用与喷混凝土结合好、耐久性好的格栅钢架。

（二）施工方面对策措施

1. 开发适用于隧道简易台车上，非手持式小型钻孔机，用于爆破开挖的周边孔钻孔和拱部系统锚杆的钻孔。

2. 强化光面爆破开挖培训和光爆效果的考核管理，实现良好的光爆效果。

3. 从初支平整度与内轮廓测量、模板台车长度、拆模时间、防水板预留足够余量、对二衬混凝土养护等多方面提高隧道二次衬砌施工质量。

4. 隧道的支护应及时并尽早形成封闭环，二次衬砌距掌子面距离不宜大于200m。

5. 加强对防排水施工质量的控制。

第二章 铁路隧道设计与施工技术

第一节 高速铁路长大隧道施工机械配套技术研究

随着我国交通事业的迅猛发展，国家中长期路网的规划实施，必然会修建大量的长大隧道，而特长隧道将成为工程工期的控制点。使用合理的机械化施工方案是缩短工期的一个关键环节。由于长大隧道结构本身拥有施工工期相对较长，施工工艺复杂多变，围岩干扰相对大以及开挖的隧道跨度大等诸多难点，且需要根据各个地区不同的水文地质条件，选取不同的施工工艺来进行施工。因而合理的机械化施工方案，对工程经济性和安全性都有很大的提高。在很大程度上，机械化的配置决定了施工的工艺、质量和进度。

本部分以国家高速铁路网贵广线的GGTJ-3标段的岩山隧道为实际工程背景，通过现代隧道的长大隧道的快速施工，对隧道施工的机械化配套技术进行分析，其研究工作和研究成果主要包括：

对隧道机械化配套施工体系中几种关键的技术进行了论述，包括：隧道快速开挖技术、初期支护快速施工技术等。论文对初期支护快速施工技术展开了较为深入的论述。

影响隧道的快速施工主要是隧道的开挖、出渣和喷射混凝土等。岩山隧道的软岩大断面采用台阶法施工，所用的机械和常规隧道施工相同。本部分主要是研究中、硬围岩的快速施工，中、硬围岩采用全断面开挖，光面爆破、湿喷混凝土技术。岩山隧道在开挖、钻孔、喷砼等工序中，运用到了C6水平超前钻机、多臂台车、普茨迈斯特带机械手湿喷机（等大型机械设备。本书将这些大型机械配套设备和常规机械在施工速度、作业环境、安全性、施工质量等方面做了细节比较，得到大型机械设备在以上方面及经济性上都是优于常规的人工开挖机械。由于盾构和的前期投入成本巨大，一个项目中经济效益相对不明显。结合我们国国庆，岩山隧道选用大型机械配套设备与人工同时开挖的技术对隧道进行施工，经过经济效益比对得出了大型机械配套施工整体上优于常规机械施工的分界长度为1083.4m。

一、研究现状及意义

（一）背景及意义

1. 我国隧道建设现状

我国是个多山国家，大约的75%国土为群山或丘陵，且我国江河纵横，海域宽阔。近十年来，公路网交通逐渐向崇山峻岭穿越，向离岸深水延伸，公路隧道平均每年新建350km，28座水下公路隧道也已建成通车，同时，在城市建设中，以节约土地和保护环境为宗旨，城市道路隧道方兴未艾，地下互通立交也应运而生。

在我国，铁路隧道建设已有近120年的历史，新中国成立前主要出现在帝国主义修建的一些铁路上，最早的是1988年台湾岛内的狮球岭隧道。中国人自行设计、自主施工的最早隧道是（北京）八达岭隧道。新中国成立以后，我国修建了一大批隧道工程，在隧道施工技术方面也有很大的改进和提高。根据中国土木工程学会隧道及地下工程分会第十二届年会暨学术交流会的有关数据表明，我国修建的铁路隧道数量和长度已位于世界首位，到1999年底达到6876座、3670公里，近两年则以每年200公里左右的速度增长，其发展趋势是隧道数量相对在减少，而单个隧道的长度有所增加。据统计，至2000年12月底我国建成的3km以上铁路隧道共计155座，其中单线隧道133座，双线隧道22座。近年来，随着综合国力的增强和施工技术的不断进步，我国单个铁路隧道长度增加的趋势非常明显：新中国成立前最长的铁路隧道3km，而现在我国最长的双线铁路隧道为20.05公里的乌鞘岭特长隧道，最长的单线铁路隧道为太行山隧道，为双洞单线，下行线全长27839米，上行线全长27848米，2007年底已经全线贯通。

随着技术经济条件的改善，我国铁路隧道的施工速度也在逐年提高。1960年初完工的川黔线凉风娅单线隧道长4.27km，双口平均月成洞118.6m，曾创造双口平均月成洞达197m的记录，其施工速度代表了我国50～60年代采用钻爆法施工的最好成绩。1997年初完工的南昆线米花岭单线隧道长9.392km，进口端月平均成洞105.7m，出口端月平均成洞106.08m，曾创造双口月成洞769m的最高记录，其施工速度代表了我国上世纪末单线铁路长隧道的施工水平。国家九五，重点工程渝怀铁路的郁山隧道全长7.205km，进口连续9个月创单口成洞200m，刷新我国单线铁路隧道有轨运输快速掘进新纪录。东秦岭隧道在软弱破碎围岩占施工总长30%的条件下创造了进口端平均掘进215.2m/月，192.4m/月，其中最高开挖445.6m/月，大断面平导平均掘进227m/月，443.1m/月，使国内特长隧道施工上了一个新的台阶，达到了国内快速施工的领先水平。

目前，地下工程的设计和施工在很大程度上还处在经验设计、经验施工的阶段。随着隧道建设的不断发展，有两个明显的趋势即越修越长、越修越快，这是经济的迅速发展，对交通运输提出了更高要求的必然结果，其机械化施工将成为隧道施工必备工艺。

2. 研究背景及意义

贵广铁路是我国《中长期铁路网规划》的重点项目，该项目的建成，将有效改善沿线的交通运输条件，促进黔南、黔东南、桂东北、粤西等少数民族聚集地区的经济繁荣、社会进步和民族团结，形成贵阳至广州间高效便捷的大能力快速铁路通道，缩短西南与珠三角地区的时空距离，促进西南地区及沿线的资源开发、增强珠三角地区的经济辖射效应，实现东西部地区优势互补和区域协调发展。

贵广铁路是我国首次在西部山区修建的高速铁路，也是世界上首次在复杂山区修建长距离高速铁路。由于要从高程接近海平面的广州爬升至海拔左右的贵阳，贵广铁路的纵向展线较其他已建或在建的高速铁路和客运专线都困难，特别是从贺州到都匀段，是完成爬坡的主要段落，经过论证后，线路采用低线位方案，隧道比例非常大，全线隧道比重达到了以上，在该区段的隧道比例达以上，全线以上的长大隧道座，都集中在该段。工程艰巨复杂，运输闲难，施工难度大是该区段的主要特点，也是制约全线顺利建成的关键。

随着我国《中长期铁路网规划》的实施，将会进一步大量修建高速铁路。在十一五、十二五期间，铁道部在大量建设高速铁路（客运专线）的同时，将重点加强中西部地区的铁路建设，沪昆、兰渝、成贵、渝龄等长大高速铁路（客运专线）都即将动工兴建，这些铁路都将穿过复杂的西部山区。且这些铁路与贵广铁路都具有一个相同的特点，都是从海拔较低的地区爬升到海拔较高的地区，同时以后的滇藏铁路、泛亚铁路更是成阶梯地往上延伸，因此贵广高速铁路的修建技术可以为这些铁路的建设提供很好的技术储备在此背景下，开展高速铁路长大隧道机械施工技术的研究，一方面其研究成果直接服务于标段的岩山隧道的施工，为本标段安全、优质、顺利完成提供了技术保障；另一方面可为今后西部高速铁路隧道的建设提供良好的技术储备。因此深入系统地对高速铁路长大隧道的机械施工技术的研究，具有十分重要的学术价值和工程应用价值。

（二）内外研究现状

1. 快速施工现状

随着我国隙道施工技术、施工机械设备和施工管理水平的提高，隧道施工速度和克服各种复杂地质条件的能力也不断提高。近三十年来联合掘进机勃然兴起，给隧道开挖增加了一个新的手段。

20 世纪 60 ~ 70 年代，隧道施工基本上以上、下导坑、漏斗棚架法为主要开挖方式，采用小型机械化和半机械化施工，独头掘进月平均进尺大都在 100m 以下，控制工期的重点隧道略高一些；进入 20 世纪 80 年代，尤其是 20 世纪 90 年代以后，由于新奥法的普遍推广，全断面法成为主流的施工方法，同时施工机具也有半机械化走向机械化，施工管理也不断完善提高，隧道独头掘进速度明显上了一个新台阶。西康线的秦岭隧道线平导（断面 26 ~ 30m^2）独头掘进平均月进尺进出口分别达 264m 到和 237.3m，创出国内的新水平。

国外特长隧道的施工，亦经历了分部开挖向全断面开挖发展的过程。随着施工技术和施工机械的进一步发展，全断面施工已形成了一种优先考虑的施工方法。

根据施工作业安排有两种根据施工作业安排有两种方法：（1）衬砌生产线落后掘进生产线一定距离，平行作业；（2）单工序掘进，即掘进结束后，再进行衬砌作业。第二种方式有工序单一、干扰少、便于组织管理的优点，被欧美认为是一种切实可行的方法，如美国弗拉蒂赫德隧道，全长 10.76km，掘进工作双口合计共用 40 个月，衬砌一个月零两周，总共不到三年时间，创造了掘进和衬砌的高水平（从 1966 年 9 月 30 日开工到 1969 年 6 月 27 日完工，总平均单口月成洞为 163m/ 月）。

支护手段：自 20 世纪 60 年代新奥法出现以来，锚喷支护以其独特的优越性在欧、美、日得到广泛的应用，同时用于困难地带的管棚、注桨等辅助施工方法也迅速发展。对锚喷支护和辅助施工方法的研究不断深入，不仅要求支护本身安全可靠、经济，还要求支护迅速简便，错喷支护对掘进速度的影响不可忽视，以钢架为主辅以喷锚的支护方式能加快掘进速度。

国外隧道快速施工的工程实例很多，其中地质条件和断面尺寸与东秦岭隧道平导比较接近的典型工程主要有：

瑞士辛普伦隧道。该隧道全长 19829m，由两座单线隧道组成，由于修建年代为 20 世纪初叶，受技术水平和施工急剧限制，只能采用上下导坑分步开挖，有轨运输方式，平均月进尺相当 127.3m，这个成绩在当时确属不易。

美国弗拉蒂赫德单线隧道。全长 10.6km，采用先进机械化施工，12 臂三层门架台车打眼，康维 100-2 型铲斗式装磴机（2 台，斗容量 $0.76m^3$）装碴，25t 内燃机车牵引 7 ～ 8 辆 $10mm^3$ 侧卸式斗车组成的列车出磴，平均月进尺 288m。

瑞士费尔艾那单线隧道。全长 19052m，穿越坚硬的角闪岩和片麻岩地层。

隧道南端 6548m 采用全断面钻爆法施工，开挖断面 $40m^2$，使用 H185 型 3 臂凿岩台车斗容量 $4m^3$ 的电动装载机装碴，内燃机牵引 8 节容量为 $14m^3$ 侧卸式矿车组成的列车出碴，最高月进尺 248m。

挪威芬赛单线隧道，全长 10.5km，开挖断面 $37m^2$，隧道穿越整体性很好的坚硬花岗岩地层。全隧道分三个工作面（各工作面独头掘进 3.5km），分别采用 3 臂台车钻眼，侧卸式装碴机装碴（斗容量 $2m^3$，装碴能力 $125m^3/h$，使用 $14m^3$ 自卸汽车出確，共配用 6 台 220KW 风机及 1.7m 直径的风管压入式通风，平均独头月掘进 360m。

从以上列举的具有代表性的国外长大隧道施工进度来看，我国 20 世纪 90 年代以后施工的秦岭隧道平导施工进度已达到国外的先进水平。

2. 机械化配置国内外现状

国内外已经修建或正在修建的长度在以上的单个长大隧道已经很多，长大隧道的施工有掘进机（等机械开挖方法和钻爆法施工两种，机械开挖法安全、环保、效率高，但设备投入大，动辄上亿元，而且施工过程中的维护、配件消耗等费用高，施工成本大，另外掘进机等机械开挖法的地层变化适应能力差，对岩性比较单一的地层还比较适应，但对地质构造发育、岩性变化大的隧道，就比较难以适应，其综合施工效率还不如钻爆法开挖。钻爆法施工由于其较好的地质适应性，较小的设备投入，特别适合于我国装备制造业技术水平相对落后、人力资源成本较低的国情，因此具有很强的生命力，仍然是国内目前的主要施工方法并将在相当长的时期内占主导地位。

钻爆法施工山岭隧道技术已经趋向成熟，然而经过科技查新，目前国内外对特长隧道快速施工方法的研究并不全面，没有形成一套系统的快速施工技术。我国的秦岭、乌鞘岭、太行山等隧道都是十几、二十几公里，但这些隧道的施工往往都是集中了相当范围内的优势资源，包括人力资源、设备资源，集中多家具备很强实力的公司或组织，进行管理、设计、咨询、监理，特别是施工，基本上都是由几家知名的公司共同完成。但是像贵广铁路 GGTJ-3 标段这样长大隧道密集的还很少见，同时由于铁路施工的大标段划分，一家处级的施工单位就要承担几座长大隧道的施工任务，如何对长大隧道群施工安全和工期风险进行控制与管理，如何通过合理的施工组织、选择科学的施工方法和工序安排、配置适当的资源、规范操作工艺等措施，既保证施工安全，规避工期风险，又能有效的控制成本，是亟待研究解决的重要课题。

在隧道结构的施工中，合理的机械化施工方案是关键环节。由于隧道结构本身拥有施工工期相对较长，施工工艺复杂多变，围岩干扰相对大以及开挖的隧道跨度大等诸多难点，且需要根据各个地区不同的水文地质条件，选取不同的施工工艺来进行适宜的施工。因而合理的机械化施工方案，对工程经济性和安全性都有很大的提高。机械化配置是衡量机械化施工方案的一个重要因素之一。在很大程度上，机械化的配置决定了施工的工艺、质量和进度，且能够影响整个施工组织设计。

我国的隧道机械化施工发展历程从小型设备钻爆法施工方法到大型无轨运输设备钻爆法施工方法，再到非钻爆法施工方法，经历了 3 个阶段，且部分机械化施工作业逐步走上综合机械化配套的发展过程。从人工作业到盾构的使用，我国隧道机械化施工的总体水平与 20 世纪 50 年代相比已经发生了质的飞跃。特长隧道的施工方法主要有隧道掘进机（TBM）法和钻爆法。隧道掘进机（TBM）

法曾在只在西康线秦岭隧道施工、西合线磨沟岭隧道施工以及兰渝线西秦岭隧道施工中采用。需要注意的是，兰渝线西秦岭隧道施工中采用了综合机械化配套的策略，使用了 TBM 配套施工技术和 TBM 加钻爆法混合施工技术，在当时是相当先进的。

对于隧道的施工方法而言，其根本保障在与施工机械设备的好坏，没有性能良好的施工机械，施工方案仅为一纸空文，同时，单个性能良好的施工机械必须进行综合选型、配套才能达到理想的施工效果。单线隧道施工机械设备分为：开挖、装运、支护、衬砌四条主要生产线的机械设备，然而，隧道的开挖设备和装运线的设备制约着施工进度。

对于钻爆法施工来说，隧道施工机械化作业线的配套是指从开挖到隧道成洞完毕。在整个施工过程中各个主要作业工序方面所需要的、并且在施工中能相互配合而彼此不干扰的一系列施工机具的组合。影响隧道全断面施工法机械化作业线选择的因素很多。

首先，涉及到客观的因素主要有：隧道类型（单线、双线）、围岩类别、断面尺寸、隧道长度及最长独头施工长度、辅助坑道的设置及其数量与位置、装碴运输方式、局部地段是否要采用相应的应变措施、隧道位置的海拔高度、施工坡度的方向与大小、地下水涌水量的大小、通风方式、施工用的动力形式、施工工期等等。而其中属于技术经济指标分析的关键则是施工工期和投资要求。

其次，根据单、双线隧道的特点及采用装碴运输方式的不同，确定基本的配套方案。根据典型施工实例及以往施工实践的经验，一些基本参考方案详见表 1–1。

再其次，是由总工期而分解的月掘进速度、日掘进速度来确定循环进尺和施工循环时间（包括循环系数的确定）及对各施工工序作业时间的分配。这里包含了对爆破参数（炮眼深度、掏槽形式、炮眼数量、炮眼直径、中孔眼的数量与直径以及炮眼利用率等等）的确定。

衬砌生产线的机械设备，国外六十年代就已经基本解决，已能达到较高的生产能力。根据开挖、装运线的机械设备走行方式，国外单线隧道施工大致可分为三种施工模式：

（1）有轨钻孔—有轨装碴—有轨运输；（2）有轨钻孔—无轨装碴—有轨运输；（3）有轨钻孔—无轨装碴—无轨运输；（4）无轨钻孔—无轨装磴—无轨运输。其中以第一种模式最为普遍。

表 1-1　全断面施工法机械化作业线配套选择的基本参考文献

单线铁路隧道	有轨装运方案（1）	动力——电力（+ 液压）个别辅助工序用压缩空气
		曲岩——门架式（轨行）凿岩台车（自行研制）
		装碴——立爪式、立蟹爪式、铲斗后卸式装碴机
		运输——梭式矿车（或）矿用大斗车
		牵引——电机车（或）架线机车
		支护——喷射机（和）混凝土搅拌输送车（和）机械手
		衬砌——混凝土搅拌输送车（和）混凝土泵（和）钢模台车
		通风——轴流式通风机（巷道式通风）
	有轨装运方案（2）	动力——电力（+ 液压）个别辅助工序用压缩空气
		曲岩——门架式（轨行）凿岩台车（自行研制）
		装碴——立爪式、立蟹爪式、铲斗后卸式装碴机
		运输——梭式矿车（或）活动底板
		牵引——内燃机车
		支护——喷射机（和）混凝土搅拌输送车（和）机械手
		衬砌——混凝土搅拌输送车（和）混凝土泵（和）钢模台车
		通风——轴流式通风机（巷道式通风）
	混合装运方案	动力——电力（+ 液压）个别辅助工序用压缩空气
		凿岩——两臂轮胎式液压凿岩台车
		装碴——轮胎式装碴机
		运输——梭式矿车（或）活动底板
		牵引——蓄电机车（或）架线机车
		支护——喷射机（和）混凝土搅拌输送车（和）机械手
		衬砌——混凝土搅拌输送车（和）混凝土泵（和）拌合楼
		通风——轴流式通风机（巷道式通风）
双线	无轨	动力——内燃（和）电力（+ 液压）

铁路隧道	装运方案	凿岩——三臂（或）四臂轮胎式液压凿岩台车
		装碴——轮胎（或）履带式装碴机
		运输——矿用自卸卡车
		支护——锚杆打眼安装机（和）反铲挖掘机找顶、喷射机（和）混凝土搅拌输送车（和）机械手
		村砌——混凝土搅拌卡车（和）混凝土泵（和）钢模台车
		通风——轴流式通风机（巷道式通风）
	混合装运方案	动力——内燃（和）电力
		凿岩——三臂（或）四臂轮胎式液压凿岩台车
		装碴——轮胎（或）履带式装碴机
		运输——梭式矿车（或）矿用大斗车
		牵引——蓄电机车（或）架线机车
		支护——锚杆打眼安装机（和）反铲挖掘机找顶、喷射机（和）混凝土搅拌输送车（和）机械手
		村砌——混凝土搅拌卡车（和）混凝土泵（和）钢模台车
		通风——轴流式通风机（巷道式通风）

经过多年的发展，形成了如下的机械设备选型原则：

（1）针对不同的施工工序按专业化组织流水作业，以性能好、效率高、机况良好的大型设备装配挖装运、锚喷、衬砌、辅助作业等主要作业线，实现各机械化作业线的有机配合，用机械化程度的提高来实现隧道施工的稳产、高产。

（2）作业线配套能力顺序由大到小为：运输能力、装渣能力、开挖能力、施组能力。

（3）施工机械与施工方法配套，既要考虑围岩较好时的全断面法，又要兼顾地质较差时的应变方法。

（4）施工机械与人员配套，一方面，应保证操作人员的安全，另一方面，先进的施工机械必须配备高素质的操作人员，以便发挥其最好的作用。

（5）设备配置富余系数不宜过大，以避免造成部分设备能力的浪费。

（6）设备外形尺寸应与隧道断面相适应，并根据不同的施工形式优化配置，以便适应特长隧道施工的特点。

（7）施工机械要和隧道辅助施工作业配套，如电力、排水、供水、通风、轨道等。

（8）尽可能采用同一个厂家出产的同类机械的设备，这样方便其维修、配件供应和通用互换，确保机械使用率。同时，充分考虑设备国产化。

在世纪年代南昆线的建设中，开始形成机械化施工单线隧道的米花岭模式。该隧道是南昆线电气化铁路一座越岭单线隧道，是全线重点控制工程之一，总长度为9392米。米花岭隧道按新奥法原理进行设计，采用加强初期支护，复合式衬砌结构形式。由于全隧道穿越地层以软岩为主，采用曲墙仰拱，钢筋混凝土底板全封闭支护断面。采用钻爆法施工，有轨方式运输。

隧道采用全断面开挖方式，轨行式门架台车运至工作面前固定好。打完炮眼便退出工作面，开始连线，爆破。通风洒水后，挖装机和立爪同时将爆破下来的石碴装入各自的梭车，直至装完整列梭车后，再由电瓶车把整列重车拉出工作面。机械配备如表1-2。

表1-2　南昆线米花岭隧道掘进以及装运渣设备配置

设备名称	型号	规格	外形尺寸	产地	主要用途
门架台车	TH568-5	四臂	15432×4200×5850	瑞典	钻孔
挖掘机	KL-20ES	$150m^3/h$	9709×2461×2561	日本	装渣
立爪挖掘机	LZB	$120m^3/h$	6910×1910×2460	中国南昌	装渣
电瓶车	CLAYTON	16t	4856×1400×1900	英国	牵引
电瓶车	SCD	12t	5100×1340×1590	日本	牵引
梭车	S14	$14m^3$	11255×1710×1810	中国江西	运碴
梭车	S8	$8m^3$	9600×1560×1700	中国江西	运碴

隧道外安装一个$15m^2/h$日本生产的混凝土搅拌厂，上料运用斗式提升机，水泥和砂石自动计量。搅拌后的混凝土直接卸入轨行式混凝土输送车，再由电瓶车牵引至二次衬砌工作面。二次衬砌采用自制2台9m长模板台车，拱墙灌注用混凝土输送泵泵送混凝土。机械配备见表1.3。

表1-3　南昆线米花岭隧道衬砌设备配置

设备名称	型号	规格	外形尺寸	产地	主要用途
混凝土搅拌楼	MCR-28	$15m^3$	4500×4500×11615	日本	拌合混凝土
斗式提升机	TH	$16m^3$	11340×1560×13470	中国南宁	提升矿石料
电瓶车	SCB	12t	5100×1340×1590	日本	牵引
轨行式混凝土输送车	ACL	6m	8800×1500×1990	日本	运送混凝土
混凝土输送泵	HB	$60m^3/h$	4025×1360×1315	中国夹江	泵送混凝土引

混凝土输送泵	BA	$70m^3/h$	4900×1680×1430	日本	泵送混凝土
模板台车		9m	9500×5120×7170	自制	模注混凝土

当前，我国隧道施工方法正处在由分部开挖法向着全断面开挖法过渡的阶段。因为全断面施工能采用大型高效的机械，工序减少，干扰也比较小，作业环境宽敞，通风条件好，工人的劳动强度和劳动环境都得到很大改善，因此，中等长度以上的隧道基本上可按全断面或上半断面的施工方法设计。我们要加大隧道施工机械设备的研发制造力度，根据我国资金短缺而劳动力资源丰富的国情，应丰富发展符合我国国情特点的隧道机械施工的配套技术模式。

（三）研究内容及目标

1. 主要研究内容

木部分以贵广铁路 GGTJ-3 标段隧道为实际的工程背景，结合当前隧道施工理论技术对隧道建设过程中的机械化配套设备进行探讨。首先阐述隧道常用的一些施工配套设备，和国内外现如今机械配套施工现状，并将适合的施工工艺运用到 GGTJ-3 标段隧道的建设过程中。最后，我们对岩山隧道施工中开挖、出渣、喷等工序中，运用大型机械配套设备 210 和人工机械开挖进行比较，得出相关规律，为隧道施工机械化配套设备配置提供参考依据。

本书研究内容：

高速铁路长大隧道快速施工中的机械化配套技术和施工工艺

（1）高速铁路长大隧道快速施工机械设备配套的研究；

（2）大型配套机械开挖作业与常规开挖作业对比；

（3）大型配套机械初期支护作业与常规初期支护作业对比；

（4）大型机械配套作业的经济性。

2. 研究目标

本部分针对以贵广铁路 GGTJ-3 标段隧道中的机械配套设备的合理化配置问题。通过理论与实践相互结合的方式，在隧道现场调研的基础上，紧密结合隧道施工过程，全面分析 GGTJ-3 标段隧道超前地质预报、开挖、支护、装渣与运输、防水板铺设与二次衬砌机械化施工等作业线对设备配套进行了试验、研究、配置与实施，分析其使用现阶段机械配套设备的原因。在运用对比的方法，通过该机械配套设备在隧道施工中的作业流程，以及机械配套设备施工与常规机械设备施工的对比，从而验证该隧道施工中的机械配套设备配置的合理性，详细研究目标如下：

（1）研究岩山隧道超前地质预报、开挖、支护、装渣与运输、防水板铺设与二次衬砌机械化施工等作业，结合现场的施工情况，得出合理的施工流程。

（2）充分地对设备配套进行了试验、研究、配置与实施，不断地与常规人工作业对比，优化机械配套，从而得出岩山隧道机械配套设备最合理的配置。

（3）研究岩山隧道大型配套机械施工的经济性，为以后的隧道机械化施工提供依据。

二、工程概况

（一）工程规模

岩山隧道为新建贵阳至广州铁路客运专线第一长隧道，旅客列车设计行车速度 250km/h（预留提整条件），起讫里程为 DK218+500 ~ DK233+195，全长 14.695km，为 1 级铁路双线隧道。该隧道具有地质情况复杂多变、安全风险高、工期紧迫、环保要求高、弃碴困难、砂石料运距远等难点。

隧道正洞内轨顶面以上净空面积为 92m²，均采用曲墙带仰拱的复合式衬砌。轨道结构高度为画，采用无砟板式道床。全隧铺设无砟轨道。

整个隧道按铺喷支护设计，结合先进的地质预报，监控量测等信息技术进行辅助施工，整个隧道仰拱超前拱墙施作，拱墙一次衬砌。采用光面爆破。

（二）工程地质条件

1. 地层岩性

隧区范围内覆土主要有：第四系全新统人工填筑土，冲洪积层，坡残积层，下伏基岩为下第三系（E）地层，元古界前震旦系上板溪群隆里组，清水江组，并有断层带内物质，各层岩土特征分述如下：

（1）人工填筑土：为碎石土，褐灰色、褐黄色等杂色，结构较松散，潮湿状，局部夹有块石，碎石含量约 60% ~ 80%，质为砂岩及断层角砾质。余为粉质黏土。主要分布于 DIK218+456 ~ D1K218 ~ 675 段左侧木材加工厂房屋建筑下，一般厚 5 ~ 13m 其结构松散；其余分布于沿线附近公路路堤地段，厚薄不均，一般厚 0 ~ 5m，填筑层结构较密实，属二级普通土，C 组填料。

①软粉质黏土：主要为粉质黏土质，局部为砂土质，灰黄色，灰褐色，软塑状至偏硬塑状，局部含少量砂砾石。在 D1K218+400 ~ 651 段丘间沟槽表层分布较连续，厚 2 ~ 5m，无硬壳，在 D1K218+530 ~ 651 段左侧弃砟堆底部有分布，埋深 5 ~ 12m，为原沟槽表层土因地表水及地下水浸泡而成，厚 0 ~ 2m，实测标贯击数 3 ~ 5 击。属二级普通土，D 组填料。

②淤泥质土：为粉质黏土质，含腐烂植物，灰黄色、灰褐色，软塑状，含少量砂粒，厚 0 ~ 1m。主要分布于隧道进口段 DIK218+600 ~ 662 段人工填筑层底部，0 ~ 1m 厚，局部稍厚，埋深 5 ~ 11.5m，属 II 级普通土，D 组填料。

（2）粉质黏土：褐黄色、灰褐色，硬塑状为主，含少量砂砾石。主要分布于隧道进口端的水田表层，层厚0 ~ 2m，局部稍厚，属II级普通土，D组填料。

（3）粗圆砾土：灰黄色、灰色，饱和，中密到密实，砾石含量约：60%，砾径为2 ~ 6cm，局部含5 ~ 10%的卵石和少量漂石，其余为砂和黏粒充填；砾石石质为砂岩、变质砂岩和板岩，主要分布于寨蒿河河床两侧及隧道进口端人工填土之下，厚5 ~ 15m。属III级硬土，B组填料。

（4）卵石土：灰黄色、灰色，饱和，中密到密实，卵石含量约占60%，砾径为4 ~ 15cm，局部为漂石土，其余为砂和少量黏粒充填，石质为砂岩、变质砂岩和板岩，厚5 ~ 15m，主要分布于寨蒿河河床内。属III级硬土，B组填料。

（5）粉质黏土：褐黄色、灰黄色、棕红等色，硬塑状为主，部分为软塑塑状（主要为季节性软塑状粉质黏土）。普遍微含强风化板岩质碎石角砾，含量一般10% ~ 30%间，多呈棱角状。广泛分布于隧道区斜坡上，层厚0 ~ 2m，局部稍厚，属II级普通土，C组填料。

①碎石土：褐黄色、灰黄色，潮湿、稍密。碎石含量一般为60%，多呈棱角状、扁平状，一般块径5 ~ 9cmm，石质主要为强风化的砂质板岩，集中分布于隧道出口斜坡上，层厚0 ~ 3m，局部稍厚，属III级硬土，B组填料。

（6）断层角砾：杂色，原岩主要为砂质板岩和变余砂岩，受构造挤压已大部分角砾化、硅化，角砾间胶结较紧密，局部为糜棱岩，普遍见条带状石英脉及石英团块，地表最宽石英脉宽达2m，长达7m。属IV级软石，B组填料。

①压碎岩：杂色，原岩主要为砂质板岩和变余砂岩，受构造挤压已大部分糜棱化，见条带状石英脉及石英团块。属IV级软石，B组填料。

（7）泥质砂岩、含砾泥质砂岩：以泥质砂岩为主，局部为含砾泥质砂岩，紫红色，砂质结构，泥质胶结，局部为钙质胶结，厚层状，易裂，饱水易软化。由于该地层成岩作用时间较短，成岩作用存在一定差异，局部胶结较好的，质较硬，胶结作用不好的，岩质偏软，无一定的规律性，总体来看该层为软质岩，其全风化层：为紫红色，风化呈硬塑土状及土柱状，局部夹少量风化残余的强风化碎块，该层在测区内分布少，基本缺失，厚0 ~ 5m，属III级硬土，D组填料；强风化层为紫红色，勘探岩心多为碎块状和少量短柱状，岩质软，易碎，手易掰开，厚0 ~ 10m不等，属III级硬土，C组填料；弱风化层（为紫红色，裂隙较发育，勘探岩心多为柱状、短柱状和少量碎块状，由于胶结的差异性，岩质存在软硬不均的情况，该套地层主要分布在隧道进口端的路基段，洞身无该地层，属 IV 级软石，C 组填料。

（8）变余砂岩、砂质板岩夹绢云母板岩和含砾砂岩：本地层分布于至隧道出口，以变余砂岩为主，砂质板岩次之，局部有含砾砂岩和绢云母板岩及少量的灰绿色绢云母绿泥石板岩、浅紫色凝灰质板岩，且局部有钙质透镜体和钙质团块发育。变质砂岩新鲜岩体为中厚层状，块状构造，钙泥质胶结，以长石为主，次为石英，局部石英富集而成细粒石英砂岩，岩质坚硬；砂质板岩为薄至中厚层状，具明显细条纹纹理，水平细纹层理发育，粉细粒含量重，岩质较变余砂岩稍软。含砾砂岩、绢云母板岩、凝灰质板岩多为薄至中层状，分布较少，多为夹层状出露，岩质较软；隧道区其风化作用强烈，全风化层隧道口端缺失；强风化层浅灰色夹灰黄色，节理裂隙密集发育，节理裂隙呈张开型，裂隙面均见薄层铁锰质浸染膜覆盖，该层岩体呈角砾碎块状结构，岩体完整性极差，岩质偏软、色泽陈旧，勘探岩芯多呈碎块状夹短柱状，锤击即碎，出口端厚约 3m 左右；勘探岩芯多呈柱状，质坚，不易击碎；其裂隙面多密闭，局部裂隙面偶见铁猛质浸染，见少量的石英细脉，属 V 级次坚石，为 B 组填料。

（9）砂质板岩、泥质板岩夹绢云母板岩、凝灰质板岩、变质粉细砂岩：该套地层主要分布于隧道进口至 DK222+815 段，隧道内与地层断层接触，接触断层为鸡雄 1# 逆断层。主要以砂质板岩为主，泥质板岩次之，其新鲜岩体为薄至中厚层状，板状构造，具明显细条纹纹理，水平细纹层理发育，质较硬；绢云母板岩灰色，薄层状，质地偏软，隧区内分布少，偶有出露；隧道区其风化差异较大，其全风化层勘探岩芯呈灰黄色，呈坚硬土柱状夹强风化残块，厚 0 ~ 10m，属 III 级硬土，C 组填料。其强风化层浅灰色夹灰黄色，节理裂隙密集发育，节理裂隙呈张开型，裂隙面均见薄层铁猛质浸染膜覆盖，该层岩体呈角砾碎块状结构，岩体完整性极差，岩质偏软、色泽陈旧，勘探岩芯多呈碎块状夹短柱状，锤击即碎，隧道进口广泛分布；其下为弱风化层灰色、青灰色，岩质新鲜、质地较坚硬，性脆，岩体较破碎，多呈块石状夹碎石状结构，勘探岩芯多呈柱状、短柱状，质坚，不易击碎；其裂隙面多密闭，局部裂隙面偶见铁锰质浸染，偶见黄铁矿晶体，属 V 级次坚石，为 B 组填料。

2. 地质构造

隧区最主要的构造体系 – 增盈向斜盆地，该向斜盆地面积 120km^2，长约 11km、宽约 7.5km，轴部为乌花逆断层切割，为轴面略倾向北西，轴面倾角 85° 以上的对称向斜，隧道从该向斜盆地的北东端与轴面大角度相交穿过。

隧道区的断裂较发育，所处断裂构造以北东向组最为发育，均为多期性的高倾角断层，且具有前后两期重叠复活的现象，隧道区的断层破碎影响带一般宽大。隧道区最主要的断层为乌花逆断层（和线路相交于 DK229+870），该断层系沿着增盈盆状向斜轴向的轴线而产生的走向断层，长约 22km。

隧区共发育 22 条断层及个 5 褶曲构造，现分述如下：

（1）褶皱

①凉路口向斜：为一倾斜向斜，向斜轴的走向为 N30° E，轴面倾向 SE，向斜轴大致和隧道相交于 D3K220+122，轴向和隧道的交角为 55°，两翼的地层均为清水江组，向斜 NW 翼层理产状大致为 N60E° /16° SE，其 SE 翼层理大致产状为 N15° E/40° NW。

②下高邑向斜：为一不对称向斜，向斜轴的走向为 N11° W，向斜轴面直立，向斜轴大致和隧道相交于 DK223+640，和线路的交角为 66°，两翼的地层均为隆里组地层，向斜 SE 翼层理产状大致为 N30° E/20° SE，其 NE 翼层理大致产状为 N30° E/5° NW，NE 翼被下高邑逆断层切割，从而表现为不完整向斜。

③增盈盆状向斜：为一不对称区域性的盆状向斜，向斜轴走向为 S–N，轴面近直立，向斜轴大致和线位相交于 DK229+208，交角为 78°，两翼的地层均为隆里组地层，向斜 W 翼层理产状大致为 N20° W/20° NE，其 E 翼层理大致产状为 N70° E/33° NW，NE 翼被下乌花逆断层切割，使该向斜为一不完整向斜。

④金钩向斜：为一舒缓向斜，向斜轴的走向为 N16° E，轴面直立，向斜轴大致和线位相交于 DK231+450，交角为 75°，两翼的地层均为隆里组地层，向斜 SE 翼层理产状大致为 N55° E/11° SE，其 NW 翼层理大致产状为 N45° W/10° SW，SE 翼被金钩 4# 逆断层切割，NW 翼被金钩正断层切割，从而表现为不完整向斜。

⑤牙现背斜：为一舒缓背斜，轴面走向为 N20° W，轴面近直立，背斜轴大致和隧道相交于 D3K232+836，交角为 59°，背斜两翼的地层均为隆里组地层，SW 翼层理产状大致为 N20° E/30° NW，其 NE 翼层理大致产状为 N35° E/19° SE，SW 翼被金钩正断层切割，从而表现为不完整背斜。

（2）断层

①东司岭正断层：断层走向近 45° E，倾 NW，倾角 70 ~ 75°，其上盘为下第三系泥质砂岩层，下盘为板溪群清水江组砂质板岩，和线路相交于 D1K218+685，与线路交角为 71°，断层边界与线路分别相交于 D1K218+542 及 D1K218+842，与隧道洞身相交于隧道进口至 D1K218+831，断层破碎、影响带合计宽约 374m，断层带物质成分较杂，以断层角砾、断层角砾、压碎岩、靡棱岩为主，岩体破碎，硅化现象严重，多夹石英团块及石英脉；断层角砾岩角砾质为砂岩及板岩质，以泥质胶结为主，成岩作用较好，其仅分布于隧道进

口端。断层带岩体极为破碎，节理裂隙发育，钻孔岩芯均以砂状、角砾状为主，偶夹碎块状，该断层对隧道进口段洞身围岩稳定性影响大。

②小堡正断层：为东司岭断层的支断层，断层走向近 S–N 向，倾向 W，倾角为约为 70°，断层上下盘均为清水江组砂质板岩，和线路相交于 D1K218+183，与线路的交角约为 55°，断层带宽约 30m，断层带岩体破碎，轻微靡棱化，易碎。与隧道洞身相交位置约为 D1K219+145 处。

③八匡冲正断层：为区域性断层，断层走向近 N55°，倾 SE，倾角 70° 其上下盘均为板溪群清水江组砂质板岩，和线路大致相交于 D3K220+760，交角为 35°，断层带较宽，断层带附近掩盖大，其内充填物质成分不详，断层两盘岩层产状较凌乱，节理较发育，NW 盘代表性岩层产状为：E–W/40° S。SE 盘代表性岩层产状为 N20° W/25° SW。

④鸡雄逆断层：由鸡雄 1#、2# 逆断层组成，相距约 105m，1# 断层的上下盘为板溪群清水江组砂质板岩，2# 断层的上盘为隆里组变余砂岩夹砂质板岩，下盘为清水江组砂质板岩，断层走向 N19° E，倾向 SE，倾角 60°，断层与隧道洞身相交位置分别为 DK222+550、DK222+615 ~ +706，与线路交角约 82°，相交处推断为破碎带的裂隙较发育带及软弱夹层。断层破碎影响带约宽 150m，地表出露带内物质以轻微硅化岩体为主。

⑤下高岜逆断层：断层上下盘为隆里组变余砂岩，断层走向 N10° E，倾向 NW，倾角 60°。断层和线路相交于 DK224+091，与线路交角 88°，地表出露断层带物质以胶结紧密的断层角砾夹硅化断块，局部有石英团块，石英脉发育，地表出露断层带宽。20 ~ 40m 与隧道洞身相交位置约为 DK223+775 处。

⑥摆亮 1#、2# 逆断层：两断层相距约 250m，2# 断层为 1# 断层的支断层，两断层上下盘为隆里组变余砂岩；断层的走向为 N52° E，倾向 NE，倾角为 75°，和洞身相交于 DK224+655，交角为 50°；2# 断层走向为 N19° E，倾向 NW，倾角为 80° 和洞身相交于处 DK224+760，交角为 72°。断层破碎带及影响带宽约 234m，地表出露带内物质以硅化岩体为主，夹断层角砾。断层与洞身相交处推断为破碎带的裂隙较发育带及软弱夹层，可能有涌水现象。

⑦摆亮 3#、43 逆断层：两断层相距约 120m，两断层上下盘为隆里组变余砂岩，两断层近平行发育，3# 断层的走向为 N27° E，倾向不稳定，上部倾 NW，下部 SE，倾角为 65°，和洞身相交于 DK225+215，交角为 84°；4# 断层走向为 N27° E，倾向 SE，倾角为 80°，和线路相交于 DK225+505 处，交角为 74°。断层破碎带及影响带宽约 381m，地表出露带内物质以硅化岩体为主，夹断层角砾。

⑧归柳 1#、2# 逆断层：两断层相距约 260m，两断层上下盘为隆里组变余

砂岩，两断层近平行发育，断层的走向为S–N，倾向E，倾角为75 ~ 80°，和洞身分别相交于DK226+330和DK226+625 ~+740，和线路的交角为80°。断层破碎带及影响带宽约502m，地表出露带内物质以结构紧密的断层角砾岩为主，次为硅化岩体，劈理密集发育。隧道顶部推断为破碎带的裂隙较发育带及软弱夹层。

⑨归柳3#、4#逆断层：两断层相距约342m，两断层上下盘为隆里组变余砂岩，近平行发育，断层的走向为N15° E，3#倾向SE，倾角为75°，4#断层倾向NW，倾角为75°和洞身分别相交于DK227+303和+400处，与线路的交角为86°。断层破碎带及影响带宽约，地表出露带内物质以硅化岩体为主，地表出露岩层层面极其混舌地表见大量石英团块，石英脉发育，地表见最宽石英脉宽达，长达。该段岩体破碎、稳定性差，断层破碎带及岩体破碎裂隙发育带渗透性好，断层为富水断层。

⑩苗兰逆断层：断层上下盘为隆里组变余砂岩，断层走向N13° E，倾向NW，倾角70°。断层和线路相交于DK228+548，与线路交角约87°，地表见断层带宽约20 ~ 80m，地表出露断层带物质以硅化岩体为主，有少量石英团块、石英脉发育，断层两盘倾角变化大。与隧道洞身相交位置约为DK228+335 ~ DK228+385处。

（三）水文地质条件

1. 地下水类型

洞身地下水主要为第四系孔隙潜水，基岩裂隙水。

（1）孔隙潜水，主要分布在洞身两次下穿寨蒿河段。

（2）基岩裂隙水，主要存在于砂质板岩和变余砂岩中的节理裂隙中。

2. 地下水补给、排泄、径流

隧道区降水汇水面积较大。隧道洞顶发育有寨蒿河，洞顶上方深切沟谷内一般都有常年流水，山区地形特点造成地下水与地表河水互为补给关系，故隧道区地下水补给来源充足。由于地形复地质构造发育，地下水流向紊乱，总体来看，从隧道进口到DK219+250段地形总体为南高北低，地下水的总体流向为NW向，既由隧道右侧向左侧排泄，DK219+250 ~ DK221+000段地形总体为北高南低，地下水的总体流向为由北向南，既隧道洞身为由左侧向右侧排泄，DK221+000 ~ DK223+300段为一单斜坡面，总体地势上南高北低，且寨蒿河发育于线路的左侧，地下水总的流向应为向，既隧道洞身为由右侧向左侧排泄，DK223+300 ~隧道出口，总体地势为北高南低，且线路右侧发贵鲁溪，牙线河，流向为由西向东，地下水的总体流向应为向，既隧道洞身为由左侧向右侧排泄。测区内深切沟谷发育，且线路被寨蒿河、贵鲁溪、牙线河和增冲河成半包围状，基岩裂隙水具补给近、径流段，坡降大的特点，洞顶沟壑多见季节性流水。同时，隧道本身穿过一个大型的增盈向斜构造盆地北端，向斜轴部大致位于 DK229+200 附近，向斜两翼受构造切割剧烈，造成岩体破碎程度极高；向斜构造盆地的特点造成向斜两翼的地下水均向斜轴部汇集，因此可以预测洞身基岩裂隙水含水较丰富，水量较丰富。

3. 隧道涌水量预测

平常期涌水量 +69951m²/d，最大涌水量 114424m²/d。

（四）主要工程地质问题

1. 岩爆；

2. 断层破碎带；

3. 涌水突泥；

4. 顺层偏压。

DK224+900 ~ DK225+250 段岩层产状为 N80° E/30° NW，走向和线路的交角为 21° ，在洞身横断面上的视倾角为 28° 洞身右侧存在软弱夹层时有顺层偏压倾向。

5. 出口仰坡顺层

隧道出口岩层产状为 N35° E/19° SE 走向和线路的交角为 79° ，岩层层面在线路方向的视倾角为 18° ，隧道出口仰坡顺层。

（五）工程地质条件评价

1. 洞身

洞身内岩性较单一，岩质稍硬，洞身内断裂构造极发育，造成洞身内摺皱较发育，岩体破碎程度较高，断层带及其影响带围岩破碎程度极高，个别地段可能遇隐伏裂隙，若施工处置不当，容易造成围岩坍塌；其他段围岩节理裂隙密集发育，施工时局部形成洞顶小型坍方掉块；岩层倾角较一般较缓，且线路方向与岩层走向交角一般大于对隧道洞室稳定性较为不利；洞身基岩裂隙水发育，隧道洞身通过盆状向斜储水构造，地下水极为发育，有可能遇断层破碎带或裂隙密集带集中透水，危及施工安全。

2. 进口

DK218+500 ~ DK218+675 中心至左侧 0 ~ 40m 外斜坡上覆盖厚 5 ~ 13m 的结构松散的人工填土，下伏断层破碎带，开挖后宜造成边坡工程溜坍，进洞条件较差。

3. 出口

出口纵坡 40° 左右，坡面覆盖 0 ~ 2m 厚的稍密至中密状碎石土，存在仰坡顺层，顺层视倾角 18°，基岩为砂质板岩、变质砂岩，全风化层普遍缺失，强风化层厚 3 ~ 5m 间，岩体极其破碎，边仰坡开挖切割坡脚，若防护不及时，易造成边仰坡表层溜坍。

（六）隧道开挖技术

隧道起讫里程 DK218+500 ~ DK233+190，全长 14690m，其中 III 级围岩 6475m，IV 级围岩 4985m，V 级围岩 3230m。隧道设 3 个斜井，1 个平行导坑、1 个进口和 1 个横洞，共计 6 个工作面。

根据工程的实际情况，III 级围岩采用全断面法、该围岩地段不设置超前支护和钢架加强支护；IV 级围岩采用全断面与台阶法相结合；V 级复合、V 级 1 型复合围岩采用大拱脚台阶法；V 级 II 型加强复合围岩采用 crd 法和双面侧壁导坑法的快速开挖技术。

三、机械施工工艺及配套技术

隧道的快速施工，主要是体现在开挖、出渣、喷射混凝土等工序上，合理的机械化配套施工提高了以上这些工序的效率即解决了快速施工的难题。本章我们分别把开挖作业、出渣作业、初期支护作业、仰拱、二次衬砌作业进行了机械施工和人工施工的对比，对比相同工序在不同的机械配套施工下其施工效率、安全性、施工质量、人员配置等的差别，为以后隧道的机械化施工提供参考。

（一）设备选型配套基本原则和考虑因素

1. 设备选型配套基本原则

机械设备选型配套取决于隧道的规模、工期进度要求、地质和地势条件、施工成本、企业的技术设备政策等诸多因素。设备选型是指设备性能、规格、型号、厂家等方面的选择，这是设备选型配套的前提。没有优良先进性能的设备就不能发挥工序设备的效能。配套是指工序设备之间合理的匹配关系，这是设备选型配套的基础。没有合理的匹配关系就不能发挥隧道设备的整体效益。针对岩山隧道施工的特点，我们采用钻爆法施工，并制定以下基本原则：

（1）岩山隧道机械配套方案，应满足施工组织及进度要求，以挖、装、运为主线，按照地质超前预报、开挖、装渣、运输、喷锚、支护、衬砌、通风、防排水等工序配置机械设备，形成各工序机械化流水生产作业线。

（2）机械配套上保证设备的技术先进性和经济合理性。具体从生产效率、可操作性、安全性、耐用性、维修性、能耗水平、价格、厂家信誉、售后服务等方面综合考虑。严禁选择技术陈旧、性能落后，能耗大或淘汰产品。

（3）设备选型配套时，要考虑其通用性，既可在岩山隧道工程中使用又可在其他相关工程中使用，以降低设备的购置成本和运行成本。

（4）设备选型配套时，对工序中同一用途的多台设备尽量在规格、型号，厂家上统一，有利于设备的维修保养、配件储备和使用管理。

（5）设备选型配套时，对中小型设备可留有一定数量的备用，这样既可以及时替换故障设备，又可以对设备能力不足的环节作必要的补充。

（6）设备选型配套时，要立足于自己的经济实力和企业效益，在补充新购设备的同时也要发挥现有设备的作用，及时在单位内部进行调剂。

2. 设备选型配套考虑因素

（1）工期要求

一般情况下，施工机械化程度越高，生产效率就越高，施工进度也越快，因此工期要求紧时应选择性能好、产量高的设备且数量要能满足要求，各种设备之间互相匹配防止降高就低，瓶颈制约，造成部分设备生产能力得不到充分发挥。岩山隧道要求必须在42个月内贯通，其中平导和2#斜井对打段施工线路长9135米（其中辅助导坑长3875m，正洞长5260m），为关键线路，工期压力极大，机械设备配备的型号和数量必须满足此要求。

（2）施工方案

机械设备的选型与配套和施工方案密切相关。施工时选用以多功能作业台架、液压式凿岩机、挖装机、喷射机组、装载机、衬砌模板台车、自行式仰拱栈桥、重载运输等为主要特征的大型机械设备配套，组成钻爆、装运、超前支护、喷锚支护、衬砌等机械化作业线的有机配合，严格机械设备管、用、养、修制度，科学管理，达到快速施工的目的。

隧道通风以压入式通风为主，配备大型通风设备；反坡施工排水配备大功率排水设备，防范突水风险。

设备配套主要以无轨运输正洞全断面和台阶法二种施工方法为主要研究内容。重点解决超前地质预报、开挖、支护、装渣与运输、防水板铺设与二次衬砌机械化施工等作业线对设备配套进行了试验、研究、配置与实施。

3. 岩山隧道情况

（1）软岩大断面开挖及运输机械化配套

采用台阶法施工的软岩大断面，上半部采用凿岩台车或者采用简易工作台架、YT28风钻钻孔，开挖进尺根据围岩情况而定，下台阶分左右两部施工，拱部及边墙采用光面爆破，及边墙采用预裂爆破，减少对围岩的震动以控制成形。

上半部出渣采用一台WA470装载机和一台WA380装载机出渣，PC200挖掘机 1 台配合找顶捡底，18T 出碴大车运渣。

其开挖和出渣和常规隧道施工工艺和配套相同，在这里我们就不做比较了。

（2）中、硬开挖及运输施工机械配套

中硬岩大断面围岩一般开挖采用两台凿岩台车全断面同时开挖，三臂台车为液压传动，施作时钻进速度快，钻孔角度好控制，能够有效控制隧道超欠挖，进行光面爆破施工；另外使用三臂凿岩台车施作 40 米长的超前探孔，速度快效率高。

装运设备为 WA470 装载机两台，PC200 挖掘机 1 台配合找顶捡底，运输设备 6 台以上。

中、硬岩开挖上运用了多臂台车等大型机械，与常规风钻施工有所不同，其提高了施工速度，带来了很高的经济效益。

所以我们主要是对中、硬岩开挖、喷混等对比。

（二）开挖作业

1. 超前地质预报

超前地质预测预报手段在隧道施工中越来越被充分认识，铁道部相关文件也要求纳入工序管理。

岩山隧道共有 22 条断层、4 个向斜、1 个背斜，并两次下穿寨蒿河，断层带物质较杂，岩体破碎，围稳定性差；地表沟溪纵横发育，沟内常年有水，裂隙发育，除地质素描、加深炮眼、TSP 外，在地质复杂及对设计地质疑惑段应配置超前钻机对前方围岩进行判断。目前国内隧道施工中比较常见的 30 米钻孔都是采用 MK5 钻机为主，该超前水平钻所占用的工序时间较长，达到 10 个小时以，为提高工程进度，岩山隧道采用国际先进钻孔设备 C6 水平超前钻机，进行超前钻孔（同时兼掏榕中空眼）。

C6 水平超前钻机可以准确判断前方围岩，既能长距离预测预报，又能保证预报的准确性，也具有行走方便、钻进速度快的特点，以级围岩为例，每小时可钻进 8 ~ 10 米。由于该机械使用内燃动力，工作能动性强，基本不受环境制约，同时采用先进尾气处理技术（无烟、无味、无尘），完全能达到环保要求。

2. 钻孔

岩山隧道分进口、平导、1# 斜井、2# 斜井、3# 斜井及横洞等六个工作面施工，根据地质情况采取全断面、上下台阶、CD 法、CRD 法等施工方法，每个工作面配备一台多功能作业台车及 12 ~ 25 台 YT28 风钻。

我们以平导工点为例，在前期的作业中，采用国内较先进且节能成熟设备（一拖八）液压凿岩机组进行钻孔作业。

该方法的优点是：操作简单、容易上手，维修方便、施工组织也很便捷；

缺点是：需要人员多，一个工作面需要人员配置在22人左右、劳动强度大，钻眼速度相对慢、钻孔也比较浅，而且工作环境差、人员素质不一，安全性能也不高。

后期不断完善中购入了JGH4--1502型四臂凿岩台车和B325型三臂凿岩台车。之前的人工风钻运用的是高压风做驱动，粉尘和噪音都很大。多臂台车运用的是清洁的电能做驱动，改变了传统开挖作业时对工作面空气的污染和对施工人员的健康危害，最大程度地降低了工作强度和环境的污染，并且提高了作业的安全系数。

（1）钻孔速度快，效率高：多臂凿岩台车配备22KW的凿岩钻机，钻进速度为2.5m/min钻孔深度4.0m，使用两台台车同时钻孔（7台钻机），一般不到2h就可以钻完是有的炮眼。台车还配有可进行测量、找顶、放置炸药等作业的多功能升降框架式结构作业臂；而且台车还可以方便快捷的进行支护铺杆作业。与传统的风钻施工相比，多臂台车一个钻爆循环只需3.5小时左右，节约了近1.5小时，隧道开挖施工的进度大大地得到了提高。

（2）安全系数高：两台多臂台车同时开挖只需要个工作人员，操作面距掌子面10米以上，操作平台上有安全顶棚，这样的安排不仅方便工作人员更好的观察围岩变化，而且遇到突发险情时，工作人员可以快速撤离。

（3）作业环境好，劳动强度低：传统风钻为手持工作，需要高强度劳动，多臂台车运用按钮操作，工作强度小；多臂台车使用电力做动力、液压传动，对周边几乎无污染，而且在钻孔中其自带的高压水冲洗功能，使得其不产生任何粉尘污染；施工作业时产生的噪音在90分贝左右，大大的降低了噪音污染。

（4）开挖成型好，资源浪费少：爆破效果上多臂台车优于人工手持风钻，隧道残眼保持在92%以上，开挖成型好，有效地减少了超挖，欠挖得到杜绝，节约了工序时间。因为成型好，也节约了因为超挖、欠挖所引起的人力物力及财力，而且钢筋网铺设、锚杆施作更加顺畅，混凝土喷射更加平顺密实，也为二次衬砌内实外美打下了基础。

3. 爆破

目前，在我国隧道工程施工中，光面爆破技术因具有爆破效率高、掘进速度快等优点，被得以广泛采用。为了达到快速施工的目的，岩山隧道即采用了光面爆破技术。但在应用过程中，也发现了光面爆破时常存在成型效果差、围岩损伤严重、在松软及裂隙发育岩层中光爆效果不明显、炮痕率低等不足，因而又影响着光面爆破技术的进一步发展。

由此，在传统的光面爆破基础上，岩山隧道试验段采用了岩石定向断裂爆破技术。该技术通过采用特殊方式，在周边炮孔之间的连线方向上首先形成初始裂纹，为炮孔爆破裂纹的形成定向，而后初始定向裂纹在炮孔内爆炸荷载作用下扩展，形成孔间贯通裂纹，从而达到提高周边光面爆破效果的目的。根据炮孔壁上初始裂纹形成机制和方式的不同，岩石定向断裂爆破大体上分为三类，即切槽孔岩石定向断裂爆破、聚能药包岩石定向断裂爆破和切缝药包岩石定向断裂爆破。在岩山隧道施工中，经过工程实践应用表明，切缝药包爆破技术爆破效果良好，且具有装药结构简单、操作容易、施工快速等诸多优点，具有显著的经济和社会效应，易于推广应用。

（1）工艺原理

切缝药包爆破是岩石定向断裂控制爆破的方法之一，是对岩石断裂过程中裂纹的产生、扩展及止裂进行控制，即在炮孔壁上产生规定的裂纹，使之沿径向扩展，并达到预定的长度。

切缝药包定向断裂控制爆破的实质，是在具有一定密度和强度的炸药外壳（金属管、塑料管等）上开有不同角度、形状和数量的切缝，利用切缝控制爆破应力场的分布和爆生气体对（孔壁）介质的准静态作用和尖劈作用，达到控制被爆介质的破碎程度和开裂方向的目的。切缝药包爆破使孔壁形成贯穿裂纹的过程可分为两个阶段：第一阶段，炮孔壁切缝方向岩石在爆炸产物的直接冲击作用下被压碎，形成尖端破碎区（相当于初始导向裂纹），它将对炮孔间贯通裂纹的形成起到定向作用；第二阶段，由于切缝套管材料的阻挡和衰减作用，经历一时间滞后，炮孔内炸药爆炸产物膨胀充满炮孔空间，对整个炮孔壁施加准静态压力，使初始导向裂纹扩展，形成炮孔间的贯通裂纹。

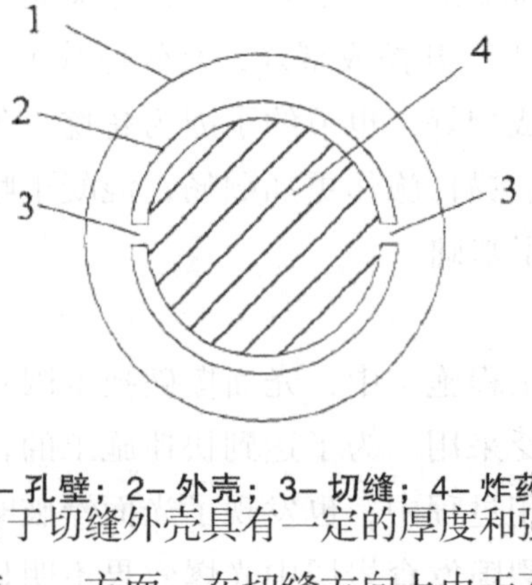

1- 孔壁；2- 外壳；3- 切缝；4- 炸药

切缝药包爆破时，由于切缝外壳具有一定的厚度和强度，切缝药包在爆炸瞬间表现出明显的聚能效应。一方面，在切缝方向上由于不存在任何阻力作用，该方向上的孔壁岩石直接受到爆轰产物的冲击。爆轰产物能流密度大且集中于较小范围，其冲量密度大于被爆介质的临界冲量密度，在炮孔壁上产生微破裂区，预先形成了初始裂隙，而切缝以外的其他方向，外壳给爆轰产物的飞散形成阻碍，使能量流进一步向切缝方向集中，一定程度上加强了切缝方向的破坏作用。在切缝方向初始定向裂纹首先形成之后，使炮孔周壁介质形成应力松弛，也在一定程度上抑制了其他方向上裂纹的形成，从而避免了炮孔周壁局部压碎和随机初始裂纹的产生。另一方面，在非切缝处，爆轰产物直接冲击其外壳内壁，由于药包外壳的密度大于爆轰波阵面上爆炸产物的密度，且固体介质的压缩性一般小于爆轰产物的压缩性，作用于药包外壳上的冲击波，除产生少量透射波外，还形成了向爆炸中心反射的压缩波，且透射波经切缝外壳和外壳与孔壁之间的环形空间衰减后，能量大为减弱。同时外壳本身也产生变形与位移，吸收部分能量。这样就大大降低了未切缝区域孔壁产生径向裂缝的可能性。从而保护了炮孔壁，最大限度地降低了爆破产物对岩石的损伤，有利于围岩的自身稳定。

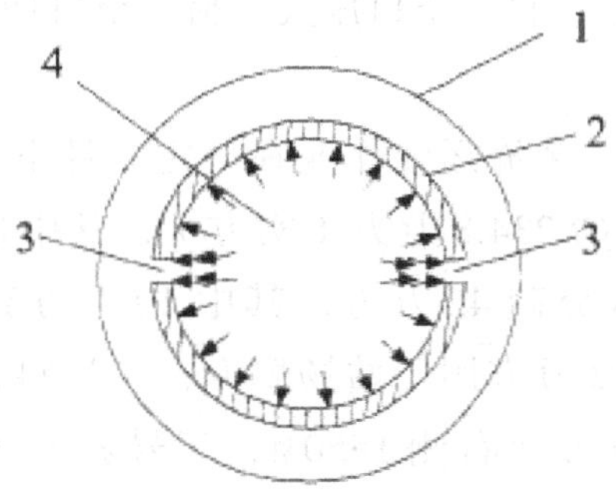

1– 孔壁；2– 外壳；3– 切缝；4– 爆生气体
图 3–7　爆炸时生气体运动示意图

（2）工法特点：

①爆破效果好，能精确地控制断面成型，减少超欠挖，降低周边轮廓表面的凸凹度，大为提高爆破质量。

②安全性能高，采用切缝药包岩石定向断裂爆破技术能有效降低周边爆破对围岩的损伤，增强围岩自身的稳定性，有利于安全生产。

③经济效益优，超欠挖的有效控制，既节省了再处理的人工费用，又减少了工程材料的投入成本，而炮孔间距的增大及用药量的减少，缩短了钻孔时间，同时也节约了炸药的消耗。

④施工进度快，炮孔数量的减少有利于提高循环进度，同时断面轮廓表面圆顺度的提高，为后续工序施工提供了便利，有效提高了劳动效率，加快施工进度。

⑤适用范围广，在岩石隧道施工中，完整及破碎岩石都能采用，只需施工

得当，均能实现理想的爆破效果。

⑥结构简单，操作容易，施工人员易于掌握和施作。

4. 通风

高压风

（1）岩山隧道全部采用电动移动式空压机，有美国寿力 27.2m³ 和无锡 20m³ 两种。风枪、风镐、混凝土喷射机等风动机具机械的动力用风选用 150mm 的无缝高压钢风管。

（2）高压电

施工前期采用自发电 + 农网供电，后期采用专为高速铁路架设的 35V 电力干线下载至洞口附近，设 S11-500/10、S9-315/35.S9-400/35/S9-800/35 变压器供施工用电，为保障设备正常运转，同时考虑高压进洞。

（3）施工通风

施工前期采用压入式通风，选用山西鑫丰康 SDF 或天津通风机，150cm 软风管。待有工作面贯通后，自一个口压入，另一个口抽出混合通风方式。

（三）出澄作业

在隧道掘进过程中，装渣运输作业在一定条件下将是影响掘进速度的一个重要因素。全隧共弃碴 234.8 万方（实方），其中进口弃碴 36.5 万方，用于站场填方，平导工区弃碴 42 万方，其中 10 万方弃碴于 DK217+500 前进方向左侧 730M，剩余 32 万方用于站场填方；二号斜井工区弃碴 37.5 万方，弃碴于 DK228+650 前进方向右侧 1550M；三号斜井工区弃碴 31.2 万方，弃碴于 DK230+500 前进方向右侧 1450M，横洞工区弃碴 48.6 万方，弃碴于 DK233+150 前进方向左侧 500M。出碴运距一般 1500M 以上，装载机采用 WA470、柳工 856 型装载机，正洞每工点配置 2 台，根据运距长短每工点配 6 ~ 8 台北方奔驰自卸汽车。

辅助坑洞因断面受限，采用五局自行研制 LDWZ200 履带式挖装机（仿德国 TCL 挖装机）进行辅助坑道出礎，正常情况下实际出碴量超过 60m³/h，解决了长大隧道辅助导坑施工设备配置，且电动式减少了洞内空气污染。

五局自行研制 LDWZ200 履带式挖装机与以往施工机械相比有以下特点：

1. 因为辅助坑断面小，履带式挖装机相对挖掘机更为灵活。

2. 以往出渣时需要装载机进行辅助装载，先由挖掘机作业后再由装载机作业。而履带式挖装机是集挖扒与装载一体，边挖扒边状态，更为流畅，大大节省了施工时间。

3. 人员配置上，挖扒和装载只需一人操作，节约了人工成本。

4. 工作环境好，首先是其电动式作业减少了洞内污染，出渣没有进行反复的挖装，减少了洞内粉尘。

（四）初期支护作业

初期支护是保证隧道安全、顺利施工的关键，在级围岩地段，开挖放炮后在围岩较稳定的情况下先对掌子面进行初喷作业，初喷厚度为 3 ~ 5cm，后施作铺杆进入下一循环，待这茬炮放过后再对该段进行铺杆挂网作业，并对上一循环进行复喷作业，以此缩、短工序循环时间。在 IV、V 级围岩地段，应遵循放炮后初喷，出碴打锚杆挂网、立钢架、复喷的工序，确保施工安全。

1. 描杆施作

岩山隧道采用的是自进式错杆与砂浆锚杆两种方式施工，与一般铁路隧道施工方案大致相同，故在此不做比较。仅在砂浆锚杆钻孔时由于机械设备选用的不同，导致施工速度和人员配置上的不同加以说明。

（1）自进式错杆：

①双液预注装参数设计

A. 一般情况下注浆压力比地下水静水压大 1 ~ 2 倍，在考虑岩层的裂隙阻力，并根据现场情况试验后确定。佣瞬间压力最高值不得超过 0.5MPa。

B. 工程中一般是根据现有数据进行工程类比、同时结合现场磁体注衆试验情况选定注装压力范围来确定衆液扩散半径的大小。

C. 注浆排距 L 和注柴孔距 D 的计算

D=cos30°×2r

L=sin60°×D

D. 单孔注浆量

Q注=πr2hηβ

式中，r——浆注扩散半径（m）

h——压浆段有效长度（m）

η——岩石裂隙率；

β——浆注在裂隙内的有效充填系数。

E. 洞内注浆结束标准

当注浆压力达到 0.35MPa 或者单孔灌注量达 1000kg 时，即可停止单孔注浆施工。

（2）砂浆锚杆

早强砂浆锚杆：以往施工时都采用 YSP45 锚杆钻机钻孔，ZW 早强错固剂锚固，锚杆尾部设丝扣，用以安装钢垫板。

普通砂浆锚杆：以往施工采用 YSP45 锚杆钻机钻孔，搅拌机拌制普通砂浆，牛角泵灌注。

采用 YSP45 锚杆钻机钻孔与三臂台车钻孔的最大区别体现在钻孔效率和成型质量上。采用多臂台车的主要优点在开挖作业时已做了说明，他的成孔效率大大高于一般工程所采用的锚杆钻机。而且由于机械作业，与作用面角度得到很好的固定，与人工控制钻机钻孔比较，钻孔质量得到大大的提高。

2. 初喷混凝土

随着隧道施工技术的发展，混凝土湿喷技术越来越普遍，通常混凝土湿喷施工方式有两种，一种是采用带机械手的湿喷机喷射，另一种是采用普通的湿喷机进行喷射施工。

岩山隧道采用湿喷混凝土的方式施工，施工中选用了普茨迈斯特带机械手湿喷机和普通的 TK500 湿喷机进行湿喷作业。

普通 TK500 湿喷机进行湿喷作业有如下特点：

（1）一个断面需要到 3 ～ 5 台喷射机同时作业才能满足施工要求，并且每台 TK500 湿喷机需配置 5 个工人。这样一个断面需要喷浆工作人员大约在 15 到 20 人，人工成本相对较高。

（2）不能单独作业，每台喷射机需配置一台空压机。

（3）而且由于工作面狭窄，人员比较拥挤，必定也会影响工作效率。

（4）工作人员直接暴露在工作面，安全系数也不高。

（5）由于人工喷射具有偶然性其施工质量也参差不齐，回弹率相对过高造成成本浪费。

（6）施作面粉尘污染大，对工作人员造成伤害大。

采用普茨迈斯特带机械手湿喷机工作时有如下特点：

（1）由于机械手湿喷机机械性能高，一般一个工作面仅一台就能满足施工要求。不需要辅助机械，可以单独作业。

（2）每台配备个工人，大大减少了人工成本。

（3）由于机械化施工，施工质量好，回弹率低，大大节约了成本。，

（4）施工效率高，同样的施工距离，湿喷机比湿喷机所用时间短，为工程快速施工提供了保障。

（5）湿喷机作业时，工作人员在机车上进行操作，降低了劳动强度。

（6）喷射作业面距操作面较远，提高了操作人员的安全系数高。

（7）污染相对小。

（五）仰拱铺底

岩山隧道衬砌采用仰拱先行的施工方案，仰拱保持距开挖面 40 ~ 60m，前后交错进行。尽早施作仰拱，不仅能起到及时封闭围岩防止基底软化的作用，同时保证了洞内整洁，车辆的畅通。在仰拱施工中，为防止影响车辆的运行，采取针梁式仰拱衬砌滑动模架打设仰拱，以保证其他工序正常施工。

主要施工工序如下：

1. 针梁就位。在第一环安装之前，需要将针梁调整到其工作位置。

2. 外框就位。检查仰拱模及外框，确认当外框移动的时候没有其他的障碍物，启动卷扬机，拉动外框移动到浇注位置，停止卷扬机。注意卷扬机的方向。

3. 仰拱模板就位。仰拱浇筑之前，先检查一遍仰拱模，必须清理掉影响其就位的障碍物，通过操作电动葫芦，让浇筑边线与仰拱模的纵向边线相互平行，然后将仰拱模整体下降至距就位地方大约 200mm 的高度，单独操控其内侧纵边的电动葫芦，使仰拱模内侧纵边到达工作处就位，然后，通过同样的方法使其外侧纵边达到工作就位处，将各螺旋丝杆按对应位置装上旋紧。因为外框和针梁之间有一定缝隙，在浇筑的时候，为了防止仰拱模板的浮动，通过操控针梁两端支撑装置，针梁下降落到外框上，以此来消除外框和针梁之间的缝隙。

4. 脱模。旋松螺旋丝杆，将销子取掉，再取掉螺旋丝杆，然后检查没有妨碍仰拱模脱模的障碍物后，同时需要操作电动葫芦，使其提升，让仰拱模整体脱模。

5. 转至第 2.3 步。

6. 针梁行走。当混凝土绕注达到预定的强度时，操控支梁支撑装置，让针梁支腿收回，使其离地 150mm 左右，检查确认没有障碍物干扰针梁移动之后，启动卷扬机。

7 转至第 4 步。至此完成了一个完整的工作循环。

岩山隧道的针梁式仰拱衬砌比一般隧道仰拱施做有以下优点

1. 针梁式仰拱衬砌滑行模架同小模板拼装而成的弧形边模相比，操作更为方便、衬砌循环更加快捷、工作效率更高等优点，有利于保证工期，具有明显的先进性、可靠性、实用性和技术优势。

2. 针梁式仰拱移动模架的采用，极大地提高了仰拱施工质量，保证了仰拱开挖后能够及时地封闭成环，不仅保证了结构的安全性，与此同时也解决了仰拱模板安装和加固闲难，整体性较差，容易跑模、变形，不容易捣固等技术性难题。

3. 运用电动莉芦系统自动来放吊以及收拢模板，很大程度上减少了支拆模板的人力；同时操控卷扬机的牵引去完成模架的移动，大大缩减了不同饶筑仓面之间的材料倒运工作，总体上大大的降低了劳动强度，提高了施工工效。

4. 采取针梁式仰拱衬砌滑动模架打设仰拱，该方法浇筑的混凝土较一般仰拱铺设所绕筑的混凝土平整度和整体性好，结构尺寸也比较圆顺，仰拱衬砌曲率和高程能够满足设计要求和检验标准，基于操作流程相对而言比较容易掌握，可以形成程序化和标准化作业，工艺能够得到快速的复制和推广。

5. 采用针梁式仰拱衬砌滑动模架打设仰拱大大减少了仰拱铺设时间，与一般铁路隧道的仰拱铺设相比，提高了工作效率，总体上降低了提高了经济效益。

（六）防水板铺设作业

岩山隧道中采用多功能作业台架铺设防水板、绑扎钢筋。防水板铺设包括多功能作业台架就位、铺设准备、缓冲层铺设、防水板铺设、防水板焊接、质量检验等多个环节。

在铺设防水板之前，首先应对外露的突出物、基面的渗漏水及表面凹凸不平处进行检查并处理。如果初期支护的初喷为钢纤维混凝土时，应在基面补喷一层水泥砂粟，将该层水泥砂粟作为保护层，用来保护防水板，防止其受到损伤。

防水板的铺设工序流程图

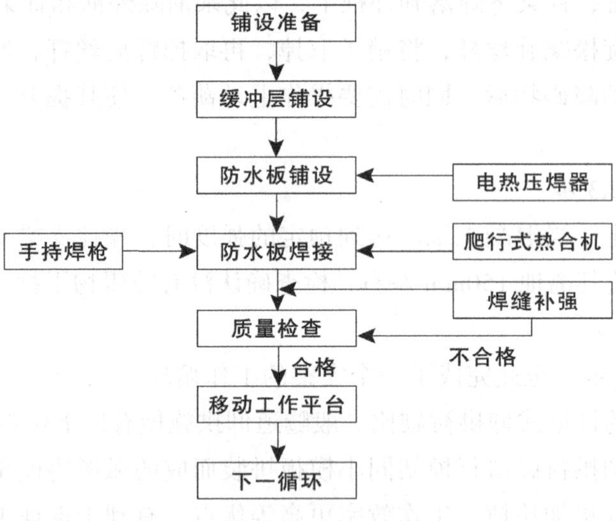

二衬钢筋绑扎包括多功能作业台架就位、基面清理、测量放线二衬钢筋绑扎等环节。其施工工艺流程图见下图。

岩山隧道使用的多功能作业台架其较普通作业台架工作平面更大，有效的降低了施工干扰，能显著增快隧道的施工速度。

（七）二次衬砌作业

在混凝土浇筑过程中，应根据施工条件、构造条件、环境条件等，使混凝土具有符合运输、灌注、捣固等作业的施工性能。鉴于此应该首先优化混凝土配合比。优化混凝土的配合比要从以下几方面着手：

1. 保证混凝土和易性和流动性。

2. 保证混凝土坍落度。

3. 混凝土外加剂。合理定量的外加剂能够保证混凝土浇筑顺畅及混凝土质量合格。

在岩山隧道中采用的整体式衬砌与一般隧道采用的衬砌方式相同，但是在使用中我们对脱模时间进行了优化。岩山隧道采用 AEA 膨胀剂后，有效地补偿了收缩混凝土带来的强度损失，比以往的脱模时间平均每循环少 2h 左右。在 20℃以上温度的条件和地质围岩状况达到 IV 类以上时，隧道脱模时间 ,8 ~ 10h，在 20℃以下温度的条件或 III 类以下围岩时，脱模时间要加长，加长时间视具体情况而定。

衬砌施工工艺要点：

（1）立模

模板立完之后，应将清理板面，涂刷脱模剂，同时安排专职技术人员严格检查中线、标高、净空是否满足设计断面的要求

（2）混凝土输送

混凝土采用输送泵输送，泵送混凝土前必须进行检修、保养，输送司机必须相对固定；之后应润滑管道；泵送过程中应使混凝土泵应连续运转。

（3）混凝土灌筑

混凝土灌筑过程中应由下至上分层连续灌筑，浇筑过程中尽量不得间歇，采用两侧对称灌筑，两侧高差不大于 0.5m，混凝土必须振捣密实，特别应注意混凝土泵送满后的停泵时机，严禁强行泵送，以防压垮模板。

（4）混凝土拆模

隧道的二次衬砌是在初期支护变形基本稳定后施作的，因此，二次模筑衬砌的早期可以认为是不承重结构。所以当混凝土强度达到 2.5MPa 时即可拆模。

（5）混凝土养护

混凝土养护应遵守下列规定：拆模后混凝土应立即进行养护；养护用水的温度应与环境温度基本相同。

岩山隧道二次衬砌的施做与一般铁路隧道的二次衬砌施做过程基本相同，故在此不做比较。

（八）小结

岩山隧道为加快施工速度，提高施工质量，投入了大量国内外先进机械设备，自行研发了针梁式仰拱衬砌滑行模架。隧道的快速施工主要体现在开挖、出渣和喷射混凝土上，提高了以上这些施工流程的效率即解决了快速施工的难题。本章以岩山隧道采用机械设备配套施工和常规人工施工进行了对比，发现机械配套施工无论在施工速度、作业环境、安全性、还是在施工质量上都远远高于人工施工。

1. 采用 C6 水平超前钻机，进行超前钻孔（同时兼掏槽中空眼）。与普通钻机比较有行走方便、钻进速度快。

2. 试验段采用了多臂台车作业与隧道前期 YT28 的风钻作业相比，不仅提高了作业效率，施工质量，而且大大减少了人员配置，降低了劳动量和安全风险等，为以后隧道施工提供了借鉴。同时多臂台车具有一机多用性，合理的运用更是会降低成本投入。

3. 岩山隧道采用了光面爆破技术施工，在此基础上试验段采用了切缝药包爆破技术，其爆破效果良好，具有装药结构简单、操作容易、施工快速等诸多优点，具有显著的经济和社会效应，易于推广应用。

4. 初喷混凝土采用普茨迈斯特带机械手湿喷机和普通的湿喷机相比，作业效率高、回弹低、人员配置少。为以后隧道施工提供了借鉴。

5. 岩山隧道衬砌采用仰拱先行，运用自行研发了针梁式仰拱衬砌滑行模架施作仰拱，与普通铁路隧道施工相比具有操作更为方便、衬砌循环更加快捷、工作效率更高、施工质量好等优点。在其施工中不会影响车辆的运行，保证其他工序正常施工，为快速施工提供了保障。

但是大型机械一次性投入大的难点还没有解决，所以在下一章会重点对这些大型机械和人工施工的经济型进行对比。

四、隧道机械施工的经济性

在隧道施工中，由于机械配套设备不断得到完善，采用了技术先进、机械化水平高、功率大的大型机械设备，从工艺水平上、工效上得到了较大提高，取得了较好的经济效益。

由于隧道的快速施工主要体现在开挖、出渣、喷上。以上作业中运用到了多臂凿岩台车、阿里瓦湿喷机及自制的针梁式仰拱衬砌滑行模架等具有代表性的大型配套设备，所以首先选取隧道掘进、混凝土喷射及仰拱施做进行专项经济比较。

由于专业所限，仅运用静态分析法，简化计算，对其进行经济估价来做比较。

（一）隧道在掘进中的经济性对比

1. 开挖中机械设备的选择

该隧道采用钻爆法施工。一般的开挖方式有两种：人工台车开挖和多臂凿岩台车开挖。

施工前期每个工作面配备的是两台多功能作业台车及 12 ~ 25 台 TY28 风钻。该方法的特点是操作简单、容易上手，维修方便、施工组织也很便捷；缺点是由于需要人员多、劳动强度大，钻眼速度相对慢、钻孔也比较浅，而且工作环境差、人员素质不一。

后期不断完善中购入了多臂凿岩台车。该方法的特点是人员需求量少、劳动强度低、施工环境好、钻眼速度快而且深，但操作规范化、要求高、维修费用高。可以一机多用。

现以平导正洞为例，主要从循环出渣量、人员配置、施工速率响等方面对两种开挖方式经济性进行对比分析。

2. 每循环出渣量

$V=S\times Ke\times L$

在该式子中：S 取平导正洞掘进断面面积为 131.03m^2；Ke 为松散系数，取 1.4；L 为开挖循环进迟，多臂凿岩台车为 4.5 左右，而人工开挖在 3.4 左右。

经过计算可得：多臂凿岩台车的开挖 V 为 825.52m^3，人工开挖的 V 为 623.7m^3。

在每个循环出渣量上，多臂凿岩台车开挖是远远高于人工开挖的，这样就加快了施工进度，间接地影响了经济效益。

表 4.1 人工台车和多臂凿岩台车配置比较表

	人工台车开挖人员设备配置表		人工台车开挖人员设备配置表	
	名称	数量	名称	数量
凿岩	自制多功能作业台车	1 台，钢材使用约 15 顿	多臂台车	2
	YT28	20		
	22M3 电动空压机	5	变压器	
	高压风管		高压电缆	
出渣	WA380 型侧卸装载机	2	WA380 型侧卸装载机	2
	15T（新北奔）自卸车	6	15T（新北奔）自卸车	6
通风	220KW 通风机	1	220KW 通风机	1

人员配置	施钻人员	22	多臂台车操作人	10
	装载机组	2	装载机组	2
	出渣车辆组	6	出渣车辆组	6
	爆破负责人员	4	维修人员	4
	管理人员	2	爆破负责人员	
	维修人员	4	管理人员	2
	总数	40	总数	28

3. 经济成本对比

在这里，以岩山隧道平导正洞级围岩为例。仅对配置人员和设备不同之处进行经济成本对比，对照明、高压供水、炸药用量等不予比较。我们按普通工人人工费 200/ 天、机车操作维修人员 250/ 天来计算。根据岩山隧道机械配套施工进度表所供的资料可知，组织机械配套施工前后的月进度分别为 120m 和 220m。

按照每天小时三班倒，运用多臂台车机械开挖每月需支付的人工费用为 2741 元 /m。运用人工台车开挖每月需支付人工费为 6450 元 /m。可得多臂台车比人工台车开挖要节约 3709 元 /m。一个含 III 级围岩为 1km 的隧道仅仅开挖人工费这一项即可节约 371 万。

显而易见多臂台车开挖比人工台车开挖不单单在人工成本上具有优势、更具有绝对速度优势，从而演变成经济优势。多臂台车的优势不单单表现在能加快施工速度、减少成本费用上，其本身的一机多用性，也应用在了快速完成注装孔、超前导管等方面，更为不良地段的处治提供了有力的保障。

（二）阿里瓦湿喷机和常规普通湿喷机的经济性对比

随着隧道施工技术的发展，混凝土湿喷技术越来越普遍，通常混凝土湿喷施工方式有两种，一种是采用带机械手的湿喷机喷射，另一种是采用普通的湿喷机进行喷射施工。

岩山隧道的施工中选用了普茨迈斯特带机械手湿喷机和普通的湿喷机进行湿喷作业。通过两种湿喷方式在施工中的应用，结合现场资料和实验所得数据，现以岩山隧道平导为例，主要从混凝土的回弹、人员配置、工作效率、能源消耗、工作环境所带来的健康影响等方面对两种施工方式经济性进行对比分析。

1. 回弹率比较

为了降低喷混的回弹率，使喷射质量得到保障，在喷射速度一定的情况下，我们通常通过调整喷射距离来达到喷射的要求。通常选择喷射的距离为 1m 到 1.2m 左右，这样有利于观察和作业。

普通的湿喷机作业时，喷射的距离和与喷射面保持的角度受人为因素影响特别大，由于工作环境比较恶劣、可视范围不高、多功能作业台车的限制、操作的熟练性、身高体能等因素的制约，使得施工人员在比较小的范围内能保持理想的喷射距离和理想的角度。多数情况下的喷射角度都在 70 度以下，喷射距离也很难保持。在遇到比较困难的操作面或者长时间喷射导致操作人员疲倦时，喷射的随机性就比较大了，这样就很容易使得回弹率过高。

普茨迈斯特带机械手湿喷机具有良好的可控性，操作人员可以在一个方便观察的位置通过有线遥控操作来控制混凝土的喷射，而且程序操作准确率高，与受喷面的距离能得到很好的控制，这样也减少了操作人员的工作量。同时它的喷嘴本身具有全方位可控性，当遇到凹凸面时操作人员可以精确地调整喷嘴的方向，使得回弹率大大降低。

2. 人工费用比较

在使用 TK500 湿喷机时，一般每台湿喷机配备 5 个工人，为满足施工要求，岩山隧道每个工作面都配置是 5 台 TK500 湿喷机（配置有湿喷机的作业面除外），我们取 5 台为研究对象，即需要 25 个人。一台湿喷机工作时只需要 4 个人。我仅考虑工作时间而不考虑施工进度时，实际节约 21 个人的劳动力，取普通工人工资为 200 元 / 天，同样按照 24 小时三班倒制度，平均每天可以节约人工费用为 12600 元，每月能节省 37.8 万。

3. 工作效率比较

最直接的决定一台施工机械价值便是工作效率了，我们从两种喷射机的生产效率和工序衔接时间上来比较分析。

在生产效率方面：根据施工记录 3 台 TK500 湿喷机时实际喷射量平均值为 $7.79m^3/h$，即每喷射 $1m^3$ 的混凝土平均需要 7.7 分钟。而 sika-pm500pc 湿喷机喷射速度快，实际喷射速度达到平均 $13m^3/h$，喷浆时间为 3 台人工喷射的 1.67 倍。

工序的衔接时间：sika-pm500pc 湿喷机因为是独立工作，不需要其他工具配合，喷浆开始前只需驾驶到工作面即可，稍作调整即可开始喷混工作，准备时间大概在 5 分钟左右；喷混工作结束后只需驾驶喷射机到洞外安全地带，稍作维护和保养，结束到出洞大概也在 5 分钟左右。TK500 湿喷机自身没有驱动装置，需借助外物工具帮助下到工作面，然后进行风管和水管的组装，这段时间大概需要 20 分钟左右，喷混完成后需要现场拆卸，并再次借用外部工具帮助下到洞口进行日常维护和保养，这段时间需要 25 分钟左右。

显而易见的是 sika-pm500pc 湿喷机的工序衔接要比 TK500 湿喷机好，从喷混开始到结束，大概可以节约 35 分钟，这就大大的缩短了整体的喷混时间，提高了工作效率。

4. 能源消耗比较

（1）sika-pm500pc 湿喷机的能源消耗情况：

由于在岩山隧道施工中，sika-pm500pc 湿喷机的运用只是处于试验阶段，其工作效率并没有得到完全发挥，若取理想值又与实际工程相差甚远。通过查阅了大量 sika-pm500pc 湿喷机在实际工程中正常工作状态下施工数据，取喷射 $1m^3$ 的混凝土折旧费为 28.5 元。

sika-pm500pc 湿喷机的设备总功率为 109KW，即每小时消耗电能 109 度。电费按照 0.8 元 / 度计算，可以得出每工作一个小时所消耗的电费为 87.2 元。根据上一小节所得到的实际平均喷射速度 $13m^3/h$，可以得到每喷射 $1m^3$ 的混凝土需要消耗 6.71 元的电费。

根据 PDK221+927 ~ +963 段所消耗的机械油耗清单，可以得到每喷射 $1m^3$ 的混凝土消费 4.33 元油料。

由上面分析得，sika-pm500pc 湿喷机每喷射 $1m^3$ 的混凝土的能源消耗为 39.54 元 /m^3。

（2）TK500 湿喷机的能源消耗情况：

根据 TK500 湿喷机工作情况可知，其不能单独作业，需配备空压机才能正常工作。3 台 TK500 湿喷机配备 3 台空压机，寿力空压机的功率为 110KW，即 3 台就是 330KW，TK500 湿喷机自身的驱动电机功率为 5.05KW，所以工作面上每小时的总耗电为 345.5 度。电费按照 0.8 元 / 度计算，可以得到每喷射 1 小时的混凝土需要消耗 276.4 元的电费。由于每喷射 $1m^3$ 的混凝土平均需要 7.7 分钟，通过计算可以得到每喷射 1m3 的混凝土所消耗的电费为 35.47 元。

由现场工作清单可知道运用 TK500 湿喷机及配套设备每喷射 $1m^3$ 的混凝土消费 23 元油料。

5 台 TK500 湿喷机的购买价格为 50 万元，按照使用三年摊销，每个月摊销费用为 13888.89 元，结合施工数据得到摊销费大概为 13.89 元 /m^3。5 台空压机的价格为 100 万元，公司规定折旧年限为 6 年，每月折旧费为 13888.89 元，结合施工数据得到摊销费大概为 13.89 元 /m^3。

由上面分析得，TK500 湿喷机每喷射 $1m^3$ 的混凝土的能源消耗为 86.25 元 /m^3。

经过可得：sika-pm500pc 湿喷机比 TK500 湿喷机每喷射 $1m^3$ 的混凝土要节省 46.71 元。

5. 工作环境所带来的健康影响

普茨迈斯特带机械手湿喷机（sika-pm500pc）在进行喷射混凝土工作时，噪音小、粉尘少、工作人员可佩戴防尘装置通过线控在一个相对比较舒服的环境中作业，所带来的身体健康上的伤害几乎是没有的。

TK500 湿喷机在进行喷射混凝土工作时，噪音大、粉尘多，而且还必须站到一个相对比较近的位置进行作业，即便工作人员佩戴了防尘装置，也是会给他们带来比较大的伤害。

就职业健康角度分析，采用普茨迈斯特带机械手湿喷机（sika-pm500pc）作业时，患肺病的几率比 TK500 湿喷机作业是低得多，使企业潜在风险缩小。

6. 对其整体性进行比较

选取岩山隧道平导中 III 级围岩为列，根据实际喷浆数量对比表（由于表格参数过多，就只选取比较所需参数）可以得到喷浆断面长度为 280m 时实际施喷数量为 1305m³，即每米混凝土喷射量为 4.66m³。并且机械配套后实际进度为 280m/ 月，而人工开挖配套是为 200 米。选取一个月这个时间段对普茨迈斯特带机械手湿喷机（sika-pm500pc）与 TK500 湿喷机进行直观的整体经济对比，得到如下统计表格：

表 4.2 一个月 sika-pm500pc 带机械手湿喷机费用（280m）表

项目	人工费用	能源消耗	总计
费用（元）	7.2 万	51591.80	123591.80

表 4.3 一个月 TK500 湿喷机费用（200m）表

项目	人工费用	能源消耗	总计
费用（元）	45 万	80385	530385

以上表格可得：每米 TK500 湿喷机喷的人工费用和能源消耗为：2651.93 元 /m。每米 sika-pm500pc 带机械手湿喷机的人工费用和能源消耗为：441.40 元 /m。加上回弹每喷射 1m 要比 TK500 湿喷机节约 37.8 元到 54 元以上。即每米回弹节约 176.15 元到 251.64 元。去最大值 251.64 比较。

表 4.4 1m 直观费用节省表

项目	回弹率	人工费用	能源消耗	总计
费用（元）	251.64	1992.86	217.67	2462.17

在直观的经济比较中，普茨迈斯特带机械手湿喷机（sika-pm500pc）作业比 TK500 湿喷机作业每米要节约成本 2462.17 元。当辅助导坑 III 级围岩为 1km 时可以节约 246.2 万元。隧道越长节约的成本越高。

（三）仰拱衬砌滑行模架施做仰拱的经济性

常规仰拱施作都是运用弧形边模技术，它是由小模板拼装而成的，每一个循环拼装模板的时间大概在 8 到 9 个小时。而岩山隧道采用自行研发了针梁式仰拱衬砌滑行模架，操作更为方便，一次循环大概在 6 个小时，与常规验工施作相比节约了 2 到 3 个小时，大大的提高了工作效率，保证了工期。

经济效益可观：以岩山隧道（全长14695）为例，如果该隧道全部洞段仰拱采用本模架施工，则每延米平均可节约50Kg仰拱模板固定钢筋（全洞段III、IV、V级围岩平均计算），经济效益为元万元，平均每延米洞段节约230元。模架使用完毕后仍可进行资源再利用。而工效上的提高所带来经济效益也是巨大的。

（四）施工进度整体性比较

依靠先进的机械设备，全新的施工工艺以及有效方案的实施，各种规章制度的严格制定和实施，隧道施工速度取得了很大程度的提高。岩山随道中使用的配套机械与常规机械效率进行对比发现，大型配套施工机械与常规施工机械的工效之比达到1.5 ~ 2.0倍，对加快施工进度具有明显的效果。

表4.5 配置机械与常规机械施工功效对比表

序号	施工工序名称	配置机械	施工时间	常规机械	施工时间	备注
1	隧道开挖	液压钻	2h	YT28 凿岩机	4h	平倒
2	隧道出碴	W470 装载机	3h	W360	5h	1# 斜井
3	隧道出碴	WZ-200 挖桩机	2.5h	PC100	3.5h	平导
4	超前水平钻孔	C6	0.5h	YQ-80	1.5h	各工点
5	喷射混凝土	PM500PC	2.5h/1.5h	TK-500	4h/3h	1# 斜井 / 平导
6	仰拱施工	24m 自行仰拱栈桥	20m/3d	简易仰拱栈桥	10m/3d	1# 斜井

大型配套施工机械的综合配置，大大缩短了每一循环的施工时间，创出了较高经济效益，岩山隧道自开工至今，由于进行了机械配套施工，隧道的施工进度水平不断提高，均超过了设计施组水平。

表4.6　岩山隧道各工作面工序循环时间表

工序	平导	1# 斜井	2# 斜井	3# 斜井	横洞
地质预报	30 分钟	30 分钟	30 分钟	30 分钟	30 分钟
测量放线	45 分钟	45 分钟	45 分钟	45 分钟	45 分钟
钻眼	180 分钟	180 分钟	150 分钟	180 分钟	150 分钟
装药	45 分钟	45 分钟	45 分钟	45 分钟	45 分钟
爆破、通风、找顶	60 分钟	60 分钟	60 分钟	60 分钟	60 分钟
初喷	45 分钟	45 分钟	45 分钟	45 分钟	45 分钟
出碴	240 分钟	210 分钟	180 分钟	270 分钟	180 分钟
台车就位	30 分钟	30 分钟	30 分钟	30 分钟	30 分钟
锚杆、钢筋网	90 分钟	90 分钟	90 分钟	90 分钟	90 分钟
复喷	270 分钟	240 分钟	180 分钟	270 分钟	160 分钟
合计	1035 分钟	975 分钟	855 分钟	1065 分钟	835 分钟

机械配套后正洞的循环时间：

表 4.7 岩山隧道正洞机械配套施工工作面工序循环时间表

工序	Ⅲ级围岩（3.5m/ 循环）	Ⅳ级围岩（2.0m/ 循环）
放线	0.5 小时	0.5 小时
超前支护		1.5 小时
钻眼	2.5 小时（含锚杆时间）	2.0 小时（含锚杆时间）
装药	1.5 小时	1.5 小时
出碴	2.5 小时	2.0 小时
立拱		1.0 小时
喷砼	2.5 小时	2.5 小时
小计	9.5 小时	11.0 小时

考虑各种因素后 III 级围岩月进尺 220m/ 月；IV 级围岩为 120m/ 月。

平导与斜井进度详见下表：

表 4.8 岩山隧道平导与斜井机械配套施工进度表

围岩级别	施组进度指标（m/ 月）	机械配套后实际进度（m/ 月）	备注
Ⅲ级	200	280	平导
Ⅳ级	140	200	平导
Ⅴ级	90	120	平导
Ⅲ级	125	150	1# 斜井
Ⅳ级	80	120	1# 斜井
Ⅴ级	40	60	1# 斜井

机械配套施工作业后，岩山隧道平导与斜井的施工都明显高于常规机械施工进度。

常规施工现状。根据目前所了解的双线铁路开挖进度情况，II 级围岩最高月进尺 260 米，平均月进尺 180 米；III 级围岩平均 120m/ 月；IV 级围岩平均 80/ 月。

机械化配套前景。根据目前凿岩台车使用情况及快速施工的各工序设备配置情况推算出快速施工月进度如下：

表 4.9 岩山隧道正洞机械配套施工进度表

围岩级别	施组进度指标（m/ 月）	机械配套后实际进度（m/ 月）
Ⅲ级	120	220
Ⅳ级	80	120

由于隧道施工中机械设备的改进、在机械配套化施工后无论是在单方面机械施工上还是整体施工上，施工的进度都有很大的提高，提高了工作效率。

以 1kmIII 级围岩的施工为例，做重点施工工序的经济对比：

1. 在不考虑机械费用时一个含 III 级围岩为 1km 的隧道仅仅开挖人工费这一项即可节约 371 万。一个作业面钻孔中机械快速开挖配置了两台三臂台车，每台造价为 640 万元；人工开挖需要 20 台 YT28 风钻，每台购入价钱为 28 万。一个工作面上机械开挖比人工开挖的成本多投入万。另外人工开挖需要自制多功能作业台车，一个台车需要钢材 15 吨左右，即需要万。

2. 在考虑了机械设备折旧费后，当辅助导坑 III 级围岩为 1km 时，普茨迈斯特带机械手湿喷机比普通的 TK500 湿喷机进行湿喷作业可以节约 246.2 万元。由于正洞断面大于辅助导坑，III 级围岩运用全断面开挖，1km 是必将大于 246.2 万元。为了方便比较我们取 264.2 万为研究。

3. 仰拱施作采用针梁式仰拱衬砌滑行模架具，全洞段 III、IV、V 级围岩平均计算，平均每延米洞段节约 230 元。同样以 1km 为比较对象，可以节约 23 万。

由于在隧道施工中，其他机械设备与常规铁路施工相同，或是差异不大，在这里就不做比较，我们主要是选取具有代表的机械设备进行经济比较，得出使用这些大型设备配置在隧道施工中的优越性，为以后隧道施工做借鉴。

由上面三个对比指标，我们可以计算出大型机械配套施工和常规机械隧道施工的分界长度：

$$L\times(0.371+0.2462+0.023)=720-6.9$$

$$L=1083.4\text{m}$$

由上可得：运用大型机械配套施工整体上优于常规机械施工的分界长度为 1083.4m。

（五）小结

岩山隧道的施工实践表明：对于长大隧道，施工方案的选择是关系成败的重要因素之一。经过单项和系统的比较后，可以得出，运用先进的大型机械，合理的机械配套设备施工，降低了劳动强度，施工的人工成本较之以前大大减少；由于很多大型机械设备是程序化作业，比人工作业质量高，提高了隧道施工的质量；大型机械配套设备比普通机械设备节约用料；机械配套设备的合理使用，提高了整体的施工效率，缩短了工期，一定程度上节约了投资；施工更加安全，使企业减少了潜在的风险。

1. 在不考虑前期投入资本的情况下，在运用全断面开挖的中、硬围岩中，每 1km 的隧道开挖，运用三臂台车机械施工比常规机械施工节约人工费 371 万。

2. 在考虑了机械设备折旧费后，每 1km 历程，普茨迈斯特带机械手湿喷机比普通的 TK500 湿喷机进行湿喷作业可以节约 246.2 万元。

3. 仰拱施作采用针梁式仰拱衬砌滑行模架具，每 1km 历程可以节约 23 万。

4. 经过经济效益比对得出了大型机械配套施工整体上优于常规机械施工的分界长度为 1083.4m。

五、结论与建议

（一）结论

随着交通事业的飞速发展，国内外已经修建或者正在修建的 10km 以上的长大隧道已经很多，由于长大隧道的特殊性，往往成为整个工程的关键点。以前的人工开挖结合小型机械已经不能满足长大隧道的施工要求。近些年我国在隧道施工中不断进行创新，盾构、TBM、钻爆发施工等成为如今长大隧道施工的主流。盾构主要用于城市地铁交通的修建，在山岭隧道中运用的较少。山岭隧道的施工主要有掘进机（TBM）等机械开挖方法和钻爆法施工两种。掘进机（TBM）等纯机械开挖方法，安全、环保、效率高，但设备投入大，动辄上亿元，而且施工过程中的维护、配件消耗等费用高，施工成本大，另外掘进机等机械开挖法的地层变化适应能力差，对岩性比较单一的地层还比较适应，但对地质构造发育、岩性变化大的隧道，就比较难以适应，其综合施工效率还不如钻爆法开挖。隧道的快速施工主要是体现在隧道开挖、出渣、喷砼等工序上。为保证施工工期、工程质量、施工效率等。岩山隧道结合我国当前国情，运用光面爆破技术，采用大型配套机械结合人工的施工方法对隧道进行施工。等到了以下几点结论：

1. 正洞：常规机械开挖级围岩月进尺为 120m/ 月，IV 级围岩月进尺为 80m/ 月；运用大型配套机械开挖后 III 级围岩月进尺为 220m/ 月，IV 级围岩月进尺为 120m/ 月。

斜井：常规机械开挖 III 级围岩月进尺为 125m/ 月，IV 级围岩月进尺为 80m/ 月；运用大型配套机械开挖后 III 级围岩月进尺为 150m/ 月，IV 级围岩月进尺为 120m/ 月。

平导：常规机械开挖 III 级围岩月进尺为 200m/ 月，IV 级围岩月进尺为 140m/ 月；运用大型配套机械开挖后 III 级围岩月进尺为 280m/ 月，IV 级围岩月进尺为 200m/ 月。

无论正洞平导还是斜井，运用大型机械配套设备后，其施工进度都较之前常规施工月进尺由于显著提高，达到了快速施工的目的。

2. 钻孔作业中采用了三臂台车作业，与隧道前期的风钻作业相比，不仅提高了作业效率，施工质量，而且大大减少了人员配置，降低了劳动量和安全风险等。同时多臂台车具有一机多用性，可以用于锚杆施作，合理的运用更是会降低成本投入。

保守估计在不考虑前期投入资本的情况下，在运用全断面开挖的中、硬围岩中，每 1km 的隧道开挖，运用三臂台车机械施工比常规机械施工节约人工费 371 万。

3. 岩山隧道采用了光面爆破技术施工，在此基础上试验段采用了切缝药包爆破技术，其爆破效果良好、超欠挖很少，具有装药结构简单、操作容易、施工快速等诸多优点，具有显著的经济和社会效应，易于推广应用。

4. 初喷混凝土采用普茨迈斯特带机械手湿喷机与普通的 TK500 湿喷机相比，具有作业效率高、回弹低、污染小、安全系数高、人员配置少等优点。

在考虑了机械设备折旧费后，每 1km 历程，普茨迈斯特带机械手湿喷机比普通的 TK500 湿喷机进行湿喷作业可以节约 246.2 万元。

5. 岩山隧道衬砌采用仰拱先行，运用自行研发了针梁式仰拱衬砌滑行模架施作仰拱，与普通铁路隧道施工相比具有操作更为方便、衬砌循环更加快捷、工作效率更高、施工质量好等优点。在其施工中不会影响车辆的运行，保证其它工序正常施工，为快速施工提供了保障。

仰拱施作采用针梁式仰拱衬砌滑行模架具，与常规仰拱施作每 1km 历程可以节约 23 万。

6. 因为隧道的快速开挖主要体现在以上几个部分，后期的二衬施作等工序不会影响隧道整体施工，本书对运用大型配套设备的开挖、钻孔、喷砼、仰拱施作等工序与常规隧道施工做了经济比对，得出了大型机械配套施工整体上优于常规机械施工的分界长度为 1083.4m。

由于本人水平有限，论文存在很多不足之处。隧道施工中的大型机械配套设备资料都是通过施工单位现场试验与查阅大量文献资料所得，文章中只对影响隧道快速施工的开挖、钻孔、喷砼、仰拱施作做了详细对比，其他影响甚微的工序就没有再做比较，在以后的工作中还需要努力。

（二）建议

1. 软弱围岩条件下的机械化配套提高

现阶段，我们在 III 级围岩全、半断面开挖支护条件下的机械配套取得了一定的成果，机械化配备水平较高；但在 IV、V 级围岩特别是级围岩 CRD 法或三台阶七部施工法上，由于受作业空间的影响，如何在软弱围岩条件下提高施工机械化配套水平及施工进度是我们下一步的研究方向。

2. 解决先进施工机械与人员素质普遍较低之间的矛盾的问题

由于岩山隧道配备的许多施工机械代表了国内甚至是国际的先进水平，施工操作、维修、保养等技术含量较高，专业化较强，而我们的相应的人员往往是从工人中临时培训就匆忙上岗，专业素质水平低，往往不能发挥先进施工机械应有的施工能力，故障率高。因此，培养一批专业化水平高、业务能力强、稳定的操作、维修、保养人员，显得尤为重要与紧迫。

第二节 铁路隧道工程结构防排水设计理念及施工措施

我国的铁路隧道比国外一些发达国家起步早很多，但是由于我国在20世纪80年代以前铁路隧道施工基本都是利用传统矿山或是整体式衬砌，加之缺少较为完善的防水设施，致使全国有将近33.3%左右的铁路隧道都有不同程度的渗漏。20世纪80年代中后期，我国的隧道施工技术有了长足进步，新奥法也在大量隧道工程中得到广泛应用，这使得隧道渗漏问题从根本上得到了改善。为了确保隧道的整体质量和行车安全，必须进一步加强隧道的防排水设计和施工质量。针对工程实际情况，提出了铁路隧道工程结构防排水的设计理念，即等级确定合理、系统构成完善和结构耐久可靠，并提出了铁路隧道工程结构防排水的有效施工措施，确保了隧道的整体质量和行车安全。

一、铁路隧道工程结构防排水的设计理念

铁路隧道工程结构防排水设计应当遵循等级确定合理、系统构成完善和结构耐久可靠的理念。这是在大量工程实践中总结出来的经验，并且符合国家和行业相关规范标准的要求。

（一）等级确定合理

因为铁路隧道工程在修建的过程中环境条件变化较大，加之隧道本身的使用要求和重要性也均不相同，有些工程对防排水要求较高（如车站隧道），而有些工程在少量渗漏水的前提下并不会对正常使用造成影响。同时，隧道修建与环境条件处于一种互相影响的关系，也直接关系到隧道的整体结构和防排水措施的选择。为了有效避免过分要求高指标或是降低防排水标准的情况发生，在对铁路隧道工程进行防排水设计时应当做到定级准确，这是非常重要的一点。准确合理的等级不但能够降低工程造价，而且还有助于隧道维修。

（二）系统构成完善

多年来大量的工程实践经验表明，铁路隧道防水效果的影响因素是多方面的，大致有外部环境因素、工程防排水条件和影响工程结构自身防水能力的因素等。以往铁路隧道在修建过程中重点强调的是排水设施的完善，并在这一基础上采取相应的防水措施。由于受技术条件的限制，防水措施都比较单一，同时对环境因素和结构设置的重视程度也略显不足，这就造成了隧道防排水措施

单一、效果较差，致使运营维修工作量增大。现如今，随着大量工程实践经验的积累和对环境条件、运营条件的重视，仍旧采用单一的防排水措施已经无法满足国家和行业现行规范标准的要求。建立铁路隧道防排水系统是一个综合的决策过程，应当以系统工程对待，并从工程的环境条件、排水条件、结构自身的防水能力等方面进行综合考虑，构建起一个完善的隧道防排水结构体系。

（三）结构耐久可靠

铁路隧道工程的环境和地下水质都比较复杂，一旦排水系统淤积、堵塞极有可能引起隧道渗漏水。同时，由于衬砌的工作环境和设计预期相比发生改变，从而造成衬砌结构自身的病害，这也是防水失效的主要原因。因此，为了满足防水要求，防排水系统必须耐久可靠。此外，据有关调查结果显示，引起铁路隧道衬砌渗漏水情况的原因主要有：

1. 衬砌本身的缺陷，如混凝土级配过低、水灰比选择不当、外加剂掺入量过多或过少等，这样一来便会使衬砌产生出泌水通路。

2. 渗漏水常出现在衬砌结构构造、施工缝、变形缝等薄弱部位。所以在隧道工程设计时，必须对衬砌的结构和混凝土的质量予以重视，这样才能确保防排水系统耐久可靠。

二、铁路隧道工程结构防排水的有效施工措施

（一）初期支护防排水施工措施

可以按照隧道渗漏水的具体情况，在初期支护作业开始前预先埋设排水半圆管，使之形成暗埋永久式排水通道系统，并将水引入隧道纵向排水管，同时再借助横向泄水管将水引入排水沟。如果是地下水较大的区段，可采取加密排水盲管的措施。

1. 对于较为集中的出水点可以沿着水源方向进行钻孔，随后将单根引水盲管插入到孔内，再以速凝砂浆进行封堵处理，这样一来便可以使地下水从管中集中引出。

2. 如果隧道开挖之后，在围岩表面出现股流或是线流时，应当均匀设置排水半圆管，并在排水管的周围喷射水泥砂浆，厚度控制在 1 ~ 2cm 左右，然后再进行混凝土喷射作业。

（二）基面处理

该工序主要是对初期支护表面的渗漏水及凹凸位置进行处理。如果是渗漏水情况比较严重的区段，可以采用注浆堵水的方法；普通区段则可以采取埋设排水管，将渗漏水引入边沟的方法。具体做法如下：割除初期支护混凝土表面外露的钢筋头和锚杆头，并切断钢筋网的凸出部分，随后用铁锤铆平，再用砂浆素灰进行抹面。当基面处理完毕后，应对其进行质量检查。可采用全站仪、断面仪等设备对支护断面进行检查，看其是否满足设计尺寸和规范标准的要求。通常情况下，应每隔 10m 左右检测一个断面。

（三）排水盲管施工

在铁路隧道防排水施工过程中，排水盲管的施工是较为重要的环节之一，必须予以足够的重视。排水盲管主要包括环向和纵向排水盲管以及横向泄水管，通过变径三通、四通和直通将这三者有机连为一体，使其形成一个完整的隧道排水系统。

第一，环向排水管施工要点。

1. 施工环向排水管时，应使其与支护表面紧贴或是安设在渗水岩壁上，管子的布置应当尽可能圆顺，不得存在起伏不平的现象。

2. 可将防水板的边角料裁成宽度为 2cm 左右的长条来捆住盲管，再用钢钉对长条两端进行固定，也可以采用 U 型卡进行固定，固定点与拱部的间距应当控制在 50 ~ 80cm，与边墙的间距应控制在 80 ~ 100cm。

第二，纵向排水管施工要点。可将纵向排水管埋设在内轨面下 20cm 的位置处，进行安装时应确保排水管与隧道的纵坡度相一致，这有利于排水系统畅通。其固定的施工方法基本与环向排水管相同。在固定完毕后，应当采用土工布对排水管进行包裹处理，以免水泥浆液窜入，使排水管堵塞。

第三，边墙内引水管施工要点。

1. 可在隧道的浅埋、洞口和断层破碎等地段的边墙基础内引水管，间距控制在 2m 左右，渗漏水情况较为严重的区段可适当加密。

2. 当边墙基础内的引水管与纵向排水管连接位置处需要通过防水板时，必须进行特殊处理，具体做法是将排水管与防水板用焊接的方式连接在一起，不可采用混凝土在该位置处进入防水板背后。

3. 进行混凝土浇筑时，应使用编织袋将引水管口堵上，再用胶带进行密封，避免水泥浆液窜入，拆模后应及时将编织袋取出。

第四，管子连接施工要点。可采用一字形对纵向排水管进行连接，纵向、横向与边墙内的引水管应采用异型三通进行连接，连接完毕后应使用透明胶带进行缠绕，并紧密粘贴。

第五，质量检查。当所有排水管全部安装完毕后，应进行安装质量检查，具体内容如下：

1. 排水盲管与支护的间距应≤ 5cm，且与支护脱开的最大程度应≤ 10cm。

2. 盲管的泄水孔应当通畅。

（四）防水板铺设防水板可以采用悬挂法进行铺设。

1. 固定点间距应控制在 1m 以内，拱墙防水层的搭接宽度应当≥ 15cm，边坡基础防水层与拱墙防水层的搭接宽度应当＞ 120cm。

2. 防水板应从上向下进行铺设，铺设过程中应当按照喷射混凝土的平整度情况保持一定的松弛度。

3. 各防水板间的搭接缝应当进行焊接处理。在具体焊接时，应将接缝处清理干净，并确保焊缝接头平整，不得存在折皱、空隙等质量缺陷。

4. 防水板安装完毕后，应当进行质量检查，可以采用目测的方法观察焊缝表面质量。

（五）止水带施工

1. 应当先将止水带固定到挡头板上，然后从一端进行安装。混凝土浇筑时，另一端应采用箱型模板进行保护；在对止水带进行固定时，只可以在允许的部位上进行打洞和穿孔，不可损坏止水带整体，具体固定时，应尽可能避免止水带偏移，以免影响止水效果。

2. 对止水带进行定位时，应当使其与界面部位保持平展，不可造成橡胶止水带扭结，一旦发现扭结情况应及时进行处理。

3. 靠近止水带附近的混凝土在进行浇筑振捣时必须严格控制冲击力，防止因力量过大而损坏止水带；振捣应当充分，以确保混凝土能够与止水带紧密结合。如果施工过程中发现止水带有破裂的情况，必须及时进行修补。

4. 如果施工过程中发现衬砌有走模的情况造成止水带偏离中心，应当进行纠偏处理。

三、案例分析

近年来铁路隧道运营期间暴露出的防水与排水病害，对铁路运营安全产生了较大影响，并很难从根本上消除病害。因此如何提高铁路隧道防水与排水施工质量，成为确保铁路隧道施工过程控制的关键。本书结合新建田师府至桓仁铁路工程 TH–2 标铁路隧道施工情况，探讨铁路隧道防水与排水施工相关技术。

（一）工程概况

新建田师府至桓仁铁路工程 TH － 2 标，位于辽宁省本溪市本溪县和桓仁县境内，田桓铁路摩天岭隧道施工里程 DK34+275 ~ DK42+895，全长 8620m，摩天岭铁路隧道按“新奥法”原理设计与施工，铁路隧道采用建筑限界“隧限— 2A”进行设计，衬砌形式采用以锚喷混凝土作为初期支护，采用台车模筑防水混凝土作为二次衬砌的复合式衬砌结构，根据设计要求，本工程结构采用防水混凝土，混凝土抗渗标号不低于 P10。

（二）铁路隧道防水与排水施工工艺工法及要求

1. 施工准备

检验防水板质量，规划焊接线及拱顶分中线，按每循环设计长度截取防水板。施工前准备作业台架，用于基面处理及铺设防水板，基面处理超前防水板一个循环。

2. 铁路隧道断面量测

利用全站仪测量铁路隧道断面，对铁路隧道净空进行量测检查，个别欠挖部位进行处理，以满足设计净空要求。

3. 初支基面处理

防水板铺设前，将初支表面外露的锚杆头、钢筋头、钢筋网凸出部分，先切断后用锤打入外露部分并抹砂浆找平。锚杆凸出基面时，锚杆头预留丝扣5mm切断后戴塑料帽处理。钢拱架连接板外露时要采用砂浆找平。经检查合格后方可安装环纵向盲管、铺设土工布、防水板。

4. 环纵向排水盲管施做方法

拱墙设环向盲管，采用Φ50HDPE单壁打孔波纹管（环刚度≥4.0KN/m2，透水面积≥33cm2/m），间距按6m设置，端头直接弯入侧沟内。纵向盲管采用Φ80mmHDPE单壁打孔波纹管（环刚度≥4.0KN/m2，透水面积≥45cm2/m），每隔6m将其直接弯入侧沟内。盲管出水弯头段采用硬质PVC弯管套在上面，以起保护和引导作用。纵向盲管位置要按设计规定测量设置，盲管安设坡度不小于3%。出水口应位于侧沟深度2/3处，以利于排水。纵向盲管采用钢筋卡或防水板条固定，采用土工布包裹，防水板挂设好后，用防水板反向半包，然后用钢筋卡固定。

5. 土工布缓冲层铺挂

（1）铺设土工布缓冲层前现在铁路隧道拱顶标出纵向中线，并根据初支面平整度留足富余量，由拱部向边墙两侧铺设。

（2）土工布铺设前，应先对隧道初期支护喷射混凝土表面进行处理，切除锚杆头、钢筋头等坚硬物，凸凹不平处需补喷、模平，凹坑深度比应控制在1/6 ~ 1/10：漏水处需先进行注浆处理。

（3）土工布铺挂时，首先用作业台车将单幅土工布固定到预订位置，然后用射钉将热熔垫圈和土工布固定到初支基面上。固定点间距为拱部0.5–0.8米、边墙0.8–1米，呈梅花形排列。基面凹凸较大处应增加固定点，使土工布缓冲层与基面密贴，松紧适度。土工布缓冲层搭接宽度不应小于5cm。

6. 防水板施工

（1）防水板铺设前进行精确放样，试铺后确定防水板一环的长度尺寸，并将其提供建设单位按照需要供应防水板。

（2）防水板铺设采用作业台架从拱部向两侧边墙铺设，下部防水板压住上部防水板，防水板与前一幅防水板平顺搭接，相邻两幅防水板搭接宽度不小于 15cm。防水板松紧应适度并留有余量，一般设计周长和铺设长度按 1：1.25 比例预留。

（3）防水板焊接

①墙部压焊：用专用支撑杆顶压防水板，手持超声波焊接机，超声波焊接机与防水板面保持垂直，再用力压紧并按下开关。焊头将接收到的震动能量传递到焊接工件的结合部，在该区域震动能量被通过摩擦方式转换成热能，将塑料融化。融化防水板后，焊接枪头压入防水板约 0.5mm 时，即可停止焊接，单点焊接持续时间约 3 秒。施做时必须将防水板与垫圈密贴，如果防水板与垫圈之间不密贴，将严重影响焊接质量。

②拱部压焊：在进行拱部焊接前，先用临时钢筋支撑把防水板顶撑至初支混凝土面，再按照墙部压焊的方法进行焊接。

③焊点数量：边墙部位每个垫圈焊三个点，拱部每个垫圈焊四个点，宜均匀分布于垫圈上，以保证焊接牢固。

④两幅防水板连接焊接。两幅相邻防水板与土工布固定热熔垫圈连接后，采用自动双缝热熔焊接机焊接。单条焊缝的有效宽度不小于 15mm，防水板搭接宽度不小于 15cm，分段铺设防水板边缘预留搭接余量不小于 20cm。

7. 混凝土施工缝和变形缝防水

环向施工缝，拱墙部位采用缓膨型遇水膨胀橡胶止水带：纵向施工缝，刷涂混凝土界面剂与钢板止水带：变形缝处设置缓膨型遇水膨胀橡胶止水条 + 钢边橡胶止水带。拱墙变形缝处衬砌外缘与防水板结合部位以聚硫密封胶封堵，衬砌内缘 3cm 范围内以聚硫密封胶封堵，以外 2cm 范围内设置 U 型镀锌钢板接水盒，其余空隙采用填缝料填塞密实。明暗挖分界处、土石分界处及衬砌断面变化处设变形缝。

（1）端头环向止水带施工

端头中埋式止水带：端头模板采用定制的内外弧形钢模板固定中埋式止水带。台车端模弧长取 800mm 左右，分为上下端模，上下端模通过铰耳连接，中间预留 8mm 止水带缝，端模面板厚 10mm。端模下模板通过铰耳连接在台车弧形模板上，通过液压杆加固。端模上模板通过铰耳与下模板连接在一起。

（2）纵向施工缝止水带

纵向施工缝采用刷涂混凝土界面剂 + 钢板止水带的防水构造。钢板止水带预埋在小边墙里，埋入混凝土 15cm，露出混凝土 15cm，确保上下居中，整体平顺。

（3）止水带焊接

止水带要提前按照衬砌弧长或纵向施工缝长度需要裁好，需要连接的采用热压机硫化搭接胶合。止水带焊接前用砂轮机打磨止水带搭接处，中间粘贴专用生胶片，利用热压机硫化热熔胶合连接。钢边止水带焊接前用砂轮机打磨止水带搭接处，中间粘贴专用生胶片，利用专用夹具进行热熔连接，两端外露的钢板采用铆钉连接。接头强度不低于母材的 80%。钢板止水带焊接采用小功率电焊机，避免将钢板止水带烧穿，搭接宽度不小于 10cm，采用双面焊，确保焊缝饱满。

（三）铁路隧道防水与排水施工控制要点

1. 排水盲管施工控制要点

（1）排水盲管用土工布包裹，防止泥沙、混凝土或杂物进入堵塞管道。

（2）纵向盲管用防水板半裹，使水流在纵向盲管位置流入管内。

（3）排水盲管铺设时要顺直，并与初期支护表面密贴，空隙不得大于 5cm，盲管与喷射混凝土基面脱开长度不超过 10cm。

2. 防水板施工控制要点

（1）防水板铺设应超前衬砌施工 1 — 2 个循环，并设临时挡板防止机械损失和电火花灼伤防水板。

（2）设有衬砌钢筋地段在绑扎钢筋和衬砌台车就位、安装端模时，在钢筋保护层垫块外包裹土工布防止碰撞和刮破防水板。

（3）防水板搭接缝与施工缝错开距离不小于 50cm，每一单焊缝宽度不小于 15mm。

（4）防水板焊接前应进行试焊，防止焊枪烧透防水板。

3. 止水带施工控制要点

（1）环向中埋式止水带设置位置应准确、牢固、平直，其中心空心圆应与施工缝中心重合。

（2）止水带应固定在衬砌或仰拱的定制模具上，浇注混凝土时要做好保护，振捣混凝土时要防止止水带偏移、扭曲或破损。

（3）拱部浇注混凝土时要一次浇注完成，防止在止水带处产生施工缝，形成拱部掉块的隐患。

（4）止水带安装的径向位置较设计允许偏差为 ±5cm，安装的纵向位置

允许偏离中心为 ±3cm。

（5）仰拱开挖时要做好端头止水带的保护工作，防止止水带的损坏。

铁路隧道防水与排水施工工艺得到了不断改进及提升，但是还不能从根本上解决铁路隧道渗漏水的问题。因此，我国铁路隧道施工仍然面临严峻形势，要求在施工期间应严格按照设计及规范要求施工，创新并运用先进工艺工法，努力提高防水与排水施工质量，避免铁路隧道开通后对运营安全产生隐患。

第三节　复杂地质条件下的铁路隧道施工技术分析

铁路作为一种重要的交通方式，为人们的出行和物质的运输提供了很多方便，当前的铁路建设事业发展迅速，已经覆盖到了全国的各个省市，但是在地铁施工中还存在很多问题亟须解决。隧道施工是铁路建设中的重要环节，在不同的地质条件下，铁路隧道施工技术会存在明显差异，文章阐述了在复杂地质条件下，对铁路隧道施工技术进行分析的重要性，分析了具体的施工技术，并提出了相关的改进措施。

我国幅员辽阔，不同地区地质条件之间存在很大的差异，这就对铁路施工技术提出了比较高的要求，在铁路建设中，为了缩短施工距离、节约工程成本，经常需要开挖隧道，为火车的通行提供方便，不同地形地貌的隧道开挖工作也是不同的，在进行铁路施工时，需要根据地质的构成情况，对施工技术进行相应的调整，制定更加合理的施工方案，确保隧道施工质量，提高铁路运行的安全性。

隧道施工中，力学形态、地质条件都是处于不断变化当中的，不同的施工技术对整个隧道的影响是有差异的，施工技术的选择直接决定着隧道建设的成功与否，当前隧道施工方式主要有全断面开挖法、台阶开挖法及分部开挖法三种。而要想保证隧道施工的有效监控和指导，就需要对复杂地质环境下的地表沉降、净空收敛、拱顶下沉等做到有效的控制，保证隧道在挖掘的时候能够处于稳定的状态，实现施工质量与安全的全面保证。

一、复杂地质条件下铁路隧道施工技术分析的重要性

修建铁路的目的是为交通运输提供更多的方便，只有保证铁路施工质量，才能提高铁运行的安全性，更好的发挥铁路交通运输作用，隧道作为铁路运输

路线中的重要组成，对铁路运输起到了通车和保护的作用，在铁路正常运行中起到了不可替代的作用。

铁路隧道主要包括山岭隧道、水下隧道、城市隧道三种，其中山岭隧道修建工程是最多的。在开挖隧道的时候，会遇到各种复杂地质，对施工造成影响，如果没有针对地质构成特点，对施工技术进行详细的分析，制定科学合理的施工方案，在施工过程中可能会发生各种意外现象，导致施工无法顺利进行，无法保证施工质量，容易引发施工安全事故和交通安全事故，隧道的施工地质环境多数较为复杂、地势起伏，并且开挖方式、支护方式的要求也较为复杂，同时由于隧道施工有着复杂性和隐蔽性的特点，所以会对工期造成严重的影响。另外大多数的隧道施工环境都同时伴有复杂的气候条件，这就对隧道施工技术提出了更高的要求，施工难度也就相应地增加了，施工的风险也同步增加。所以，在不同地质条件下，对铁路隧道施工技术进行分析，能够为施工方案的科学性、合理性提供最大保障，实现铁路隧道的顺利施工，保证了铁路工程质量。

二、不同复杂地质条件下的铁路隧道施工技术分析

（一）软弱围岩地质条件

软弱围岩地质的最大特点是岩层结构比较松散，稳定性不强，这种地质是很容易发生坍塌现象的，在施工过程中存在较大的安全隐患，严重威胁了施工人员的生命安全，必须制定有效的防护措施，提高施工的安全性。在施工过程中，需要做好排水工作，避免过多的水分渗透到土层中，使岩层结构更加松散；如果施工现场的地面出现坍塌和裂缝现象，就需要采用相应的措施，对坍塌区域和裂缝进行填充，通常使用稳固性良好的黏性土材料，完成填充之后，需要施加适当的压力，提高填充材料与原来土层之间的紧密型，使改良性土层更加牢固。做好对周围岩石结构的加固支撑工作，在施工之前，需要对施工环境进行充分的调查，判断岩层结构比较松散地点，充分利用地形，使用相应的钢材、木材等支护材料，搭建合理的支架结构，对周围岩层进行支撑，并将支架进行连接，提高整体结构的稳定性，避免发生坍塌现象。

（二）地表滑坡地质条件

地表滑坡地质是隧道施工中经常遇到的一种复杂地质，这种地质的稳定性与软弱围岩一样，都是比较差的，岩层结构中存在大量的松散岩石，岩石块之间有很大的空隙，承载能力比较差，一旦地质层上方的压力超过结构层的承载极限，岩石块就会发生滑动，岩层结构发生变化，引发滑坡、塌方现象。对于这种地质条件，在进行爆破施工的时候，需要严格控制好炸药量，根据施工需求，合理布置爆破点，降低爆破所产生的震动对地层的影响，为了避免爆破施工对

地质结构的破坏，可以按照工程进度，逐步推进爆破作业，同时做好施工现场的加固工作，加强风险防范措施。对于施工现场的积水进行及时处理，防止地质层中渗水过多，同时要加强支护力度，进行二次衬砌，提高隧道边墙和供部的强度，对侧向土进行更好的支撑；加强对施工进程的监督和管理，一旦发现周围地质结构发生松动现象，需要马上停止施工，进行二次加固处理，并找出引起土层变化的原因，对施工方案进行适当的调整，避免此类现象的再次发生。

（三）偏压围岩地质条件

在进行铁路隧道施工经常遇到的几种复杂地质中，偏压围岩地质是施工难度比较高的一种，这种地质的岩层厚度比较薄，岩石层表面容易出现裂痕，岩层结构不稳定，并且这种地质的地形坡度较大，岩层结构受到偏压力的影响会发生移动，出现塌陷、滑移现象，影响正常施工的进行。在地铁隧道施工过程中，如果遇到这种地质条件，需要先对施工现场的周围环境进行详细的勘测、调查，制定科学的岩层支护方案，使用相应的支护设备和材料，做好围岩支护工作，提高岩层结构的稳定，采用注浆技术，改变岩层结构组成，对偏压围岩地质的地表进行加固处理。规范操作人员的施工操作，严格按照施工流程进行每一项施工，重视施工过程中的安全防护，加强各项防护措施，做好风险控制和风险管理，当发现岩石层表面出现裂纹的时候，要加强重视力度，防止裂纹进一步扩散，以免对后期施工带来安全隐患。

三、不同的施工方法优缺点比较分析

近些年来隧道施工技术不断革新，有的施工技术工期较短、有的施工技术施工造价较低、有的施工技术安全性能较好、有的施工技术对环境造成的污染较小，但是对于隧道施工来说并不是一种施工技术完全适用的，如何去选取施工技术需要根据隧道工程的实际情况，对各种施工技术进行充分研究，从各种施工技术当中选取出最佳的施工方案，从而实现在复杂地质环境下保证隧道施工的质量安全。

（一）隧道施工技术优缺点的比较

从力学状态角度来看隧道结构是非常复杂的，施工方案是多种多样的，具体到各种隧道施工技术，其优缺点如下：

1. 全断面开挖法技术优缺点分析：这种技术在设计上是依据隧道的轮廓所进行的一次性爆破，据此隧道成型，然后利用支护及衬砌修建的方法进行施工。在施工当中围岩需要具备从全断面开挖的初期到最后支护之前的稳定性。其优点是工作面空间较大，便于大型机械的操作、施工速度相对较快、对工序的干扰较小。缺点是围岩的要求较高：

2. 台阶开挖法技术优缺点分析：这种技术从横向上将掌子面分割成为两到三部分，然后分别进行开挖，这种技术对围岩的适用性是较强的，同时对开挖设备的要求也较低，挖掘后的洞内有着非常宽阔的施工空间，台阶开挖法对于隧道开挖面的稳定性保障是非常有利的，当前这种挖掘技术的应用较为广泛。其主要的缺点是在挖掘的时候会出现上部与下部的相互干扰，所以在下部进行挖掘作业的时候就需要对可能产生的上部挖掘的影响考虑进去：

3. 分部挖掘技术优缺点分析：在隧道施工的时候经常性的会出现软弱的围岩，这种围岩不适用于进行大断面的开挖，但是较为合适采用分部的开挖，分部开挖法主要有三种，其中环形开挖预留核心土法的工作面较为稳定，且施工的安全性能也较好：双侧壁导坑法技术先是从隧道的两侧进行开挖及支护，然后再将剩余的部分进行开挖及支护，此种挖掘技术初期支护是从下到上形成的，能够有效地解决土壤承载力不足这样的问题，同时还做到了对地表沉降的有效控制，缺点是其施工工序、施工组织、进度控制等都较为复杂，成本相对较高：第三种分部挖掘技术是交叉中隔壁法（中隔壁法），这种施工技术在开挖的时候需要从一侧从上到下分成两或者是三步挖掘，在挖掘的时候每挖一部都要及时地对支护进行锚喷，并及时进行中隔墙施工，隧道的底部设置临时的仰拱，在中隔墙分步联结之后，再对中隔墙的另外一侧进行开挖，最后形成左侧及右侧开挖、支护交叉的情形。

隧道施工的过程当中隧道开挖技术是确保围岩稳定性的一个重要因素，所以在技术选择方面应该综合安全性能、工期要求、技术施工难度系数等进行考量，依据地质条件、施工现场情况等采取综合性的评估分析，找出适宜的施工方案及技术。

四、复杂地质条件下的铁路隧道施工技术的和改进措施

（一）加强地质工作

铁路隧道施工技术与地质条件有着直接关系，所以在进行隧道施工之前，需要对地质构成进行全面的了解，使用专业的仪器设备对施工环境进行勘测，制定初步的施工方案，确定设备的选型；在施工过程中，了解岩层的类型以及岩石的种类，分析岩层结构的受力情况，对地下水文环境进行调查，降低地下水对岩石结构层的影响；做好施工过程中的各种安全防护措施，加强对施工过程的监督，对隧道中的岩层结构变化、瓦斯浓度、水量变化进行监测，做好控制管理工作，避免造成安全隐患。

（二）改善施工技术

在地铁隧道施工中，对岩层结构进行加固、支护处理是必不可少的工作，

通过改善加固、支护技术，能够使岩层结构变得相对稳定，在保证施工安全方面起到了重要作用。如果岩层结构比较松散，结构之间的空隙较大，可以通过注浆技术改变岩层结构，提高岩层的强度和承载能力，选用超前长管棚、超前锚杆、超前小导管等进行注浆施工；在设置支架结构的时候，需要选用性能良好的、技术比较先进的支护设备，提高支护力度，为隧道的稳定性和施工安全提供更大的保障。

（三）提高监管力度

隧道施工过程中的监管工作，主要包括国家和企业两方面，国家需要成立相关的监管小组，深入到施工现场，根据施工地点的地质环境，制定科学、合理的施工方案，确定最佳施工技术，保证施工方案的适用性；在施工过程中，企业应该选用专业素质更高的施工人员，并对他们进行定期培训，提高施工人员的综合素质和风险意识；做好施工进程的动态管理，当发现问题的时候，及时制定有效的措施加以解决。

在进行隧道施工的时候，针对不同的复杂地质条件，要进行全面、综合性的分析，制定科学的施工方案，选用合理的施工技术，保证隧道施工的顺利进行，降低地质条件对施工造成的影响，提高隧道施工质量，保证铁路运行的安全性，促进我国铁路事业更好的发展。

五、环形开挖预留核心土法施工技术的深入分析

前面已经对环形开挖预留核心土法进行了优缺点的分析，在该部分笔者将对其在具体的施工当中较为常见的施工技术进行深入的分析，主要分为六个部分：分别是超前预支护、上弧形导坑开挖，拱部初期支护、核心土及其下部开挖技术、下台阶初期支护及仰拱施工、全断面的二次衬砌以及防排水技术。

（一）超前预支护技术

首先超前锚杆要以一定的外插角沿着开挖的前方进行钻孔及锚杆的安装，在施工的时候需要注意外插角、锚杆长度等参数，尽早形成超前预支护。

（二）上弧形导坑开挖

机械配合人工开挖，预留好核心土部分，严格按设计进尺掘进，不得超欠挖。

（三）拱部初期支护技术

上弧形导坑开挖后及时施工拱部初期支护，初期支护是支护结构与围岩的一种连接体，能够承受围岩应力适量的释放及围岩适量的变形，其可以作为永久性承载性结构的一个重要部分。

（四）核心土及其下部开挖技术

利用人工配合挖掘机先挖预留核心土部分，再进行下台阶中部开挖，最后进行下台阶侧壁开挖。开挖时加强掌子面及初期支护的观察，并及时封闭开挖面。

（五）下台阶初期支护及仰拱施工

下台阶开挖完成后及时进行下台阶初期支护及仰拱施工，使其及早封闭成环，确保施工安全。

（六）全断面的二次衬砌以及防排水技术

当初期支护达到基本稳定之后，整个隧道基本上就已经定型了，需要由上到下的顺序进行连续灌注。二衬衬砌混凝土灌注的时候应该保证捣固密实性、保证灌注的对称性、衬砌在分段施工时要注意伸缩缝及沉降缝合理位置的确定。在二次衬砌拆模的时间要依据混凝土强度的增长情况去确定，当混凝土强度达到所需要求的时候再进行拆模处理。

一般来说隧道所处的地质环境都是较为复杂的，并且相应的气候条件也较为复杂，这就会造成围岩出现稳定性差、支护结构受力变化的问题，所以在隧道的施工过程当中选取合适的施工技术是非常重要的，当前隧道的施工技术主要有全断面开挖法、台阶开挖法及分部开挖法三种，这三种施工技术都各具优缺点，所以在具体的隧道施工过程当中应该根据工程的特点去选择经济合理的、安全性能高的、工期匹配的最适宜的综合性施工方案。

第四节　当前铁路隧道施工亟待解决的若干技术问题

高速铁路隧道工程建设标准高，施工难度大，安全风险高，施工管理要求严格。文章以贵广铁路隧道工程为实例，结合当前国内隧道施工技术现状和贵广铁路隧道创新技术的现场实践，研究分析了制约隧道施工安全和施工效率的突出技术问题，取得了一系列研究成果：基于精细爆破技术的微台阶开挖工艺可有效解决Ⅳ、Ⅴ级围岩隧道开挖进度与工序安全距离之间的矛盾；得益于通风技术和空气净化技术的进步，无轨运输方式可以适应于长大隧道的施工；隧道仰拱快速施工设备和隧道沟槽移动模架的开发应用填补了这一领域的空白；信息化施工是未来隧道施工技术发展的大趋势。

随着我国社会经济的迅速发展，基础设施建设投资的规模不断扩大，特别是高速铁路的建设创造了令世界瞠目的成果。高速、准高速铁路设计标准高，隧道工程在线路总长度中所占比例也随之提高。在云、贵、川等山岭地区新建铁路中，隧道长度占线路长度的比例高达70%以上。目前，我国在建和今后几年将要建设的铁路隧道总长将达5000km以上，隧道数量和长度已经跃居世界第一。但是，如同汽车、家电等产业一样，我们只能算是隧道大国，还称不上隧道强国，主要原因在于隧道施工的机械化水平和安全质量管理水平与国外先进水平的差距。

由于目前国内隧道施工仍以钻爆法为主，施工企业针对隧道工程的技术创新也主要立足于钻爆法施工，以机械设备配套和信息化施工为重点展开。本书结合当前该领域普遍存在的、制约施工安全质量的突出问题，探讨其解决方案及笔者的研究成果在工程实践中的检验效果。

一、亟待解决的施工技术问题

基于工程概算、机械设备配套能力相对不足的基本条件，当前国内铁路隧道施工主要存在下述几方面的技术问题。

（一）爆破精细控制技术

隧道开挖技术是隧道施工的核心技术之一，也是隧道工程界最为活跃的研究热点，机械开挖技术和控制爆破技术是主要研究方向。为了充分发挥机械设备技术进步的优势、提高开挖作业的效率和安全性、降低人力劳动作业量，隧道开挖呈现出由分步（台阶法）开挖向全断面开挖发展的趋势。其中，尤以精细爆破技术和软弱围岩预加固全断面开挖技术为代表，就石质围岩隧道的开挖而言，当前有两个问题较为突出，一是控制爆破能力不足、破碎围岩条件下的光面爆破效果差；二是普遍采用的台阶法开挖工艺不能满足隧道施工工序安全步距的相关规定。

光面爆破效果差，不仅影响隧道开挖安全，还造成普遍存在的超挖现象。现场的初步统计表明，因超挖造成的支护混凝土和二次衬砌混凝土超设计使用量平均达30%以上，还引起出碴量的无谓增加，给项目成本控制带来很大的压力，同时还造成支护背后空洞等质量安全事故。针对上述问题展开精细爆破技术应用的研究，对隧道施工安全、质量和成本控制意义重大。

（二）改进开挖技术

隧道开挖时，围岩级别优于III级时采用全断面法既可保证进度也利于降低成本，已成共识。问题存在于Ⅳ、Ⅴ级围岩的开挖，当前普遍采用的台阶法开挖工艺有利于人员循环作业，进度和成本控制有保障，但台阶的存在造成仰拱跟进掌子面的距离超过相关规定，形成安全隐患。调查统计表明，隧道开挖台阶长度过长是近年来国内隧道施工发生众多安全事故的主要原因之一。

为了确保铁路隧道施工安全，铁道部对仰拱与掌子面的距离要求越来越严格，《TB10304–2009 铁路隧道工程施工安全技术规程》规定：Ⅲ级围岩中仰拱与掌子面的距离不得超过 90m，Ⅳ级围岩不得超过 50m，Ⅴ级及以上围岩不得超过 40m。铁道部《铁建设 [2010]120 号关于进一步明确软弱围岩及不良地质铁路隧道设计施工有关技术规定的通知》对隧道开挖掌子面与仰拱之间的距离做出了进一步的强制性规定：隧道开挖后初期支护应及时施作并封闭成环，Ⅳ、Ⅴ、Ⅵ级围岩仰拱封闭位置距离掌子面不得大于 35m。当前铁路隧道施工中，无论围岩的稳定性如何，采用长台阶法施工都难以满足上述强制性工序间安全距离的要求；采用短台阶法（长度小于一倍洞径）施工时，由于上、下台阶不能平行作业，工作效率大大降低，进度严重受阻。各级安全检查结果表明，如果不改进开挖技术工艺，贯彻落实铁道部的上述要求将非常困难。

（三）机制砂喷混凝土湿喷工艺

在新奥法施工理论体系下，支护技术、围岩加固和预加固技术成为特殊地质条件下隧道施工成败的关键。锚喷与拱架结合的支护技术已较为成熟，注浆加固是围岩加固的主要方式，长钢管压浆（大管棚和超前小导管）则是超前支护的主要方式。当前，业界对超前支护作用机理的新定义是：开挖掌子面前方纵向具有梁作用，横向具有拱作用。在此理论的指引下，用于稳定掌子面的柔性预衬砌和用于控制地面下沉的刚性预衬砌技术，以及水平喷射注浆技术等成为预支护技术研究的新方向。

喷射混凝土是隧道支护施工中的主要工序，根据《铁建设〔2010〕241 号高速铁路隧道工程施工技术指南》规定，喷射混凝土应采用湿喷工艺，这一规定主要是从保障喷混凝土施工质量和人员劳动健康的角度出发的。在现有技术条件下，利用机制砂，采用湿喷工艺进行喷射混凝土施工需要解决好两个问题：一是湿喷工艺施工成本比干喷工艺高，这给规范规定的优先采用湿喷工艺标准的贯彻执行和项目成本核算带来巨大的压力；二是机制砂相对于天然砂在技术指标上存在的差异。具体来讲，机制砂要满足规范要求的石粉含量限值必须经过水洗工艺，而水洗机制砂的共性问题是级配不好、拌制的混凝土和易性差，泵送效果差，规范规定混凝土坍落度应在 80 ~ 130mm 之间，实际施工中坍落度需放大到 170mm 以上方可泵送。混凝土坍落度增大必然导致混凝土单位用水量增加、匀质性降低，不仅严重影响了混凝土的速凝效果和强度，而且降低了支护能力及外观质量，混凝土回弹量也大幅增加，施工成本加大，这也成为喷射混凝土湿喷工艺得不到贯彻执行的主要原因。

（四）仰拱与掌子面进度的协调性

隧道仰拱是初期支护和二次衬砌的衔接工序，直接影响隧道的施工质量和工序安全步距。当前铁路隧道施工中，在开挖进度正常的情况下（尤其是强于Ⅲ级的围岩），因没有理想的施工技术和配套设备，通常采用多开工作面或增加仰拱一次施工长度的方法来提高仰拱施工进度。然而，这两种方法均存在工序间相互干扰大、洞内施工组织困难、循环时间长等难题，而且附加成本较高，仰拱施工的质量和进度难以保障，进而影响了防水系统、二次衬砌等后继工序的结构衔接质量和进度，安全步距不能满足相关规定的强制性要求，因此隧道仰拱成为隧道施工中控制性工序。

（五）隧道沟槽施工工艺

隧道沟槽（中心水沟、侧沟、电缆槽）混凝土施工断面小，轮廓线条多，单位体积表面积大，施工困难。但是，水沟电缆槽既是隧道的“形象工程”，又是通讯、信号、电力等运营设施的直接承载体，其实体质量和表观质量直接影响了隧道工程的整体形象和使用功能。受前期隧道施工重主体、轻附属思想的影响，隧道沟槽施工至今没有开发出理想的配套设备。当前普遍采用的小块组合钢模分段施工法存在整体性差、加固支撑多、工序繁杂、循环时间长、施工效率低、对工人技能要求高等诸多问题。而且造成施工成本高，外观质量和实体质量达标困难，作业面文明形象差。

（六）通风及空气净化技术

在我国隧道施工以钻爆法和无轨运输为主导的大环境下，通风防尘技术是涉及人员生命健康的大事，是隧道施工水平的重要标志，也是影响隧道施工方案选取的控制因素之一。当前，用于压入式通风的射流风机和巷道式通风的轴流风机，以及两者的混合应用都已是成熟的产品和技术。但是，因隧道施工时爆破飞石、开挖支护作业台架行走等原因，通风管不能通达掌子面，加上通风管长距离漏风，造成工作面新鲜空气不足，洞内的空气质量普遍不能达标，给洞内作业人员造成严重的健康危害。已有的调查结果表明：我国从事隧道施工的一线工人中，患尘肺病的比例达到3.4%，比粉尘危害最严重的煤矿部门（3.7%）仅相差0.3%。另一方面，从技术经济角度来讲，随着隧道工程在铁路线路总长度中所占比例的提高，长大隧道数量随之增加，开挖面的新鲜空气需从千米以外的洞口引入，通风阻力大、能耗高，单纯以通风来保持洞内空气质量，无论在技术上还是成本上都变得非常困难。事实上，现场常因通风成本高昂而减少通风时间或降低通风机功率，进一步恶化了洞内空气质量。

（七）机制砂加工技术

随着国家基础设施建设规模的扩大和环境保护要求的提高，可供混凝土使用的天然砂资源越来越匮乏。在山区隧道工程中，利用隧道弃碴加工机制砂、碎石无论在技术上还是经济上都成为必然的选择。当前，机制砂加工利用过程中存在着以下问题：

1. 机制砂、碎石生产线要经过：母料精选→清除杂质（过振动筛）→鄂破→清洗→反击破碎→筛分→成品数量确认→检验→标识储存与保管等程序。实际生产中，不同的生产设备或相同设备在不同的运转状态下所生产的成品在数量比例、技术指标和工程适用性上存在差异，例如：生产的细骨料比例小于施工需求，而粗骨料比例大于施工需求，部分粗骨料浪费或需要二次加工成细骨料。这就需要对机制砂、碎石生产线的设备选型和生产工艺状态指标进行研究，以确定最理想的生产设备和生产工艺。

2. 相关规范规定了混凝土用砂的含泥量和石粉（小于 80 微米的颗粒）含量的限值。例如，用于 C35 ~ C55 混凝土的机制砂中石粉含量不得大于 7%。一般地，不经清洗、由生产线直接筛分获取的机制砂中石粉含量在 12% ~ 16% 之间，合格的机制砂生产线均需增加水洗或风洗设备以降低石粉含量。水洗机制砂的共性问题是级配不好，对贵广铁路 GGTJ-1 标 16 个机制砂生产线生产的成品试验表明，水洗机制砂的细度模数普遍在 3.1 ~ 3.7 之间，个别批次细度模数达到 4.5，远远大于规范要求的理想值（2.6 ~ 3.0）。这种细度模数指标不理想的机制砂与其他材料的配合比兼容性差，拌制的混凝土性能难以满足施工要求。需要对机制砂石粉含量的控制指标、控制技术和机制砂应用配合比优化进行系统研究。

3. 从提高混凝土性能和经济性出发，混凝土中要求加入一定比例的粉煤灰和矿粉，石粉在混凝土拌制过程中与两者有类似的作用，但当前铁路规范要求严格控制其掺入量。相关研究已表明，细骨料中的石粉含量可以适当提高，例如：《DBJ52-55-2008 贵州省高速公路机制砂高强混凝土技术规程》对用于高强混凝土（≥ C50）机制砂中的石粉含量给予了适当放宽，达到 10%。所以，可以通过试验研究确定铁路工程混凝土细骨料中对石粉含量限制指标适当放宽的可行性。

4. 根据规范规定，机制砂不能用于梁体混凝土，例如，贵广铁路贵州境内梁体用砂就需火车从广西远运供应，采购单价远超过工程预算。

二、相应措施及应用效果

在贵广铁路建设中结合当前隧道施工中存在的上述问题，开展了一系列研究工作，其成果已通过实践检验，主要表现在：

引入精细爆破技术，实现爆破效果及爆破扰动围岩范围的有效控制。

开发应用微台阶开挖工法，引进精细爆破设计技术，利用可适用于全断面和台阶法开挖的悬臂拼装式台架，实现上下台阶同步凿岩爆破、同步出碴支护，将全断面开挖工艺演化应用于台阶法开挖，成功地解决了Ⅳ、Ⅴ级石质围岩隧道开挖进度与工序安全距离之间的矛盾。

初步试验结果表明，大渗量粉煤灰喷混凝土的应用可以有效地解决机制砂混凝土和易性改进问题。

当前在贵广铁路建设中开发应用的高速铁路双线隧道仰拱快速施工的设备及工法，解决了隧道快速施工机械化配套课题中仰拱施工进度与掌子面掘进进度保持一致的关键性问题，从根本上改变了现有的隧道施工组织模式，使之成为保障隧道施工质量、进度、成本控制的技术基础和实现隧道施工标准化作业、人性化文明工地建设的技术基础。所述的仰拱快速施工设备包括双车道仰拱栈桥、仰拱模架、中心沟模架、端头梁和走行设备五个部分，提供了双车道通行、仰拱一次性整体浇筑、填充与仰拱分次浇筑、仰拱模板和中心水沟模板自行整体移动就位等使用功能。仰拱快速施工设备及施工工法的应用使得隧道施工变得更为快捷，达到了如下效果：仰拱施工的效率显著提高，只需一个工作面可满足每月 180 ~ 300m 的进度要求；模板系统可自行移动，人力劳动强度降低，机械化水平提高；模板定位不需要加固钢筋，人力及附加成本大幅降低；工程质量显著提高，生产成品内实外美；利于前后工序的衔接，容易实现开挖掌子面、仰拱和二次衬砌等工序间安全步距的保持，为隧道快速掘进提供了保障；提供双车道通行，优化了洞内施工组织和工序分区，利于标准化作业和安全文明施工。

开发的隧道沟槽施工配套设备和工艺技术，成功地解决了前期隧道沟槽施工中存在的主要问题，应用效果良好；当前在贵广铁路建设中开发应用的适用于高速铁路隧道沟槽施工工艺要求的隧道沟槽快速施工设备和配套施工技术，成功地解决了前期隧道沟槽施工中存在的上述问题，填补了隧道快速施工机械化配套研究的空白。现场应用效果表明，该设备的使用使得隧道中心水沟、侧沟和电缆槽施工变得更为快捷，生产成品结构美观，作业面整洁，从质量、工期、成本、标准化作业、人性化管理、文明施工等方面均取得了良好效果。

空气净化设备与通风设备配合使用，可以更有效地改善长隧道洞内空气质量，节约成本。在隧道施工污染源相对集中的开挖支护作业面，采用空气净化设备并与通风设备配合使用，可以更有效地改善洞内空气质量。先进的除尘设备效率高达 99% 以上，空气净化设备以高效率和低成本除去洞内大部分污染源，净化后的空气可返回工作面循环利用，使通风量大幅减小。通风机的功率与通风量三次方成正比，如果通风量减少一半，功率则下降 87.5%，通风机的功率可以得到大幅度降低。国外研究资料表明，使用循环风以后，通风机的功率可以节约 60% 以上。可见，空气净化设备与通风设备配合使用，不仅有很好的社会效益，经济效益也很明显。如要能成功地应用高效节能的除尘机设备，必将把我国隧道施工的通风防尘技术提高到一个新的水平。

在新技术、新工艺的创造过程中，专家、学者的作用功不可没，但创新的源泉更在具体施作者手中。激发一线技术人员和作业工人的积极性和创造性，鼓励小发明、小技巧、小革新、小创造，是实现技术创新从量变到质变的有效途径，也是保持创新成果先进性、实用性的重要保障。

本书结合当前国内铁路隧道施工技术现状，讨论了制约隧道施工安全质量及经济效益的主要问题。基于钻爆法施工，全方位深入研究了当前亟待解决的主要技术问题，其中开挖爆破影响范围及其精细控制仍然是该领域普遍存在的技术难题。贵广铁路建设中已开发并应用相应设备或技术，较好地解决了开挖技术工艺、仰拱与掌子面进度的协调性、隧道沟槽（中心水沟、侧沟、电缆槽）施工工艺改进、通风与空气净化技术配合使用等若干问题，并获得初步应用成果。对于机制砂加工技术应进一步深入研究以满足规范规定要求，机制砂喷混凝土湿喷工艺是目前规范推荐的喷射模式，但在成本控制及工艺方面仍有提升空间。

第三章　铁路隧道下穿既有高速公路隧道施工控制技术研究

近年来，随着人类对地下空间的不断利用，在某些地区，由于受既有建（构）筑物、地质条件的限制及地下空间综合开发利用的需要，使得新建隧道近距离穿越既有隧道或其他建（构）筑物的现象越来越多，如漳泉铁路瑞峰隧道下穿 324 国道公路隧道、泉（州）厦（门）高速公路大坪山隧道下穿福（州）厦（门）高速公路大坪山隧道、日本 Tozai 地铁线与 Keishin 既有线类似于四孔麻花型的交叉连接等。这就产生了新建隧道施工有可能引起既有隧道损伤破坏的危险，特别是对于近接隧道施工时，如何保证新建隧道施工安全，又使既有隧道稳定，确保既有线正常运营是施工中必须解决的关键问题。

目前，国内外对这类隧道的研究较少，大多是针对单孔隧道或水平平行隧道，并取得了很多成果，而对于近距离交叠隧道，由于隧道间的相互影响及几何形状上的特殊性，使之在理论上的研究存在较大难度，因而其研究多局限于半经验半解析解，施工上较水平平行隧道也更难于控制。日本在这方面的研究走在了前列，其于1987年出版的《近接隧道施工的设计与指南》一书指出，新建隧道与既有隧道的相互影响主要决定于：

（1）隧道的净距；

（2）隧道立面的相对位置关系；

（3）新建隧道的规模；

（4）新建隧道的施工方法；

（5）地形和地质条件；

（6）既有隧道衬砌结构的施工质量。

此外，按隧道间的相对位置关系，将相互影响范围分为3个区域来考虑：

（1）无影响范围；

（2）要注意的影响范围；

（3）必须采取措施的范围。

表1 交叠隧道相互影响范围划分

隧道位置的相互关系	隧道间隔	接近度的划分
新建隧道在既有隧道的下方	＜2.0D	必须采取措施的范围
	2.0～3.5D	要注意的范围
	＞3.5D	无影响的范围
新建隧道在既有隧道的上方	＜1.5D	必须采取措施的范围
	1.5～3.0D	要注意的范围
	＞3.0D	无影响的范围

注：表中D值为新建隧道衬砌外缘的垂直高度或水平宽度中的最大值

本章结合头岭交叉重叠隧道的实际情况，在分析既有隧道健全度及施工对策的基础上，介绍了交叉点附近新建隧道的主要施工技术及既有隧道内的监控量测措施，颇值同类工程施工时借鉴。

第一节　工程概况

新建温州至福州铁路为国内第一条在建的设计速度 200km/h、预留提速 250km/h 且通过双层集装箱的铁路。该线头岭隧道位于福建省连江县境内，全长 4103m。本隧道在 DK280+950 ~ DK281+100 段下穿同（江）三（亚）高速公路既有头岭隧道左右线，新建隧道拱顶距既有高速公路隧道基础底面约 3.24m，平面交角约 54° 。此段地质状况为：晶屑凝灰岩、凝灰熔岩，弱风化，岩体较完整，岩石质地较坚硬，基岩裂隙水不发育，按现行《铁路隧道设计规范》围岩划分标准，此段围岩级别属Ⅲ级。

既有高速公路隧道为两车道上下行分离式隧道，隧道净高 7m，净宽 10.8m，交叉段洞身初期支护为喷锚支护（喷射混凝土强度等级为 C20，厚 12cm），20cm20cm 钢筋网，拱部组合式注浆锚杆，边墙 22 砂浆锚杆，L=2.5m，间距 1.2m1.2m（纵向环向），梅花型布置：模筑衬砌混凝土强度等级为 C25，厚 35cm，该隧道于 2001 年建成通车。新旧隧道相互位置关系如图 1 所示。

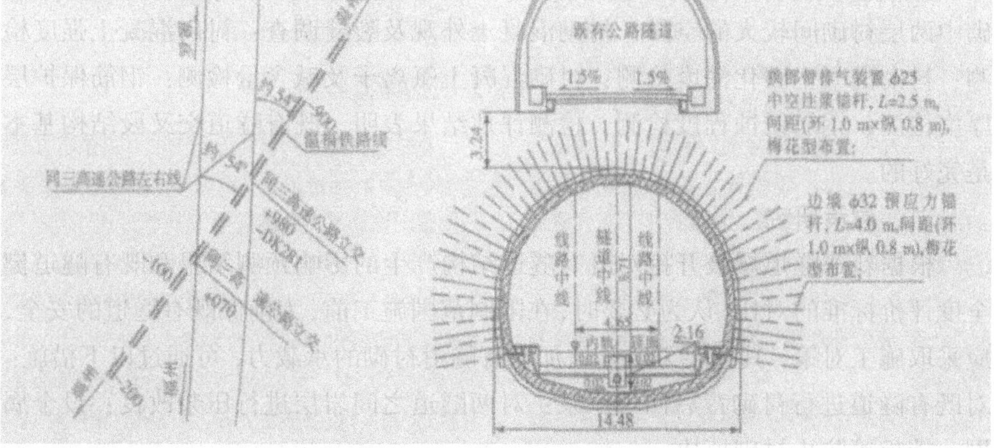

图 1　新旧隧道相互位置关系示意图（单位：m）

第二节　既有隧道健全度评价及对策研究

一、评价标准

影响既有隧道健全度的因素一般包括外力变化、衬砌材料劣化及设计施工不良等几个方面，对既有隧道结构健全度可根据表 2 进行总体检查评价。

表 2　既有隧道健全度总体检查的评价标准

评价标准	健全度
因变形而侵限、可能崩塌以及因材料劣化对运营有安全威胁者	A
衬砌产生裂纹、裂缝等病害，但无碍结构安全者	B
有变形，但不发展，而且其变形对使用无影响	C

除了对既有隧道整体结构进行评价外，还需对既有隧道交叉段结构外力变化、衬砌材料劣化等进行评价。对外力引起的变异，可由衬砌的变形、移动、下沉、侵限、压溃、开裂等现象进行评价，寻找变异的原因，并综合考虑地质条件、变异程度、结构特性及构造缺陷等因素：衬砌的剥离、剥落将造成衬砌承载力的急剧降低，当衬砌有效厚度小于 2/3 设计厚度时，需重点考察既有隧道结构的健全度，并监视其发展趋势及时调整健全度等级。

2005 年 9 月，在下穿段施工前，对既有隧道交叉段结构进行了全面的检测评估，检测内容包括：隧道衬砌厚度：隧道衬砌背后未回填的空区：复合式衬砌中两层衬砌间较大的空段：衬砌混凝土外观及裂缝调查：衬砌混凝土强度检测：衬砌混凝土碳化深度检测：衬砌混凝土氯离子及碱含量检测：钢筋保护层厚度检测：钢筋锈蚀程度检测。检测评估结果表明，既有隧道交叉段结构基本是完好的。

二、对策研究

根据新建隧道爆破开挖对既有隧道结构产生的影响预测结果和既有隧道健全度评价标准的对比，认为必要时，在限制范围施工前，为确保既有隧道的安全，应采取施工对策。其主要方法是增加既有隧道衬砌的承载力，可通过以下措施：对既有隧道进行衬砌背后回填压浆：对两隧道之间岩层进行压浆改良：设金属网、挡板等防止衬砌掉块。

第三节 主要施工技术

隧道施工应坚持“管超前、预注浆、弱爆破、短进尺、强支护、早封闭、勤量测”的原则。根据设计要求和实际情况，头岭铁路隧道穿越段施工时，必须保证其上侧的既有高速公路隧道稳定及运营安全，因此，为减小新建隧道开挖对既有隧道的影响，在对 DK280+950 ~ DK281+100 交叉段隧道施工时，采用如下技术措施：

一、超前长管棚注浆预支护

（一）长管棚规格为热轧无缝钢管及钢花管，外径 89mm，壁厚 6mm，每节钢管两端均预加工成外丝扣，交错连接：环向间距中至中 40cm，外插角为 5° ~ 10° ：钢管施工误差径向不大于 20cm，相邻钢管之间环向不大于 10cm。

（二）根据地层不同，采用不同的钻具组合进行钻孔，钢管顶进前，应进行清孔，检查孔道内是否干净，清除孔道内岩渣、碎石等。

（三）钢花管上钻注浆孔，孔径 10 ~ 16mm，呈梅花型布置，尾部留不钻孔的止浆段 150cm，管棚前端应加工成锥形，以便于顶进。

（四）长管棚注浆采用水泥浆液，注浆参数为水泥浆液水灰比 1?1（重量比），注浆压力 0.5 ~ 2.0MPa：注浆前应进行现场注浆试验，根据实际情况调整注浆参数：注浆浆液在灰浆搅拌桶内搅拌均匀，然后经滤网放入储浆桶，再由注浆泵经管路注入到钢管中，注浆结束后用 M5 水泥砂浆充填钢管，以增强管棚强度。

二、优化支护参数

新建隧道交叉段属Ⅲ级围岩地段，考虑既有高速公路隧道对新建隧道的影响，对该段衬砌采用提高衬砌等级加强支护，以确保新建隧道结构的安全性及稳定性：初期支护采用 C25 网喷混凝土，厚 25cm，钢筋网为 20cm20cm，系统锚杆拱部 75? 范围内采用 WTD25 中空注浆锚杆，L=2.5m，边墙采用 32 预应力锚杆，L=4.0m，间距 0.8m1.0m（纵向环向），梅花型布置，工 18 钢架支撑，钢架纵向间距按每榀 0.8m 布置：二次衬砌采用 C30 钢筋混凝土，厚 50cm。

三、施工方法及工序

施工方法的优劣对控制既有隧道结构的变形起着主导作用。经分析研究及现场试验，决定采用 3 台阶临时仰拱法施工，上台阶分左右部开挖，中间设临时钢架支撑，各台阶纵向间距 3 ~ 5m，开挖每循环进尺控制在 1m 以内，边开挖边进行初期支护，尽量减少对既有隧道的扰动。具体施工工序如图 2 所示。

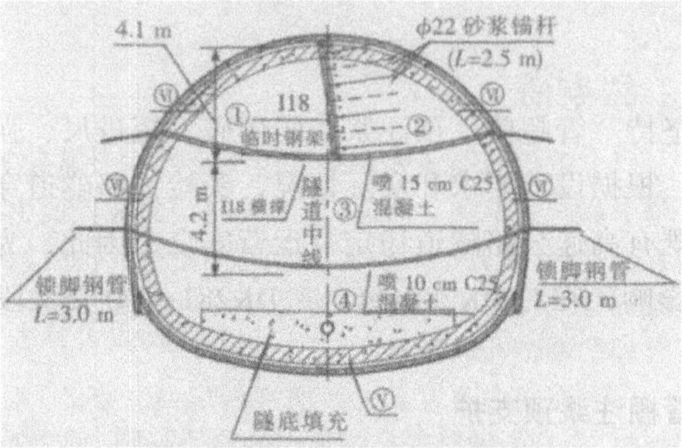

图 2　新建隧道施工工序横断面图

注：施工工序：第一步，弱爆破开挖①部，施作周边的初期支护，架立永久钢架及中隔壁临时钢架，设锁脚钢管，施作临时仰拱，安设横撑；第二步，弱爆破开挖②部步骤与工序同①部；第三步，在滞后②部一段距离后，弱爆破开挖③部，及时喷混凝土、架设永久钢架、施工临时仰拱；第四步，在滞后③部一段距离后，弱爆破开挖④部，及时喷混凝土、架设钢架使钢架封闭成环；第五步，灌注Ⅴ部仰拱及隧底填充；第六步，一次性灌注Ⅵ部衬砌。

四、弱振动爆破

爆破振动对建筑物的破坏程度以振动速度为衡量标准。按《爆破安全规程》规定，既有隧道允许的振动速度为小于 10 ~ 12cm/s，由于本新建铁路隧道与既有高速公路隧道间岩层垂直厚度仅为 3.24m，施工过程中应控制新建铁路隧道开挖爆破的振动，宜将最大爆破振动速度控制在 4cm/s 以下，以确保既有隧道的安全。

根据大量的分析研究及现场监测，认为近距离交叉重叠隧道穿越施工时，爆破振动对既有隧道的影响基本上受爆源的距离、装药状况、地层条件及既有隧道健全度的控制，此外，炸药的类型和爆破模式也有影响。因此，在交叉点前后各 2 ~ 3 倍洞径范围内施工时，为减小新建隧道的爆破振动速度，应严格控制以下爆破影响因素。

（一）掏槽形式

掏槽的成功与否直接影响爆破效果，掏槽的深度直接影响隧道的循环进尺。根据施工经验，隧道爆破的质点最大振动速度通常出现在掏槽部位并与掏槽形式有关，本次爆破上台阶采用 6 孔楔型掏槽，周边光面爆破，下台阶充分利用两个临空面，布置水平与竖直掘进眼，尽量减小爆破对上部隧道的竖向反冲力。

（二）炸药种类

在交叉段掏槽眼和掘进眼采用低密度、低猛度的乳化炸药，周边眼则采用低爆速、小直径的光爆炸药。

（三）起爆顺序

采用非电毫秒雷管延期起爆网络（间隔时间为50ms），多分段起爆，且低段位跳段使用，台阶爆破时，采用两套独立的起爆网络分别起爆，以增加段数，减少同段起爆炸药数量和相邻爆破振动的相互干扰叠加，达到减震的目的。

（四）钻爆参数

钻爆参数包括钻孔间距、钻孔深度、最小抵抗线、装药集中度、装药量等。采用合理的钻爆参数不仅可以有效地克服岩石的夹制力，而且可以控制爆破强度，减小爆破振动的影响。本次爆破采用的主要爆破参数如表 3 所示。

表 3 周边眼设计参数表

周边眼间距 E/cm	抵抗线 W/cm	E/W	装药集中度 q/（g·m^{-1}）	炮眼深 L/m	起爆方式
30	40	0.75	100	1.10	非电毫秒雷管延期起爆

根据撒到夫斯基公式，最大装药量为 [7]

$Q=(V/K)^{1/a.m}\cdot R^{1/m}$

式中，Q——爆破容许的安全用药量（kg）；

V——容许的安全振动速度，取 4cm/s；

K——地质条件参数，取 K=70；

a——衰减系数，取 α=20；

m——装药量指数，取 m=1/3

R——从测点到爆破中心的距离，取 R=7.7m。

经计算，周边钻孔隔振达到良好效果时，单段最大（掏槽眼）用药量为624kg

五、既有隧道监测

监控量测是监视围岩稳定及判断设计与施工方法是否正确的重要手段，亦是保证安全施工、提高经济效益的重要条件，它必须贯穿施工的全过程。

（一）监测内容与目的

选择在既有高速公路隧道内进行结构变形、底板沉降、衬砌表面应变、振动速度四个量测项目。其目的是根据监测结果掌握地层稳定性规律，及时了解既有隧道衬砌力学行为的变。

（二）监测断面布置

既有高速公路隧道内监测断面选择在其左右线隧道中线与新建铁路隧道中线交叉点及其两侧对称布置，由近至远单侧间距分别为：1m、1m、2m、2m、

3m、3m、4m、4m、5m、5m，左右线共42个监测断面，布置范围为既有高速公路隧道与新建铁路隧道交叉点两侧各30m。监测断面布置如图3所示。

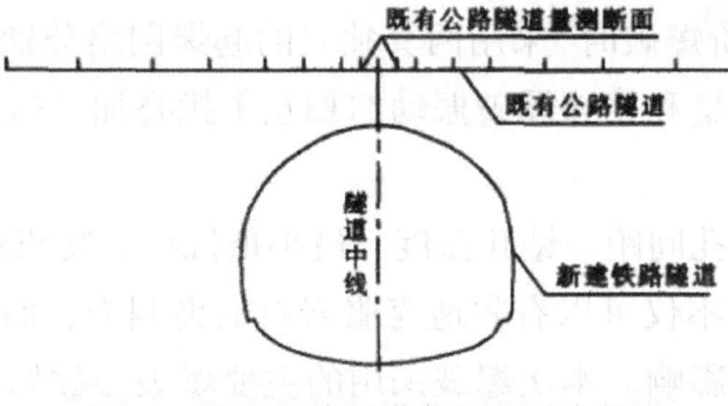

图3　既有公路隧道监测断面布置图

（三）测点布置

结构变形监测采用激光全断面隧道监测仪对既有公路隧道进行各量测断面全断面扫描。

底板沉降监测在既有公路隧道的路面中心、左右水沟盖板顶处墙脚共3点布设测点。

衬砌表面应变监测采用应变片测量，环向在既有高速公路隧道衬砌内壁的拱顶、拱腰及最大跨度处共5点布设环向应变片，纵向在各量测断面拱顶线、拱腰线及最大跨度线布设5条纵向应变片。

振动速度监测在既有公路隧道路面中心、左右水沟盖板顶处墙脚共3点布设测点，测试时，先将传感器粘固在既有公路隧道各量测断面的测点部位，爆破后产生的振动速度经传感器传递并记录在测试仪芯片上，然后经过电脑分析处理得到相关的数据和振动波形图，以指导施工。测点布置如图4所示。

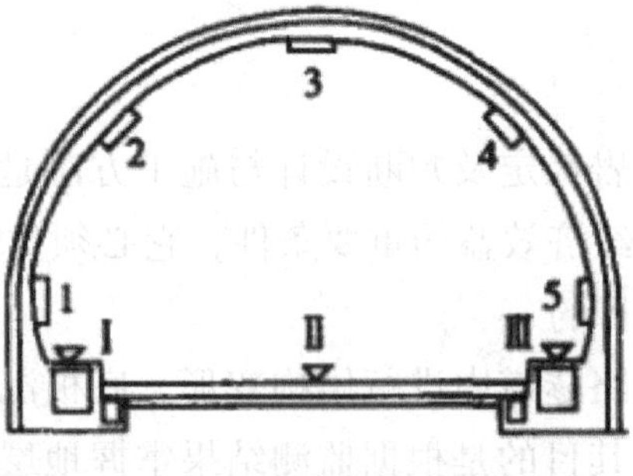

图4　既有公路隧道监测测点布置

注：▽—沉降（振动）监测测点；□—应变监测测点

（四）监测安全控制基准

新建隧道爆破施工时，必须保证既有高速公路隧道稳定及运营安全，根据既有隧道结构检测评估结果和结构安全验算结果，给出了既有隧道各监测项目安全控制基准如表 4 所示。

表 4　既有隧道结构安全控制基准

监测项目	预警值	允许值	检测频率
底版沉降 /mm（每日累计）	0.15/20	0.2/30	一次 /2h
衬砌表面应变	拉：0.035‰ 压：0.2‰	拉：0.05‰ 压：0.3‰	一次 /2h
振动速度 /（cm · s^{-1}）	3	4	实时监测

第四节　结　论

近距离爆破振动施工可能会产生严重危害，必须引起高度重视。因此，头岭隧道穿越段施工之前，应对既有隧道衬砌强度、衬砌背后空洞分布、衬砌抗震性等进行必要的评估，制定爆破振动控制基准，进行合理的爆破参数研究。

在新建隧道掌子面推进到离交叉点 3 ~ 4 倍洞径时，应开始做好既有隧道内的监控量测，通过监测分析结果，合理调整开挖方法、爆破参数及起爆方式，确保既有隧道安全。

交叉段施工完成之后，对既有隧道交叉点附近隧道衬砌结构应重新进行安全性评价，确保既有隧道不会因时间推移而产生破坏。

第四章　软弱围岩隧道施工技术

在隧道施工过程中可能会遇到软弱围岩，软弱围岩的施工难度大，会让技术人员和施工人员在工作中感到巨大的压力。软弱围岩是整个隧道施工中的重点和难点。隧道施工中软弱围岩技术对提高工程质量，控制工程的安全性都有着重要影响，因此在隧道施工中，需要加强对软弱围岩施工技术的分析。

第一节 软弱围岩的地质特征和变形

一、地质特征

（一）软弱围岩中的岩石的强度要比一般岩石更低，依据我国相关的工程岩体标准进行划分，将单轴饱和抗压强度不高于 30MPa 的都称为软岩。软岩一般具有流滑、内摩擦角小、膨胀等特点。通常来说我国北方地区的软岩含水量偏低，在失水后将会呈固态，如果受到扰动容易发生崩坍。南方的软岩的含水量偏高，扰动后将会呈液态。

（二）软弱围岩在受到剧烈振动后构造将会受到严重影响，容易发生裂隙、断层等现象，尤其是在结构面上的充填物比较软弱，围岩自身的稳定性将会严重下降。

（三）通常情况下，围岩的赋存环境都较差，软弱围岩经常会处于地应力不良、赋存于富水等恶劣环境中，而且比较容易引起塌方和涌水等灾害。

二、软弱围岩变形

隧道施工过程中，围岩通常情况下会经历以下几个阶段：弹性变形：塑性和弹性变形共存：蠕变为主，存在塑性变形，处于此阶段时围岩容易发生断裂和损伤。软弱围岩与坚硬围岩不同，其变形主要体现在以下几点：

变形量较大，在隧道开挖后，软弱围岩的一个最明显特征就是塑性变形显著。

变形速度快，软弱围岩在发生形变后会快速的发生变形。

变形时间长，软弱围岩在隧道开挖过程中，不仅会出现发生较快的变化，而且会持续很长一段时间，并且蠕变特性比较明显。

软弱围岩扰动范围更大，软弱围岩隧道周围塑性区扩大，尤其是结构强度不当或支护不及时，扰动范围将会进一步扩大，从而导致锚杆长度无法回到弹性区，由此造成喷锚支护失去其应有的效果。

第二节 制定软弱围岩施工工艺

软弱围岩同一般围岩相比，其自稳能力差，强度低，在隧道开挖后，地应力分布将会发生变化，隧道周围将会形成一圈较大的松动圈。如果在施工过程中施工方法以及工程措施存在错误，极容易引起工程事故。由此可见，软弱围岩隧道施工中的核心问题是对变形进行控制，对塌方进行预防。在对开挖方法的合理性进行确定的基础下，软弱围岩隧道施工需要围绕控制变形开展，在施工中只有做好变形控制才能确保隧道的顺利掘进。以下为某隧道施工中制定的施工工艺，从实际应用效果来看，取得了不错的成绩：

一、超前支护

在施工中比较常见的支护方式有超前管棚和超前小导管。超前支护在隧道施工过程中主要起到的作用是对前方的围岩进行支护，施工中主要通过对周边地层进行加固，利用双层小导管对松散地段进行加固，从而使加固圈的范围能够得到进一步扩大。

二、强锁脚

软弱围岩隧道中，合理的利用强锁脚能够使地基软化得到有效控制，从而对上台阶支护下沉以及在开挖下台阶悬空而引起的下沉进行控制。

三、垫块和槽钢

其作用与扩大基础相似，可以使工字钢不会悬空，从而使拱脚在竖向的承载力能够得到提高。此外，工字钢和槽钢通过焊接而构成的整体受力能够实现对软弱围岩的控制目的。

四、临时仰拱

如果在软弱围岩隧道施工中，出现变形较大的地段，应当及时完成闭合操作，在完成合成环后，可以使结构的承载力得到提高，从而对变形进行有效控制，避免了塌方的出现。

五、均衡推进上下台阶

在施工中尽量均衡推进上下台阶，提高工作效率，确保初期支护能够在15d内完成封闭成环，从而对支护结构的变形进行有效控制。

第三节 软弱围岩隧道施工措施

一、辅助作业面的设置

施工中，若软弱围岩地形较缓，很难从正面进行暗挖，一般会在地形条件允许的情况下，采用平导、横洞等具有辅助的作业面向躲开软弱围岩，然后再在软弱围岩条件较好的地段展开施工，通过铺底衬砌成环的稳定结构作为施工的后端，从而实现稳步掘进的目的。

二、正面进洞和洞内施工技术

软弱围岩施工中，正面进洞技术的选择一般要依据地形和地质条件来定。常用的技术有回填反压法、虚拟洞门、改善围岩方法等。如果软弱围岩在的仰坡较陡，有滑动面，通常情况在施工中不宜采用靠近作业面，而应当通过接长明洞方法，依据围岩平衡侧面，正面推力对明洞的长度进行确定。如果坡面较陡，不易接近仰坡，可以将挡墙夯填土反压边仰坡来施工。在软弱围岩施工中，可以通过打设泄水导洞，避免水流过多，导致地基软化。若软弱围岩向下深度较浅，施工中可以挖掉部分软土或全部软土，再通过施作护拱的方式完成施工。

第四节 软弱围岩隧道施工技术的控制重点

一、预防隧道塌方

塌方是软弱围岩在施工中比较常见的一种事故，如果出现塌方不但会带来严重的经济损失，还会提高工程施工困难，因此在隧道施工中对塌方进行预防是十分必要的。施工队伍在进入软弱围岩施工时，需要对地质情况进行详细的分析，深度认识地质情况，依据地质情况合理的安排施工方法和施工进度，对塌方情况进行全面预防。施工单位需要定期对施工人员进行安全培训，使施工人员对塌方能够有一个正确的认识，施工过程中坚持以标准化流程进行，培养施工人员在工作中的良好行为习惯，树立“安全第一”的意识。此外，对塌方的预防还需要不断地提高施工技术，对管理进行规范，做好施工技术交底等工作。

二、控制爆破超欠挖

软弱围岩隧道的施工质量、效益、进度都受爆破超欠挖的影响，因此要做好对其的控制工作。开挖是隧道施工中的一个关键环节，如果在施工中，超挖过多，不仅会因为衬砌量和出渣量的增加而导致工程的造价上升，而且会因为局部超挖过度集中，对周边围岩的稳定性产生影响。欠挖则会对衬砌厚度造成直接影响，处理起来不仅费力，而且需要大量的时间，因此在隧道开挖时需要控制好超欠挖问题，便于下一道施工工序的正常进行。软弱围岩隧道施工中，爆破效果会对超挖欠挖产生直接影响，因此在施工中必须要控制好爆破。

三、衬砌防排水

在隧道结构中衬砌防排水通常采用“防、排、堵、截相结合，因地制宜，综合治理”的原则。在隧道施工初期就要采取相应的排水措施，通过对弹簧透水盲管的使用，利用沟槽将水排出。在软弱围岩隧道施工中，隧道防水层施工涉及的要点很多。隧道施工中，喷射的混凝土表面较为粗糙，因此在铺设防水板前，要对粗糙处进行处理，确保混凝土表面整洁。完成防水板铺设后，施工人员不能穿带钉子的鞋在防水板上行走，避免对其产生破坏。此外，在施工过程中对钢筋的绑扎也需要格外小心，不能对防水层造成破坏，如果发现水板处存在小部分遭受了破坏，补焊时应当通过双层补丁完成。当需要进行钢筋焊接时，为了避免火花对防水层造成破坏，在焊接时需要利用石棉对周围进行遮挡，完成焊接后，石棉板需要在冷却后再撤走。隧道施工中对混凝土的振捣必须要严格控制振动棒的应用，禁止与防水层发生接触。

软弱围岩隧道施工需要依据工程的实际情况，对施工技术和施工方法进行重点控制。在确保施工安全的基础下，尽量发挥施工机械和施工人员的技术水平，实现效益和技术双赢的局面。随着科技的发展，相信会有更多的更好的防塌方、爆破技术被应用到软弱围岩隧道施工中，提高软弱围岩隧道施工质量。

第五节　软弱围岩隧道施工的对策措施

软弱围岩隧道不仅施工技术难度大，而且安全风险高，发生事故概率相对较大。近年来，隧道工程发生25起重大安全事故，因围岩软弱或地质构造复杂导致的坍塌事故共16起，占64%，因突水突泥事故3起，占12%，因洞内火灾、火工品爆炸及其他各类事故为6起，占24%。

这些事故，往往造成重大生命及财产的损失。据统计，从2006年到2010年的4年多时间内，国内隧道坍方事故造成74人死亡。此外，在交付运营后，隧道工程出现的病害，也都集中在软弱围岩或复杂地质构造地段。

究其原因，一是与软弱围岩本身的工程特性有关，二是在建设施工方面也有较多的问题。本书就隧道软弱围岩工程特点、施工存在的主要问题及其对策措施进行论述。

一、软弱围岩工程地质特点及变形破坏特征

（一）软弱围岩主要工程地质特点

隧道围岩质量分级是进行隧道稳定性评价与支护设计的重要基础，软弱围岩是指岩质软弱、承载力低、节理裂隙发育、结构破碎的围岩，按单轴饱和抗压强度指标，分为较软岩（$15MPa < R_c < 30MPa$）、软岩（$5MPa < R_c \leq 15MPa$）、极软岩（$R_c \leq 5MPa$）。其工程地质特点如下：

1. 岩体破碎松散、黏结力差。由于结构破碎松散，岩体间的黏结力差，开挖洞室后，仅靠颗粒间的摩擦效应和微弱胶结作用成拱，岩体极不稳定，尤其是在浅埋地段容易发生坍塌冒顶，多发生在土层、全风化层、挤压破碎带等软弱围岩中。

2. 围岩强度低、遇水易软化。由于其强度低、稳定性差，开挖暴露后易风化、遇水易软化，尤其是深埋地段受高应力影响容易发生塑性变形，造成洞室内挤，多发生在页岩、泥岩、片岩、炭质岩、千枚岩等软质岩地层中。

3. 岩体结构面软弱、易滑塌。由于结构面的黏结强度较低，开挖后周边岩体极易沿结构面产生松弛、滑移和坠落等变形破坏现象，多发生在受结构面切割影响严重的块状岩体中。

（二）软弱围岩的变形特点与破坏特征

实际施工表明，隧道软弱围岩开挖后易变形，具有变形量大、持续时间长、速率快、范围广等特点。其变形通常包括三个方面：一是隧道正前方掌子面的水平位移，表现为掌子面的水平鼓出：二是掌子面前方围岩下沉，浅埋隧道表现为地表下沉，形成沉降槽：三是刚开挖的隧道洞壁出现收敛变形，表现为拱顶下沉和边墙内移。

软弱围岩因其自稳能力差，自稳时间短，其破坏特征表现为开挖后容易坍塌。这是由于隧道的开挖，造成洞壁临空，导致围岩应力进行重新调整。围岩与洞壁均向隧道净空方向变形，在未得到及时支护，或支护结构强度不足以抵抗时，造成围岩和支护结构破坏，从而发生坍塌。

二、国内隧道软弱围岩施工存在的主要问题

（一）施工方法存在的问题

长期以来，我国隧道软弱围岩施工方法的总体指导原则是“化大为小”，即将隧道设计断面划分为多个小断面依次施工，逐渐形成设计断面。主要方法有：对于断面较小的单线隧道，通常采用台阶法、环形开挖预留核心土法：对于断面较大的双线或三线隧道，通常采用三台阶七步法、中隔壁法、交叉中隔壁法、双侧壁导坑法等。应该说，这些方法，是众多隧道技术人员在当时施工技术水平较低条件下的智慧体现，其作用是必须肯定的。但是，在实际施工中，软弱围岩过多地采用分部施工方法，也存在一些弊端和不足，突出表现在以下两个方面：

1. 全环封闭时间长，不利于控制围岩变形。由于围岩的变形具有时空效应，特别是软弱围岩，其变形时空效应更为显著。过多的分部开挖，不论在隧道横断面，还是在纵断面上，整个初期支护结构封闭成环时间相对于全断面或微台阶法施工，都较长，因而导致围岩位移变形相对较大。一般来说，开挖分部越多，封闭成环时间越长，在同样地质条件下，其累计变形就越大。

2. 不利于隧道施工组织、施工安全，影响施工进度。隧道下部落底时，上部支护基础悬空，失去支撑，若上部喷混凝土未能很好地与围岩通过钢架、锚杆等形成一个整体支护结构，容易发生支护失稳、掉拱、甚至坍塌，安全风险相对较大：分部开挖不利于大型施工设备作业，且各分部之间，相互影响较大，施工进度慢。如，双侧壁导坑法，目前国内的施工进度基本为30m/月：中隔壁法，其施工进度基本为40 ~ 50m/月。中隔壁法、双侧壁导坑法等分部施工，都存在大量的临时支护，而这些在二次衬砌施作前是必须拆除的，拆除过程安全风险大，并且会造成大量的材料浪费。

（二）开挖方式存在的问题

在我国，对于软弱岩质隧道，不论是采用台阶法、环形开挖预留核心土法、中隔壁法，还是采用双侧壁导坑法，普遍采用的还是爆破方式。这种开挖方式，主要存在以下两个问题：

1. 不利于保护围岩。隧道爆破开挖是通过高能量的炸药在极短时间内发生爆炸，产生巨大的能量破坏岩石，在形成隧道断面的同时，巨大的冲击波也会对断面外一定范围的岩石产生作用，从而削弱了隧道围岩自稳能力，降低了围岩岩石质量指标。有关研究表明：一般情况下，爆破会使损伤区域岩体岩石质量指标在原有的基础上降低10% ~ 30%，距爆体距离越近，降低值越大，炸药用量、威力越大，破坏越严重。

2. 会造成大量超挖。一方面，隧道爆破形成临空面后，由于软弱围岩自稳

时间短，在实施支护前，岩体因丧失自稳能力而坍落，造成较大超挖。另一方面，在现实的施工中，由于未严格按照爆破设计施工或炸药用量、起爆顺序等爆破参数设计不合理，也加剧了超挖问题。

隧道超挖，不仅影响施工成本，更为严重的是，如果超挖部分没有在初期支护时得到妥善处理，造成初期支护背后空洞，使该部分围岩未能得到支护，最终可能发展成大量围岩失稳并冲击破坏初期支护，导致隧道发生坍塌事故，危及作业人员生命安全。

（三）初期支护施工存在的问题

目前，国内隧道初期支护施工存在的问题：一是施工手段普遍比较原始，先进、高效的专业施工机械设备未能在隧道施工中得到较好应用；二是施工工艺不尽合理，现场实施难度较大，安全风险较高。这些都导致隧道初期支护施工质量，难以达到设计和验收标准的要求。

1. 系统锚杆

系统锚杆作为初期支护的主要构件，有支撑围岩、加固围岩的作用（如图），对于水平或缓倾斜的层状围岩，还具有悬吊、组合的作用。

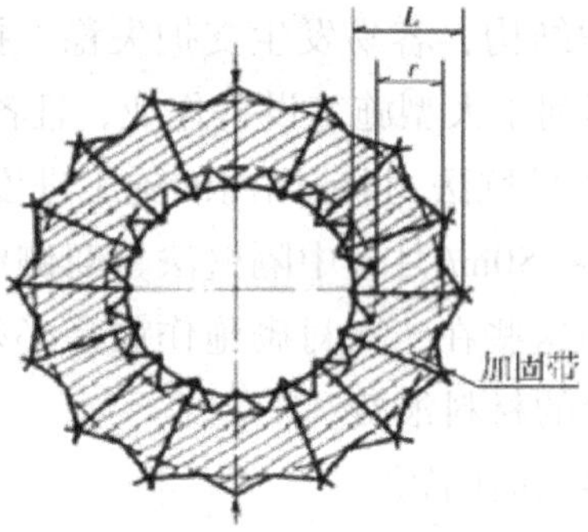

施工中，锚杆施工质量存在的问题最为突出，如不安装垫板、砂浆锚固不密实、打设角度偏差大，甚至锚杆数量、长度等与设计有较大偏差。这里面，一方面是对锚杆的作用认识不到位，重视程度不够，表现为不安装垫板、不按设计数量、长度施工。另一方面是目前的锚杆施工设备落后，技术性能达不到设计要求，钻孔多采用普通的凿岩机，无法保证隧道拱部锚杆孔的施工精度。

2. 网喷混凝土

国内隧道网喷混凝土的钢筋网片，主要采用 6 ~ 8 钢筋现场编制成网片，网格间距 15 ~ 20cm，铺设在钢架与岩面之间。实际施工过程中，网喷混凝土施工最为突出的问题主要有两个：一是初期支护与围岩不密贴，存在空洞或空隙：二是喷射混凝土质量不稳定，强度离散性大。

对于初期支护背后空洞问题，除偷工减料的人为原因外，从施工方面来看，网片普遍铺设在钢架外侧，并与钢架焊接，未能与初喷混凝土面密贴。这样一来，喷混凝土在网片上附着凝结而逐渐扩大，以致在钢架与岩面空隙还未完全喷射密实前就已堵塞，从而导致初期支护背后不密实，甚至空洞。

对于混凝土质量不稳定、强度离散性大的原因，首先在于隧道的喷混凝土时普遍使用小型喷射机并采用干喷工艺作业，因为人工操作，其喷射风压、喷射角度与受喷面距离等技术指标，因作业环境较恶劣，很难达到操作规程要求。其次，干喷工艺中，速凝剂掺加时机不容易控制：在喷射料拌和时掺加，那么在混合料运输过程中，速凝剂就与水泥、骨料等发生了反应：在喷射现场掺加，则往往拌和不均匀。总之，都要影响喷混凝土的质量。

三、对策措施

（一）有效预加固围岩及掌子面，实施大断面施工

众所周知，隧道开挖后，随着时间的推移，变形也在发展。一般来说，刚开挖后，变形发展快，变形值也较大。如果能够控制住变形的初期发展，也就控制了变形的后期发展和围岩的松弛。因此，及早使初期支护闭合成环，对于软弱围岩隧道控制变形是非常重要的，因为初期支护全断面闭合的过程，就意味着隧道变形趋于稳定（收敛）的过程。

总结隧道采用新奥法施工的各种方法，要实现隧道开挖后快速全环封闭，首推全断面法，其次是上下台阶法。这是由于全断面法和上下台阶法具有工序少，便于施工机械作业，施工速度快等优点，因而支护结构封闭成环时间短，掌子面的挤出位移和洞周收敛变形较小，有利于隧道的短期稳定。

然而，对于破碎软弱围岩，在不采取预加固的情况下，开挖后容易坍塌。因此，必须采取有效的预加固措施，对掌子面围岩提前加固，才能进行全断面法或上下台阶法施工。预加固措施必须根据隧道的地质条件进行综合考虑，地质条件越差，措施要求越强。管棚帷幕注浆、掌子面钢质长锚杆，虽然对掌子面前方围岩能够起到加固作用，但它们都不利于机械开挖。随着新材料、新设备的不断发展和应用，对隧道围岩和掌子面的预加固方法也在不断发展和进步。值得推广的有：掌子面玻璃纤维锚杆注浆加固、水平旋喷桩加固、预切槽等预加固技术。

1. 玻璃纤维锚杆注浆加固掌子面

掌子面玻璃纤维锚杆注浆加固围岩，适用于无水或水量较少的软弱破碎Ⅳ、Ⅴ级围岩。玻璃纤维锚杆（GF R P）主要是由玻璃纤维和增强聚合物构成，是一种脆性材料锚杆，具有抗拉强度高、抗剪和抗扭强度低的力学特性，易于被

开挖设备切断。这种锚杆分空心和实心两种，空心玻璃纤维锚杆可注浆，其结构剖面如图。

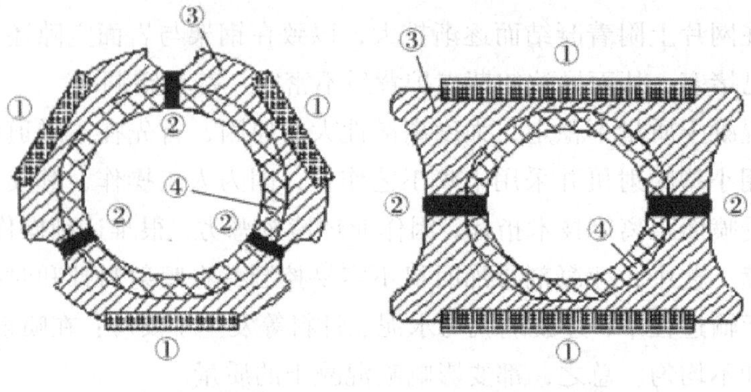

（a）三片件　　（b）二片件

①玻璃纤维条片；②溢浆孔；③固定连接件；④注浆管

图3　空心玻璃纤维注浆锚杆结构剖面

全断面开挖时，玻璃纤维锚杆布置示意图，如下图。

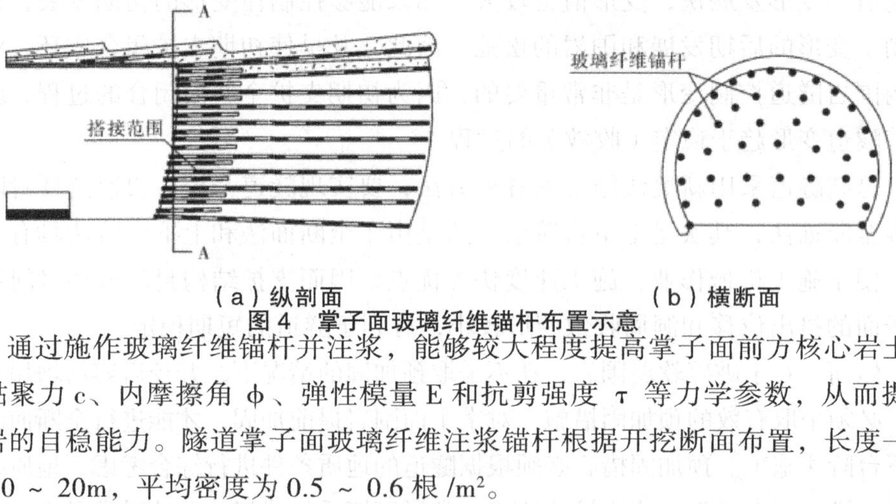

（a）纵剖面　　（b）横断面

图4　掌子面玻璃纤维锚杆布置示意

通过施作玻璃纤维锚杆并注浆，能够较大程度提高掌子面前方核心岩土体的黏聚力 c、内摩擦角 φ、弹性模量 E 和抗剪强度 τ 等力学参数，从而提高围岩的自稳能力。隧道掌子面玻璃纤维注浆锚杆根据开挖断面布置，长度一般为 10 ~ 20m，平均密度为 0.5 ~ 0.6 根 /m²。

因锚杆施工长度长，需采用专用钻孔设备，如 YGL — 100 多功能地质钻孔设备，注浆工艺与其他注浆锚杆工艺相同。

2. 水平旋喷桩加固掌子面

对于地下水量较大，具有流沙特性的Ⅵ级围岩，采用注浆长锚杆不足以确保掌子面及围岩的稳定，可在掌子面施作水平旋喷桩。

通过在隧道周边开挖轮廓线外施作一圈水平旋喷桩，将周围的地下水与隧道隔离，再通过在掌子面施作玻璃纤维锚杆并注浆加固前方围岩，提高其稳定性，从而实现隧道采用全断面或上下台阶法施工的目的，如图 5。

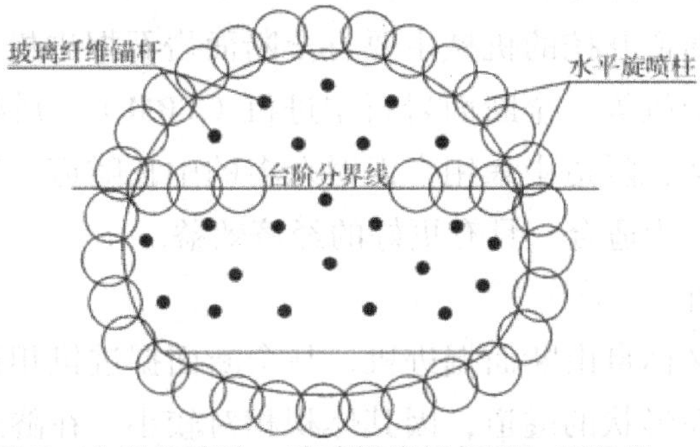

图 5　水平旋喷桩、玻璃纤维锚杆预加固示意

水平旋喷桩采用 PST — 60 水平摇臂钻机及其配套的 7t — 505 型大流量泵站施工，该设备效率高，施工 18m 长的旋喷桩，仅需 1 小时左右。7t — 505 型高压大流量泵最大压力可达 90MPa，最大流量 $60m^3/h$，具有自动拌浆和压力控制系统，保证快速成桩时的水泥浆供给。

水平旋喷桩在兰渝铁路桃树坪隧道已成功应用，该隧道进入里程 DK6+462 后，地层为全断面承压饱和含水砂层，采用 CRD 工法开挖无法掘进，多次坍塌。后变更方案为：在实施降水基础上，先对隧道开挖轮廓周边进行旋喷加固，并施作大管棚，形成超前预支护帷幕结构。同时，对掌子面进行梅花跳孔施作水平旋喷桩，并在桩体内设置玻纤锚杆以稳定掌子面，从而在开挖前使被开挖体和围岩形成稳定的界面和结构。

在此基础上，采用台阶法机械开挖，达到了预期的施工效果，顺利安全地通过了该段地层。

3. 切槽预加固

预切槽是用特制的链式机械切刀，沿断面周边连续切割出一条厚数 10 厘米、深数米的窄槽。同时，应用与切刀一体化的混凝土灌注设备，注入混凝土，形成一个连续、起预先支护作用的混凝土拱壳，然后在“拱壳”支护下进行工作面的全断面机械挖掘，主要适用于抗压强度小于 10MPa 的土层。

其技术优点是：由于切槽开挖与混凝土灌注同时完成，避免了土层应力释放，可大大降低隧道拱顶下沉和减小周边收敛：由于沿隧道横向预置连续的拱壳，沿隧道纵向拱与拱之间也有搭接，从而形成连续的空间拱形结构，具有高度的力学稳定性，施工安全保障显著提高：由于采用机械切割施工，更好地保护了围岩。

（二）采用机械开挖减少对围岩的扰动和破坏

随着技术装备的发展，机械开挖隧道将会越来越多，对于软弱围岩隧道，应优先考虑机械开挖。与爆破开挖相比，其优点突出表现在两个方面：一是更好地保护了围岩，最大程度降低开挖对其自稳能力的破坏，减少坍塌事故：二是可以很好地控制开挖轮廓，减少超挖，降低施工成本，提高经济效益。

目前，用于隧道开挖的机械主要有全断面岩石掘进机（TBM）、盾构机、单臂掘进机、铣挖机等。全断面岩石掘进机（TBM）、盾构机等大型隧道施工专用设备一般在特长隧道中采用，而对众多的中长隧道、短隧道，采用单臂掘进机、铣挖机等更为适合，具有更好的经济效益。

1. 单臂掘进机

单臂掘进机又称自由断面掘进机，与全断面掘进机相比，其最大的不同在于可开挖任意断面形状的隧道，因其体积相对较小，在隧道地质条件发生大的变化后，履带行走方式容易实现不同施工方法间的相互转换。此外，单臂掘进机在开挖时能进行出碴作业，节省循环时间，加快施工进度，可在软弱围岩隧道施工中推广使用。

一般来说，单臂掘进机适用于土质地层以及单轴抗压强度小于 30MPa 的岩石地层，其工效为 30 ~ 45m^3/h。如岩石单轴抗压强度大于 30MPa，则工效有所降低。

2. 铣挖机

铣挖机是将普通挖掘机的挖斗换装为铣挖工作头的一种施工设备，与单臂掘进机相比，由于其动力系统功率相对较小，多用于单轴抗压强度小于 10MPa 的地层，其工效为 25 ~ 35m^3/h。与单臂掘进机相似，铣挖机可开挖任意断面形状的隧道，在隧道地质条件发生大的变化后，也能实现不同施工方法的相互转换。不同之处在于，不能同时进行开挖和装碴，需要单独进行出碴。

（三）采用专业支护施工设备提高施工质量

根据隧道新奥法施工原理，围岩具有自承能力，其自承能力大小主要取决于围岩强度。隧道开挖后，在围岩内形成三个变形区域，由表面向深处依次为：塑形软化区、塑形强化区、弹性区。研究表明：塑形强化区及弹性区是围岩承载的主体，而塑形软化区则是需要支护的对象。对于坚硬围岩来说，塑形变形区很小，变形很快就能达到稳定，初期支护（喷混凝土）仅仅是封闭围岩，阻止其表面进一步软化：而对于软弱围岩来说，必须通过施作锚杆、钢架、网喷混凝土初期支护，提高和改善塑形变形区围岩的自承能力，才能控制塑形变形区进一步发生塑形变形和蠕变，防止围岩结构破坏发生坍塌。因此，确保软弱围岩的初期支护强度和施工质量，对于防止隧道发生大的变形、坍塌非常重要。

国内隧道施工，初期支护一直是一个薄弱环节，存在的问题较多。前面已对此进行了分析，在此仅对如何提高系统锚杆和网喷混凝土施工质量加以叙述。

1. 系统锚杆施工

隧道系统锚杆，一般采用全长黏结型砂浆锚杆。针对施工存在的问题，要保证任意部位的锚杆施工质量满足设计要求，在目前的施工设备中，采用锚杆台车施工锚杆是有效途径之一。锚杆台车是一种集钻孔、注浆和安装锚杆为一体的施工设备，它由台车底盘、大臂、锚杆机头等组成，锚杆机头由凿岩机及推进器、注浆及喷射导架、转动定位器、锚杆夹持器等组成。

锚杆定位后，锚杆台车就位，调整好钻孔方向，钻进至设计深度并清孔，通过锚杆注浆设备灌注锚固砂浆，利用锚杆台车自身的锚杆安装设备及时安装锚杆，完成锚杆施工。所使用的锚固砂浆应具备适宜的稠度，以保证拱部所灌砂浆不倒流而影响锚杆的灌浆密实度。中铁二局在锦屏引水隧洞中对锚固砂浆配制进行了有益的探索，取得了成功并形成了工法。锚固砂浆按水泥：水：砂为 1：0.35：1.28 的配合比进行配制，稠度在 70 ~ 90mm 之间，以手扼成团时效果最好。实施中，灌浆压力控制在 0.7 ~ 1.0MPa 之间。

开挖后及早施工系统锚杆是新奥法原理，也是施工隧道的要求，但在软弱围岩隧道，如在初喷混凝土封闭围岩后立即进行锚杆钻孔施工，因钻孔的扰动，容易造成钻孔周围岩块的松动掉块，不仅安全风险较大，且破坏了初喷混凝土，不利于围岩的稳定。因此，系统锚杆施工可适当延后，选择在钢架安装、复喷混凝土完成后再进行，这样既保证了锚杆作业人员和设备的安全，又降低了锚杆钻孔对围岩稳定的影响，还能使锚杆施工更为规范。

2. 网喷混凝土

网喷混凝土存在与围岩不密贴、有脱空或空洞问题，解决措施如下：

（1）将 φ6 ~ φ8mm 钢筋网片改进为柔性度更大的细钢丝网片，使网片随开挖面的起伏，与初喷混凝土面密贴。网片采用铆钉进行固定。

（2）喷混凝土采用喷射台车（机械手），湿喷工艺，使喷射距离、喷射角度、混凝土拌制、速凝剂掺量能够严格按照施工规范和设计要求进行，确保喷射混凝土质量。

（四）进行动态管理，实现信息化设计与施工

隧道动态设计与施工，这个理念虽然是新奥法原理一直强调的，但受制于信息技术的发展，并未完全实现。尤其在我国，由于管理体制原因，基本上仍处于概念阶段。随着信息技术的发展，给隧道真正实现动态设计与施工提供了条件和基础。对于软弱围岩，由于开挖过程中围岩和支护信息变化明显，建立一个完整的信息化、数字化的设计施工管理系统，准确掌握围岩及支护结构的信息变化情况，确定适宜的预加固措施、施工方法和支护结构，其意义更为重大。

近年来，国外在这方面进行了一些尝试，并取得了一定的进展，如意大利在修建 Vaglia 隧道时，采用了 ADECO — RS 系统进行设计与施工，该系统是在隧道开挖过程中，通过观察、量测等方法获取围岩应力、应变变化特性，动态确定适合的施工方法和支护结构：日本开发的“SIT 系统”和“隧道综合管理系统”，其原理与 ADECO — RS 系统类似。

隧道软弱围岩施工，其核心在于三个方面：一是要通过对围岩预加固，改善围岩地质条件，提高其自稳能力：二是在开挖时尽可能保护好围岩，使围岩自稳能力不被削弱或破坏：三是开挖后，在围岩发生松弛变形前及时得到有效支护，将围岩松弛、变形控制在容许范围之内。

目前，国内隧道施工，这三个方面都不同程度存在差距，需要在隧道施工专业设备、超前支护新材料以及锚杆、喷混凝土新工艺等方面大力研究和开发，这是提高软弱围岩施工技术水平的必由之路。

第六节　案例分析

文中结合某实体工程对软弱围岩隧道施工技术进行了研究，详细阐述了该隧道的施工方案和施工方法，并通过施工监测结果验证了该方法的可行性，可供软弱围岩隧道施工参考。

一、工程概况

某隧道起讫里程为 K222+201 ~ K231+190，全长 8，989m，隧道洞身分别从 K224+025 里程和险滩沟 K226+378 里程开始大量出现炭质片岩地质及部分零散段落，共计全长 3，525m。炭质片岩地段按 V 级围岩加强设计，采用三台阶法开挖。超前支护设计参数：ф42 超前小导管，间距 30cm；初期支护设计参数：I 20 型钢钢架，2 榀 /m，拱部设 ф22 系统砂浆锚杆，长度 3.0m，间距 100×100cm，挂设 ф6.5.ф8 钢筋网，网孔间距 20×20cm；衬砌为厚度 50 ~ 77cm，主筋 ф25 的钢筋砼。炭质片岩岩体的抗剪强度低呈粉末状且对振动影响很敏感，岩体扭曲、揉皱现象明显，节理发育，岩体节理面光滑亮泽，往往夹杂有石英岩脉侵入体，并伴有地下水渗流。施工过程中围岩变形大，K224+780 变形量达 1，260mm，K224+865 最大变形量达 2，250mm。自施工以来，隧道内初期支护及护拱仍出现了不同程度的变形、侵限、拆换及施工安全现象，例如 K225+761 以线路左侧侵限见图 1。

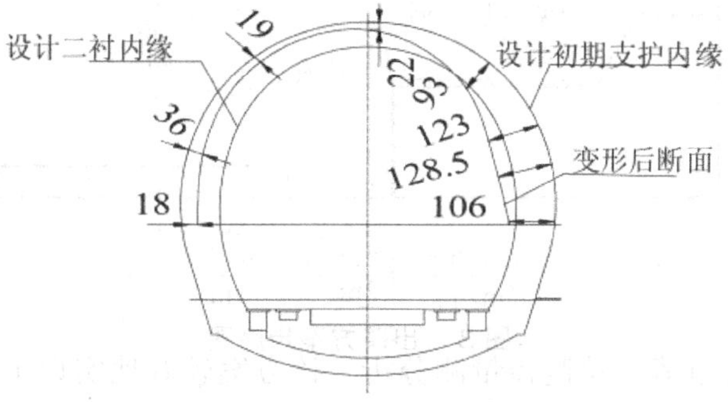

图 1　K225+761 上半断面

二、施工方案

该软弱围岩隧道 K224+968 ~ K225+095 开挖受 K225+095 ~ +113 变形段的拆换的影响，二次衬砌无法及时封闭，严重影响掌子面开挖速度，按照工期和安全统筹兼顾的原则，K224+968 ~ K225+095 段施工分为正常作业区及变形拆换区，安排模板台车迅速滑过变形段及时进行结构封闭，确保 K224+968 ~ K225+095 尽快形成短台阶开挖，衬砌紧跟的有序局面，具体布置见图 2。

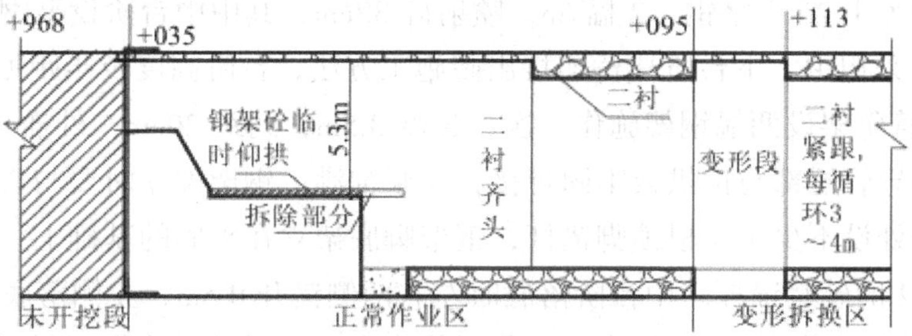

图 2　施工布置图

正常作业区（K224+968 ~ K225+095 段）采用三台阶法施工，其中中台阶设型钢混凝土临时仰拱。二衬模板台车紧跟掌子面施工。变形拆换区：为确保 K225+095 ~ +113 段 38m 大变形段拆换后能及时进行衬砌封闭，另安排一组防水板台架及模板台车配合紧跟拆换作业。变形段影响前方未变形段的结构封闭，为确保模板台车安全快速渡过大变形段，变形段下台阶施工中对变形段进行注浆及横向型钢两种加固方式。为确保后期拆换安全可靠，模板台车渡过大变形段后对该变形段进行加固。拱架落底后只能回填下台阶。为确保上中台阶物流有序，中、下台阶栈桥连接出碴方案，具体步序图见图 3。

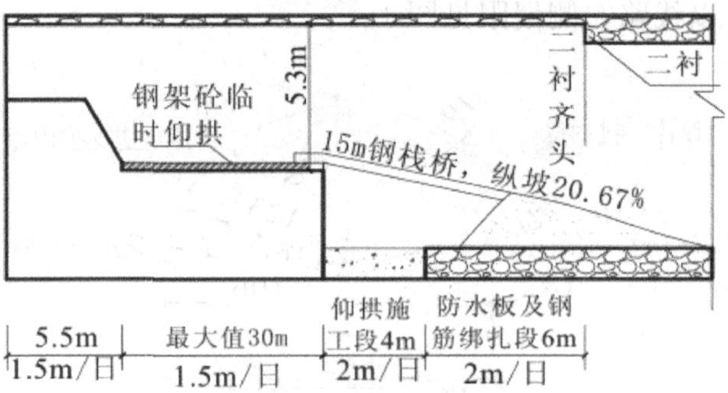

图3　出碴方案步序图

施工现场实施情况及监控量测分析，该方案较好地实现了进度和变形之间的平衡控制。K225+095 ~ +133 段 38m 大变形段计划分三个工作面进行拆换。对线路方向右侧变形大的部分先加固后，再分部对 L2 钢架进行拆除，拆除以风稿凿除为主，辅助爆破施工。加固采用 ф42 小导管径向注浆，长 3.0m，间距 1×1m 梅花型布置。拆除以"拆除一榀，架设一榀"的施工原则组织施工，按设计要求恢复钢架、钢筋网并进行喷射砼初期支护。上一循环完成后，再拆除下一榀。拆换够 6m 后进行二衬作业。

三、施工方法

该软弱围岩隧道段开挖采用三台阶法施工，加密小导管超前支护（@20cm），初期支护为Ⅰ25 工字钢，2 榀 /m，喷射砼 32cm，其中中台阶设型钢混凝土临时仰拱，采用中、下台阶栈桥连接出碴施工方法，台阶高度及步距见图 3。超前小导管每架设两榀钢架施作一次，长度 3.5m，间距 20cm，外插角不大于 10°，小导管尾部与钢拱架牢固焊接，注浆饱满。钢架架立时要与岩面密贴，钢架连接处设不少于 4 根锁脚锚杆，钢架脚底架立在牢固的基础上。系统锚杆采用 ф22 的砂浆锚杆。中台阶落底时左右两侧错开 0.5m，左侧落底后拆除一榀临时仰拱，施作右侧。初期支护及临时仰拱在开挖后及时施作，尽快封闭成环。上台阶人工翻碴，中、下台阶挖掘机配合自卸车出碴。二衬紧跟仰拱施工。施工中根据施工监测情况，增大预留变形量，左右两边预留变形量 50cm，拱顶根据实际情况预留 30 ~ 50cm 不等；严格控制爆破打眼深度和装药量，采取松动爆破技术，严禁抛掷爆破，减少对围岩的扰动，并控制每循环开挖进尺为 1.0m，爆破后及时封闭掌子面；拱脚采用 ф25 的自进式中空锚杆；洞内上台阶采取初期支护背后埋设钢管引排和壁后注浆，设小型集水坑，拱脚用喷射混凝土回弹料抹简易的排水沟排水；临时仰拱采用Ⅰ25 型钢混凝土，间距 50cm，与初期支护型钢牢固链接；型钢下设 Φ8 的钢筋网；网格间距 20*20cm，并与型钢点焊链接；纵向设 Φ22 螺丝钢接，间距 50cm；为缩短循环时间，临时仰拱型钢底部应垫实，灌注后，上部铺设 20 ~ 30 虚碴，避免重车直接碾压，破坏结构。

施工中监控量测每 3m 设一观测断面，大变形段每 2m 设置一观测断面，量测断面布置见图 4，测量频率为每天测量 1 次，典型断面周边收敛结果见图 5。

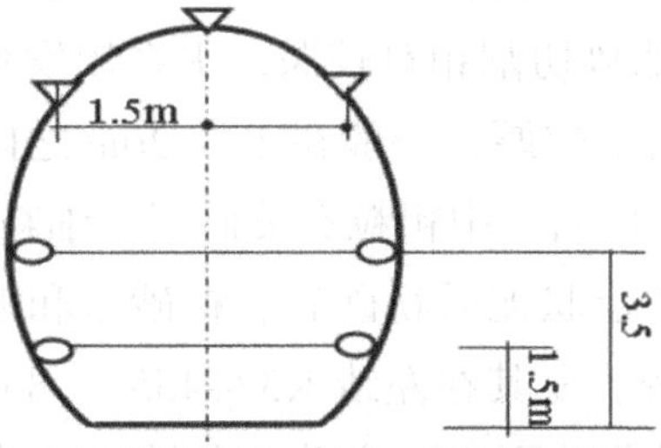

○净空收敛量测点；▽ 拱顶下沉量测点

图 4 测点布置形式

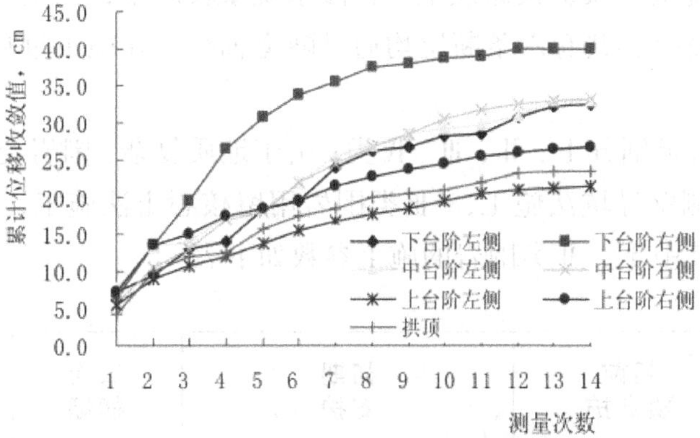

图 4 水平位移收敛和拱顶下沉量测结果

第七节 大跨度软弱地质条件隧道综合施工技术研究

结合浙江申苏浙皖高速公路弁山隧道设计及施工情况，主要针对大跨度软弱地质情况下隧道的开挖、超前支护、沉降观测及变形量测、软弱围岩基底加固、地质超前预报以及施工过程中的防坍塌措施等内容，总结了软弱地质条件隧道施工的成败经验，以其独特的施工方式为以后同类跨度及围岩隧道的施工提供较详实的资料，具有一定的参考价值。

一、 工程概况

（一）隧道设计

1. 弁山隧道位于申苏浙皖高速公路（浙江段）湖州南浔 ~ 长兴姚家桥

段第七合同段内，全长1050m（左洞桩号K37+375 ~ K38+425，右洞桩号K37+355 ~ K38+405），上下行分离，单向行三车道。设计为三心圆，最大开挖高度11.98m，最大开挖宽度17.92m，扁平率为0.67，为目前公路隧道最大开挖断面之一。

2. 隧道穿越湖州白雀和长兴李家巷一带，为低山丘陵区，隧道最大埋深210m，最小埋深15m。地势切割相对较深，水系较发育。山体岩层主要为晚古生代的地层，第四系覆盖层较厚，一般在1 ~ 20m之间。岩性以灰、灰白色厚层、中层状含砾粗粒石英砂岩、中粗粒石英砂岩、细粒石英砂岩为主，夹灰黄、灰白、浅紫红色薄层至中层状泥质粉砂岩、粉砂岩和泥岩。与下伏的上泥盆统五通组呈平行不整合接触。尤其在左线K37+455 ~ 840、右线K37+463 ~ 730段652m为强风化－全风化碎石土、含砂质黏性土，溶洞较发育，溶洞或裂隙中充填紫红色流塑~软塑状黏性土，且渗水现象较严重，该土质遇水后强度较低，自稳能力极差，共有六条断层均通过隧道轴线，在施工过程中曾多次发生坍塌现象。

3. 隧道围岩类别分Ⅰ、Ⅱ、Ⅲ、Ⅳ类，由于地质复杂，围岩变化较频繁。Ⅰ、Ⅱ类围岩用双侧壁导坑法施工，Ⅲ类围岩用留核心土法施工，Ⅳ类用上下半断面法施工。其中Ⅰ、Ⅱ类围岩的施工参数如下表：

项目类型	超前预支护	初期支护	二次初砌	基底加固
I类围岩	ϕ108×6mm大管棚（注浆长12米，环向间距30cm）+必要ϕ42×4mm小导管注浆	ϕ25×5mm自进式锚杆（长4.5米，间距0.5×1m）+C20喷砼厚30cm+ϕ8钢筋网（2-20×20cm）+I20工字钢拱架（@50cm）	75cm厚模注C30钢筋砼初砌	ϕ42×4mm小导管注浆（长4.5m，环向间距45cm）
II类围岩（S2C）	ϕ108×6mm大管棚（注浆长12米，环向间距40cm）	ϕ25×5mm中空砂浆锚杆（长4.5米，间距0.5×1m）+C20喷砼厚25cm+ϕ8钢筋网（2-20×20）+I18工字钢拱架（@50cm）	50cm厚模注C30钢筋砼初砌	必要时施做基底加固

（二）变更背景及原因

1. 在隧道施工中发现，左线上半断面开挖至ZK37＋465，下半断面开挖至 ZK37 + 482（左侧）ZK37 + 488（右侧）均出现了土层；右线上半断面开挖至 YK37 + 460 处，上半断面已出现了土层。由于掌子面附近渗水现象较严重，针对隧道开挖出现的问题，设计单位的工程技术人员曾多次踏勘现场，对地质变化进行了仔细的研究分析。

2. 我集团公司隧道地质预报组先后两次进行了 TSP203 地质超前预报根据预报判定：目前围岩已经进入软弱 F4 断层带，ZK37+494 ~ 37+620 段围岩情况基本相同，估计 F4 断层在 ZK37+620 附近结束，这中间会偶尔出现围岩稍微变好的情况，比如在 ZK37+535 ~ 555 段，岩石整体性稍有增强。地下水主要为基岩裂隙水，主要受大气降水影响，无空溶洞及地下暗河出现，不排除淤泥填充的小洞穴及孤石出现的可能。ZK37+620 ~ 670 段围岩整体性增强，为较完整的上志留统茅山组微风化砂岩夹石英砂岩，中厚层状及块（石）碎（石）状镶嵌结构，岩石节理、裂隙发育，富含基岩裂隙水，局部夹杂软弱破碎岩体。由于围岩稳定性较差，在施工中可能会遇到局部坍塌，以及突水、突泥等现象，F4 断层构造碎裂带内碎裂岩及黏性土在水的作用下极易变形，该段必须加强监控量测，根据量测数据及时调整支护参数，并确定二次衬砌的施作时间，及时施作二次衬砌，以确保安全。预测 ZK37+828 ~ +628 段围岩岩性与 ZK37+895 处变化不是很大，与已开挖围岩的地质情况大致相同。岩性以粉砂岩、泥岩、砾岩为主，岩体风化强烈，严重破碎，完整性差，自稳能力差。较突出的特点是软硬岩石交替出现，表现出典型的褶皱的一翼的现象，其中软岩石含量远大于硬岩石。在 ZK37+828 ~ +628 全段围岩纵波波速有明显下降，推测该段围岩可能更加破碎。ZK37+720 向后泊松比变大，预测有可能地下水涌出量将有可能增大。

3. 为确保申苏浙皖高速公路浙江段弁山隧道不良地质路段的施工质量及安全，浙江申苏浙皖高速公路有限公司于 2004 年 5 月 13 日在杭州组织召开了“弁山隧道不良地质路段设计施工方案论证会”。浙江省交通厅、省厅质监站、省公路管理局、浙江公路水运工程咨询监理有限公司、省交通投资集团有限公司、浙江大学以及设计、施工、监理单位的代表和专家参加了会议。与会代表和专家在听取了我单位关于弁山隧道施工情况的汇报、浙江省交通规划设计研究院关于弁山隧道工程地质勘查和变更设计方案汇报后，详细查阅了有关资料。经过认真讨论，就不良地质路段的设计施工方案进行了论证。

一、超前支护施工技术

（一）洞口开挖原则：

为减少洞口刷坡，争取早进洞的原则，因地制宜进行开挖。洞口仰坡及明洞边坡防护以临时加固为主。

（二）暗洞施工应遵循“管超前，严注浆，短开挖，强支护，勤量测，早封闭”的基本原则。对于Ⅰ、Ⅱ类围岩地段，对于隧道洞口的软弱破碎围岩地段、浅埋地段采用长大管棚施工工艺，提前发挥超前支护作用，增加了施工安全度，提高隧道的长期稳定性，具有显著的经济效益和社会效益。超前支护起着关键性作用。沿隧道初期支护衬砌外缘一定距离打入纵向钢管，然后安装钢花管，再往管内注浆以固结软弱围岩、充填钢管与孔壁之间的空隙，以提高钢管的强度。开挖后架设拱形钢架支撑，形成牢固的棚状支护结构。

1. 大管棚参数

（1）钢管布设按照设计孔距及断面用红油漆标识清楚；

（2）钢管环向间距为 30/40 cm（Ⅰ / Ⅱ类围岩）；

（3）管心与衬砌设计外廓线间距为 40 cm；

（4）倾角：仰角 5° ~ 10°（不包括路线纵坡）；

（5）钢管施工误差：径向不大于 20 cm；

（6）管棚规格尺寸：热轧无缝钢管 Φ 108 mm，壁厚 6 mm，节长 3 m、6 m；

（7）连接钢管：Φ95 mm，壁厚 6 mm，节长不小于 50cm。

2. 机具选择

我单位采用自行式克莱姆管棚钻机及 YG-60 钻机进行钻孔。

3. 超前大管棚的施做

由于自行式管棚钻机行动方便，角度便于调整，因此不做较多介绍，现将简易钻机施工做以详细介绍：

一是由于简易钻机无法调整高度，因此首先需搭钻孔平台，钻机平台可用钢管脚手架搭设（或直接焊接台架），搭设平台应一次性搭好。平台支撑要连接牢固、稳定，防止钻机 施钻时产生不均匀下沉、摆动、位移等影响钻孔质量。

二是在钻孔平台上安装钻机，钻机与平台连接牢靠 。

三是钻机定位：机身与所施工的管棚方向保持平行，并且用经纬仪、挂线、钻杆导向相结合的方法准确核定钻机位路。反复调整，确保钻机钻杆轴线与设计管棚轴线相吻合。

四是钻孔：

①为了便于钢管的安装，钻机钻头直径采用≥ Φ 115 mm，并根据地质情况确定，对于Ⅰ类围岩，由于土质原因可能会产生坍孔、缩孔等问题，应采用较大钻头，对于卡钻应采用套管跟进法钻孔；

②钻机开钻时，可低速低压，待成孔 8m 后可根据地质情况逐渐调整钻速

及风压。

③钻进过程中随时用测斜仪测定钻机，并根据钻机钻进的现象及时判断成孔质量，并及时处理钻进过程中出现的事故。

④钻进过程中确保动力器，扶正器、合金钻头按同心圆钻进。

⑤作好钻进过程的原始记录，及时对孔口岩屑进行地质判断、描述。作为开挖洞身的地质预探预报，同时也作为指导洞身开挖的依据。

4. 清孔验孔

（1）用钻杆配合钻头（Φ 115 mm 或以上直径）进行来回扫孔，清除浮碴，确保孔径、孔深符合设计要求。

（2）用高压风从孔底向孔口清理钻碴。

（3）用经纬仪、测斜仪等仪器检测孔深，倾角及外插角。

5. 安装钢花管

（1）钢管应在专用的管床上加工好丝扣（或加工 Φ95 × 6 mm，节长不小于 50cm 的接头套管），棚管四周钻 Φ 8 出浆孔，注浆孔按 20cm 交错布珞（靠掌子面 4.5 m 的棚管尾部不钻孔）；管头制作成圆锥形，便于钢花管的安装。

（2）钢花管顶进采用 10 t 以上卷扬机配合滑轮组反压顶进；也可利用钻机的冲击力和推力低速顶进钢管。

（3）钢管接长应满足受力要求，相邻钢管的接头应前后错开。在打孔时根据孔口按方向编号，并注明奇偶，为使钢管接头错开，编号为奇数的第一节采用 3 米钢管，编号为偶数的第一节采用 6 米钢管，以后每节均采用长度统一的钢管直至设计长度。同一横断面内的接头数不大于 50%，相邻钢管接头至少错开 1 m。

6. 钢花管注浆

（1）安装好钢花管后即可进行孔内注浆。为避免钢花管注浆时浆液串孔，钻机应间隔施钻，并在钢花管安装完后及时注浆，可以防止注浆时串孔，还可以进行预加固以便相邻钻孔容易成孔。

（2)注浆参数: 水泥浆与水玻璃体积的比例为1 ：0.5; 水泥浆水灰比1 ：1; 水玻璃浓度 40 波美度，水玻璃模数 2.4。

（3）采用双液液压注浆机将双液浆注入管棚钢管内，初压 0.5 MPa ~ 1.0 MPa，终压控制为 2.0 MPa，持压 15 min 后停止注浆。

（4）注浆施工工艺

1.2.5.1　注浆施工工艺

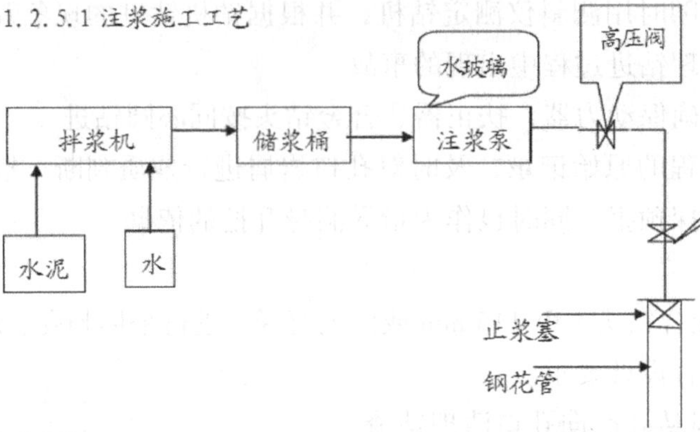

（三）评价

对于隧道洞口的软弱破碎围岩地段、浅埋地段采用长大管棚施工工艺，提前发挥超前支护作用，增加了施工安全度，提高隧道的长期稳定性，具有显著的经济效益和社会效益。

在管棚支护下开挖，可减少地表下沉和防止围岩坍塌。

以下是 YG–60 简易管棚机及自行式克莱姆管棚钻机施做钻孔时所拍照片。

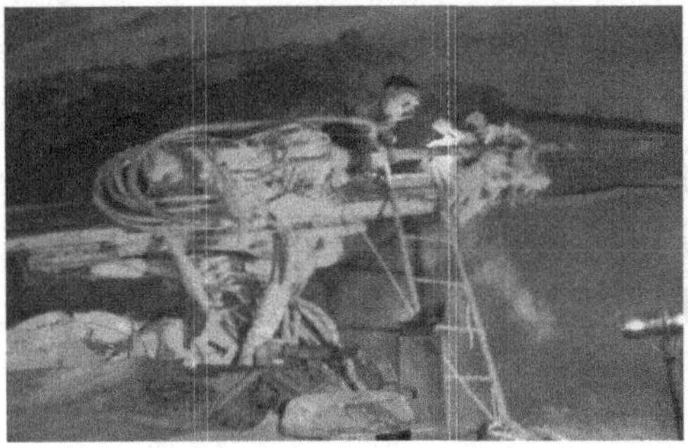

YG–60 钻机施工图

克莱姆管棚钻机施工图

（四）超前小管棚施工

1. 工艺原理

在破碎松散岩体中超前钻孔，打入小导管并压注浆液，浆液在注浆压力的作用下呈脉状快速渗入破碎松散岩体中，将岩体中的空气及水排出，使松散破碎体快速固结，形成具有一定强度和抗渗阻水能力的固结体，从而提高围岩的整体性、抗渗性和稳定性；使超前小管棚与固结体形成一个具有一定强度的壳体，在壳体的保护下进行开挖支护施工。超前小导管施工较简单，故不作详细介绍。

二、双侧壁导坑施工技术

由于隧道穿越 F4 构造破碎带及其影响带，岩体受 F4.F5 构造破碎带的强烈挤压及错动影响，上下盘次级羽状断裂发育，产生明显不均匀风化，围岩呈块石、角砾、砂、泥状松散体。且地下水发育，主要为构造裂隙水，水量较丰富，开挖时渗水、漏水现象严重。由于该隧道跨度大、泥岩风化严重，受构造影响，岩层裂隙水发育，围岩自身承载能力差，极易坍塌变形，围岩稳定性极差。且地表外荷载和围岩压力主要集中在隧道拱部，为避免隧道拱部垂直压力过大，造成隧道拱部下沉过多，在施工中采用以控制隧道拱部下沉变形为主的开挖方式，采用上半断面双侧壁导坑正台阶法下半断面分部台阶法施工，能最大限度地减少对围岩的扰动，减少地面沉降，有效地控制围岩变形和保护围岩的天然承载力。

（一）施工方法与施工工艺

1. 先沿隧道拱圈外侧施作超前支护大管棚及小导管，在超前预支护作用下，开始左右侧壁导坑上半断面的开挖，为减少对围岩的扰动，采用人工开挖，严禁爆破。同时右侧壁导坑滞后左侧壁导坑 5 ~ 7m。

2. 上半断面左右导坑采取正台阶分部开挖。先作左右导坑临时侧壁超前小导管，再进行左右导坑上半断面开挖，然后施作初喷混凝土、钢拱架安装、锚杆打设、挂钢筋网、拱架纵向连接和喷射混凝土。

3. 侧导上台阶掘进 5 ~ 7m 后，进行下半断面半断面土方开挖。

4. 侧壁导坑超前 30 ~ 50 米后，方可进行中槽上半断面正台阶核心土的开挖及拱部初期支护施做。

5. 在隧道上半断面掘进 30 ~ 35m 后进行下半断面施工。下半断面落底施工时做好拱脚加固，打设拱脚锚杆，加强型钢间的纵向连接，使上部超前和初期支护与围岩联成完整的支护体系：下部开挖后必须立即喷射混凝土，支护紧跟，尽量采用单侧落底或双侧交错落底，避免上部断面两脚的拱脚同时悬空：落底长度一般为 1 ~ 1.5m，并不得大于 2.0m。

（二）侧壁坑支护加固措施

1. 除采用型钢、锚喷支护外，特别应加强拱顶、拱腰和拱脚三个部位的加固支撑。防止由于上述部位初期支护变形过大侵入二次衬砌净空或应力集中而发生安全事故。

2. 若拱脚受水浸泡且土质松软时，将对底板喷混凝土封闭，并垫 5cm 厚木板加大基础，拱脚处按下倾角 60° 打入 4.5m 长的锁脚锚杆（ $\phi 25 \times 5$mm）或钢管（ $\phi 42 \times 4$mm）并注浆。若围岩极软弱且侧压力过大，拱顶采用 $\Phi 108$ 钢管加强支撑，以加强初期支护结构的稳定性。

3. 钢拱架严格按设计间距架立，为充分发挥钢拱架的承载能力，要求钢拱架本身必须垂直，且垂直与线路方向；其次，架立钢拱架时，严格控制左、右拱脚标高，以防拱架偏斜，影响与边墙钢拱架的圆顺连接或侵入衬砌厚度。

4. 为方便拱部钢拱架与边墙拱架的连接，在拱脚连接处铺不小于 20cm 厚的粗砂或石屑。边墙钢格栅底部必须踏于基岩上，以防下沉变形。

三、大跨度软弱围岩初期支护沉降控制

为了控制初期支护的变形过大：对于跨度大、围岩软弱、土体松散、含水量大的隧道，决定了隧道施工首先必须采取超前支护；为了将大断面隧道划分为若干个小断面开挖，双侧壁导坑施工能够做到及时封闭、安全可靠，在初期支护结构中加强了隧道断面内的支撑结构，抑制了围岩的变形，对控制支护体系变形十分有利，同时可缩小由于拱顶受力产生的拱脚下沉；由于双侧壁导坑抑制了围岩的变形，在进行体系转化解除临时侧壁支撑后变形会进一步增大，因此对围岩的监控量测十分重要，为防止变形过大，根据量测情况及时施做二次衬砌。

（一）围岩监控量测

隧道施工，尤其是大型长大隧道，地质复杂多变，围岩应力分布变化主要反映在围岩的几何变形上，对隧道围岩的变形位移进行实时观测是保证施工安全、合理确定隧道支护所不可缺少的工作，具有十分重要的作用，准确、及时、客观的量测数据对隧道的施工管理、洞内各施工工序间的衔接有重要的指导意义。根据新奥法的基本原理，必须对围岩实行监控量测，其目的在于掌握围岩动态，对围岩稳定性作出评价：确定支护结构形式、支护参数和支护时间：了解支护结构的受力结构和应力分布：评价支护结构的合理性及其安全性，以确保施工安全和防止地表下沉。

（二）监控量测内容与频率

1. 拱顶下沉：采用水准仪、钢尺等按每 5 ~ 10m 一个断面，每断面设 5 个测点进行测量（如图示）。

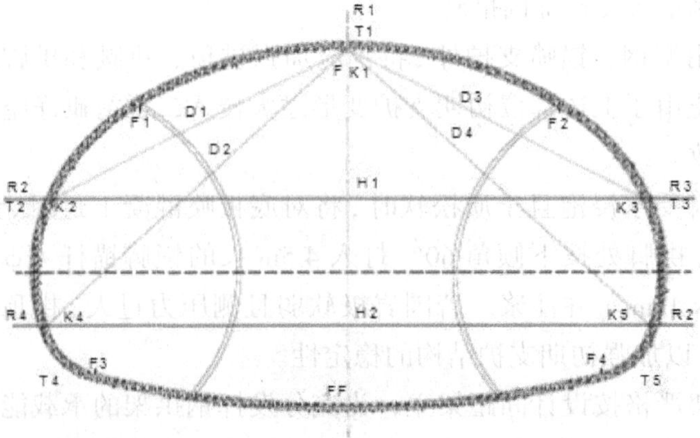

相应的量测项目及频率见下表及说明

类型	量测项目	量测间距	量测位置	频率（次）	预埋量测设备	备注
A	隧道内目测	全长	各部分	见说明		每次开挖后
B1	隧道拱顶下沉量	每 20 米	F、F1. F2. F3. F4 五点	见说明	锚杆 F	判定围岩及隧道稳定性，支护参数合理性，为二次衬砌施做提高依据。
B2	隧道拱顶隆起量	每 30 米	FF 点	见说明	锚杆 FFF	
C	隧道内空变位	必要时或每 40 米	测 H1H2D1-D4 收敛情况	见说明	收敛计用短锚杆 K1-K5	
D	钢支撑内力	每 40 米		见说明	T1-T5 钢筋计	判定围岩及隧道稳定性、支护的合理性
E	喷射砼内力	每 40 米		见说明	R1-R5 压力盒	
F	地表沉陷			见说明	水准点（锚杆）	判定隧道稳定性
G	锚杆抗拔力试验	每 30 米	每个测点断面 5 个	见说明		检查握裹力及锚固强度

2. 量测项目 B、C 的初始读数必须在 12 小时内并在下一次开挖前完成。

3. 位移量测仪精度不得低于 0.1mm, 其他仪器应符合精度要求。

4. 当量测断面距掌子面 10 ~ 20 米时整理统计隧道内空变位情况。

5.A、B、C、F、G 为必测项目，D、E 属于选做项目，为了进一步掌握围岩及钢支撑的受力及变形情况，在相应部位埋设钢筋计及压力盒进行观测。

6. 周边净空收敛位移：采用隧道净空收敛计按每 5 ~ 10m 一个断面，每断面 3 ~ 5 个测点进行测量。

7. 型钢内力：采用支柱位移计、其他测力计按每 30 榀工字钢钢架设 1 对测力计进行测量。

8. 地表、拱顶下沉，周边净空收敛位移，型钢内力的量测频率为开挖面距量测断面前后 <2B 时 1 ~ 2 次 /d：开挖面距量测断面前后 <5B 时 1 次 /2d 开挖面距量测断面前后 >5B 时 1 次 / 周。

9. 地表沉降观测点：在线路中线两侧每 2 ~ 3m 设一个测点，中线附近密，远离时逐渐变稀，每侧布路不少于 6 个测点，测点布路要牢固，并作明显标志。

10. 收敛计算

t 时刻周边收敛值: ut=10-lt+xt1-xt0 每隔一段时间根据实测数据绘制位移—时间关系曲线，并进行回归分析，得出回归方程 ut=A+Bt, 由此推出最终时刻的收敛值。

（二）监控与量测注意事项

1. 围岩和初期支护结构基本稳定应具备下列条件时，方可停止测量：

（1）隧道周边收敛速度有明显减缓趋势：

（2）收敛量已达总收敛量的 80% 以上：③收敛速度小于 0.15mm/d 或拱顶位移速度小于 0.1mm/d。

2. 隧道施工中出现下列情况之一时，应立即停工，采取措施进行处理：

（1）开挖时发生塌方、滑坡及裂缝；

（2）量测数据有不断增大的趋势；

（3）支护结构变化过大或出现明显的受力裂缝且不断发展；

（4）时态曲线长时间没有变缓的趋势。

3. 为保持围岩本身的支持能力，随时注意观察支护的变化状况、防止围岩出现过大的变形。对支护进行量测，评定其可靠性。在拱部、边墙等部位设路观测点，进行位移——时间关系的量测，随时反馈信息，一旦发现位移增长率突变等反常现象，位移值超过允许的范围而仍无停止趋势，应及时采取加强措施，通过量测来指导下一步的施工。

4. 观察洞内围岩风化、裂隙的发育趋势以及地下水情况及喷射砼的效果。

5. 在可能产生地表塌陷之处设路地表观测点进行观测，密切监测地表的变化。

6. 协调好施工与观测仪器安装、观测相互干扰，采取有效的防护措施避免仪器、设备受到人为和机械的破坏。

7. 重点监控下台阶开挖与支护：从各个断面的监控量测资料显示，下台阶开挖时，原上台阶开挖后围岩位移已趋于稳定的状况下，因开挖的扰动和拱脚虚脱而产生围岩应力重新分布，其变形量和位移速率瞬间陡增。这种趋势的发展如不能及时为支护结构所控制，则会因位移变形而形成围岩松动区。丧失自承能力的松动区岩体的重力、岩体膨胀压力、地下承压水等多种压力，一旦大于初期支护的支承能力，必然产生严重后果。首先是下台阶开挖前对支护体系采取稳定措施。措施包括：普遍施打钢拱架锁脚锚杆，对于地质情况复杂，上台阶开挖时出现过坍塌现象的地段，钢拱架加设纵向连接托梁，使多榀拱架均衡受力。下台阶采取左右侧边墙错开开挖，间距应大于 5m，禁止两侧边墙同时施工。下台阶开挖时应防止超挖和对围岩和拱脚过大扰动。边墙开挖循环长度严格限制为一榀钢拱架的距离，绝对禁止超长开挖。钢拱架接腿要求对正连紧，不留空隙，拱脚基础务必稳固牢靠，如果落底在松软地层中时应采用混凝土拱脚基础。接腿完成后及时挂网喷砼，尽快完成下台阶初期支护。

（三）量测数据的处理和应用

1. 施工时，将各项量测情况填入记录中，及时绘制位移 – 时间曲线和相关图表，并注明当前施工工序及开挖掌子面离量测断面的距离。

2. 稳定性判别

当位移－时间曲线趋于平缓时，进行数据处理和回归分析，推算最终位移和变化规律；当位移－时间曲线出现反常的急骤变化时，表明此时的围岩、支护系统已处于不稳定状态，必须立即停止开挖、对危险地段加强支护，确保已开挖段的安全。

四、软弱围岩基底加固处理技术

为了有效地控制基底塑性区的发展，提高隧道周边围岩的自承载力，极大限度的改善初衬及二衬的受力状况；同时很大程度上减小了围岩拱顶下沉和拱底隆起量，基底加固措施对保持围岩的稳定性的效果较为明显；在不便采取其他施工方法时，隧道拱脚大导管注浆及基底超前小导管注浆，作为软弱破碎围岩隧道施工的一项措施，深、浅孔结合预注浆加固围岩就较好地解决了这些问题。注浆后即可形成较大范围的封闭加固区。

（一）注浆机理

由于弁山隧道Ⅰ类围岩地段地质极差，并有大量积水，基底是对于颗粒更细的粘土质不透水（浆）地层，采用高压浆液强行挤压孔周，使黏土层劈裂成缝并充塞凝结于其中，从而对黏土层起到了挤压加固和增加高强夹层加固作用，称为“劈裂注浆”。关于挤压加固即压密作用，在土力学与基础工程中多有叙述；在软弱黏土层中增加的高强夹层，将黏土分隔包围，使其整体性和强度大大提高。这也相当于在软弱土体中加筋加骨。因此原则上讲，预注浆适用于所有软弱破碎围岩的加固。

（二）注浆范围

要确定加固区的大小，即确定围岩塑性破坏区的大小，按岩体力学和弹塑性理论计算出开挖坑道后围岩的压力重力分布结果，并确定其塑性破坏区的大小，这也是应加固区的大小。

（三）注浆数量及注浆材料选择

1. 注浆参数设计

（1）注浆材料及配合比：注浆浆液采用水泥水玻璃双液浆，水泥采用32.5（R）普通硅酸盐水泥，水泥浆液水灰比为0.8：1 ~ 1：1：水玻璃浓度40波美度，水玻璃模数2.4。

（2）注浆压力：2.0 ~ 3.0MPa。

（3）浆液扩散半径：不小于0.5m。

（4）单根钢管注浆量：$Q=\pi \times r2 \times L+\pi \times R2 \times L \times \eta \times \alpha \times \beta$ 式中：r为钢管半径，L为钢管总长度，考虑与钻机连接，取29m；R为浆液扩散半径，取0.5m；η 为地层孔隙率，堆积体经测试 η 为12%；α 为浆液有效充填率，

取 0.9；β 为浆液损耗系数，取 1.15。

2. 注浆数量应根据加固区需充填的地层孔隙数量来确定。工程中常用充填率来估算和控制注浆总量。所谓充填率是指注浆体积占孔隙总体积的比率。于是注浆总量可按下式计算：Q=n•a•A 式中：Q——注浆总数量，立方；A——被加固围岩的体积，立方；n——被加固围岩的孔隙率，%；a——过去实践证实了的充填率。

为了做好注浆工作，必须事先对被加固围岩进行土力学试验，查清围岩的透水系数、土颗粒组成、孔隙率、饱和度、密度、pH 酸碱度、剪切和抗压强度等。必要时还要做现场注浆试验。

3. 注浆材料的选择见下：

（1）注浆材料种类及适用条件

在断层破碎带及砂卵石地层（裂隙宽度或颗粒粒径大于 1mm，渗透系数 k ≥ 5×10-4m/s）等强渗透性地层中，应采用料源广且价格便宜的注浆材料。一般，对于无水的松散地层，宜优先选用单液水泥浆；对于有水的强渗透地层，则宜选用水泥——水玻璃双液浆，以控制注浆范围。

断层泥带，当裂隙宽度（或粒径）小于 1mm，或渗透系数 k ≥ 5×10-5m/s，注浆材料宜优先选用水玻璃类和木胺类浆液。

中、细、粉砂层、细小裂隙岩层及断层泥地段等弱渗透地层中，宜选用渗透性好、低毒及遇水膨胀的化学浆液，如聚氨酯类。

对于不透水的黏土层，则宜采用高压劈裂注浆。

（2）注浆材料的配合比

注浆材料的配合比应根据地层情况和胶凝时间要求，并经过试验而定，一般地：当采用水泥浆液时，水灰比可采用 2 ∶ 1；当 2 采用水泥 ---- 水玻璃浆液时，水泥浆的水灰比可采用 0.8 ∶ 1 ~ 1 ∶ 1；水玻璃浓度为 40º Be，水玻璃模数 2.4，水泥浆与水玻璃的体积比宜为 1 ∶ 0.5，根据注浆试验采用磷酸氢二钠作为缓凝剂调节凝胶时间。注浆压力初压 0.5 ~ 1.0MPa, 终压 2.0MPa。

（3）钻孔布簬及注浆压力

注浆钻孔方式根据设计图进行布设，注浆压力应根据地层条件、机械能力等因素由现场试验确定。

4. 施工要点

（1）注浆管。一般采用无缝钢管。注浆管壁上打孔部分的长度应根据注浆孔的位簬和注浆区域来确定，其余部分不钻眼（大导管顶部 4.5 米左右不钻孔，小导管 1.5 米左右不设钻孔），并用止浆塞将其隔开，使浆液只注入到有效区域。

止浆塞常用的有两种，一种是橡胶式，一种是套管式。安装时，将止浆塞固定在注浆管上的设计位路，一起放入钻孔，然后用压缩空气或注浆压力使其膨胀而堵塞注浆管与钻孔之间的间隙。另外，还可以用铅丝，麻刀、木楔或编织袋等材料在注浆孔口将间隙堵塞。

（2）钻孔。钻孔一般用冲击式钻机，并根据地层条件及成孔效果选择钻机 。钻孔位路应满足设计要求，孔口位路偏差不超过 5cm，孔底位路偏差不超过孔深的 1%。钻孔应清洗干净，并作好钻孔检查记录。由于基底注浆时注浆管容易串浆，因此在钻孔时应跳钻或打设一根注浆一根的方法进行施工。跳钻应根据实际注浆范围进行确定，从而解决相互串浆问题，保证注浆质量及效果；在采用打一根注一根时，施工影响较大，但是能避免串浆问题。

（3）注浆顺序。应先上方后下方，或先内圈后外圈，先无水孔后有水孔 ，先上游（地下水）后下游顺序进行。根据选定的参数配制浆液，水泥浆配好后需用 1mm 筛过滤一遍。注浆管须事先进行检查，确认畅通后再接入注浆系统。注浆系统与孔口混合器接好后，开阀门，启动注浆泵按照注双液浆的程序进行注浆。当注浆压力达到设计值时，再维持 2 ~ 3min，进浆量达到设计数量则停止注浆，关闭球阀，利用注浆导管口的止浆阀保持孔内压力直至浆液完全凝固。

（4）结束条件。注浆结束条件应根据注浆压力和单孔注浆量两个指标来判断确定。结束条件为：注浆压力达到设计终压；浆液注入量已达到计算值的 80%以上。全段结束条件为：所有注浆孔均已符合单孔结束条件，无漏注。注浆结束后必须对注浆效果进行检查，若未达到设计要求，应进行补孔注浆。

（5）注浆检查。除在注浆前进行钻孔质量，材料质量检查、注浆后对注浆效果检查外，过程中应密切注意注浆压力的变化。采用双液注浆时，应经常测试混合浆液的胶凝时间，发现问题应立即处理。

5. 关于水泥水玻璃浆液配路的相关说明

（1）施工分下列三种情况进行控制：

①水灰比固定，水玻璃浓度不变，变换双浆比例。当水玻璃所占比例由小到大，凝胶时间则由长到短，初、终凝由快到慢；

②水玻璃浓度不变，双液比例固定，变换水灰比例，当水灰比由小到大，凝胶时间由短到长，初、终凝由快到慢；

③水灰比不变，双液固定，变换水玻璃浓度。当水玻璃浓度由高到低，凝胶时间由短到长，初、终凝由快到慢。

（2）施工注意事项

①钻进过程中遇涌水或岩层破碎造成卡钻，应停止钻 进，扫孔后再行钻进。

一般情况下，拱脚钻孔在 0 ~ 8 米长度范围钻孔较容易，且不易卡钻，8 米以下钻孔进度极慢，并且经常出现卡钻等问题；

②注浆过程中，若压力突然升高，应停止注浆，检查无误后，再行注浆；

③钻孔：钻孔位臵要准确，施钻时钻机要尽量贴近岩面，以保证开孔质量；换钻杆时要注意检查钻杆是否弯曲，有无损伤，中心水孔是否畅通等；

④注浆时如遇串浆或跑浆，采用间隔注浆方式；注浆中，注浆量和注浆压力是两个关键参数。一般规律是：初始阶段压力较低，注入量增大；正常阶段压力和注入量呈小的波浪式起伏状态，但比较平稳；压密注满阶段注入量迅速 递减而压力迅速升高；在注浆中根据设计注浆量和压力按照上述规律进行控制；

⑤在高压富水段钻孔注浆施工过程中，必须安设反压防喷装臵，以确保施工人员安全。

⑥施工时注意及时排水排碴，严防积水、堆淤。

⑦当隧道施工中，遇有高压涌水危险及施工安全时，宜先采用排水的方法降低地下水的压力，然后用注浆法进行封堵涌水。封堵涌水注浆应先在周围注浆，特别是向水源方向注浆，切断水源，然后顶水注浆，将涌水堵住。

⑧注浆过程中应配专人进行监控。首先是浆液配比控制，在施工现场配备计量仪器及设备，以便计量的准确性；检查注浆通道是否通畅，封闭是否严密，连接的牢固程度；注浆过程中压力的控制；周围围岩及初期支护在注浆前后的变形量测；浆液的注入量等情况。

结合弁山隧道基底加固处理中存在的各种问题，本人认为：

1. 基底加固处理过程中对地质情况的进一步查明，为设计提供较详细的依据，对下一步加固处理提供科学数据。

2. 注浆浆液的控制，水灰比及水玻璃的掺量现场严格控制，确保注浆加固效果。

3. 注浆前的检查。钢花管周围堵塞确保密实牢固，钢花管于注浆管连接可靠，压力表灵敏准确程度。

4. 注浆过程中仔细监控。注浆过程中对注浆压力、注浆量等仔细检查，并填写施工记录；同时仔细观察初期支护有无变形，由于初期支护与围岩间存在孔隙，因此注浆时浆液极易沿着孔隙流动，至拱顶以上，或延边墙扩散，对于基底注浆效果有一定影响，要求现场监控人员高度重视，发现上述情况应停止注浆，调整到其他孔位进行注浆。若发现有混凝土崩裂或初期支护变形等问题应立即停止注浆，变形稳定后方可继续施工。

5. 基底注浆过程中加强量测工作。按照监控量测内容，加大量测频率。注浆过程中由于浆液对孔隙水的臵换，围岩极易产生扰动、变形，因此监控量测起到指导施工的关键性作用。

五、施工过程中预防及处理塌方技术

（一）隧道施工地质灾害预报与防治

1. 研究内容

（1）结合弁山隧道实际施工过程，对隧道施工工作面前方地质情况，特别是对可能发生的地质灾害如软弱不良地质段、突水等情况进行超前地质预报；

（2）物探方法及相应的先进仪器在隧道地质灾害超前预报中的应用；

（3）隧道灾害治理方法：根据对公路隧道施工前方的地质预报，提出正确的施工方法，特别是对于地质灾害的避免方法，以减小经济损失与人员伤亡。

2. 本课题的创新点和研究必要性

隧道工程施工地质超前预报工作是选择正确施工方法与支护方式的必要条件和前提，施工方法和支护方法的正确选择是隧道减轻和避免地质灾害的途径。

随着物理探测技术及仪器的发展，采用先进的物理探测技术，结合以前已经应用的种种地质超前预报方法，形成新的综合的隧道地质超前预报方法，提高地质超前预报的准确性，已经非常必要和可能。原有的物探方法（如声波探测，浅层地震探测等）在隧道施工超前地质预报应用时占用较长的时间和预报距离较短等，没有得到施工单位的广泛的应用。

在公路隧道施工中，将具有国内国际先进水平的测试仪器TSP203（Tunnel Seismic Prediction）测试仪器应用于公路隧到施工地质超前预报，并进行全面的地面与洞体内的地质分析，形成公路隧道施工地质超前预报的综合方法，减少物理探测方法占用施工时间，并根据超前地质预报给出正确的施工和支护方法，为公路隧道经济快速施工提供有力技术支撑。

TSP（Tunnel Seimic Prediction）技术由AMT公司研制，是一种用于超前预报隧道前方地质变化的地下反射技术。利用地震波的反射原理进行地质探测，由于地震波以固定的声波速度传播，故反射信号的到达时间与入射到达不同岩体介质界面的距离成正比，因此能作为间接度量测定地质变化区带距测点的距离，并能从而确定与探测钻孔相交界面的几何形状。该设备和技术特别适用于高分辨率的折射微地震探测，以及对断裂带和岩体强度降低的软弱破碎带的探测，对于掌子面前方及其周围的地质界面情况的位賂，均用数据处理后的图像来直接反映，对剪切横波（S波）的数据处理能借以提高含水断裂带和地质构造走向的辨识率，并能自动进行数据分析，遇到不良地质段，可及时调整施工方案。

其预报的特点是：

（1）探测系统现场可远离施工掌子面，与掘进作业不相干扰；

（2）对不同岩体及断层带等界面、富水地段的预报效果最好；

（3）其预报距离长；

（4）节省时间，对施工干扰少，每次爆破记录时间仅需 45min，整个量测循环（包括仪器清理）共需 2h。

预测方法是在掌子面后方边墙上一定范围内布臵一排爆破点，依次进行微差弱爆破，产生的地震波信号在隧道围岩内传播，当岩性发生变化，会造成一部分信号返回，界面两侧岩石差别越大，反射回来的信号发生变化越大，通过专用的 TSPwin 软件处理，就可以判断围岩的变化及洞穴位臵。

3. TSP 测量前期准备

（1）测点布臵（于测量前一天准备）

①接收器钻孔

数量：2 个，隧道每侧壁面一个钻孔直径：Φ42mm/ 孔深 2m 布臵：沿水平面垂直隧道走向向上倾斜 5 ~ 10 度 高度：离地面约 1 米 位臵：根据实际里程确定。

②爆破钻孔

数量：18 个（布臵于线路方向右侧直径：Φ38mm/ 孔深约 1.5m 布臵：沿水平面垂直隧道走向向下倾斜 10 ~ 20 度高度：离地面约 1.5 米 位臵：第一个钻孔离接收器约 18 米，其余炮眼间距约 1.5 米。

（2）TSP 测量过程

①接收孔、爆破孔参数测量：孔深、倾角、孔距、与参考面距离。

②接收器的安装：在已打好的接收器孔里放入环氧树脂，插入钢管，然后安装接收器。

③填充爆破孔：首先将乳胶炸药和电雷管放入爆破孔底后，再用水灌满爆破孔。

④线路连接：连接起爆器、触发盒、记录仪、接收器、电雷管的电缆线。

⑤引爆试验：当检查线路连接无误，起爆器、触发盒。

⑥确定药量是否适当：根据电脑记录下的爆炸反射波形振幅，判断药量是否合适，如果合适，剩余 17 炮按照此药量继续操作。

⑦现场操作结束：18 孔爆炸完成后，保存原始数据，整理各仪器并装箱，结束现场操作。

（3）数据处理

根据现场采集的原始数据，采用 TSPwin1.1 软件对数据进行处理并进行分析，最后绘出前方段的地质情况的形象变化 2D 图及得到岩石的各项物理参数值。

4. 研究技术

依据公路隧道的地质条件，拟采用全面超前地质预报技术路线，即全面隧道施工地质灾害超前预报技术。主要包括以下几方面内容：

（1）公路隧道灾害发生的形式及传统处理方法

①根据已建及在建的公路隧道，调查隧道在施工过程中地质灾害产生的形式，分析灾害的发生原因及现行处理办法。详细了解施工单位对于工作面前方地质状况估计的原有方法及效果，以及对于不良地质段产生地质灾害的防治技术及效果。在调查基础上，对这些防治方法进行综合分析，并对其中适合推广的技术进行归纳总结。

②对近年内国内外的公路隧道施工地质灾害超前预报方法及超前支护等处理方法进行分析与总结。

（2）公路隧道洞区主要不良地质分析与宏观预报 主要包括如下工作：

①深入的隧道地面地质调查。

②隧道地质条件分析。

③宏观预报

在隧道所在地区地面地质详细、深入调查的基础上，通过隧道地质条件分析，宏观预报隧道施工过程中可能出现的主要不良地质体的成因、性质、类型、位路和规模。

④长期超前地质预报

在宏观预报的基础上，应用 TSP 探测和地面地质体投射法等技术手段，对隧道围岩不良地质体进行长距离超前地质预报。

⑤短期超前地质预报

在长期超前地质预报的基础上，运用掌子面编录预测法和不良地质前兆预测法等技术手段，对隧道不良地质体进行短距离超前预报。预报距离一般为掌子面前方 15 ~ 30 米以内。

（3）公路隧道施工地质灾害临近警报

在长期、短期超前地质预报的基础上，应用施工地质灾害的一系列监测、判断技术手段，对可能发生的施工地质灾害及时发出临近警报。主要包括如下内容：

①塌方地质体性质鉴定和监测技术

主要包括：断层破碎带和岩溶陷落柱等塌方不良地质体性质的鉴定和区分技术，涌水量、岩爆等的监测预报技术。

②施工地质灾害能否发生的判断技术

这是施工地质灾害警报技术中最关键的技术，也是第二步的工作。主要包括：塌方、突泥突水等重大施工地质灾害发生可能性的一系列判断技术。

（4）公路隧道施工地质灾害预防及处理方法

通过隧道地质超前预报技术，对公路隧道施工前方不良地质段提出正确的开挖支护方法及相关超前处理措施，防止地质灾害发生。系统总结利用综合探测技术对公路隧道施工地质灾害的预报与防治技术。

5. 隧道塌方治理

做好地质超前预报是控制或防止隧道塌方起着重要作用，同时隧道施工过程中的监控量测为隧道施工特别是防止隧道坍塌起着指导施工的关键。但是由于地质预报、量测的及时性及准确性、设计的合理性、施工的规范性等方面一系列综合因素，隧道坍塌在大多数隧道施工中均有发生。因此塌方的治理也成为隧道施工的一项内容。如何治理，治理是否到位、彻底，能否做到塌方治理能确保安全质量，不为以后的施工特别是后期运营留隐患，这就需要正确对待塌方：（1）公正、合理、准确的判断分析塌方原因；（2）针对造成塌方的因素，综合考虑，制定切实可行的处理方案；（3）根据处理方案合理安排、精心组织进行治理；（4）结合本次治理，举一反三，尽量避免以后施工过程中发生类似的塌方。

下面是弁山隧道施工中其中一个塌方的处理方案。

弁山隧道进口右线 K37+463 里程范围右侧于 2004 年 7 月 22 日发生塌方，塌方体将洞内超前管棚压弯，已施工完成的侧壁导坑临时支护的钢拱架压垮，山顶出现深 6 米、约 10m2 面积的塌洞。经业主会同设计院、监理单位、施工单位有关人员进行了现场察看，确定了塌方处理的施工方案。但在山顶塌方注浆加固施工过程中，发现洞内开挖面出现大量涌水、掌子面喷浆和开挖面坍塌等地质异常现象，致使原处理方案无法继续实施。根据实际情况，再一次召开了关于该段塌方治理的专题会议。原因分析认为：由于该塌方段处于 F4 断层，为灰岩于砂岩的接触带，岩溶活动频繁、基岩裂隙水发育、岩质松散，且塌洞为溶洞堆积地表松散土所形成，含水率高，开挖时由于初期支护破坏变形所致，并形成施工处理方案。

6. 总体处理方案

首先对山顶塌穴处地表进行平整，挖设排水沟，做好地表排水工作，然后对塌穴底部进行封闭，封闭完成后，从山顶塌陷处进行注浆加固、最后，对塌陷处采用黏土回填封闭处理。

7. 施工顺序安排及工艺要求

（1）山顶排水处理

①在山坡塌穴周边施做截水沟，并用砂浆抹面。

②备用塑料彩条布在下雨时及时覆盖，防止雨水灌入塌洞体。

（2）塌洞底部处理

①不另行清除塌方土体，并从洞外拉弃碴回填封堵塌洞口，对初期支护变形范围采用圆木支撑，加强对初期支护的沉降观测和收敛量测。

②在塌方土体上使用水泥编织袋装土码砌成止浆墙，止浆墙与初期支护面填塞紧密，空隙处可用喷射混凝土封闭。为保证在注浆时不跑浆，要求喷射混凝土有一定的厚度及范围，必要时可进行多次喷射混凝土。

③塌穴底部采用小导管注浆，注浆高度至初期支护拱顶 2.0m 以上，在塌穴内预留注浆检查小导管以检查注浆高度，注浆分多次完成，以达到封堵塌洞底部的作用。灌注浆液：水泥－水玻璃浆液；注浆参数初定为：水泥浆水灰比为 1 ∶ 1；水泥浆与水玻璃掺量，具体按现场试验确定。水玻璃浓度：40 波美度；水玻璃摸数 2.4；注浆压力：初压 0.5 ～ 1.0Mpa；终压 2.0MPa。

④塌洞口超前长管棚封底处理：塌洞底打 ϕ108×6 长管棚，与已施工管棚共同形成超前支护体系。管棚长 20m，环向间距 30cm，仰角 8 度。钢管壁打 ϕ8 注浆孔，梅花形布路，纵向间距 20cm。管棚打设完成后，尾部与已施工的初期支护工字钢拱架焊接。管棚内全长安装 4 根 ϕ22 钢筋笼，以加强管棚刚度。管棚注浆：水泥－水玻璃浆液；注浆参数同塌洞底部注浆。

⑤管棚临时支撑：管棚端头加设 4 榀临时工字钢拱架支撑。拱架拱角每边 6 根 ϕ83×4 锁角导管，长 8.0m、下仰角 60 度。必要时，打设自进式锚杆对塌穴范围加固。

⑥初期支护沉降开裂段打设自进式锚杆，具体参数参照施工设计图。

（3）于塌洞右侧施做止浆帷幕

①止浆帷幕采用 ϕ108×6 钢管作为注浆管，钢管壁打 ϕ10 花孔，每个断面三个孔均匀布路，纵向间距 20cm。注浆管成 3m×3m 梅花形布路，打设深度至隧道初期支护拱顶上 2.0m。在钻进过程中，采用 XY — 1 型高速钻机配 ϕ130 金刚石钻具开设钻孔，为防止注浆管在打孔时塌孔，采用泥浆护壁，以确保成孔。成孔后装入 ϕ108×6 单花钢管，注入水泥—水玻璃双液浆，参数确定：水泥浆水灰比 1 ∶ 1，水泥浆与水玻璃掺量根据现场试验确定；注浆压力：初压 0.6 ～ 1.0MPa，终压 2.0Mpa。

②如在钻进过程中发现钻孔失水现象，说明钻孔下方有地质空洞或 松散地层，造成泥浆流失，可采用自流灌浆形式向钻孔内灌入双液浆（注浆参数与上述相同），具体根据现场情况确定。钻孔达到设计深度后，装入 ϕ108×6 单花钢管。若在施工过程中发现问题，应及时召集有关单位另行研究处理方案。

（4）塌穴处注浆

顺塌洞倾角方向采用边打孔边注浆；浆液为纯水泥浆液，水灰比 1：1.5～1：2。注浆时应根据注浆量及洞内周边情况，若发现异常情况及时汇报，同时召集有关单位进一步研究处理方案。

（5）塌穴处注浆管施工

注浆管布路范围扩大至塌穴周边 2.0m，采用 ϕ108×6 钢管作为注浆管，钢管壁打 ϕ10 孔，每个断面三个孔均匀布路，纵向间距 20cm。注浆管 3m×3m 梅花形布路（后附注浆管布路图），打设深度至隧道初期支护拱顶上 2.0m。为保证注浆效果，防止冒浆，对注浆管上口周围进行封闭处理：清除注浆管周围松散土体，挖成倒锥形槽，锥形底直径及深度均控制在 50cm 左右（必要时可扩大），然后采用塑胶泥或水泥袋进行封底处理，满灌入水泥—水玻璃双浆，待浆液凝固后再从管口进行注浆。注浆管数量按实际确定，施工工艺同止浆帷幕施工。

（6）山顶塌穴封闭

黏土回填山坡塌穴，夯实并高出原地面 50cm。

在施工过程中，对施工中出现的一些异常情况应及时向上级单位汇报，及时召开会议分析研究，解决施工中存在的问题，以保证塌方处理的效果及施工质量，确保下一步洞身施工的安全。注浆施工应实行动态管理，动态施工，及时反馈，及时调整施工方案及施工参数，确保施工方案的可操作性和合理性。

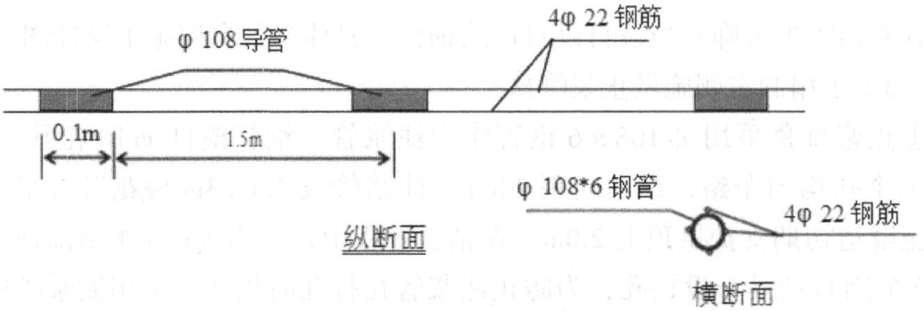

管棚内加强钢筋笼示意图

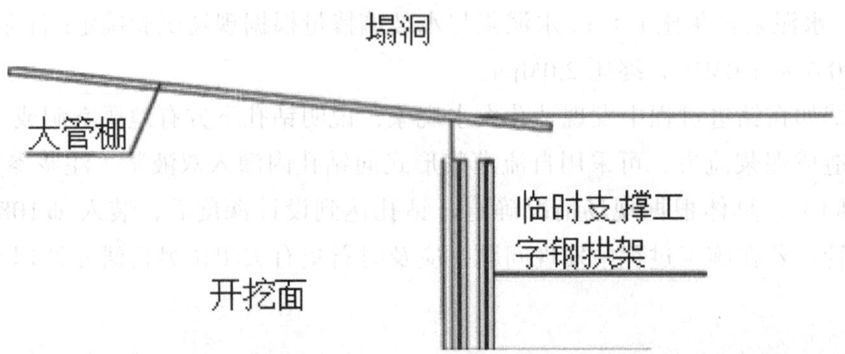

工字钢拱架临时支撑示意图

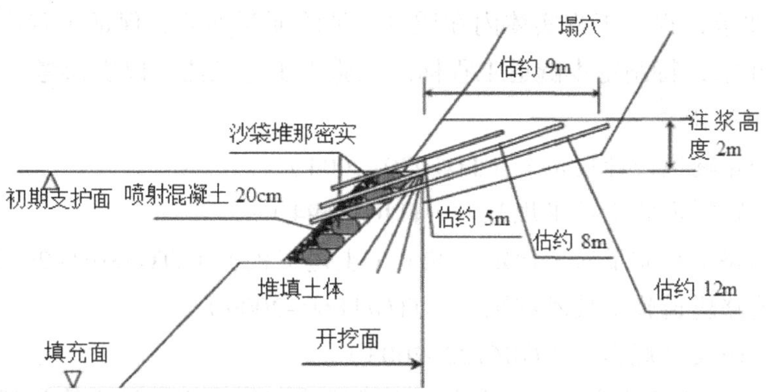

塌洞底处理施工示意图（长管棚未示）

六、结束语

本书结合弁山隧道施工实践，总结对于大跨度软弱地质围岩隧道的施工经验认为：对于不良地质隧道的地质超前预报为下一步的完善设计及指导施工提供科学依据；根据预报结果选择合理的开挖方法非常重要，将为以后的施工及运营安全起到关键作用；同时作为指导施工的监控量测贯穿于整个隧道的施工过程中，特别对于不良地质隧道监控量测应设专人进行，严格按照量测部位及频率进行，并应及时汇总资料、分析围岩变形趋势；对于不良地质路段的隧道超前支护应严格控制，施工到位，从而才能确保施工质量及安全；对于软弱围岩的基底加固目前处于探索阶段，但是根据“新奥法原理”基底加固需达到设计目的，从而才能保证施工及远期的运营安全。

第五章　隧道工程标准化施工工艺工法

第一节　总　则

一、目的及意义

为贯彻落实交通运输部《高速公路施工标准化活动实施方案》，提高隧道工程的施工管理及技术水平，明确隧道工程施工工序，掌握施工要点，达到标准化施工要求，提升工程实体内在质量，消除质量通病，保证工程质量，延长公路使用年限，特制定本隧道工程标准化施工工艺工法，以供参考。

二、编制依据

1.《公路隧道设计规范》（JTGD70–2004）。

2.《公路隧道施工技术规范》（JTJ042–94）。

3.《公路工程质量检验评定标准》（土建工程）（JTGF80/1–2004）。

4.《公路隧道施工技术细则》（JTG/TF60–2009）。

5.《爆破安全规程》（GB6722–2003）。

6. 国家、工程建设标准化协会、交通运输部等工程建设主管部门发布的与公路工程建设有关的其他文件、标准、规范、规程和指南。

7. 湖北省颁布实施的有关的文件规定。

8.《湖北省高速公路建设标准化指南》。

9. 其他省份颁布的有关公路施工的文件规定。

三、与其他相关规范的关系

本指导意见是对公路隧道施工技术规范的细化、补充，在使用过程中未涉及的内容，应严格按照公路工程相关技术标准、规范等执行。

第二节　施工准备

一、一般规定

隧道开工前编制实施性施工组织设计，必须建立健全质量、环保、安全管理体系，并对各类施工人员进行岗前培训和施工技术、施工安全交底。

隧道施工前做好地质调查工作。认真查阅设计图纸及地质勘探资料，调查洞口地质情况以及边仰坡进行调查，如发现不良地段或与设计不相符，应优化进洞方案。

根据工程规模、技术标准和合同约定等有关要求进行施工场地规划、驻地建设、钢筋集中加工厂、拌和站和工地试验室建设。

隧道工程应实行首件工程验收制。

施工过程中，施工原始记录应与施工工艺同步，工程现场验收应与施工资料签认同步，对隐蔽工程应保留相关影像资料。

二、施工准备

（一）技术准备

1. 图纸审核

组织技术人员对设计图纸进行审核，查看图纸是否存在漏项、多项及设计不合理的地方。

2. 测量复测

根据合同图纸和有关勘测资料，对导线进行复测，核对图纸中的曲线要素及逐桩坐标，加密控制网，编制隧道测量计划。

3. 试验准备

施工前应对做好工程原材料、砂浆、水泥浆、喷射混凝土和混凝土配合比等相关试验。

4. 场地清表

（1）隧道施工前，应确定工作界限，并根据施工区域地形、地貌、植被及覆盖层土质情况以及施工区域内存在的其他情况，制定清理工作程序以及清理工作内容。

（2）工作界限范围内的树木、灌木丛等应在清表前砍伐或移植。对隧道边坡坡顶至截水沟范围的原生植被宜予以保留。

5. 施工道路准备

应根据工程实际情况修筑能满足工程需求的施工便道、便桥及便涵，施工便道便桥及便涵具体标准按照《湖北省高速公路建设标准化指导意见（工地建设）》执行。

6. 施工方案

（1）根据总体施工组织设计，结合项目的具体情况、工期要求、施工队伍、机械设备等因素，编制隧道专项施工方案，并根据实际情况进行动态管理。

（2）隧道必须编制安全专项施工方案并经审批后方可实施。

（二）资源配备

1. 根据工程规模、工期和技术难度等配备相应的管理、技术、测量、试验、环保、专职质量检查和安全管理人员。

2. 在隧道开工前，制定详细的人员进场计划，对隧道施工的支护、模筑衬砌等作业安排专业化队伍进行施工。

3. 隧道开工前，应根据隧道地质条件选择专业的监控量测和超前地质预报单位。

4. 隧道进洞前，衬砌模板台车须通过进场验收。

5. 隧道各工序施工机械设备宜按表 2-2-1 要求配备。（图 2-2-1. 图 2-2-2）

施工工艺或内容	设备名称	规格型号	数量（台）	备注
开挖	开挖台架	6m	1	自制
	凿岩机	YT28	16	全断面施工
	挖掘机		2	
	装载机	Z1-50	2	采用 2 台同时装碴
	自卸汽车	20T	4 ～ 6	2km 以内
	多臂凿岩台车		1	根据实际情况配置
	空压机	20m3	5	备用 1 台
初期支护	砼喷射机		3	
	注浆机		2	
	喷射机械手		1	根据实际情况配置
二次衬砌	模板台车	12m 或 9m	1	
	输送泵		1	
	施工栈桥	12m	2	
	防水板台架	6m	1	
路面	三辊轴整平机		1	
	刻纹机		1	
	砼切割机		1	
辅助作业	发电机	200KW	1	备用电源
	变压器	800KVA	1	施工用电
	轴流通风机		1	2km 以内
	潜水泵		1	洞内排水
	大功率抽水机		1	应急备用
砼拌和站	砼拌和楼	JS1000	2	
	砼运输车	9m3	4 ～ 6	
	装载机		2	
	自卸汽车	8T	2	
钢筋加工场	型钢弯曲机		1	
	钢筋加工设备		1 套	
隧道涂装	拌和设备	350L		根据工程需要配置
	湿喷设备			
	高压无气喷涂设备	ZY-M819D		
	空压机	200m3/min		

三、洞口场地建设

施工现场布置应靠近隧道口，便道、料场、搅拌站等位置应结合场地、隧道工作量综合考虑。施工现场布置必须严格按照《湖北省高速公路建设标准化指导意见（安全生产管理）》、《湖北省高速公路建设标准化指导意见（工地建设）》要求执行。

四、弃碴场

隧道施工前应详细调查，合理选择弃碴场。弃碴场选址应不得占用其他工程场地和影响附近各种设施的安全；不得影响附近的农田水利设施，不占或少占农田；不得堵塞河道、河谷，防止抬高水位和恶化水流条件；不得挤压桥梁墩台及其他建筑物。

弃碴场严格按审批的水土保持方案执行。弃碴场应按设计要求进行防护，按先防护、后弃渣的原则进行。

第三节　洞口、明洞施工工艺

一、洞口工程

（一）一般规定

1. 隧道洞口开挖前，对控制网进行加密测量，对进、出口进行联测。并对洞口段地形地貌进行复测，如发现现场地形与设计不符，应进行调整。

2. 隧道开挖前，应编制隧道进洞专项施工方案，报监理工程师审批。并对作业班组进行技术交底。

3. 洞口施工尽量减少洞口开挖，提倡零开挖进洞，减少对山体的挠动。并且避开雨季。

4. 布置边仰坡地表观测桩，监控边仰坡位移及沉降情况。边仰坡稳定后进行暗洞施工。

5. 做好洞口段的超前支护以及防护工作。

（二）施工工艺

洞口工程施工工艺流程见图 3.1–1

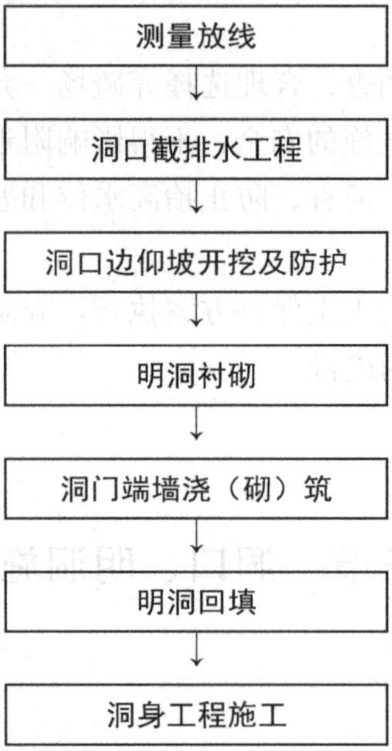

图 3.1–1　洞口工程施工工艺流程框图

（三）施工要点

1. 截排水工程

（1）边坡、仰坡外的截水沟、排水沟应结合实际地形地势，在洞口开挖前施工完成，并形成有效的排水系统。

（2）施工期间洞口应设渗水盲沟或加设盖板的明沟，与两侧排水沟相连将水排出。

（3）洞门两侧的边沟应与自然排水系统相连，形成综合排水系统。

2. 洞口土石方开挖

洞口边坡及仰坡采用明挖法施工，开挖自上而下分阶段、分层进行开挖，每层开挖高度不大于 2.0m，边开挖边进行防护，防护完成后方可进行下一层开挖。

3. 边仰坡防护

（1）洞口土石方开挖过程中，坡度严格按照设计图纸施工，自上而下，并及时防护。

（2）锚杆施工时，应先在坡面上用红油漆画出每根锚杆准确位置；钻孔时应控制钻孔方向，保证孔深和孔径符合设计要求。

（3）挂钢筋网，铺设前，先将凹凸不平的坡面尽量整平，清理岩面杂物，清除浮石及松动的岩石。钢筋网与锚杆焊接牢固，以防喷砼时钢筋网晃动。钢筋网最小保护层厚控制在 5cm 左右，钢筋规格型号及网格几何尺寸应符合图纸规定。

（4）喷射混凝土厚度及强度符合设计及规范要求。

4. 洞门工程

（1）洞门结构形式应与现场地形地貌条件及周围环境协调一致。

（2）洞门基础地基承载力应满足设计要求，当地基承载力不能满足设计要求时，应进行加固处理。

（3）洞门施工模板应采用大块定型钢模，模板的刚度满足施工要求，并且面板厚度不小于 5mm，面积不小于 2 ㎡，定期对模板进行校正。

二、明洞

（一）施工工艺

详见图 3.2-1《明洞工程施工工艺流程图》。

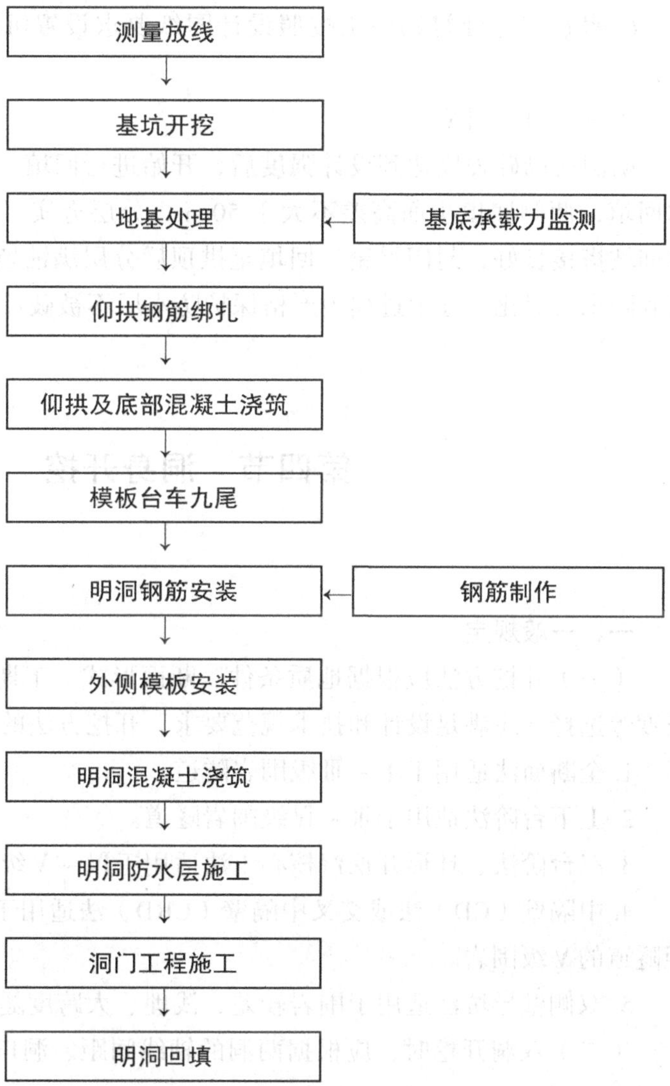

（二）明洞衬砌及防水

1. 洞口边坡和仰坡地表预加固后，进行明洞开挖。

2. 明洞开挖时结合洞口边坡开挖和洞外路基开挖，开挖采用人工配合反铲挖掘机分层开挖，局部采用松动爆破法施工，分层厚度 2 ~ 3m。

3. 开挖至隧底标高时，检查明洞基础承载力是否符合设计，否则应根据设计要求采取加固措施。基础砼浇筑前必须排除基坑内积水。

4. 明洞钢筋砼分两步施工，首先施工基础部分，然后利用模板台车施作拱、墙钢筋砼，施工中应注意保持背模平顺、牢固、可靠。

5. 明洞防水层施作前对砼表面外露钢筋头等先行处理，然后按设计要求进行施工。

6. 明暗交界处衬砌施工按照设计图纸要求设置沉降缝，预埋止水带、止水条。

（三）明洞回填

明洞衬砌砼强度达到设计强度后，开始进行回填。拱背回填应自下而上对称回填，两侧回填土面高差不大于 50cm，分层夯实。黏土隔水层施工时，与边仰坡搭接良好，封闭严密。回填至拱顶后分层满铺填筑，顶层采用黏土回填以利隔水及绿化。施工过程中严格保护防水层不被破坏。

第四节　洞身开挖

一、一般规定

（一）开挖方法应根据地质条件、断面形式、工期要求、机械设备、隧道长度等选择，应满足设计和技术规范要求。开挖方法的选择宜遵循以下原则：

1. 全断面法适用于Ⅰ ~ Ⅲ级围岩隧道。

2. 上下台阶法适用于Ⅲ ~ Ⅳ级围岩隧道。

3. 三台阶法、环形开挖留核心土法适用于Ⅳ ~ Ⅴ级围岩隧道。

4. 中隔壁（CD）法或交叉中隔壁（CRD）法适用于围岩较差、浅埋、小净距隧道的Ⅴ级围岩。

5. 双侧壁导坑法适用于围岩较差、浅埋、大跨度隧道的Ⅳ ~ Ⅴ级围岩。

（二）双洞开挖时，应根据两洞的轴线间距、洞口里程距离、地质条件及其他自然条件，选择适宜的开挖方法，确定好两洞开挖的时间差，并采取措施防止后行洞开挖对先行洞周壁产生不良影响。

（三）机械设备配置原则：一是开挖能力大于施工计划开挖能力；二是装碴能力大于开挖能力；三是运输能力大于装碴能力。

（四）单作业面大于 3km 的中大跨度隧道，宜采用多臂液压钻孔台车施工。土质隧道、不宜爆破施工及需要开挖减振槽的隧道，宜采用挖掘机、单臂掘进机、铣挖机等设备进行开挖施工。

（五）隧道双向开挖掌子面距离 50m 时，两端施工应加强联系，统一指挥，并采取浅眼低药量，控制爆破；当掌子面距离为 15 ~ 30m 时，应改为单向开挖，一端必须停止开挖并将人员机具撤至安全距离以外。对采用单向开挖的隧道，出洞前应反向开挖不少于 30m 且不小于洞口超前管棚长度，严禁在隧道洞口处贯通。

（六）在施工过程中，应根据掌子面地质素描、隧道监控量测数据、超前地质预报结果等调整围岩级别及衬砌类型，遵循动态设计、动态施工的原则。

（七）风、水管路前段距开挖面距离保持在 30m，并用高压软管连接分风器和分水器。

（八）施工操作人员均已经过专业培训，获取上岗证书。通风、照明设备都已经经过检查，安全设施完善。

二、钻爆施工工艺

隧道开挖应根据工程地质条件、开挖断面、开挖方法、掘进循环进尺、钻眼机具和爆炸材料等进行钻爆设计，钻爆设计应根据爆破效果调整爆破参数。钻爆设计的内容包括炮眼（掏槽眼、辅助眼、周边眼）的布置、数量、深度和角度，爆破器材、装药量和装药结构，起爆方法和爆破顺序，钻眼机具和钻眼要求等。钻爆设计图包括炮眼的布置图、周边眼装药结构图、钻爆参数表、主要技术经济指标及必要的说明。

（一）施工工艺

施工工艺流程详见图 4.2–1　钻爆施工工艺流程框图。

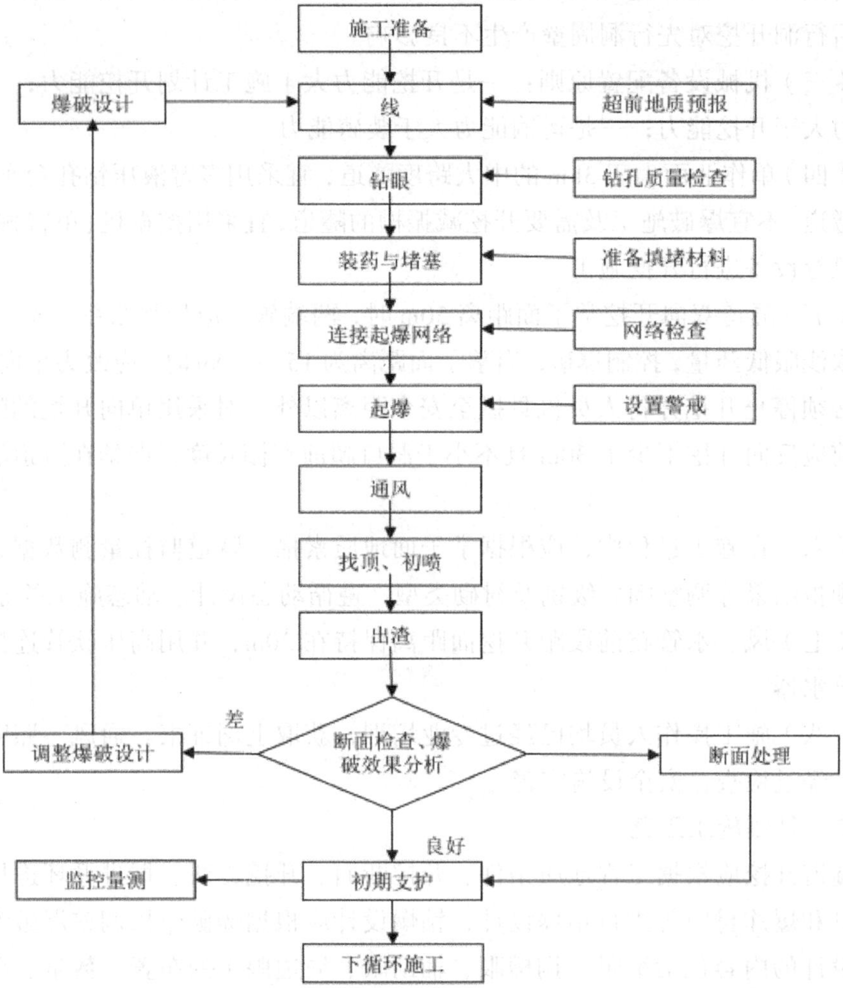

图 4.2-1　钻爆施工工艺流程框图

（二）爆破设计

1. 掏槽眼形式的选择原则

（1）面积为 $20m^2$ 以下的小断面宜采用斜眼掏槽和直眼掏槽两种形式。

（2）面积为 $20m^2$ ~ $60m^2$ 的中断面宜采用人工持风钻进行单级或复式楔形掏槽和凿岩台车进行大直径中空直眼掏槽。

2. 面积为 $60m^2$ 以上的大断面宜采用人工持风钻进行大楔形掏槽和凿岩台车进行大直径中空直眼掏槽。

3. 炮眼布置原则

（1）先布置掏槽眼，其次是周边眼，最后是辅助眼。掏槽眼一般应布置在隧道断面中央偏下部位，掏槽眼和底板眼深度应比其他眼加深 20 ~ 30cm。

（2）周边眼沿隧道轮廓布置，应采取等距离布眼，断面拐角拐弯处应布眼，周边眼外插角斜率宜为 0.03 ～ 0.05，前后两排炮眼的衔接台阶为 10 ～ 15cm，深孔爆破时其台阶为 25 ～ 35cm。

（3）辅助炮眼应交错均匀地布置在周边眼与掏槽眼之间，当炮眼深度超过 2.5m 时，靠近周边眼的内圈眼应与周边眼有相同的外插角度。

（4）当岩层层理明显时，炮眼方向应尽量垂直于层理面。

4. 围岩装药结构

（1）Ⅱ、Ⅲ级围岩装药结构见下图

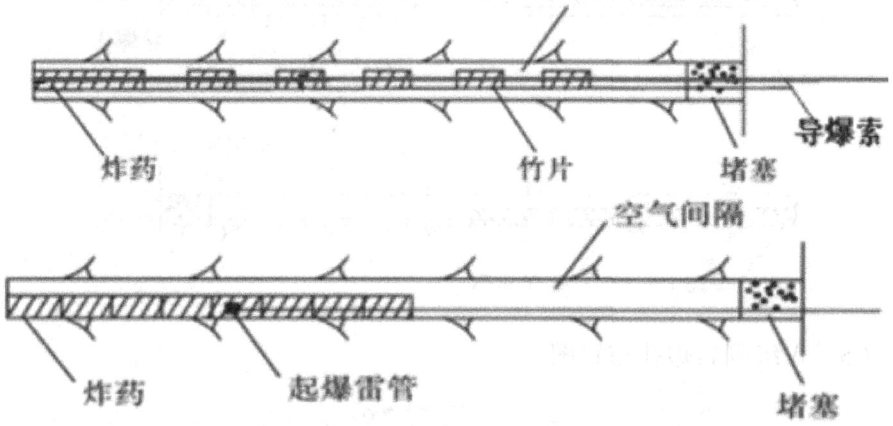

（2）Ⅱ、Ⅲ级围岩炮孔布置图

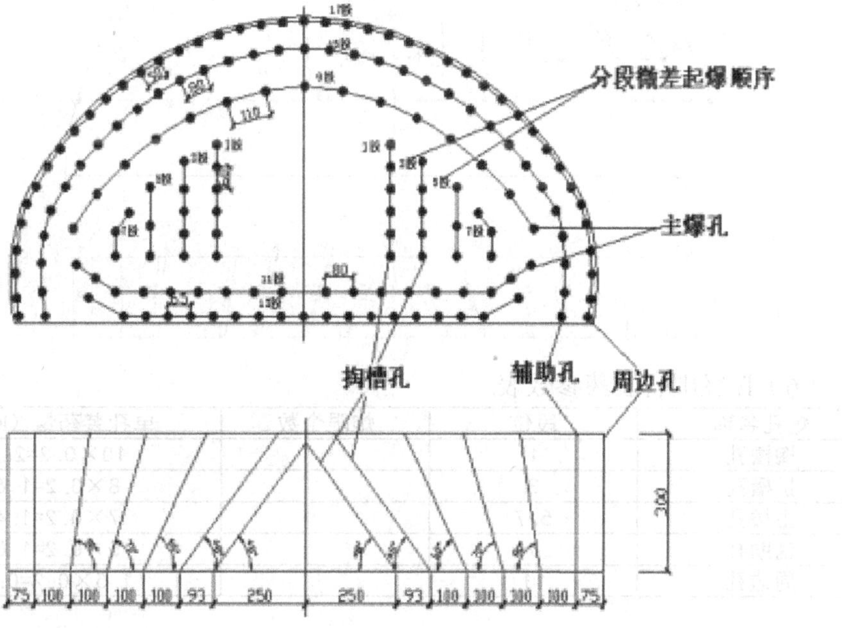

（3）Ⅱ、Ⅲ级围岩装药参数表

炮孔名称	段位	炮眼个数	单孔装药量（kg）
掏槽孔	1.3		15×0.2=3.0
扩槽孔	5		12×0.2=2.4
主爆孔	7、9		10×0.2=2.0
辅助孔	11		5×0.2=1.0
周边孔	13		3×0.2=0.6
底板孔	15		7×0.2=1.4

（4）Ⅳ级围岩装药结构见下图

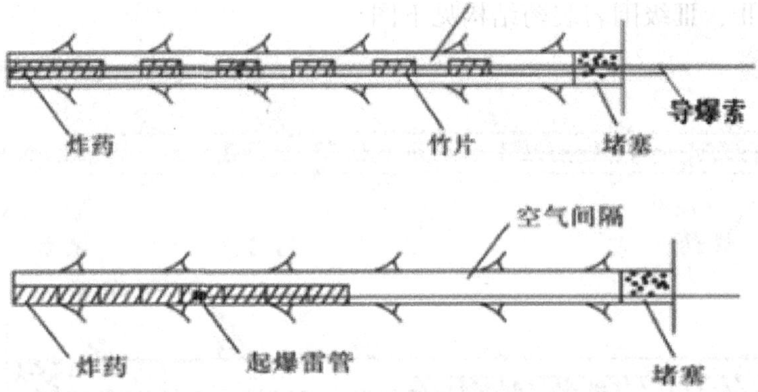

（5）Ⅳ级围岩炮孔布置图

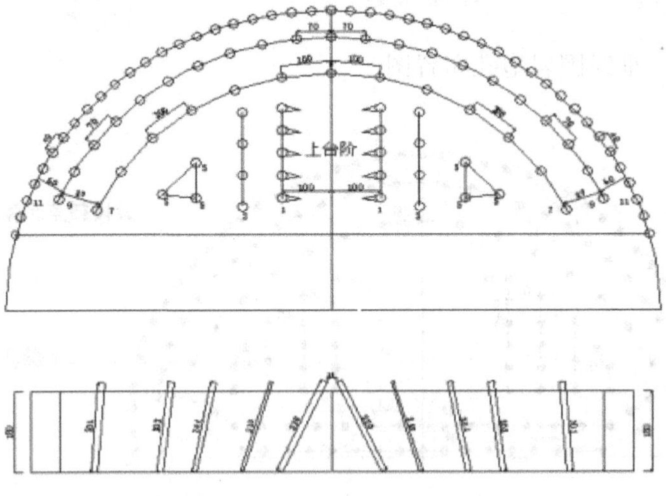

（6）Ⅳ级围岩装药参数表

炮孔名称	段位	炮眼个数	单孔装药量（kg）
掏槽孔	1		10×0.2=2.0
扩槽孔	3		8×0.2=1.6
主爆孔	5.7		7×0.2=1.4
辅助孔	9		5×0.2=1.0
周边孔	11		1.5×0.2=0.3

（7）V级围岩装药结构

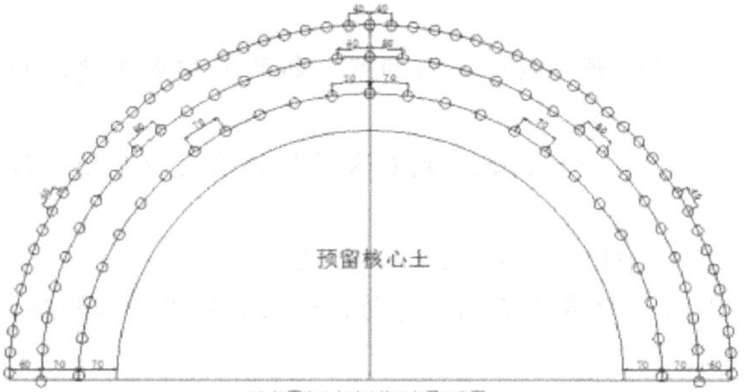

V 级围岩上台阶法炮眼布置示意图

5. 起爆网络

（1）起爆顺序应为先掏槽眼，后辅助眼，最后是底板眼、周边眼。

（2）起爆延期时间间隔宜为 50 ~ 100ms。

（3）预裂爆破和光面爆破的周边眼和底板眼宜使用“同段雷管”同时起爆。

（4）掏槽眼宜逐一起爆，以掏出更好地槽腔，形成新的临空面。

（5）为了减小爆破震动，同段雷管起爆的总药量应控制在允许范围内。

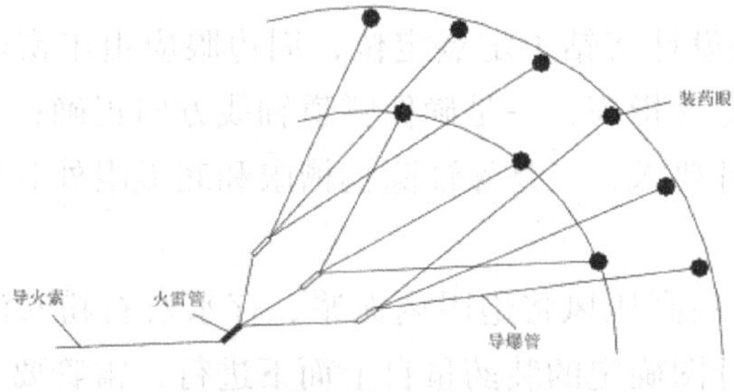

起爆网络示意图

6. 堵塞炮泥

炮眼堵塞材料宜采用砂子和黏土的混合物，堵塞长度视炮眼直径和孔深而定，当炮眼直径为 32mm 和 45mm 时，堵塞长度不能小于 20cm 和 45cm。深孔爆破堵塞长度应在 45cm 以上。

7. 爆破参数应按经验法和工程类比法确定，但必须满足《爆破安全规程》（GB6722-2003）和规范要求。表 1 为经验爆破参数值

爆破参数

岩石类型	周边眼间距 E（cm）	周边眼抵抗线 W（cm）	相对距离 E/W	装药集中度 q（kg/m）
极硬岩	50 ～ 60	55 ～ 75	0.8 ～ 0.85	0.25 ～ 0.30
硬岩	40 ～ 50	50～ 60	0.8 ～ 0.85	0.15 ～ 0.25

软质岩	35 ～ 45	45 ～ 60	0.75 ～ 0.8	0.07 ～ 0.12

注：1. 表中所列参数适用于炮眼深度 1.0 ～ 4.0m，炮眼直径 40 ～ 50mm，药卷直径 20 ～ 25mm。

2. 当断面较小或围岩软弱、破碎或对曲线、折线开挖成形要求较高时，周边眼间距 E 应取较小值。

3. 周边眼抵抗线 W 值在一般情况下均应大于周边眼间距 E 值。软岩在取较小 E 值时，W 值应适当增大。

4.E/W：软岩取小值，硬岩及断面小时取大值。

5. 表列装药集中度 q 为 2 号岩石硝铵炸药，选用其他类型炸药时，应修正。

（三）施工要求

1. 施工准备

（1）施工前应向作业人员进行施工技术交底和安全技术交底。

（2）施工前应检查钻孔设备及风、水、电等线路。

2. 测量放线布眼

在开挖钻孔前，必须由测量技术人员对隧道开挖断面、中线及高程进行准确的测量放样，并用红油漆画出开挖轮廓线（周边眼、底板眼）以及掏槽眼炮眼位置。隧道衬砌不得侵入隧道建筑限界，开挖放样时预留一定的沉降、变形量，且不得减少衬砌厚度。

3. 钻爆开挖

（1）根据爆破设计将钻工定点定位，周边眼应由丰富经验的钻工司钻。钻眼过程中，应有专人指挥，一是确保隧道轴线方向正确；二是确保周边眼的外插角满足爆破设计要求，三是保证除掏槽眼和底板眼外其他掘进炮眼眼底基本在同一平面上。

（2）装药前，用高压风将炮眼内泥浆、存水及石粉吹洗干净。装药需分片分组，按爆破设计图确定的装药量自上而下进行，雷管要“对号入座”，要定人、定位、定段别，不得乱装药。

（3）已装药的炮眼应及时堵塞密封，确保爆破效果。

（4）起爆网路施工应按《爆破安全规程》（GB6722-2003）的有关规定和爆破设计执行。

4. 安全要求及措施

（1）在编制爆破设计时，应有安全技术措施。各项爆破技术参数应取较高的安全系数。

（2）不同厂家生产的不同品种的电雷管不得掺混使用。

（3）对易燃易爆物品（如临时储油罐和炸药库、雷管库）应远离居住区和主要作业现场存放，并符合有关安全规程；场区内和库房内必须备有消防器材。

（4）工作面装药时，人员要撤到安全地点，划出警戒线，严禁一切人员通过，爆破时，必须先发出警号。

（5）爆破完毕待炮烟吹散后安全员、爆破员必须检查放炮地点的瓦斯、顶板、支架、瞎炮、残炮、通风等情况，确实无危险时，才能解除警戒。

（6）爆炸物品管理，应做到随用随取，对每次爆破所用器材数量进行登记，剩余爆炸物品及时归还炸药库，并且做好记录。

（7）对爆破器材的运输，储藏和使用应当严格按国家有关爆破物品使用管理规定执行。

（8）通风及其他爆破后最少经过 15min 的通风排烟，才准检查人员进入工作面。

5. 检查人员应对以下事项做出检查与处理

（1）瞎炮、盲炮的处理

爆破后必须经过 15 分钟以上的通风、排烟，恢复充足的照明后，检查人员才能进入工作面检查。检查内容为：

①有无瞎炮及可疑现象；

②有无残余炸药及雷管；

③顶部及两帮有无松动岩石；

④附近支护有无损坏和变形。

（2）瞎炮、盲炮处理方法

瞎炮必须由原爆破人员进行处理，首先查明原因，如因孔外导爆管损坏引起，重新连接导爆管再行起爆，此时接头尽量靠近眼孔位置；如因孔内导爆管损坏或是导爆管本身问题引起的瞎炮，其处理方法为：不拉出或掏出该炮眼原有药包，另行装入新装药卷，单孔采用火雷管 + 导火索重新引爆，多孔采用非电毫秒重新引爆。

（3）瞎炮、盲炮处理注意事项：

①发现盲炮或怀疑有盲炮时，应立即报告并及时处理。每次处理盲炮必须由处理者认真填写登记卡片。

②处理盲炮时，无关人员不准在场，应在危险区边界设警戒，危险区内禁止进行其他作业。

③盲炮处理后，应仔细查爆堆，将残余的爆破器材收集起来，未判明爆堆有无残留的爆破器材前，应采取预防措施。

6. 初喷混凝土、出渣

为保证安全，应对隧道拱顶及掌子面外露部分进行初喷，完成封闭围岩后进行出渣作业。

三、施工要点

（一）开挖方法

围岩分类及不同工程地质条件下的开挖方法见下表：

围岩分类及开挖方法表

类别	围岩主要工程地质条件		开挖方法
	主要工程地质特征	结构特征和完整状态	
I	硬质岩石[饱和抗压极限强度 Rb>60MPa(600kgf / cm2)]：受地质构造影响轻微，节理不发育，无软弱面(或夹层)；层状岩层为厚层，层间结构良好。	坚硬岩，岩体完整，巨整体状或巨厚层状结构	全断面
II	硬质岩石[Rb>30MPa(300kgf / cm2)]：受地质构造影响较重，节理较发育，有少量软弱面(或夹层)和贯通微张节理，但其产状及组合关系不致产生滑动；层状岩层为中层或厚层，层间结合一般，很少有分离现象；或为硬质岩石偶夹软质岩石	呈巨块或大块状结构。	全断面
	轻质岩石[Rb≈30MPa(300kgf / cm²)]：受地质构造影响轻微，节理不发育；层状岩层为厚层，层间结合良好		
III	硬质岩石[Rb>30MPa(300kgf / cra2)]：受地质构造影响严重，节理发育，有层状软弱面(或夹层)，但其产状及组合关系尚不致产生滑动；层状岩层为薄层或中层；层间结合差，多有分离现象，或为硬、软质岩石互层	呈块(石)碎(石)状镶嵌结构	全断面
	软质岩石[Rb=5～30MPa(50～300kgf / cm²)]：受地质构造影响较重，节理较发育；层状岩层为薄层、中层或厚层；层间结合一般	呈碎石状压碎整体结构	全断面或台阶法
IV	硬质岩石[Rb>30MPa(300kgf / cm²)]：受地质构造影响很严重，节理很发育；层状软弱面(或夹层)已基本被破坏	呈碎石状压碎整体结构	台阶法、CD 法
	软质岩石[Rb=5～30MPa(50～300kgf / cm²)]：受地质构造影响严重，节理发育	呈块(石)碎(石)状镶嵌结构	
	土：1、略具压密或成岩作用的黏性土及砂性土 2、黄土(Q1、02) 3、一般钙质、铁质胶结的碎、卵石土、大块石土	1 和 2 呈大块状压密结构，3 呈巨块状整体结构	
V	石质围岩位于挤压强烈的断裂带内，裂隙杂乱，呈石夹土或土夹石状	呈角(砾)碎(石)状松散结构非黏性土呈松散结构黏性土及黄土呈松软结构	台阶法、环形预留核心土法、双侧壁导坑法、CRD 法
	土体：一般第四系坚硬、硬塑黏性土，稍密及以上、稍湿或潮湿的碎石土著人、卵石土、圆砾土、角砾土、粉土及黄土（Q3、Q4）		
VI	石质围岩位于挤压极强烈的断裂带内，呈角砾、砂、泥松软体	黏性土呈易蠕动的松软结构；砂性土呈潮湿松散结构	环形预留核心土法、双侧壁导坑法、CRD 法
	软塑状黏性土及潮湿的粉细砂等		

1. 全断面开挖

适用范围Ⅰ～Ⅲ级整体性较好的围岩；用于Ⅲ级围岩时，围岩应具备从全断面开挖到支护前这段时间内保持稳定的条件。

测量放线定位出隧道轮廓线→钻眼、装药连线→引爆炸药、开挖出断面轮廓→通风→出渣并排除危石→初喷→支护→埋设监控量测点→下一循环作业。

（1）施工工艺流程图

施工工艺流程图见下页图 4.3-1，施工工艺示意图见图 4.3-2。

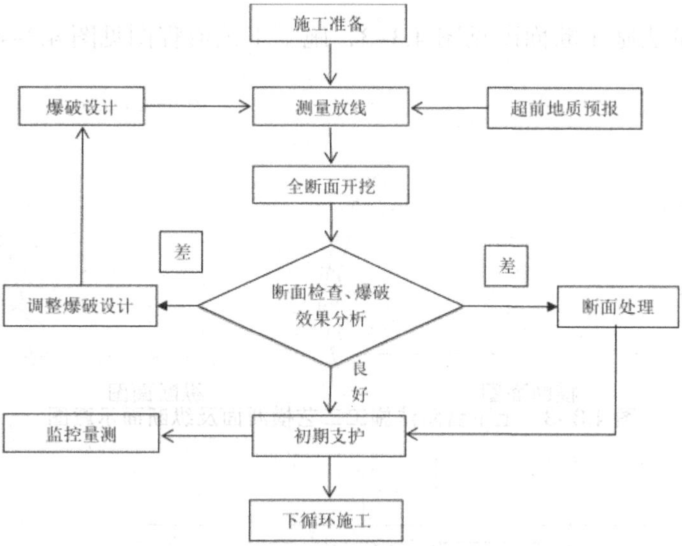

图 4.3-1　全断面开挖法施工工艺流程框图

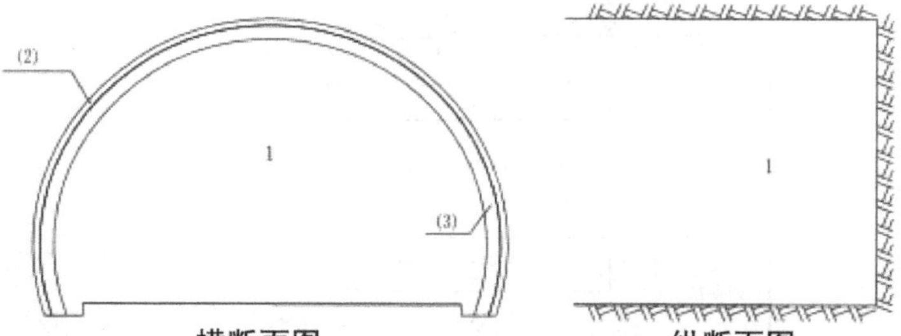

图 4.3-2　全断面开挖法施工工艺横断面及纵断面示意图

（2）施工要求

①隧道洞身开始时严格控制爆破震动；开挖轮廓要预留沉降量，并利用量测反馈信息及时调整。

②严格控制超欠挖。

③确保洞内空气、环境符合卫生标准，做好全断面开挖洞内通风。

2. 台阶法（上下台阶）开挖

台阶法开挖是将设计断面分成上、下断面，（或上、中、下断面）分次开挖成形的开挖方法，适用于Ⅲ ~ Ⅴ级较软或节理发育的围岩。台阶法按上台阶超前长度分为长台阶（台长 50m 以上）、短台阶（台长 5 ~ 50m）和超短台阶（台长 3 ~ 5m）三种。短台阶、超短台阶两种方法当遇软弱围岩时应慎重考虑，必要时采用辅助开挖措施稳定开挖面。

（1）施工工艺流程

施工工艺

上下台阶法施工断面图见图 4.3–3，施工工艺流程图见图 4.3–4。

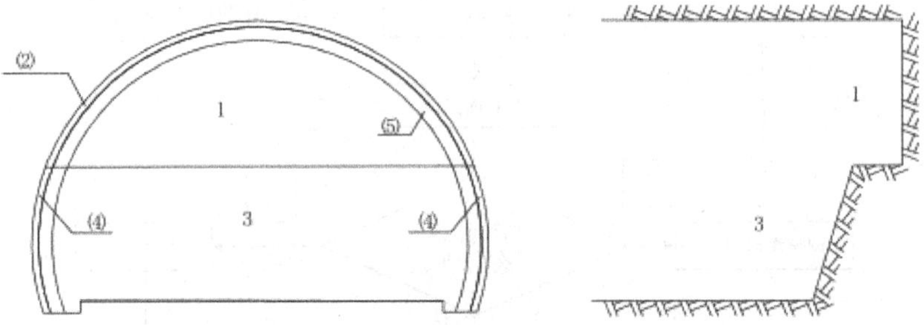

图 4.3–3　上下台阶法施工工艺横断面及纵断面示意图

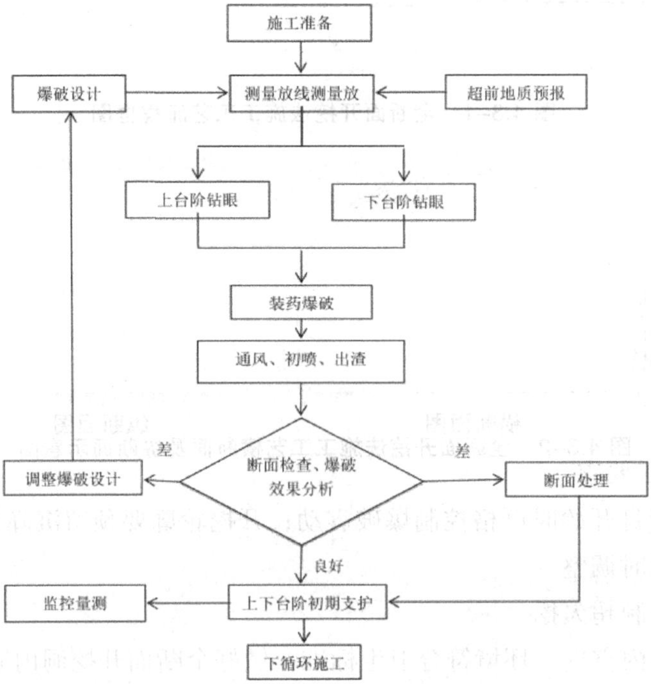

图 4.3–4　上下台阶法施工工艺流程框图

施工顺序：1 上台阶开挖；2 上台阶初期支护；3 下台阶开挖；4 下台阶初期支护；5 全断面二次衬砌。

（2）施工要点

①上台阶循环进尺宜控制在两榀钢拱架距离内。

②上台阶高度控制在3.5 ~ 4.2m，台阶长度不宜大于隧道开挖宽度的1.5倍，为及早使初期支护封闭成环，也可控制台阶距离为3 ~ 5m，上下台阶同时钻眼爆破，以起到加快施工进度，减少设备配置量的目的。

③下台阶开挖时，宜采用先挖侧槽、左右错开向前推进的方法，侧槽一次开挖长度不宜过长，靠近边墙范围应采用风钻、风镐手工开挖，人工清壁扒渣，避免扰动上台阶初期支护。

④下台阶在上台阶喷射混凝土达到设计强度的70%以上时开挖，当岩体不稳定时，应合理缩短进尺，先施工边墙初期支护，后开挖中间土体。两侧每循环开挖控制在钢架"接腿"两榀内，初期支护要紧跟下台阶及时封闭。

⑤初期支护监控量测数据异常时，宜采用增加锁脚锚杆（管）、扩大拱脚、增设临时仰拱等措施。

3. 三台阶法开挖

（1）施工工艺

三台阶法施工工艺流程框图见图4.3-5，施工工艺示意图见图4.3-6。

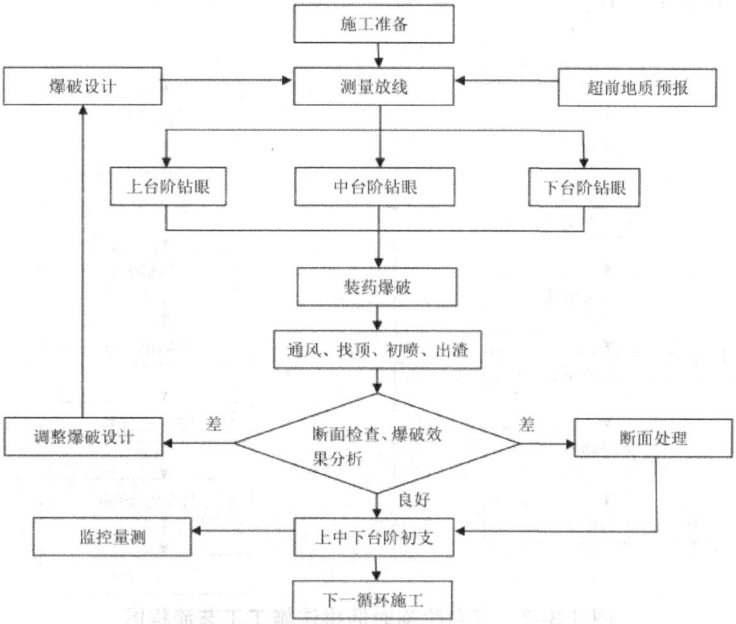

图 4.3-5　三台阶法施工工艺流程框图

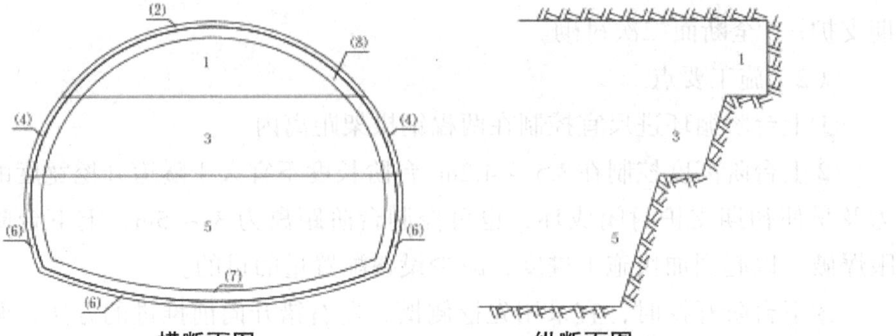

图 4.3–6　三台阶法施工工艺横断面及纵断面示意图

施工顺序：1 上台阶开挖；2 上台阶初期支护；3 中台阶开挖；4 中台阶初期支护；5 下台阶开挖；6 下台阶初期支护；7 仰拱浇筑；8 全断面二次衬砌。

（2）施工要求

①上台阶循环进尺应根据设计拱架间距确定，不应超过两榀拱架间距。

②上台阶高度宜为 2.0 ~ 2.5m，中间台阶高度宜为 3.0 ~ 3.5m，上、中台阶长度宜为 3 ~ 5m。

③中台阶及下台阶施工参照上下台阶法下台阶的施工要求。

4. 三台阶临时仰拱法

（1）施工工艺

三台阶临时仰拱法施工工艺流程框图见图 4.3–7，施工工艺示意图见图 4.3–8、4.3–9、4.3–10

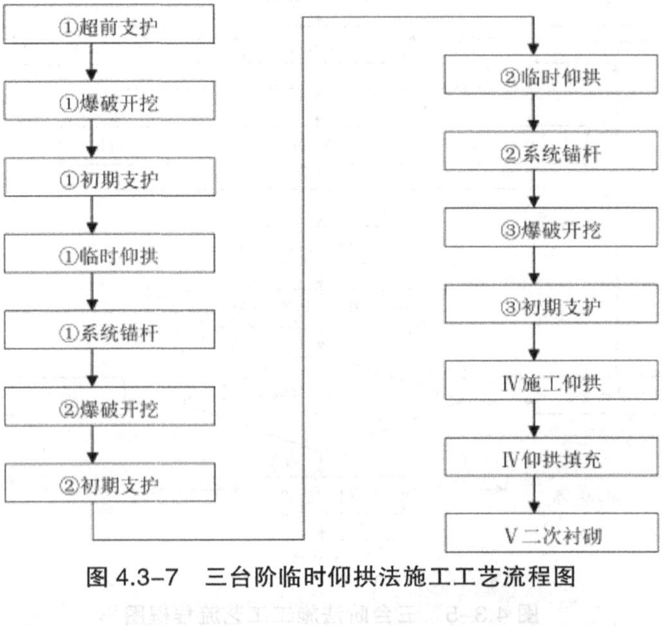

图 4.3–7　三台阶临时仰拱法施工工艺流程图

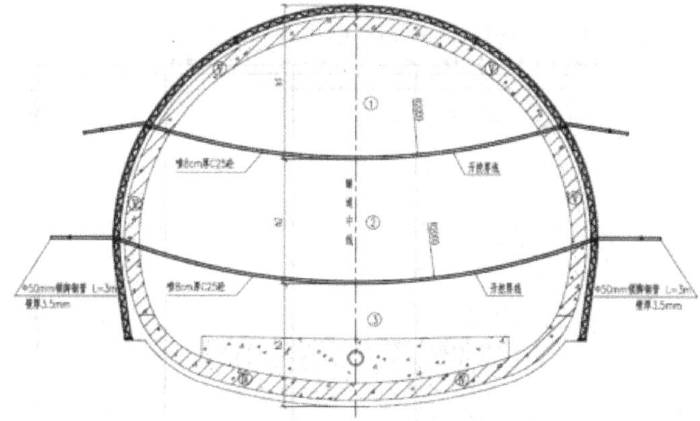

图 4.3–8　三台阶临时仰拱法施工工序横断面

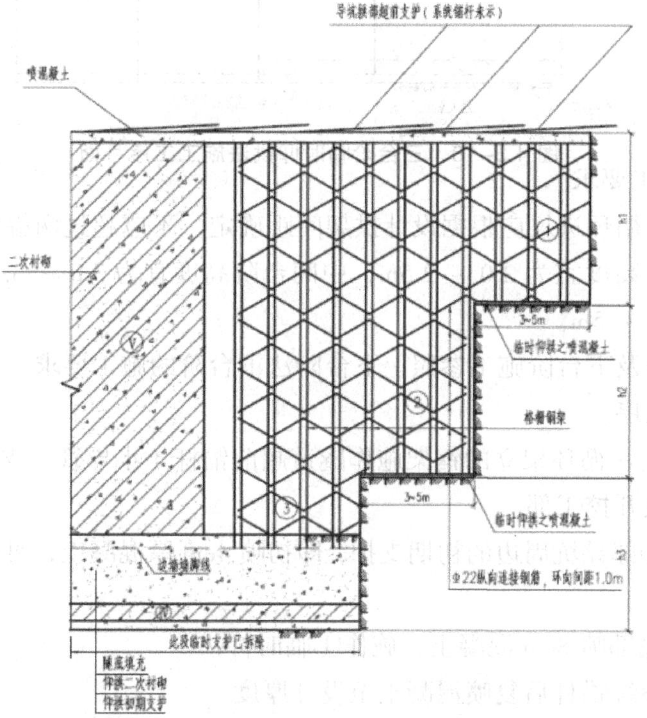

图 4.3–9　三台阶临时仰拱法施工工序纵断面

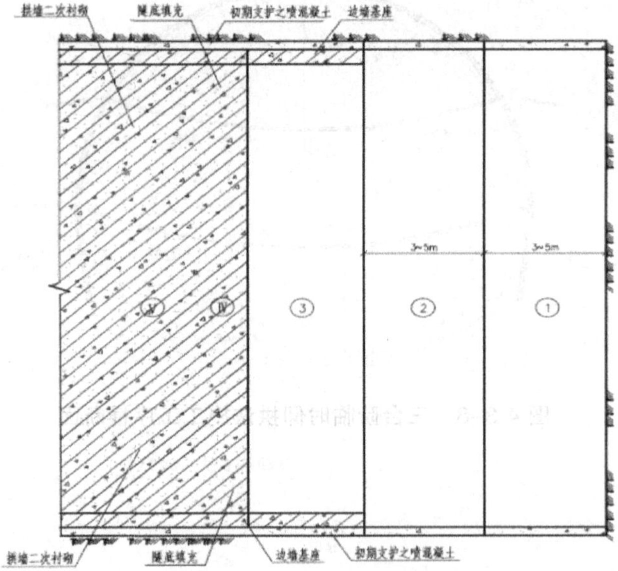

图 4.3-10　三台阶临时仰拱法施工工序平面

（2）施工要求

①上台阶循环进尺应根据设计拱架间距确定，不应超过两榀拱架间距。

②上台阶高度宜为 2.0 ~ 2.5m，中间台阶高度宜为 3.0 ~ 3.5m，上、中台阶长度宜为 3 ~ 5m。

③中台阶及下台阶施工参照上下台阶法下台阶的施工要求。

④施工工序。

A. 利用上一循环架立的钢架施作隧道超前锚杆（小导管）支护。

b. 弱爆破开挖①部。

C. 施作①部导坑周边的初期支护，即初喷 4cm 厚混凝土，架立格栅（工字）钢架。

D. 导坑底部喷 8cm 混凝土，施作①临时仰拱。

E. 钻设系统锚杆后复喷混凝土至设计厚度。

F. 在滞后于①部一段距离（3 ~ 5m）后，弱爆破开挖②部。

G. 导坑周边部分初喷 4cm 厚混凝土，架立格栅（工字）钢架。

H. 导坑底部喷 8cm 混凝土，施作②临时仰拱。

I. 钻设系统锚杆后复喷混凝土至设计厚度。

J. 在滞后于②部一段距离（3 ~ 5m）后，弱爆破开挖③部，导坑周边部分初喷混凝土，架立格栅（工字）钢架，隧底周边部分喷混凝土至设计厚度。

K. 灌筑Ⅳ部仰拱及隧底填充，仰拱及隧底填充分两次施作。

L. 根据监控量测结果分析，待初期支护收敛后，利用衬砌模板台车一次性浇筑 V 部二次衬砌。

5. 环形开挖预留核心土法

（1）施工工艺

环形开挖预留核心土施工工艺流程框图见图 4.3–11，施工工艺示意图见图 4.3–12。

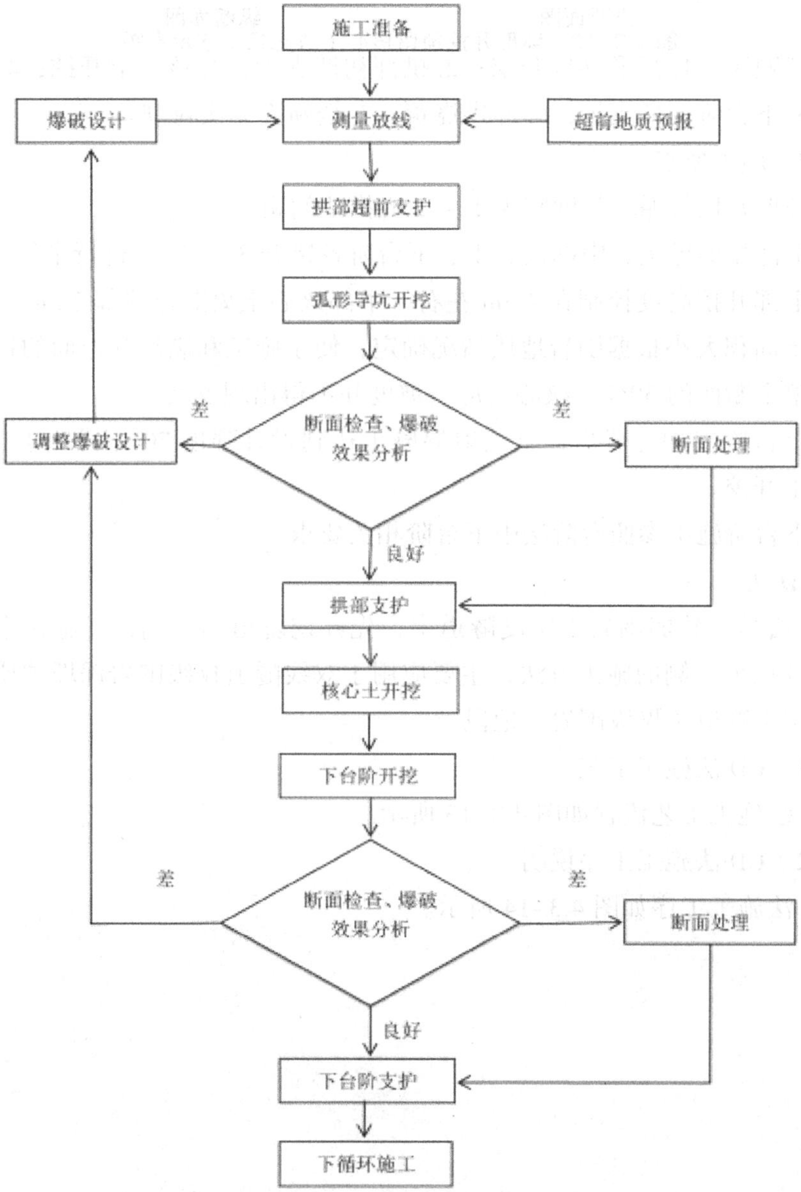

图 4.3–11　环形开挖预留核心土法施工工艺流程框图

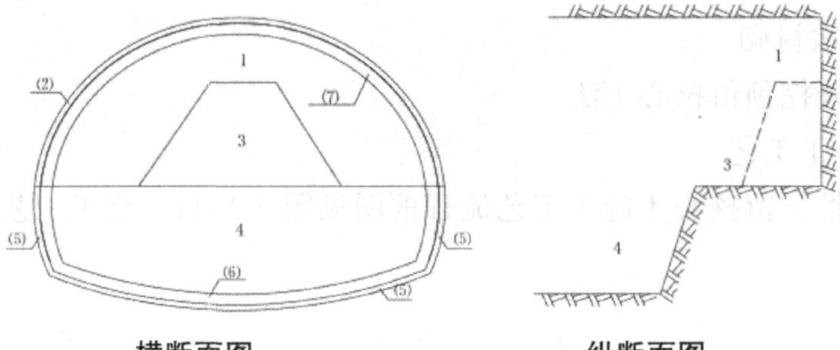

图 4.3-12　环形开挖预留核心土法施工工艺示意图

施工顺序：1. 弧形导坑开挖；2. 拱部初期支护；3. 核心土开挖；4. 下台阶开挖；5. 下台阶初期支护；6. 仰拱浇筑；7. 全断面二次衬砌。

（2）施工要点

①环形开挖每循环长度宜为 1 ~ 2 榀拱架间距。

②上部弧形导坑、中部核心土、下台阶各错开 3 ~ 5m，进行平行作业。

③上部开挖高度控制在 4.5m 左右，中部核心土离隧道顶部 2.5m 左右，预留核心土面积大小根据围岩地质情况确定，便于施工和满足开挖面的稳定且不应小于整个断面的 50%。核心土应留坡度并不得出现反坡。

④上台阶支护完成后，且喷射混凝土达到设计强度 70% 以上时，方可进行核心土开挖。

⑤下台阶施工参照台阶法中下台阶相关要求。

6.CD 法

CD 法是在软弱围岩大跨度隧道中，先开挖隧道的一侧，并施作中隔壁，然后再开挖另一侧的施工方法，主要应用于双线隧道Ⅳ级围岩深埋硬质岩地段以及老黄土隧道（Ⅳ级围岩）地段。

（1）CD 法施工工艺

CD 法施工工艺流程如图 4.3-13 所示。

（2）CD 法施工工序说明

CD 法施工工序如图 4.3-14 所示。

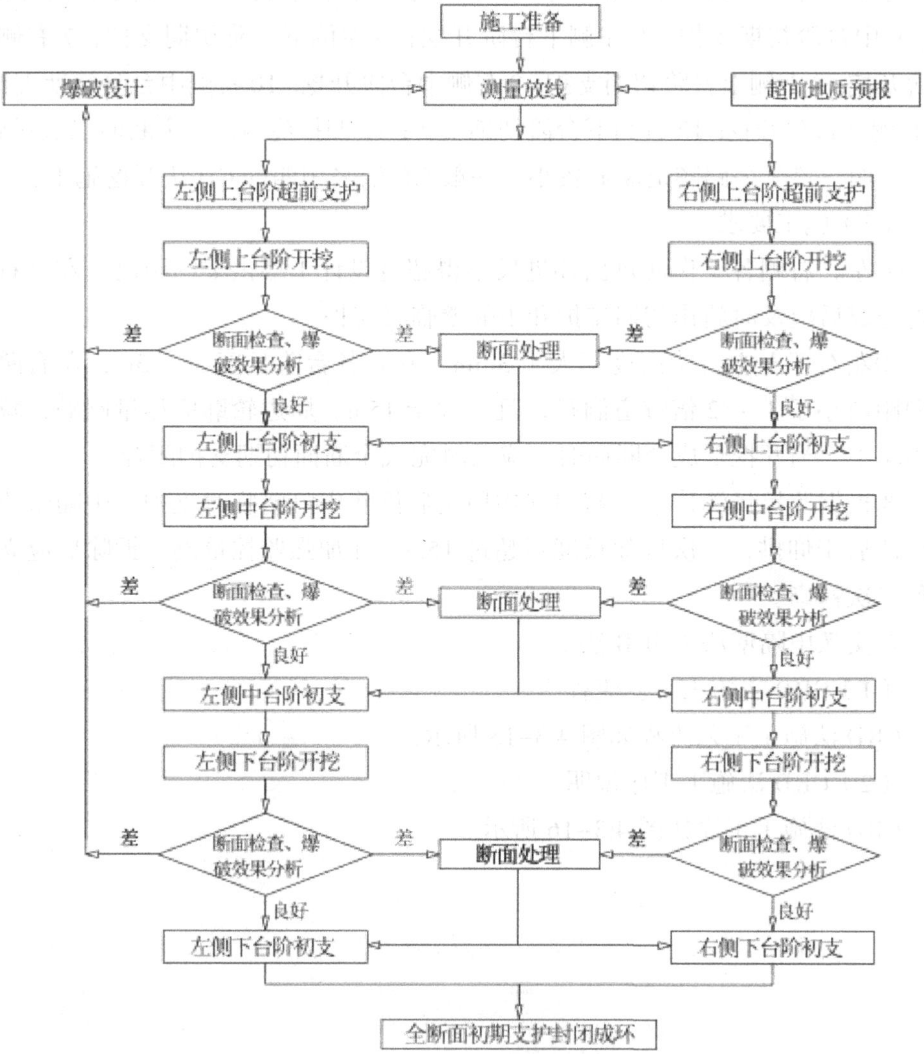

图 4.3-13　CD 法施工工艺流程

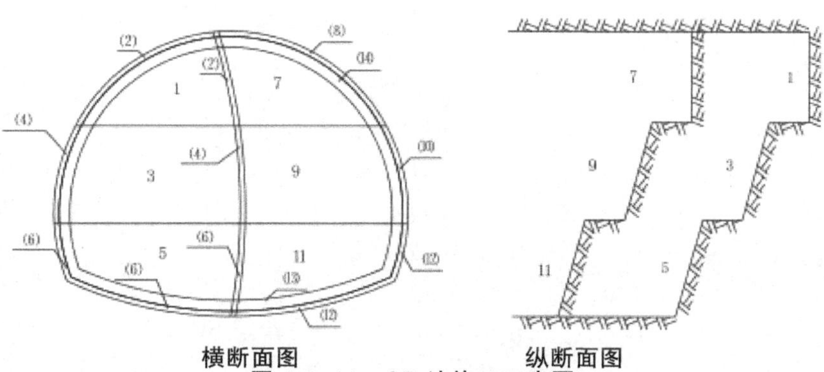

横断面图　　　　纵断面图

图 4.3-14　CD 法施工工序图

施工顺序：1 左侧上台阶开挖；2 左侧上台阶初期支护；3 左侧中台阶开挖；4 左侧中台阶初期支护；5 左侧下台阶开挖；6 左侧下台阶初期支护；7 右侧上台阶开挖；8 右侧上台阶初期支护；9 右侧中台阶开挖；10 右侧中台阶初期支护；11 右侧下台阶开挖；12 右侧下台阶初期支护；13 仰拱浇筑；14 全断面二次衬砌。

说明：鉴于公路隧道断面较小，一般 CD 法采用四部 CD 法开挖施工。

（3）施工要求

①左、右侧各工作面每循环进尺不得超过设计 1 榀拱架的距离，左、右侧开挖完成后应及时施作初期支护和中隔壁临时支护。

②左右部上中台阶高度不大于 3.5m，左右各台阶长度 3 ~ 5m，左右两侧纵向距离小于 1 ~ 2 倍隧道洞径，且不大于 15m。周边轮廓应尽量圆顺，减小应力集中。当开挖形成全断面时，应及时完成全断面初期支护闭合。

③根据监控量测信息，初期支护稳定后拆除中隔壁临时支护，中隔壁的拆除应滞后于仰拱，一次拆除长度不超过 15m，并加强监控量测，拆除后应立即施作二次衬砌。

7. 交叉中隔壁法（CRD 法）

（1）CRD 法施工工艺流程

CRD 法施工工艺流程如图 4.3–15 所示。

（2）CRD 法施工工序说明

CRD 法施工工序如图 4.3–16 所示。

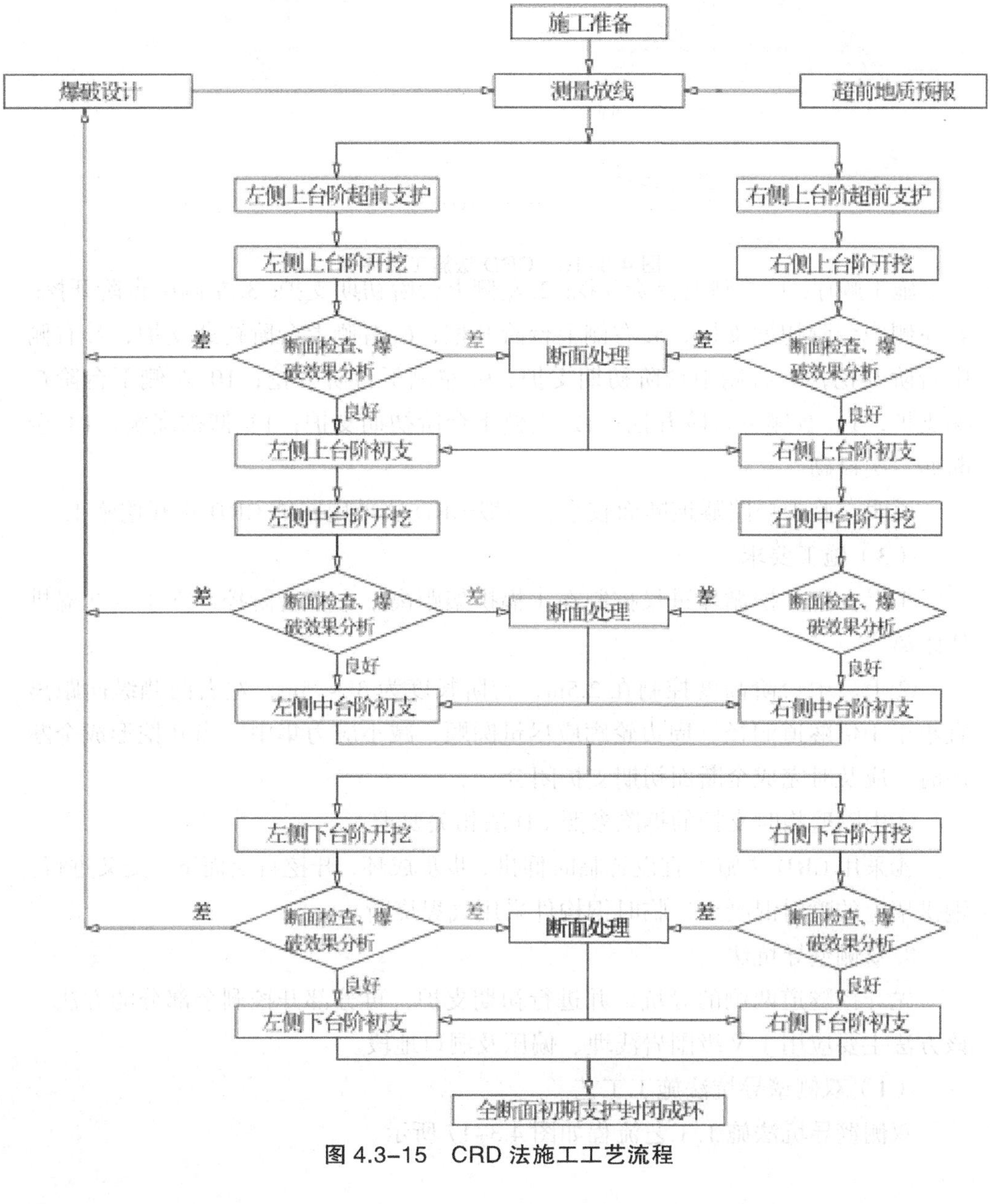

图 4.3–15 CRD 法施工工艺流程

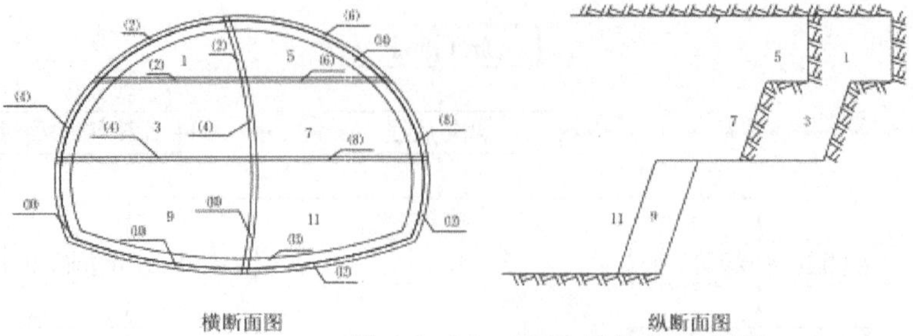

图 4.3-16　CRD 法施工工序图

施工顺序: 1. 左侧上台阶开挖; 2. 左侧上台阶初期支护; 3. 左侧中台阶开挖; 4. 左侧中台阶初期支护；5. 右侧上台阶开挖；6. 右侧上台阶初期支护；7. 右侧中台阶开挖；8. 右侧中台阶初期支护；9. 左侧下台阶开挖；10. 左侧下台阶初期支护；11. 右侧下台阶开挖；12. 右侧下台阶初期支护；13. 仰拱浇筑；14. 全断面二次衬砌。

说明：鉴于公路隧道断面较小，一般 CRD 法采用四部 CRD 法开挖施工。

（3）施工要求

①上台阶开挖循环进尺控制在 1 榀拱架距离，中下台阶控制在 1 ~ 2 榀拱架距离。

②上、中台阶高度控制在 2.5m，台阶长度为 3 ~ 5m，左右两侧纵向距离宜小于 1 倍隧道洞径。周边轮廓应尽量圆顺，减小应力集中。当开挖形成全断面时，应及时完成全断面初期支护闭合。

③中隔壁临时支护的拆除参照 CD 法相关要求。

④采用 CRD 法施工宜设置临时仰拱，步步成环，开挖自上而下，交叉进行。钢拱架上的喷射混凝土，临时钢构件采用气焊烧断。

8. 双侧壁导坑法

先开挖隧道两侧的导坑，并进行初期支护，再分部开挖剩余部分的方法。该方法主要应用于Ⅴ级围岩浅埋、偏压及洞口地段。

（1）双侧壁导坑法施工工艺

双侧壁导坑法施工工艺流程如图 4.3-17 所示。

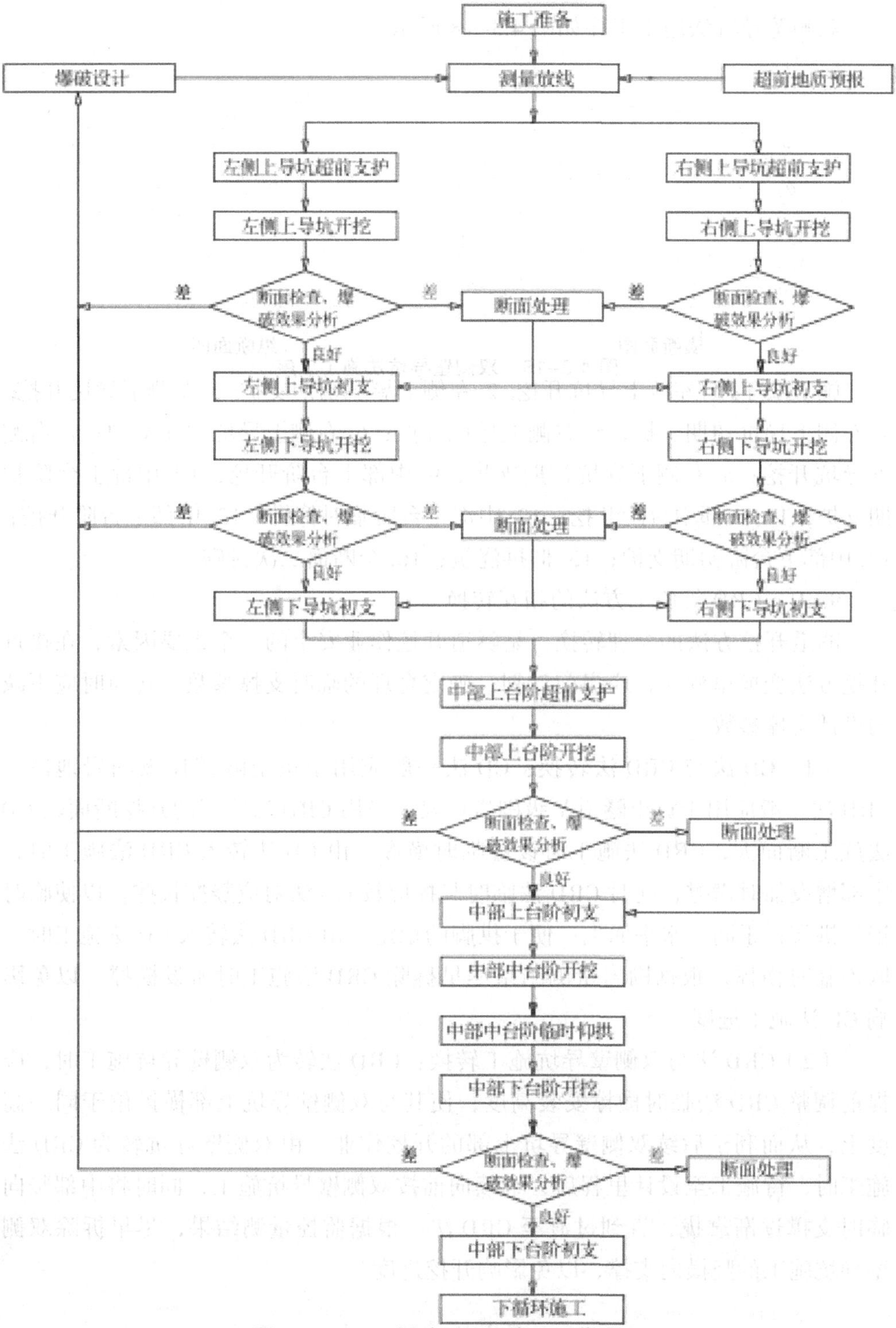

图 4.3-17 双侧壁导坑法施工工艺流程

（2）双侧壁导坑法施工工序

双侧壁导坑法施工工序如图 4.3–18 所示。

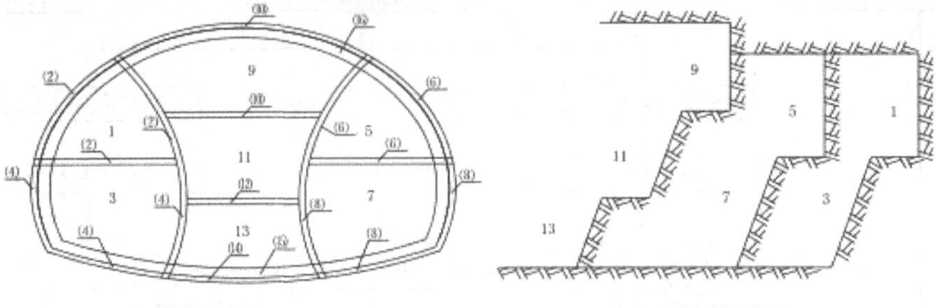

图 4.3–18　双侧壁导坑法施工工序

施工顺序：1. 左侧上导坑开挖；2. 左侧上导坑初期支护；3. 左侧下导坑开挖；4. 左侧下导坑初期支护；5. 右侧上导坑开挖；6. 右侧上导坑初期支护；7. 右侧下导坑开挖；8. 右侧下导坑初期支护；9. 中部上台阶开挖；10. 中部上台阶初期支护；11. 中部中台阶开挖；12. 中部中台阶临时仰拱；13. 中部下台阶开挖；14. 中部下台阶初期支护；15. 仰拱浇筑；16. 全断面二次衬砌。

9.CD、CRD 等施工方法的相互转换

隧道开挖方法的合理转换，是隧道开挖作业安全的一个重要因素，在接近开挖方法变换里程时，应提前计划，确定合理的临时支撑参数。转换时应不减弱设计支撑参数。

（1）CD 法与 CRD 法转换：CD 法一般应用于黄土隧道Ⅳ级围岩地段，CRD 法一般应用于黄土隧道Ⅴ级围岩地段，采用 CRD 法施工的开挖断面较 CD 法施工断面大，CRD 法施工时设置临时横撑。由 CD 法转入 CRD 法施工时，中部增设临时横撑，同时 CRD 法临时竖撑应较 CD 法对应竖撑长些，以使临时钢架拱脚置于同一水平面上，便于拱脚的稳定。由 CRD 法转入 CD 法施工时，取消临时横撑，根据围岩量测结果尽早拆除 CRD 法施工时所设横撑，以免影响 CD 法施工进度。

（2）CRD 法与双侧壁导坑施工转换：CRD 法转为双侧壁导坑施工时，应提前调整 CRD 法临时横撑安装高度，使其与双侧壁导坑上部横撑位于同一高度上，从而利于后续双侧壁导坑上部的开挖作业。由双侧壁导坑转为 CRD 法施工时，待施工至设计里程后，继续向前按双侧壁导坑施工，同时将中部竖向临时支撑逐渐靠拢，直到过渡至 CRD 法。根据监控量测结果，尽早拆除双侧壁导坑施工的竖横向支撑，以免影响开挖进度。

（二）超欠挖控制

1. 测量放样时，应在掌子面准确画出开挖轮廓线，并向施工人员进行书面交底。

2. 出渣完成后，测量人员应对开挖断面进行复测，对欠挖地段采用红油漆标注由当班开挖人员处理。

3. 钻眼前，宜采用激光指向仪和断面仪布眼，利用激光光斑画出炮眼位置。

4. 根据爆破效果结合实际地质条件及时调整爆破参数。

5. 开挖轮廓线应按设计要求预留变形量，预留变形量大小宜根据监控量测信息进行调整。

（三）隧道超欠挖处理

1. 经过测量断面后，对欠挖处进行红油漆标注。欠挖较小处采用风镐或电钻进行处理；欠挖较大处采用风枪钻孔爆破处理。

2. 对隧道边墙及拱部小量超挖部分，可采用喷射混凝土进行回填；边墙及拱部超挖超过 0.3m 以上，一般可采用混凝土模筑进行填充密实；必要时进行注浆处理。

第五节 初期支护与辅助工程措施

一、一般规定

初期支护应紧跟开挖面，尽早封闭成环。

软弱围岩地段施工必须坚持“管超前、严注浆、短开挖、强支护、快封闭、勤量测”的施工原则。

当地质条件与设计不符时，应按规定程序上报监理工程师，及时调整支护参数。

隧道支护施工宜根据现场监控结果，分析施工中各种信息，及时调整支护措施和支护参数。

喷射混凝土宜采用湿喷工艺，软弱围岩及有水地段宜采用潮喷工艺。

二、施工工艺

初期支护主要包括喷射混凝土支护、锚杆支护、钢筋网支护、钢架支护等；辅助施工措施主要包括超前小导管、超前锚杆、超前管棚、帷幕注浆等施工措施。

（一）喷射混凝土施工工艺

1. 喷射混凝土施工工艺流程

详见“图 5.2-1 喷射混凝土施工工序流程图”。

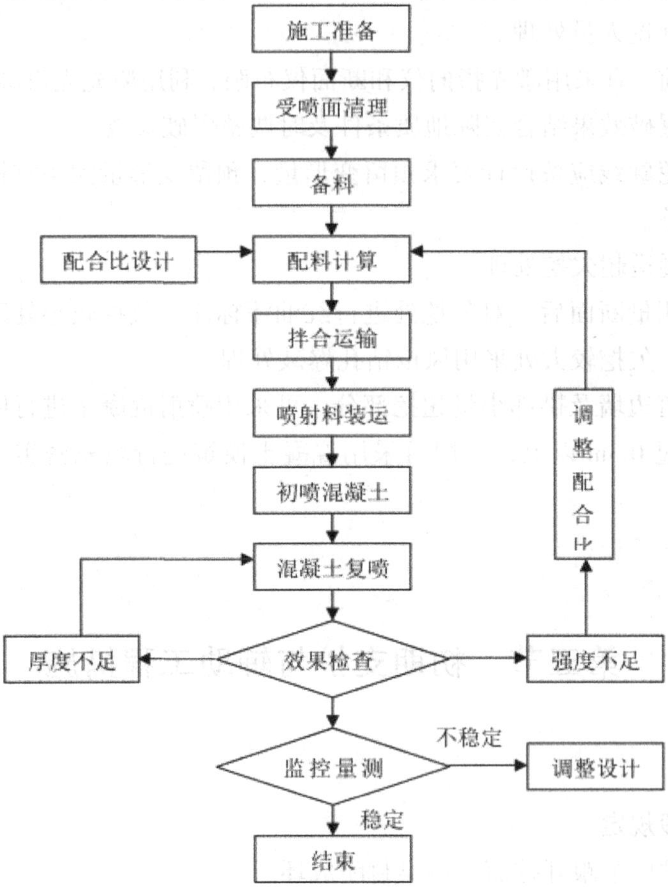

图 5.2-1　喷射混凝土施工工序流程图

2. 喷射混凝土施工技术要点

（1）喷射混凝土前准备工作

①检查断面尺寸，欠挖部分必须剥皮处理。

②清除松动石块，冲洗受喷岩面，如受喷面积水较多必须清理。

③隧道初期支护喷射混凝土设计强度等级为 C25 或 C20。施工前按设计提供的强度进行室内试验，确定施工配合比。检查液体速凝剂是否足够，不够需添加；如有沉淀可人工进行搅拌，保持速凝剂材质均匀；如温度低于 0℃需采取加温措施防止冻结。速凝剂计量泵调节旋钮由实验室预先调配。

④检查机具设备和风、水、电等管线路，并试运转，喷射机应具有良好的密封性能，输料连续、均匀，附属机具的性能应能满足喷射作业需要。

⑤岩面如有渗漏水，应予妥善处理。

A. 大股涌水，宜采用注浆堵水后再喷射混凝土，一般情况下，可顺涌水出露点打孔，压注速凝浆液（水泥 - 水玻璃浆液）进行封堵。

B. 对于小股水或裂隙渗漏水，视具体情况宜进行岩面注浆（布孔宜密，钻孔宜浅），或采用小导管沿隧道周边环形注浆进行封堵。

C. 大面积潮湿的岩面宜采用黏结性强的混凝土，如添加外加剂、掺合料以改善混凝土的性能。

D. 对于集中出水点，可顺水路（节理、裂隙）设排水半管或线形排水板，将水引到隧底水沟或纵向排水管。

⑥设置控制喷射混凝土厚度的标志。一般采用埋设钢筋头做标志，亦可在喷射时插入长度比设计厚度大 5cm 的铁丝，每 1 ~ 2m 设一根，作为施工控制用。

（2）混凝土搅拌、运输

喷射混凝土在洞外拌和站集中拌和。湿喷砼搅拌采取全自动计量强制式搅拌机，施工配料应严格按配合比进行操作，速凝剂在喷射机喂料时加入。湿喷由混凝土搅拌运输车运至洞内，随运随拌。多台运输车应交替运料，以满足喷砼的供应。在运输过程中，要防止混凝土离析、水泥浆流失、坍落度变化以及产生初凝等现象。

（3）喷射作业

①采用湿喷机喷射作业。在隧道开挖完成后，先喷射 4cm 厚混凝土封闭岩面，然后打设锚杆、架立钢架、挂钢筋网，对初喷岩面进行清理后复喷至设计厚度。

②喷射操作程序应为：打开速凝剂辅助风→缓慢打开主风阀→启动速凝剂计量泵、主电机、振动器→向料斗加混凝土。

③喷射混凝土作业应采用分段、分片、分层依次进行，喷射顺序应自下而上，分段长度不宜大于 6m。喷射时先将低洼处大致喷平，再自下而上顺序分层、往复喷射。

A. 喷射混凝土分段施工时，上次喷混凝土应预留斜面，斜面宽度为 200 ~ 300mm，斜面上需用压力水冲洗润湿后再行喷射混凝土。

B. 分片喷射要自下而上进行并先喷钢架与壁面间混凝土，再喷两钢架之间混凝土。边墙喷混凝土应从墙脚开始向上喷射，使回弹不致裹入最后喷层。

C. 分层喷射时，后一层喷射应在前一层混凝土终凝后进行，若终凝 1h 后再进行喷射时，应先用风水清洗喷层表面。一次喷混凝土的厚度以喷混凝土不滑移不坠落为度，既不能因厚度太大而影响喷混凝土的黏结力和凝聚力，也不能太薄而增加回弹量。边墙一次喷射混凝土厚度控制在 7 ~ 10cm，拱部控制在 5 ~ 6cm，并保持喷层厚度均匀。顶部喷射混凝土时，两次间隔时间宜为 2 ~ 4h。

D. 喷射速度要适当，以利于混凝土的压实。在开机后要注意观察风压，起始风压达到 0.5MPa 后，才能开始操作，并据喷嘴出料情况调整风压。一般工作风压：边墙 0.3 ~ 0.5MPa，拱部 0.4 ~ 0.65MPa。黄土隧道喷射混凝土时喷射机的压力一般不宜大于 0.2MPa。

E. 喷射时使喷嘴与受喷面间保持适当距离，喷射角度尽可能接近 90°。喷嘴与受喷面间距宜为 0.8 ~ 1.2m；喷嘴应连续、缓慢作横向环行移动，一圈压半圈，喷射手所画的环形圈，横向 40 ~ 60cm，高 15 ~ 20cm；若受喷面被钢架、钢筋网覆盖时，可将喷嘴稍加偏斜，但不宜小于 70°。

（4）养护

①喷射混凝土终凝 2 小时后，应采用养护台架进行湿润养护，养护时间不小于 7d；

②黄土或其他土质隧道，以采用喷雾养护为宜，防止喷水过多软化下部土层；

③隧道内环境气温低于 +5℃时，应采取保温措施，不得进行洒水养护。

（5）喷射混凝土粉尘和回弹控制措施

①采用复合高效减水型速凝剂，增加喷混凝土黏度，可大量减少粉尘和回弹。

②加强对喷射混凝土操作人员的技能培训工作，提高技术素质，提高喷射混凝土作业技术水平。

③严格控制喷射机工作风压，以避免喷头处粉尘大量扩散。

④加强施工通风，将漂浮的粉尘迅速吹送到洞外。

⑤控制一次喷层厚度，以避免一次喷层过厚产生坠落。

⑥控制骨料粒径及砂率配比，使其符合规定要求。

⑦控制喷嘴与受喷面最佳距离在 0.8 ~ 1.2m 范围内，喷射角度以垂直岩面为佳，不允许大于 45° 。

⑧含砂率对喷射混凝土的黏滞性和回弹量影响很大，一般宜采用较多的砂率（60% 左右），以减少回弹。当砂粒偏粗时，砂率可稍大些；砂粒偏细时，则砂率宜偏低些。

（二）锚杆施工工艺

1. 锚杆施工工艺流程

中空注浆锚杆施工工艺流程见图 5.2–3. 药卷锚杆施工工艺流程见图 5.2–4.

普通水泥砂浆锚杆施工工艺流程见图 5.2–5。

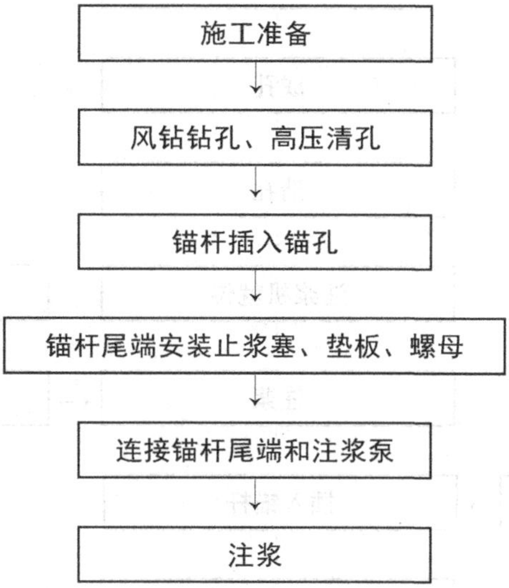

图 5.2–3　中空注浆锚杆施工工艺流程图

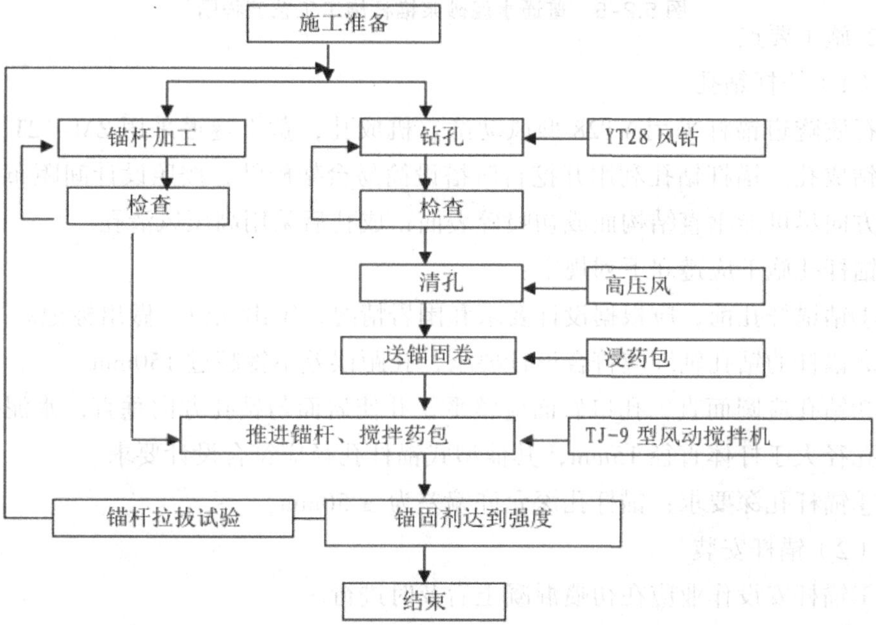

图 5.2–4　药卷锚杆施工工艺流程图

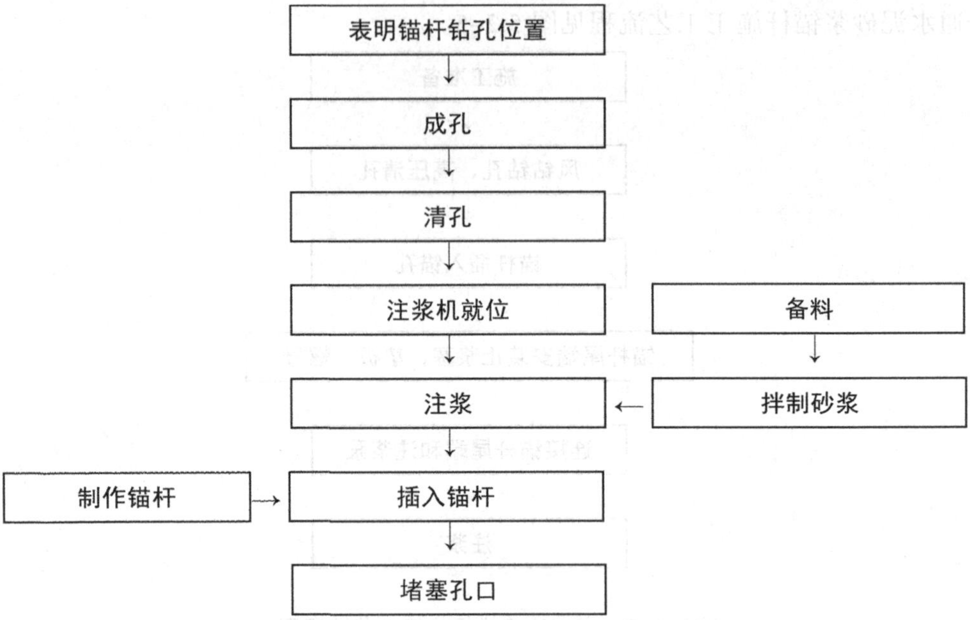

图 5.2–5　普通水泥砂浆锚杆施工工艺流程图

2. 施工要点

（1）锚杆钻孔

石质隧道锚杆采用 YT28 型风动凿岩机成孔，黄土隧道采用 ZM–12T 型煤电钻钻成孔。锚杆钻孔利用开挖台阶搭设简易台架施钻，按照设计间距布孔；钻孔方向尽可能垂直结构面或初喷砼表面；成孔后采用高压风清孔。

锚杆孔施工应遵守下列规定：

①钻锚杆孔前，应根据设计要求和围岩情况，定出孔位，做出标记。

②锚杆的钻孔轴线应符合设计要求，孔距误差不得超过 150mm。

③钻孔应圆而直，孔口岩面应整平，并使岩面与钻孔方向垂直；水泥砂浆锚杆孔径大于杆体直径 15mm，其他型式锚杆孔径应符合设计要求。

④锚杆孔深要求：锚杆孔深允许偏差为 ± 50mm。

（2）锚杆安装

①锚杆安设作业应在初喷混凝土后及时进行。

②安装锚杆前应做好的检查工作

A. 锚杆原材料型号、规格、品种，锚杆各部件质量及技术性能应符合设计要求。

B. 根据锚杆类型、规格及围岩情况选择钻孔机具。

C. 锚杆孔位、孔径、孔深及布置形式应符合设计要求。

D. 孔内积水和岩粉应吹洗干净。

E. 为防止塌孔，应在锚杆孔钻完后及时安设锚杆杆体。

F. 锚杆尾端的托板应紧贴岩面，未接触部位必须楔紧。锚杆体漏出岩面的长度不大于喷射混凝土的厚度，否则应予切除并用砂浆磨平。

G. 采用砂浆锚杆时，应按设计要求截取杆体，并整直、除锈和除油。

H. 检查杆体长度、螺母、锚杆垫板的尺寸和配合情况。

（3）砂浆药包锚杆安装

①锚固材料浸水：锚固卷浸水前上端扎 3 ~ 5 个小孔（孔径 1mm），直到小孔不冒泡即浸水结束。这时水灰比约为 0.34 ~ 0.35 最理想范围，可马上取出安装使用，浸水时间约为 1 ~ 1.5min，浸水过少，水泥水化不完全，影响锚固力。浸水过多、水泥浆易流动，充实不足也影响锚固力。

②锚杆体的安装方法：杆体一般采用 ϕ22 螺纹钢筋，将打好的眼孔用高压风吹净，将浸好水的几个锚固卷装入眼内，用炮棍送至眼底，装入药包到 2/3 孔深，再将锚杆插入，并缓慢转动以破碎药包，连续转动时间不少于 1 分钟，以保证充分搅拌均匀，其位置应尽量居中。

（4）水泥砂浆锚杆安装

杆体一般采用 ϕ22 螺纹钢筋，钻孔成孔后，用高压风吹净孔内岩屑，然后用注浆机，将早强水泥砂浆注入锚孔内，再将锚杆插入孔眼内。

（5）中空注浆锚杆安装

杆体一般采用 ϕ42 或 ϕ50 无缝钢管加工钢花管，钻孔报验检查合格后，采用人工或手持式风钻安设中空注浆锚杆（钢花管）。安装长度及外露长度应符合设计及规范要求，锚杆尾部与钢架焊接在一起。

（6）注浆

①普通水泥砂浆锚杆

A. 普通水泥砂浆锚杆宜选用螺纹钢筋作锚杆。锚杆外露端应加工 120 ~ 150mm 的标准螺纹，并采用配套标准螺母。

B. 砂浆应随拌随用，一次拌和的砂浆应在初凝前用完，已初凝的砂浆不得使用。

C. 采用单管注浆工艺，灌浆管应插至距孔底 50 ~ 100mm 处，开始注浆后反复将注浆管向孔底送，使砂浆将孔内多余的水挤压出孔外，之后随水泥砂浆的注入缓慢匀速拔出。灌浆压力不宜大于 0.4Mpa。

D. 注浆开始或中途暂停超过 30min 时，应用水或稀水泥浆润滑注浆管及其管路。注浆孔口压力不得大于 0.4Mpa。

E. 砂浆灌注后应及时插入锚杆杆体，锚杆杆体插到设计深度时，孔口应有砂浆流出，若孔口无砂浆流出，则应将杆体拔出重新灌浆。

F. 当采用先注后插法施工时，注浆管应插至距孔底 5 ~ 10cm 处，随水泥砂浆的注入缓慢匀速拔出，随即迅速将杆体插入，锚杆杆体插入孔内的长度不得短于设计长度的 95%。若孔口无砂浆流出，应将杆体拔出重新注浆。

G. 当采用先插后注法施工时，对于向下的锚杆，应将注浆管插入孔底，随后边注浆边向外拔注浆管，直到注满为止；对于向上的锚杆，应采用排气注浆法，将内壁 4–5mm，壁厚 1–1.5mm 的软塑料排气管沿锚杆全长固定于杆体上，并在孔外留 1m 左右的富余长度，将锚杆缓慢送入孔中至设计位置，将长 250–300mm，外径 25mm 左右的薄壁钢管用早强或超早强水泥固定在孔口位置并将孔口堵密，注浆前应检查排气管，当确认注浆管畅通时即可注浆，注浆时正常情况下有气体排出，当排气管不排气或溢出稀浆时，即可停止注浆。

②中空注浆锚杆

A. 中空注浆锚杆施工时应保持中空通畅，并留有专门排气孔。螺母应在砂浆初凝后拧紧，并使垫板与喷射混凝土面紧密接触。

B. 注浆过程中，注浆压力应保持在 0.3MPa 左右，待排气口出浆后，方可停止注浆。

（7）锚杆抗拔检验

对于普通砂浆锚杆和药卷锚杆，为了检验锚杆安装质量，须对锚杆进行抗拔检验，进行此项工作时，注意以下事项：

安装拉力计时，其作用线与锚杆同心，并固定牢靠。

加载匀速、缓慢，拉拔至设计吨位即停止，不做破坏试验。

（8）施工技术要求及措施

①保证锚杆的施作质量，拱部锚杆应采用锚杆机进行施作，侧墙及拱腰部位可采用一般气腿式凿岩机钻孔。

②锚杆施作应在初喷后进行，钻孔前应采用红漆对锚杆孔位置进行标识。

③锚杆钻孔方向宜与开挖面垂直，当岩层层面或主要结构面明显时，应尽可能与其成较大交角，但与开挖面的垂直偏差不应大于 20°；局部锚杆应尽可能与岩层层面或主要结构面成大角度相交。钻孔完成后应对锚杆孔位、孔深等进行检查。

④锚杆的垫板应在复喷完成后安装，安装垫板时，应确保垫板与锚杆轴线垂直，确保垫板与喷射混凝土层紧密接触。

⑤锚杆安设后不得敲击，其端部不得悬挂重物。

⑥应对药包做泡水检验，药包包装纸应采用易碎纸。药包不应有受潮结块

现象，随用随泡，待不冒气泡时，取出药包，使药包充分湿润但又不能凝固，其外观判断为用手轻捏柔软均匀。

⑦水泥砂浆的施工技术要求：水泥砂浆的原材料及砂浆配合比，应遵守下列规定：水泥应采用强度等级不低于42.5级的普通硅酸盐水泥；砂浆配合比（质量比）：水泥：砂：水宜为1：1～1.5：（0.45～0.5），砂的粒径不宜大于3mm，使用前应过筛；砂浆应随拌随用，一次拌和的砂浆应在初凝前用完，并严防石块、杂物混入。

（三）钢筋网施工工艺

1. 钢筋网施工工艺流程

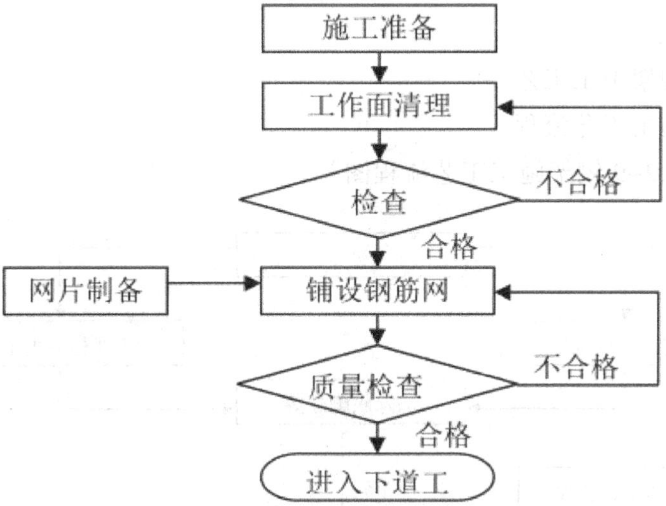

图 5.2-8 钢筋网施工工艺流程图

2. 施工技术要点

（1）钢筋网片加工

钢筋网片按满足设计文件要求的钢筋进行制作，在钢筋加工场内集中加工。先用钢筋调直机把钢筋调直，再截成钢筋条，钢筋网片尺寸应根据拱架间距和网片之间搭接长度综合考虑确定。

（2）成品的存放

制作成型的钢筋网片必须轻抬轻放，避免摔地产生变形。钢筋网片成品应远离加工场地，堆放在指定的成品堆放场地上。存放和运输过程中要避免潮湿的环境，防止锈蚀、污染和变形。

（3）安装

按图纸标定的位置挂设加工好的钢筋网片，钢筋片随初喷面的起伏铺设，绑扎固定于先期施工的系统锚杆之上，再把钢筋片焊接成网，网片搭接长度为

1～2 个网格。

3. 施工技术要求

（1）钢筋网应根据设计衬砌类型选用相应钢筋及网格尺寸加工。

（2）钢筋网在初喷混凝土 4cm 以后铺挂，且保护层厚度不得小于 2cm。

（3）砂层地段应先加铺钢筋网，沿环向压紧后再喷射混凝土。

（4）钢筋网应随初喷面的起伏铺设，与受喷面的间隙一般不大于 3cm，与锚杆或其他固定装置连接牢固。

（5）开始喷射时，应减小喷头至受喷面的距离，并调整喷射角度，钢筋网保护层厚度不得小于 4cm。

（6）喷射中如有脱落的石块或混凝土块被钢筋网卡住时，应及时清除后再喷射混凝土。

（四）钢架施工工艺

1. 钢架施工工艺流程

见“图 5.2–9 钢架施工工艺流程图”。

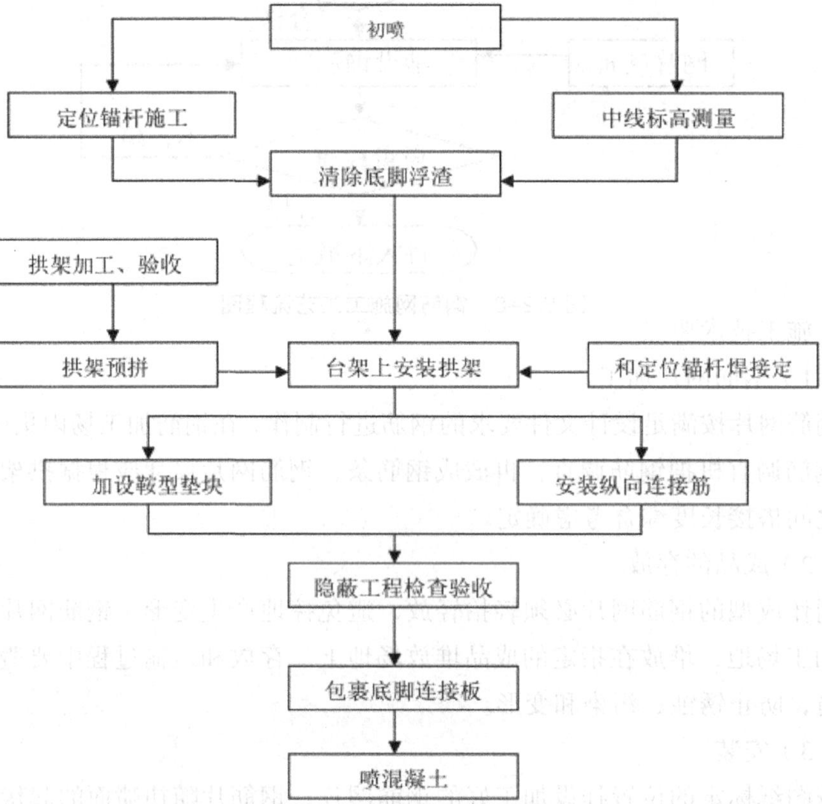

图 5.2–9　钢架施工工艺流程图

2. 施工要点

（1）钢架加工

①格栅钢架加工

A. 格栅钢架在现场设计的工装台上加工。工作台为 δ=20mm 的钢板制成，其上根据不同断面的钢架主筋轮廓放样成钢筋弯曲模型。钢架的焊接在胎模内焊接，控制变形。

B. 按设计加工好各单元格栅钢架后，组织试拼，检查钢架尺寸及轮廓是否合格。加工允许误差：沿隧道周边轮廓误差不大于 3cm，平面翘曲应小于 2cm，接头连接要求同类之间可以互换。

C. 格栅钢架各单元必须明确标准类型和单元号，并分单元堆放于地面干燥的防雨篷内。

②型钢钢架加工

A. 钢架材料、形式和加工尺寸等应符合设计要求。

B. 钢架支撑必须具有必要的强度和刚度，钢架设计强度，应保持能单独承受 2–4m 高的松动岩柱重量，其形式应与开挖断面相适应。

C. 钢架加工采用工厂化制作方案。型钢钢架应采用冷弯成型，工字钢连接采用 A3 钢板双面帮焊。加工后要试拼，允许误差为：沿隧道周边轮廓偏差为 ±3cm，平面（翘曲）偏差 ±2cm。

（2）钢架安装

①钢架在初喷砼后安装，与围岩应尽量靠近，但应留 2 ~ 3cm 间隙作混凝土保护层。钢架按设计位置安设，在安设过程中当钢架和初喷层之间有较大间隙应每隔 2m 用砼预制块楔紧，钢架背后用喷砼填充密实。

②安装前将底脚处浮渣彻底清除干净，拱脚标高不足时设置工字钢（槽钢）纵向托梁或砼垫块进行调整，以保证钢架拱脚基础牢固。

③分片钢架在开挖面组装成整榀钢架，每节连接螺栓应拧牢固。连接部位严禁直接焊接，连接板之间出现缝隙后应采用钢板进行垫实后进行周边焊接处理。

④钢架立起后，根据中线、水平将其校正到正确位置，然后用定位筋固定，并用纵向连接筋将其和相邻钢架连接牢靠，纵向钢筋的根数和布置应符合设计要求，纵向连接筋应垂直于钢架面，必要时可增设交叉连接筋。

⑤拱架的拱脚（包括分部安装的拱脚）必须打锁脚锚杆，与钢架采用 U 型钢筋可靠焊接。

⑥钢拱架边墙拱脚与仰拱接触处应严格按照设计要求进行小半径过渡处

理，严禁直角连接。

⑦当采用台阶法开挖时，在开挖下台阶后，应尽快施作拱架接腿，防止拱脚悬空时间过长造成下沉。钢拱架应尽早形成闭合。

⑧钢架落底接长单边交错进行，每次单边接长钢架 1 ~ 2 榀。在软弱地层可同时落底接长和仰拱相连并及时喷射砼。接长钢架和上部钢架通过垫板用螺栓牢固准确连接。

⑨架立钢架后应尽快进行喷砼作业，以使钢架与喷砼共同受力。喷射砼分层进行，应尽早先喷一层混凝土，再喷射钢架与围岩之间的混凝土，后喷射钢架之间的混凝土，先从拱脚或墙角处由下向上喷射，防止上层喷射料虚掩拱脚（墙角）不密实，造成强度不够，拱脚（墙角）失稳。并应由两侧拱脚向上对称喷射，并将钢架覆盖。

3. 技术要求

（1）钢架应按设计位置安设，钢架之间必须用钢筋纵向连接，并要保证焊接质量。拱架安设过程中当钢架与围岩之间有较大的空隙时，沿钢架外缘每隔 2m 应用混凝土预制块楔紧。

（2）钢拱架的拱脚采用纵向托梁和锁脚锚杆等措施加强支承。

（3）钢架应尽可能多地与锚杆露头及钢筋网焊接，以增强其联合支护的效应。

（4）喷射混凝土时，要将钢架与岩面之间的间隙喷射饱和达到密实。

（5）焊接不得有假焊，焊缝表面不得有裂纹、焊瘤等缺陷。

（6）钢架应在初喷混凝土后及时架设，各节钢架间以螺栓连接，连接板必须密贴。

（7）钢架安装前应清除底脚下的虚碴及杂物，钢架底脚应置于牢固的基础上。

（五）超前小导管支护

1. 隧道超前小导管注浆施工工艺流程

施工工艺流程如图 5.2-11 所示。

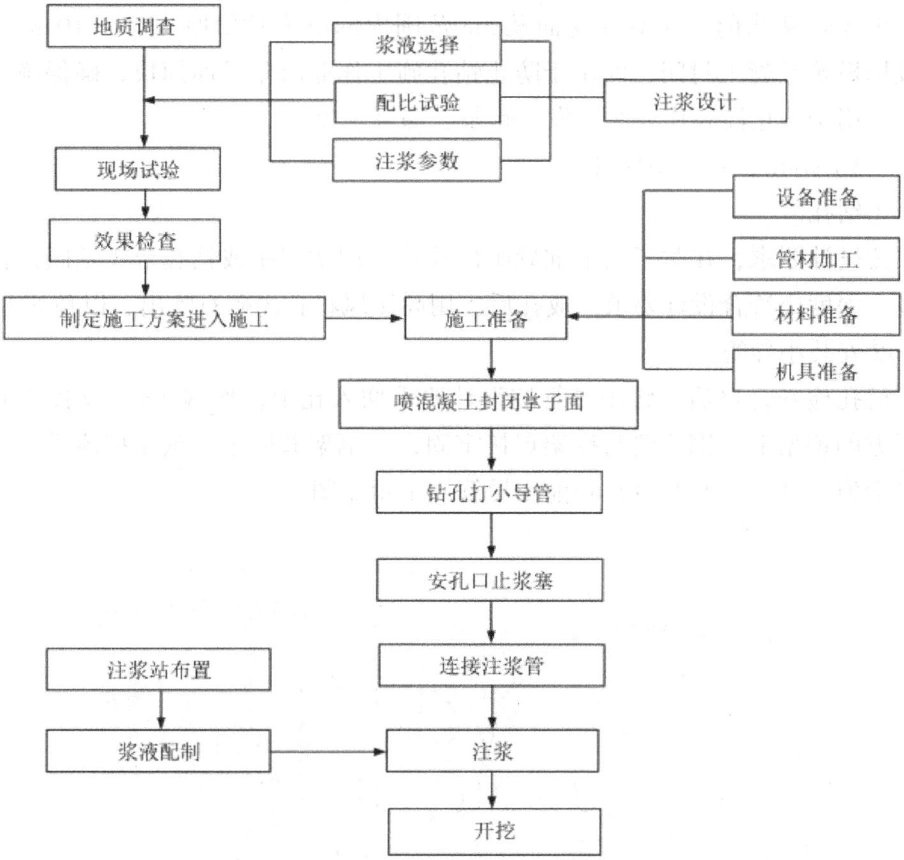

图 5.2-11 超前小导管施工工艺流程

2. 超前小导管支护技术要点

（1）施工准备

①调查地质情况，按渗透系数确定注浆类型，进行注浆设计。

②通过试验确定或调整注浆半径、注浆压力和单管注浆量。

③小导管加工：按设计要求选材和加工。为了便于注浆，在小导管管壁四周呈梅花形布置钻设 φ6mm 压浆孔。对加工好的成品要经过严格的质量检验，以保证注浆质量。

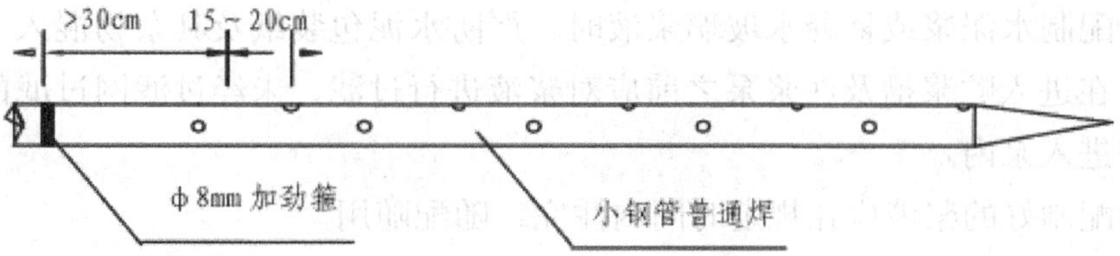

图 5.2-12 注浆小导管结构图

（2）封闭掌子面

小导管钻孔前，应对开挖面及 5m 范围内的坑道喷射厚为 5 ～ 10cm 混凝土或用模筑混凝土封闭，即用于防止钻孔施工作业时掌子面掉块，确保施工安全，又用于防止注浆作业时，发生跑浆、漏浆现象。

（3）钻孔、安装小导管

①钻孔

按设计要求，在掌子面上准确画出孔位。用凿岩机或钻孔台车钻眼，钻孔角度、深度应符合设计要求。成孔后，用高压风将孔内砂石吹出，以免堵塞。

②安装小导管

成孔检查合格后，将小导管按设计要求插入孔中，外露 20cm 支撑于开挖面后方的钢架上，钢管要与拱架焊接牢固，与钢架共同组成预支护体系。超前小导管施工见“图 5.2 - 13 超前小导管施工示意图”。

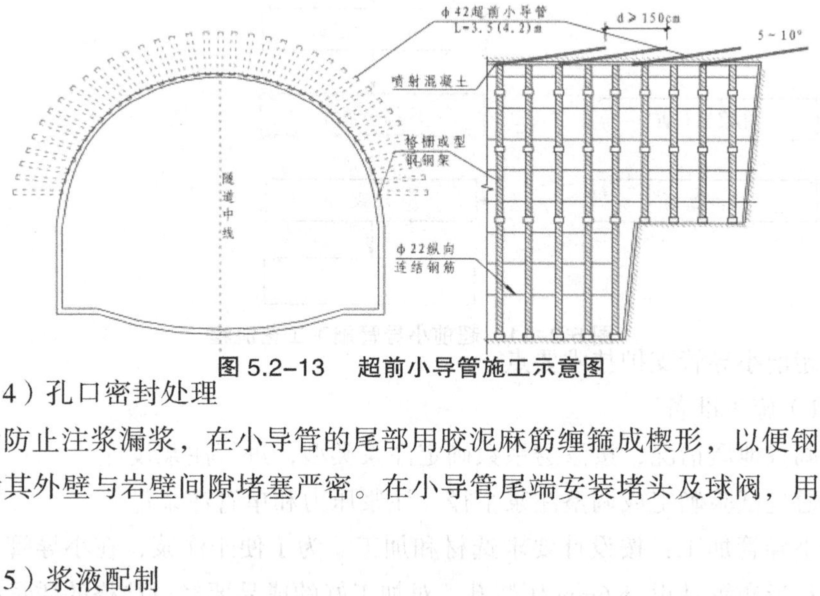

图 5.2–13　超前小导管施工示意图

（4）孔口密封处理

为防止注浆漏浆，在小导管的尾部用胶泥麻筋缠箍成楔形，以便钢管顶进孔内后其外壁与岩壁间隙堵塞严密。在小导管尾端安装堵头及球阀，用于注浆加固。

（5）浆液配制

①水泥浆液搅拌应在拌和机内进行。根据拌和机容量大小，严格按设计和通过现场试验确定浆液配比、注浆压力等注浆参数。

②配制水泥浆或稀释水玻璃浆液时，严防水泥包装纸及其杂物混入。拌好的浆液在进入贮浆槽及注浆泵之前应对浆液进行过滤，未经过滤网过滤的浆液不允许进入泵内。

③配制好的浆液应在规定时间内注完，随配随用。

（6）注浆作业

①采用专用注浆泵注浆。注浆前检查注浆管路并对管路进行清洗。

②注浆顺序，按由下至上的顺序施工，浆液先稀后浓、注浆量先大后小；先注无水孔，后注有水孔；如遇窜浆或跑浆，则可间隔一孔或数孔灌浆。

③注浆压力按分级升压法控制，一般注浆压力应控制在 0.5 ~ 1.0MPa。

④结束注浆标准：以终压控制为主，注浆量较核。当单孔注浆压力达到设计要求值，持续 15min 且进浆速度为开始进浆速度的 1/4 或进浆量达到设计进浆量的 80% 及以上时注浆方可终止。注浆完毕后关闭管口球阀，防止跑浆。

⑤注浆施工中认真填写注浆记录，随时分析和改进作业，并注意观察施工支护工作面的状态。注浆参数应根据注浆试验结果及现场情况调整。

3. 注浆技术措施

（1）严格控制配合比与凝胶时间，初选配合比后，用凝胶时间控制调节配合比，并测定注浆固结体的强度，选定最佳配合比。

（2）注浆过程中，严格控制注浆压力，注浆终压必须达到设计要求，并稳压，保证浆液的渗透范围。当出现异常现象时，采取下列控制措施：

①降低注浆压力或采用间隙注浆。

②改变注浆材料或缩短浆液凝胶时间。

③调整注浆实施方案。

④注浆效果检查：一方面用进浆量来检查注浆效果，另一方面检查岩层固结厚度，如达不到要求，要及时调整浆液配合比，改善注浆工艺。

⑤为防止孔口漏浆，在花管尾端用麻绳及胶泥封堵钻孔与花管的空隙。

⑥注浆管与花管采用活接头及球阀联结，保证快速装拆。

⑦注浆的次序由两侧对称向中间进行，自下而上逐孔注浆。

⑧注浆后至开挖的时间间隔，应视浆液种类决定。当采用单液水泥浆时，开挖时间为注浆后 8h，采用水泥—水玻璃浆液时为 4h 左右。断面开挖时应保留 1.5 ~ 2.0m 的止浆墙。开挖过程中检查浆液渗透及固结状况并根据压力—浆量曲线分析评判注浆效果，及时调整预注浆方案。

（六）超前锚杆

1. 超前锚杆施工工艺流程

隧道超前锚杆施工工艺流程见图“图 5.2–15 超前锚杆施工工艺流程图”。

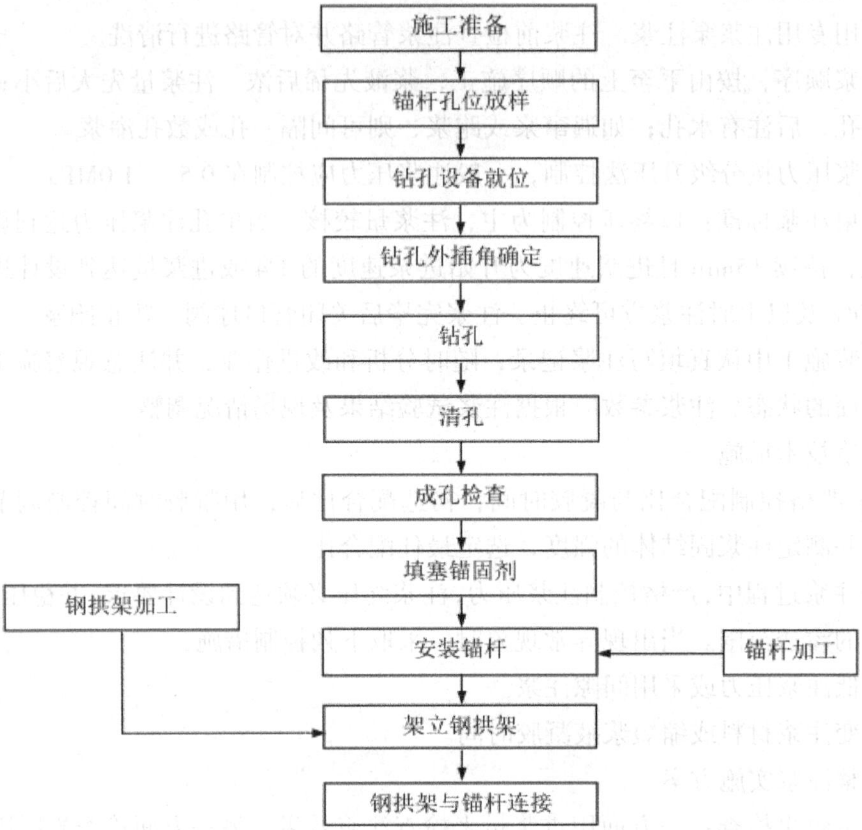

图 5.2–15　超前锚杆施工工艺流程图

2. 施工技术要点

（1）钻孔前为保证施工安全，喷射混凝土封闭岩面。采用锚杆台车或风动凿岩机穿过钢架腹部钻孔施工。锚杆根据设计要求统一集中加工。

（2）超前锚杆环向间距、外插角、搭接长度应符合设计要求，插入孔内长度不得小于设计长度。

（3）超前锚杆以紧靠开挖面的钢架为支点，通过锚固剂将锚杆与围岩固结，并与钢架有效连接形成联合支护体系。

（七）隧道超前长管棚

1. 隧道超前长管棚施工工艺流程

施工工艺流程如图 5.2–18 所示。

2. 超前长管棚施工技术要点

（1）套拱施工

管棚施工前应先施工套拱，利用套拱内导向管对长管棚进行导向，同时借助混凝土套拱稳定仰坡面山体。套拱混凝土达到 85% 强度时，方可进行管棚钻孔施工。

①测量放样，标定套拱与暗洞开挖分界线。

②进行套拱拱部及边、仰坡开挖和整修，并按设计要求进行边、仰坡加固处理。

③套拱拱脚必须位于稳固基岩上，若地基承载力不能满足设计要求，需进行加固处理。

④套拱钢架加工及安装满足设计要求，管棚导向管逐根焊接于钢架上固定。套拱内外模均采用 5cm 木模或竹胶板加工安装，模板加固完毕后，进行套拱砼的施工。

套拱结构如图 5.2–17 所示。

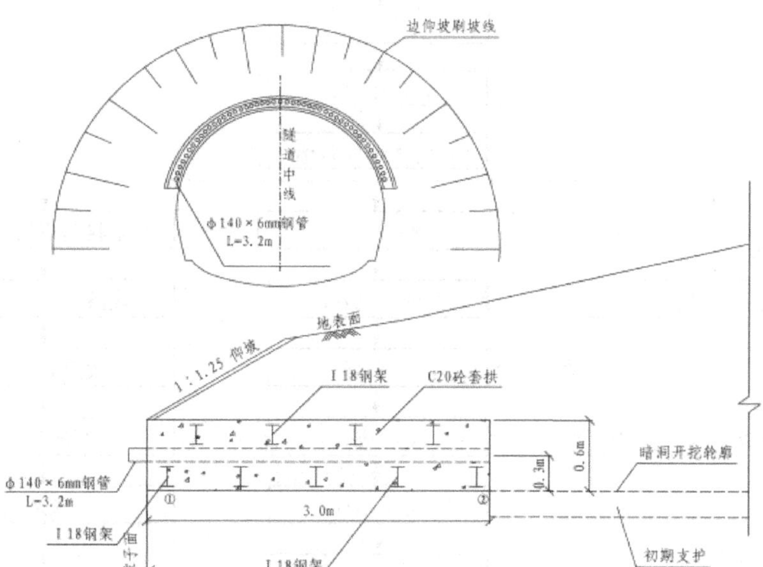

图 5.2–17　管棚混凝土套拱结构示意图

（2）钻孔及顶管棚施工

①施作长管棚时，打孔角度洞口段为 1° ~ 2°，洞内适当加大角度，但角度应控制在 3° ~ 5°，孔径比管棚钢管直径大 20 ~ 30mm，钻孔深度应符合设计规范要求，纵向搭接长度应不小于 3m。

②钻孔施工采用管棚钻机，钻机必须准确定位。钻进中应经常采用测量仪量测钢管钻进的偏斜度，发现偏斜超过设计要求及时纠正。

③在浇注好的套拱上标出孔位和孔号，孔号分为奇数孔和偶数孔，奇数孔采用无缝钢管，偶数孔采用梅花钢管。先施工偶数孔，自下而上，顶管、注浆加固完毕后再施工奇数孔。为保证成孔质量，防止邻孔钻进时前面的成孔坍塌，

每钻完一孔清孔检查合格后，安装钢管，应每钻完 1 孔便顶进 1 钢管。

④管棚钢管分段加工，有孔钢管按设计要求布设注浆孔。第一节钢管顶端做成锥型导向头，以便顶进。管棚单根宜加工成 4m、6m 两种规格，以避免相邻孔位管棚钢管接头在同一断面上。钢管采用套丝扣连接，丝扣长 15cm。钢花管大样及布置见图 5.2-19。

⑤如遇围岩情况较差塌孔、孔深不满足设计要求，严禁顶管。注浆加固封孔，待浆液凝固后重新扫孔直至设计深度。

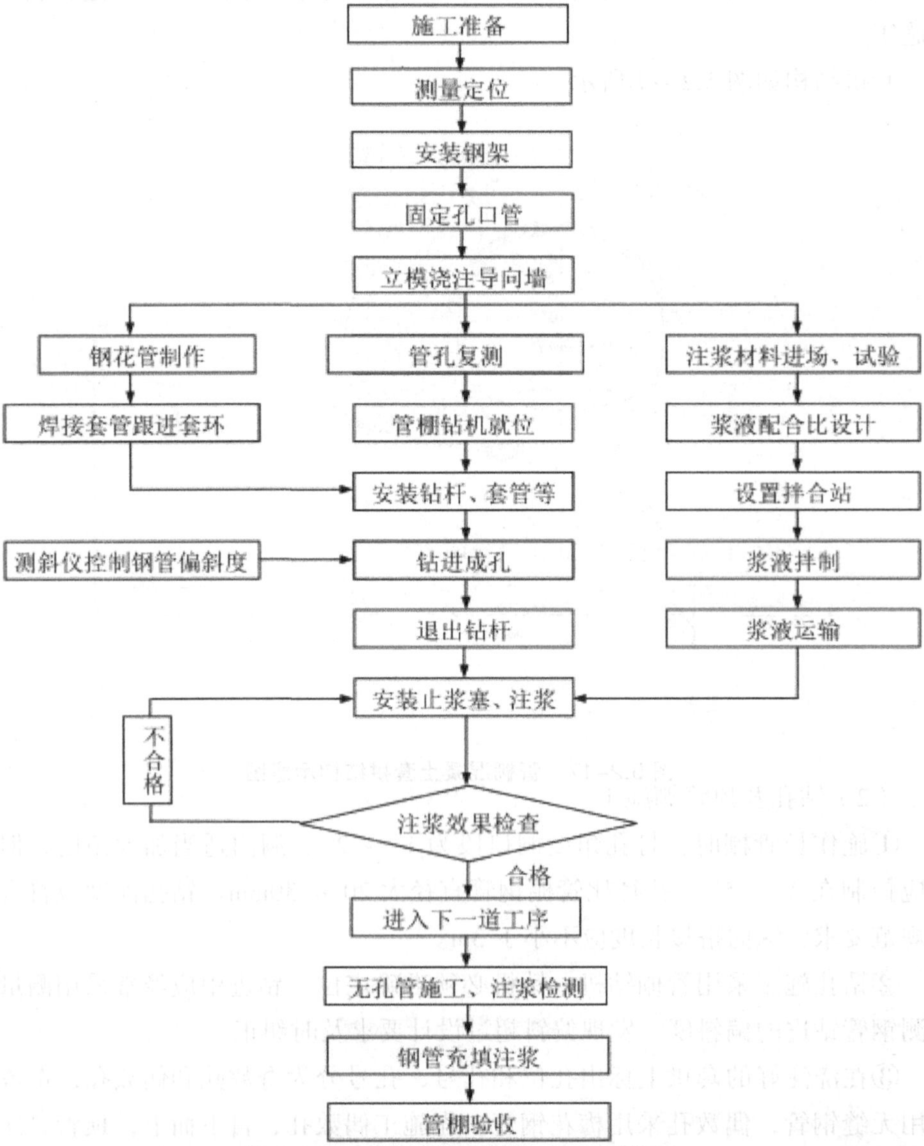

图 5.2-18　超前大管棚施工工艺流程图

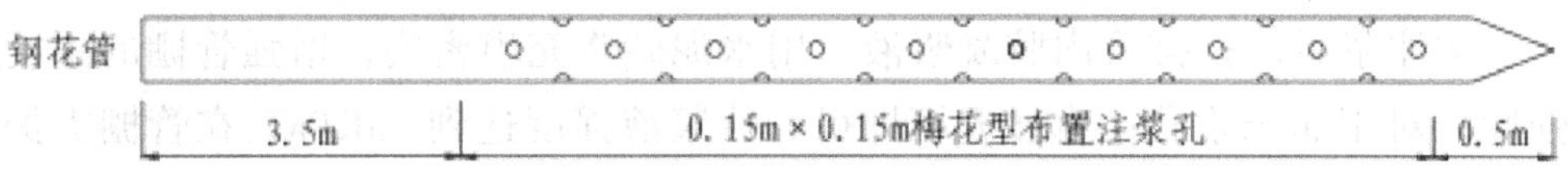

图 5.2-19　钢花管打样及布置示意图

（3）注浆

①注浆工艺系统：双液注浆工艺系统如图 5.2-20 所示。

②注浆前应喷射 15cm 后 C20 混凝土封闭周围坡面及套拱内侧掌子面，作为注浆时止浆墙。

③未确保注浆质量，在钢花管安装后，管口用麻丝和锚固剂封堵钢管与孔壁间空隙，钢管自身利用孔口安装的封头将密封圈压紧，压浆管口安装球阀及三通接头。

④管棚注浆顺序原则上遵循着“先两侧后中间”、“自下而上”、“跳孔注浆”、“由稀到浓”的原则。注浆施工由两端管棚钢管开始注浆，跳孔进行注浆施工，向隧道拱顶钢管方向推进，开始时注浆的浆液浓度要低一些，逐渐加浓至设计浓度。

⑤拌浆时严禁纸屑等杂物混入浆液，拌好的浆液要过滤，未经过滤的浆液严禁进入泵体。注浆过程中，要时刻注意泵口及孔口的压力变化情况，发现问题及时处理。双液注浆时，要经常测定混合气候的浆液的凝结时间，防止由于泵及管路故障，造成浆液比例改变而发生事故。注浆过程中，如发现孔口及工作面漏浆，要采取封堵措施，缩短凝胶时间及采用间歇注浆方式。

⑥注浆初压宜为 0.5–1.0MPa，当排气孔流出浆液后，关闭气孔，继续注浆，达到设计浆量或注浆终压后，稳定 10min 后停止注浆。做好钻孔、注浆记录，为分析注浆效果提供依据。注浆结束后，要彻底的清洗泵体和管路，以保证下次注浆安全顺利进行。单孔注浆结束条件。注浆过程中只要满足以下两个条件之一，即可认为单孔注浆达到设计的要求并可结束注浆施工。单孔注浆结束条件：a. 注浆压力达到注浆设计所规定的终压。b. 单孔注浆量达到设计注浆量的 80% 以上。注浆量的计算公式如下：

$Q=A\times\beta=\pi\times R\times L\times\beta$

式中：Q--- 总注浆量（M^3）；

A--- 注浆范围岩层体积（M^3）；

β--- 填充率，根据图纸及岩石地层的情况而定。

R--- 注浆半径（M）；

L--- 注浆长度（M）。

b 全地段结束条件：所有注浆孔均以符合单孔注浆结束条件，无漏注浆的情况。

⑦注浆后，扫排管内胶凝浆液，用水泥砂浆充填密实，增强管棚的刚度和强度；对于非压浆孔，直接充填即可。待浆液强度达到 15KPa，在管棚支护的保护下按设计的方法开挖各部，并及时施做初期支护。

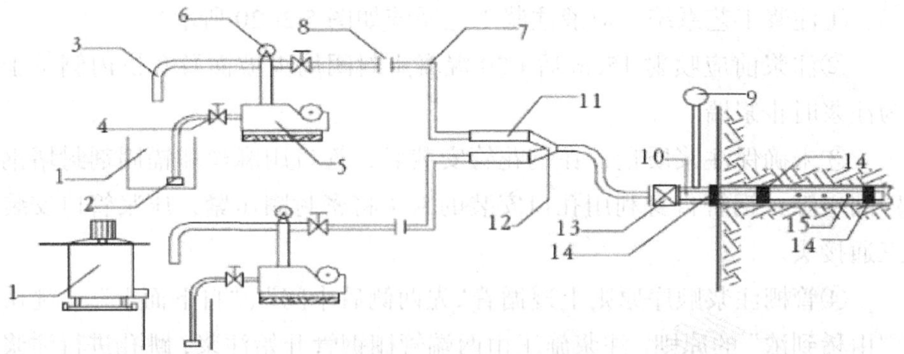

1. 高速搅拌机；2. 吸浆管；3. 回浆管；4. 进浆阀；5. 泵；6. 压力表；7. 输浆管；8. 快速接头；9. 孔口压力表；10. 钢管接头；11. 混合器；12. 单向阀；13. 三通；14. 止浆塞；15. 止浆孔

图 5.2-20 双液注浆工艺系统示意图

（八）帷幕注浆

1. 帷幕注浆施工工艺流程

详见“图 5.2-21 帷幕注浆施工工艺流程图”。

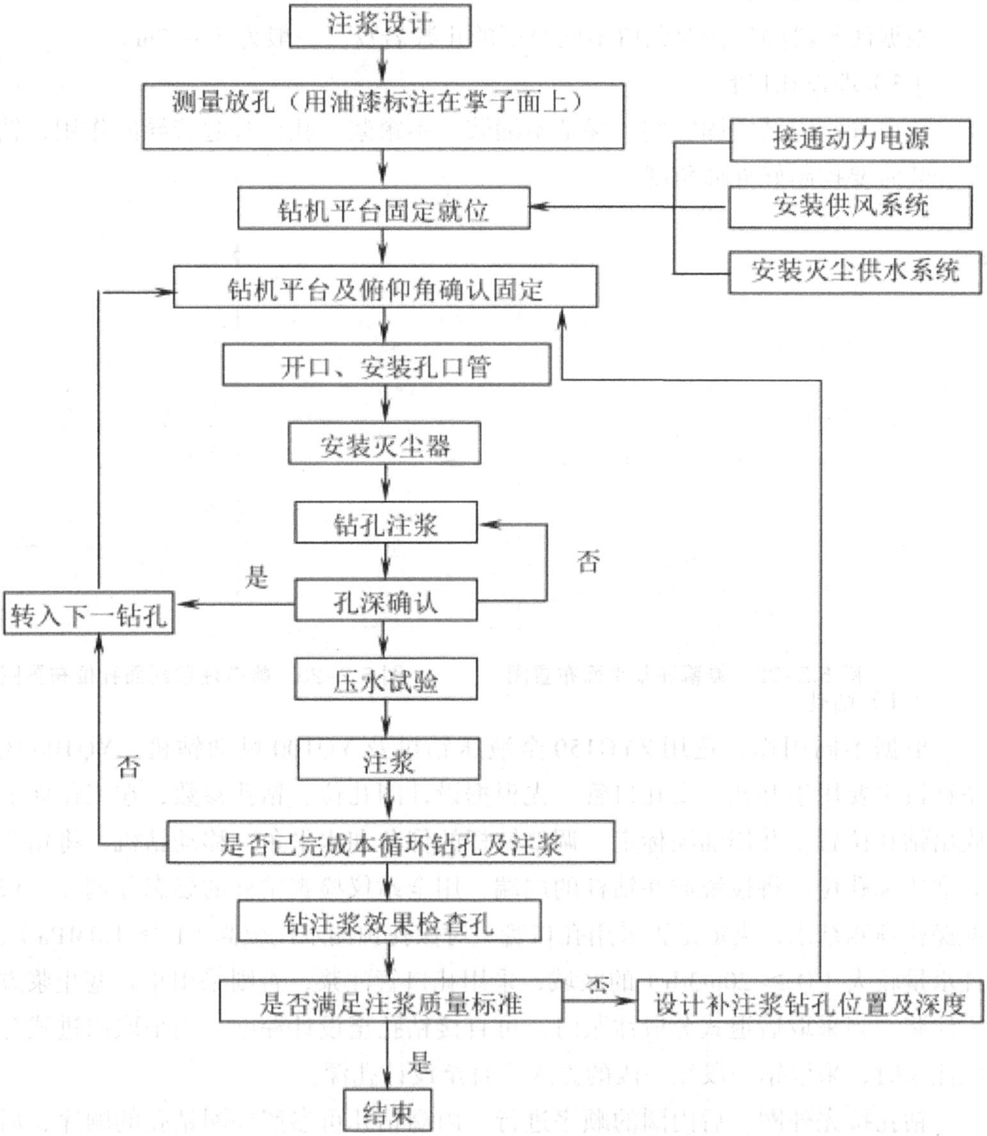

图 5.2–21 帷幕注浆施工工艺流程图

2. 帷幕注浆施工要点

（1）注浆段长和注浆孔的布置

根据设计要求及钻机性能，确定每循环注浆段长度；帷幕注浆就是要使浆液扩散到注浆帷幕范围内的所有岩层裂隙中，注浆孔的布置要以浆液扩散不出现空白为原则，根据设计注浆孔数量以隧道中轴为中心呈伞形布置。详见“图 5.2–22 帷幕注浆平面布置图”和“图 5.2–23 帷幕注浆断面孔位布置图”。

（2）止浆岩盘

根据注浆段围岩情况预留不同厚度的止浆岩盘：一般为 5 ～ 7m。

（3）埋设孔口管

孔口管应固结牢固密实，保证不漏浆、不窜浆。孔口管起着导向作用，钻孔安装时要控制好外插角度。

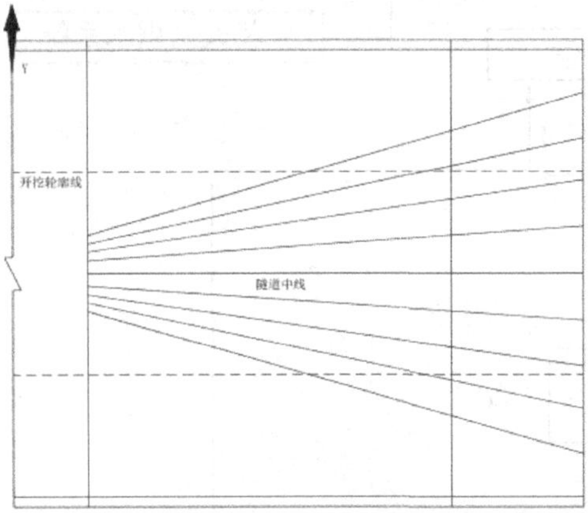

图 5.2-22　帷幕注浆平面布置图

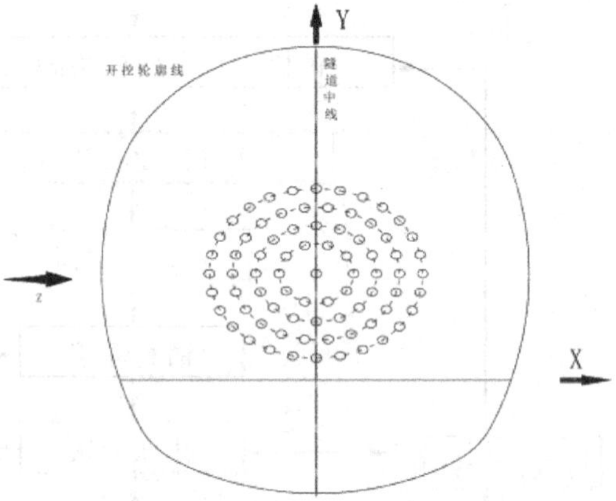

图 5.2-23　帷幕注浆断面孔位布置图

（4）钻孔

根据不同用途，选用 ZYG150 全液压钻机及 YQ100 风动钻机。YQ100 风动钻机主要用于开孔，安孔口管。先根据设计图孔位、钻孔参数，在工作面上放出钻孔位置，并用油漆标定。调整钻杆的仰角和水平角，移动钻机，将钻头对准所标孔位。将棱镜放在钻杆的尾端，用全站仪检查钻杆的姿态并调整。根据探孔预测结果，决定是否采用孔口管。对探孔预测水压较高（$P \geqslant 1.0MPa$），且水量较大（$Q \geqslant 20m3/h$）的区域，采用孔口管注浆，否则采用止浆塞止浆方式注浆。当采取后退式分段注浆时，可直接钻孔至设计深度。当采取前进式分段注浆时，采取钻一段注一段的方式，直至设计孔深。

钻孔按先外圈，后内圈的顺序进行。内圈钻孔可参照外圈钻孔的顺序，后序孔可检查前序孔的注浆效果。逐步加密注浆一方面可根据钻孔的情况调整注浆参数，另一方面如果钻孔情况证明注浆效果已达到设计要求，即可进行下一圈孔的钻进。钻孔时，还要严格做好钻孔记录，包括孔号、进尺、起讫时间、岩石裂隙发育情况、出现涌水位置、涌水量和涌水压力。施钻过程中，若单孔出水量小于 30L/min，可继续施钻；若单孔出水量大于 30L/min，立即停钻进行注浆。

（5）注浆

①注浆方式

采用分段前进式、后退式注浆或全孔一次压入式注浆。当钻孔过程中未遇见泥夹层或涌水，就一钻到底，全孔一次压入式注浆；在钻孔过程中遇到泥夹层或涌水，立即停止钻孔，采取注一段钻一段的分段前进式注浆，直至终孔。

②注浆参数的选择

每循环注浆长度应满足设计要求（一般可为 30 ～ 40m），单孔有效扩散半径 2.5m 左右，终孔间距 2.0 ～ 3.0m；注浆范围为隧道开挖断面外 5m。注浆方式：如果出水量较小且成孔容易，用一次性注浆方式或分段后退式注浆；如果成孔困难，则采用分段前进式注浆。

浆液的选择：固结孔口管和封孔注浆时选用双液浆；当注浆孔涌水量小于 30L/min，选用纯水泥浆；当注浆孔涌水量在 30 ～ 200L/min 范围内，选用凝胶时间为 4 ～ 6min 的双液浆；当注浆孔涌水量大于 200L/min，选用凝胶时间为 3 ～ 4min 的双液浆。

注浆压力：注浆压力是注浆的主要参数，它对浆液的扩散范围，岩层裂隙充填的密实程度及注浆效果的好坏起着决定性的作用，所以必须有足够的注浆压力克服静水压力和地层阻力，方能达到注浆目的，一般富水地段取静水压力的 2 ～ 3 倍。

浆液的注入量：指单孔注入量，按假设浆液在地层中均匀扩散公式为：

Q=πR2L5αη

式中：Q– 单孔注浆量（m^3）；R– 浆液扩散半径（m）取 2.5m；

L– 注浆孔长（m）；5– 地层的裂隙（%），取 2 ～ 4%；

α – 浆液在岩石裂隙中的充填系数，视岩石情况取 0.3 ～ 0.9；

η – 浆液消耗率，取 1.1。

③制浆

选用 JZ350 叶片式搅拌机作为制浆设备，为了保证浆液的均匀性和在注浆间隙时不沉淀，另自行加工搅拌储浆桶两台，容量 1 立方米。在储浆桶外侧设两个以上取浆口，以保证大流量注浆时浆液的供应。根据选定浆液的配比参数拌好浆液，其中水泥浆拌好后用 1 × 1mm 网筛过滤，放入叶片立式搅拌机进行二次搅拌，确保浆液均匀。

④注浆准备

注浆管路接通后，通过压水检查注浆管路的密封性，同时冲洗岩石裂隙，扩大浆液通路，增加浆液冲塞的密实性。

⑤注浆顺序

先注外圈，后注内圈，同一圈由下而上间隔施作。

注浆速度：当钻孔涌水量≥ 50L/min 时，注入速度 80 ~ 150L/min；当涌水量≤ 50L/min 时，注入速度 35 ~ 80L/min。

注浆结束标准：全部注浆孔注浆完成后，在主要出水点附近设至少 5 个检查孔，测孔内涌水量或进行压水实验，若满足设计要求，则可以开挖，否则进行补注浆。

（6）异常情况处理

若钻孔过程中，遇见突泥情况，立即停钻，拔出钻杆，安装孔口管及高压阀，进行注浆。

若掌子面小裂隙漏浆，先用水泥浆浸泡过的麻丝填塞裂隙，并调整浆液配比，缩短凝胶时间；若仍跑浆，在漏浆处采用普通风钻钻浅孔注浆固结。

若掌子面前方 8 米范围内大裂隙串浆或漏浆，采用止浆塞穿过该裂隙进行后退式注浆。

当注浆压力突然增高，则只注纯水泥浆或清水，待泵压恢复正常时，再进行双液注浆；若压力不恢复正常，则停止注浆，检查管路是否堵塞。

当进浆量很大，压力长时间不升高，则调整浆液浓度及配合比，缩短凝胶时间，进行小泵量、低压力注浆，以使浆液在岩层裂隙中有相对停留时间，以便凝胶；有时也可以进行间歇式注浆，但停注时间不能超过浆液凝胶时间。

第六节　仰拱和铺底施工

一、一般规定

隧道设有仰拱时，应及时安排施工，使支护结构尽早封闭成环。仰拱与掌子面的距离要求：Ⅴ级围岩不大于 35m，Ⅳ级围岩不大于 50m。

仰拱施工应采用栈桥全断面一次浇筑成型，严禁左右半幅分次浇筑。

Ⅴ级围岩仰拱纵向一次开挖长度宜控制在 2 榀钢拱架距离内，一次混凝土浇筑长度不应大于 5m，Ⅳ级围岩仰拱纵向一次开挖长度宜控制在 3 榀钢拱架距离内，一次混凝土长度不应大于 8m。

仰拱、底板混凝土施工时，应按图纸要求预埋路面下横向盲沟、拱脚纵向横向排水管等排水设施，并应设置与二次衬砌对齐的变形缝。

洞口段进洞 15m 后需及时施工仰拱。

仰拱超挖在允许范围内应采用与衬砌相同强度等级混凝土浇筑，超挖大于规定时，应按设计要求回填，不得用洞碴随意回填，严禁片石侵入仰拱断面。

二、仰拱和铺底施工工艺流程

仰拱和铺底的施工工艺流程框图分别见图 6.2-1. 图 6.2-2。

图 6-2-1 仰拱施工工艺流程框图

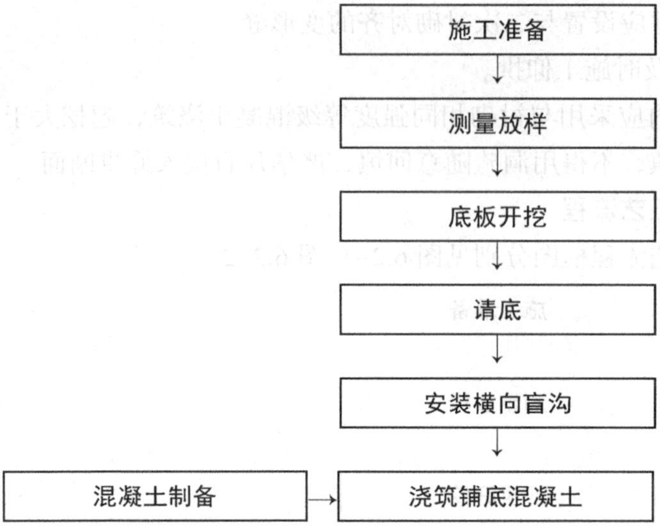

图 6.2–2　铺底施工工艺流程框图

三、施工要点

（一）开挖

1. 在通常情况下，在Ⅳ级及以下软岩地段均设有仰拱，仰拱与路面间为混凝土填充层。Ⅱ、Ⅲ级硬岩地段路面下设砼铺底调平层。仰拱、铺底开挖应以人工配合机械开挖。开挖前应测量放线，确定基坑标高，确保仰拱开挖弧形，避免大面积超挖，严禁欠挖。

2. 隧道底两隅与侧墙连接处应平顺开挖，避免引起应力集中。边墙钢架底部杂物应清理干净，保证与仰拱钢架连接良好。

3. 仰拱或铺底开挖完成后应及时清除积水、杂物、虚渣等。

4. 仰拱开挖超欠挖值应在规范允许范围内。

（二）初期支护

1. 仰拱开挖完成后，应及时根据设计要求进行仰拱初期支护施工。

2. 初期支护混凝土强度、厚度、钢架加工安装质量等应符合设计及规范要求。

3. 当设计无仰拱初期支护时，宜先施作混凝土封底，形成良好的作业面，以利于进行仰拱钢筋安装、立模等作业。

（三）仰拱钢筋

1. 仰拱钢筋须在钢筋加工场集中加工，统一配送至作业现场。

2. 仰拱钢筋的安装应符合设计及规范要求。仰拱两侧二衬边墙部位的预埋钢筋伸出长度应满足和二衬环向钢筋焊接要求，且将接头错开，使同一截面的钢筋接头数不大于 50%。

3. 仰拱钢筋的绑扎应采用定位架施作，保证钢筋的层距和间距符合要求，层距宜通过焊接定位钢筋固定。

（四）混凝土施工

1. 仰拱和铺底混凝土施工前应清除积水、杂物等。

2. 仰拱与填充层应分开施工，先按设计完成仰拱混凝土施工，待混凝土强度达到 70% 以上，再进行填充层混凝土施工。

3. 仰拱和铺底的施工缝和变形缝应按设计要求进行防水处理。

4. 仰拱和铺底混凝土强度达到设计强度后方可允许车辆通行。

（五）技术要求及措施

1. 仰拱应全幅施工，严禁半幅施工。

2. 仰拱顶上的填充层及铺底应在二衬施工前完成，以利于衬砌台车模筑混凝土施工。针对软弱围岩地段，为保证隧道初支稳定，需及时施做仰拱，仰拱、铺底与掌子面距离满足隧道安全步距要求。

3. 仰拱、铺底施工时，应按图纸要求预埋路面下横向盲沟、拱脚纵、横向排水管等排水设施。

4. 仰拱、仰拱上的填充层及铺底混凝土施工应混凝土配比准确，机械捣固密实。其表面高程不得大于图纸规定的基层顶面高程，横坡应与路面横坡一致。对于隧底超挖部分宜采用同级砼回填。

5. 仰拱、铺底施工过程中应采取措施保证洞内临时交通通畅。开挖和浇注混凝土时利用仰拱栈桥保证运碴车辆和其他车辆的通行。填充混凝土在仰拱混凝土达到一定强度后整幅灌注。

第七节　隧道防排水施工工艺和方法

一、一般规定

开挖和衬砌作业不得损坏防水层，当发现防水层有损坏时应及时修补。

洞内出现的地下水，经化验确认对衬砌结构有侵蚀性时，应按图纸要求针对不同侵蚀类型采取相应的抗侵蚀措施。设计无要求时，应及时上报变更处理。

防排水原则上采用“防、排、堵、截结合，因地制宜，综合治理”的原则。

对于隧道穿过断裂破碎带段，预计地下水较大，当采用以排为主可能影响生态环境时，根据实际情况采用“以堵为主，限量排放”的原则，达到堵水有效、防水可靠、经济合理的目的。

二、施工工艺

隧道结构防水与排水施工工艺流程框图见图 7.2–1。

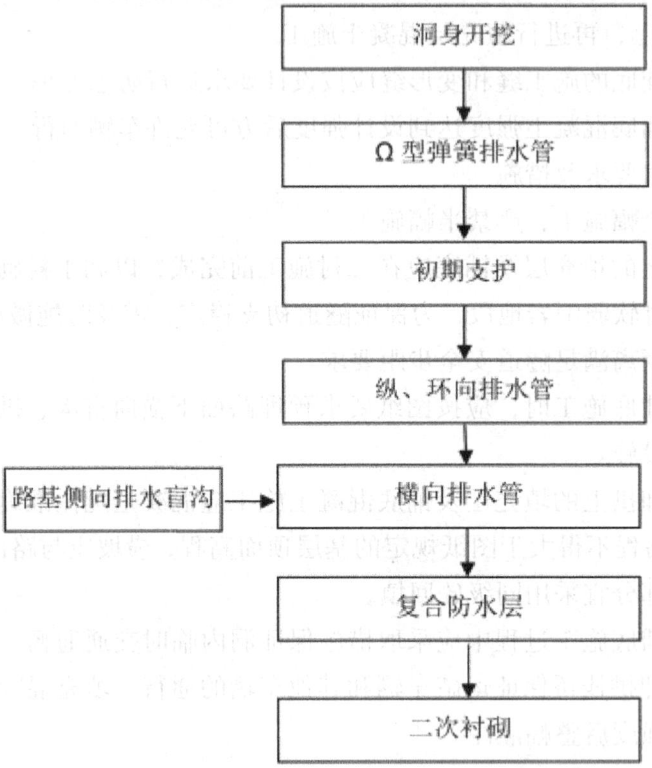

图 7.2–1　隧道结构防水与排水施工工艺流程框图

三、施工要点

（一）临时防、排水

1. 洞内顺坡排水

（1）洞内顺坡排水一般采用临时排水沟，其坡度应与线路坡度一致。临时排水沟断面应满足隧道中渗漏水和施工废水外排的需要，并经常清理，防止淤塞，确保水路畅通。水沟位置应远离边墙，距边墙基脚不小于 1.5m，并避免妨碍施工。

（2）在膨胀岩、土质地层、围岩松软地段等特殊或不良地质地段隧道中，排水不宜直接接触围岩，宜根据需要对排水沟进行铺砌或用管槽代替，排水沟中不得有积水。

（3）台阶法施工时，上台阶应在下台阶开挖前架槽（管），将水引排至下台阶排水沟内，横向分隔开挖时应挖横向排水沟将水引至未开挖一侧，严禁漫流浸泡下台阶基坑。

（4）隧道施工有平行导坑或横洞时，应充分利用辅助导坑排水，降低正洞水位，使正洞水流通过辅助道坑引出洞外，必要时设置永久排水沟，使坑道封闭后能保持水流通畅。

2. 洞内反坡排水

对于反坡排水的隧道，可根据距离、坡度、水量和设备等因素布置排水管道，一次或分段接力将水排出洞外。接力排水时应根据水量大小设置集水坑，逐级抽排至洞口。

3. 富水层围岩的处理措施

（1）洞内有大面积渗漏水和大股集中水时，宜集中汇流引排。可采用钻孔插入锚杆进行导水集中汇流引排，并将钻孔位置、数量、孔径、深度、方向和渗水量等作详细记录，在确定衬砌拱墙背后排水设施时应考虑上述因素。

（2）在地下水发育的易溶性岩层中施工，为防止水囊、暗河及高压涌水的突然出现，开挖工作面上应布设超前钻孔，并制定防止涌水的安全措施。

（3）洞内涌水或地下水位较高时，可采用井点降水法和深井降水法处理。

（4）当预计开挖工作面前方有承压水，且排放不影响围岩稳定时，可采用超前钻孔或辅助坑道排水。超前钻孔及辅助坑道应保持 10 ~ 20m 的超前距离。

（二）结构防、排水

1. 施工的前提条件

（1）隧道初期支护已完成，表面平整度、净空大小、砼强度、锚杆抗拔力等均已验收合格；复合式衬砌中防水层在初期支护变形基本稳定后进行施工。

（2）环向盲沟、防水板、排水管等各种防排水材料规格、质量符合设计及规范要求，且数量满足施工需要。

（3）安排专业班组、人员进行防排水施工，严格岗前操作技术培训。

（4）可穿行作业台架、自动走行热焊机、焊枪等机械设备到位，性能状态满足施工需要。

2. 围岩界面处理

（1）对基面（初期支护表面）的渗漏水、外露的突出物及表面凸凹不平处进行检查处理。当初期支护为喷射钢纤维混凝土时，基面应补喷一层水泥砂浆保护层，以保护防水板不受损伤。

（2）渗漏水处采用注浆堵水或排水盲管、排水板将水引入侧沟，保持基面无明显渗漏水。

（3）对于基面外露的锚杆头、钢管头、钢筋头、螺杆钉头等突出物应切除后妥善处理。

①钢筋网等突出部分，先切断后用锤铆平，并用砂浆抹平。

②有凸出的注浆钢管头时，先切断，并用锤铆平，后用砂浆填实封平。

③锚杆有凸出部位时，螺头顶预留 5mm 切断后，用塑料帽遮盖。

（4）仰拱部分用风镐修凿，清除回填渣土和喷射混凝土回填料。

（5）隧道断面变化或突然转弯时，阴角应抹成半径大于 10cm 的圆弧，阳角应抹成半径大于 5cm 的圆弧。

（6）检查各种预埋件是否完好。

（7）喷射混凝土强度要求达到设计强度。

3. 排水盲管施工

（1）根据设计和规范要求，结合隧道的渗水部位和开挖情况，确定环向盲沟的安装位置。

（2）排水盲管在地下水较大的地段应适当加密；环向排水盲管应紧贴支护表面或渗水岩壁安设，排水盲管布置应圆顺，不得起伏不平。

（3）排水管系统应按设计连通形成完整的排水系统。管路连接宜采用变径三通方式、连接牢固、畅通，安装坡度符合设计要求。纵向排水管与三通接头连接后，要用土工布进行包裹。应严格控制纵向排水管高程，确保排水通畅。

（4）纵向盲沟安装前，用素混凝土整平安装基面，然后按照一定的排水坡度安装，中间不得有凹陷、扭曲等，以防泥沙在这些部位淤积、堵塞纵向盲沟。

4. 防水板施工

（1）防水板施工工艺流程框图见图 7.3.2-4。

（2）防水板铺设前的准备

①防水板铺挂前应进行初支断面尺寸、漏水、露头及平整度等检查，并进行基面处理。

②防水板使用前先检查每卷是否有合格证，然后再进行直观上的检查，检查内容有：厚度、吊带、表面有无砂眼等。其材质须现场取样检验合格后方可使用。

③对检验合格的防水板，用特种铅笔画出焊接线及拱顶中线，并按每循环设计长度截取，对称卷起备用。

④铺设防水板的专用台车就位，缓冲层（土工布）和防水板放在台车的卷盘上。

⑤进行精确放样，同时进行试铺定位，确定防水板一环的尺寸，尽量减少接头。

⑥在铺设基面标出拱顶线，画出每一环隧道中线及垂直隧道中线的横断面线。

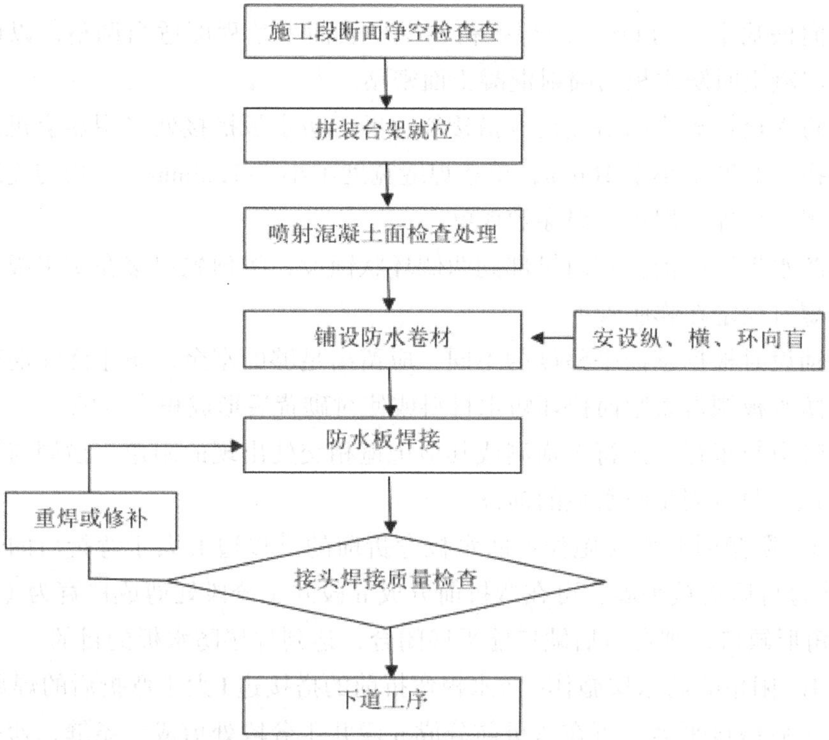

图 7.3.2-4　防水板施工工艺流程框图

（3）缓冲层铺设

①先在隧道拱顶部位标出纵向中线，并根据基面凹凸情况留足富余量，由拱部向两侧边墙铺设。见图 7.3.2-6。

②用射钉将热塑性垫圈和缓冲层平顺的固定在其面上，固定点间距拱部为 0.5-0.8m、边墙 0.8-1.0m，底部 1.0-1.5m，呈梅花形排列，基面凹凸较大处应增加固定点，使缓冲层与基面密贴。

③缓冲层接缝搭接宽度不得小于 5cm。一般仅设环向接缝，当长度不够时，轴向接缝应确保上部缓冲层用下部缓冲层压紧，并使缓冲层与基面密贴。

（4）防水板铺设、固定

防水板铺设多采用无钉（暗钉）铺设法。无钉铺设法是先在喷射混凝土基面上用明钉铺设法固定缓冲层，然后将防水板热焊或黏合在缓冲层垫圈上，使防水板无穿透钉孔，防水板铺设要点如下：

①防水板铺挂不宜超前两模二衬混凝土施工长度。

②固定点间距应符合设计要求，在凹凸处应适当增加固定点，布置均匀。

③松弛率：防水板吊环间距需根据其铺挂松弛率要求来确定，环向松弛率

宜为 10%，

纵向松弛率宜为 6%，应根据初期支护表面平整程度适当调整，以保证浇筑二衬混凝土时防水板与喷射混凝土面密贴。

④防水板长短边的搭接均以搭接线为准。防水板搭接处采用热合机双焊缝焊接，搭接宽度不小于 10mm，单条焊缝宽度不小于 12.5mm。且均匀连续，不得有假焊、漏焊、焊焦、焊穿的现象。

⑤防水板洞内铺挂宜由拱部到两侧环状铺设，将预先焊接在防水板上的吊环用木螺钉固定在膨胀管上。

⑥铺设时根据基面平整度的不同，应留出足够的富余，防止浇注混凝土衬砌时因防水板绷得太紧而拉坏防水材料或使衬砌背后形成积水空隙。

⑦隧道与车行（人行）横洞或其他坑道相交处出现的阳角，横洞与后墙相交处出现的曲线阴角防水板的铺设。

⑧ I、阴角时防水层施作：防水板弯折前的搭接边 L 大于弯折后的焊贴边 I，为使弯折后搭接平展，可在弯折前分成 n 段并于分段处剪成口宽为（L–I）/n 的三角形缺口，则弯折后缺口能平展闭合，达到焊接防水板的目的。

⑨ II、阳角时防水层施作：防水板弯折前的搭接边 I 大于弯折后的焊贴边 L，为使弯折后搭接平展，可在弯折前分成 n 段并于分段处剪成一条缝，弯折后缝边张开成口宽为（L–I）/n 的三角形缺口，则防水板才得以平顺焊接。

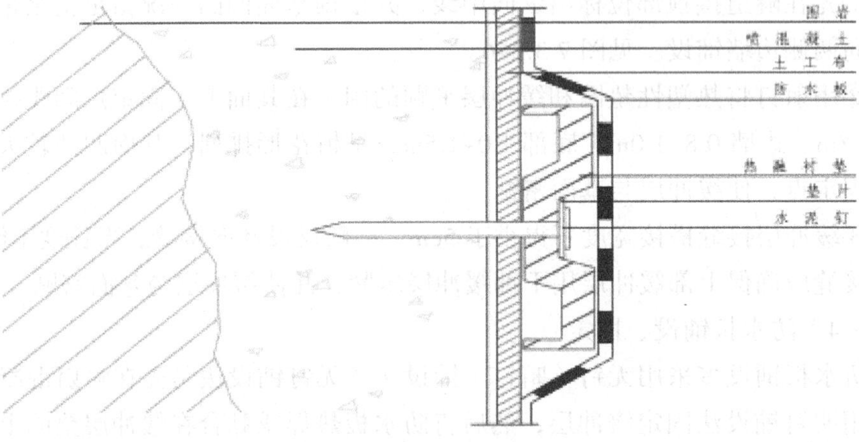

防水板固定示意图

（5）防水板材的焊接

①将接缝处擦洗干净，并确保焊缝接头平整，无气泡褶皱及空隙。

②在塑料片上试焊，掌握焊接温度和焊接速度，调整焊机参数。

③焊接时，将两幅防水板铺挂定位，端头各预留 20cm，由一人在焊机前

方约 50cm 处将两端防水板扶正，另一人手握焊机，将焊机保持在离基面 5-10cm 的空中，以试调好的恒定的速度向前行走，中途不能停顿，整条焊缝的焊接一气呵成。

④多层防水板焊接时，搭接部位的焊缝必须错开，不得有三层以上的接缝重叠。

板材采用双缝热熔自动焊接机（热合机）焊接。依据板材的厚度和自然环境的温差调整好焊接机的速度和焊接温度进行焊接。焊接完后的卷材表面留有空气道，用以检测焊接质量，具体见“防水板焊接示意图”。

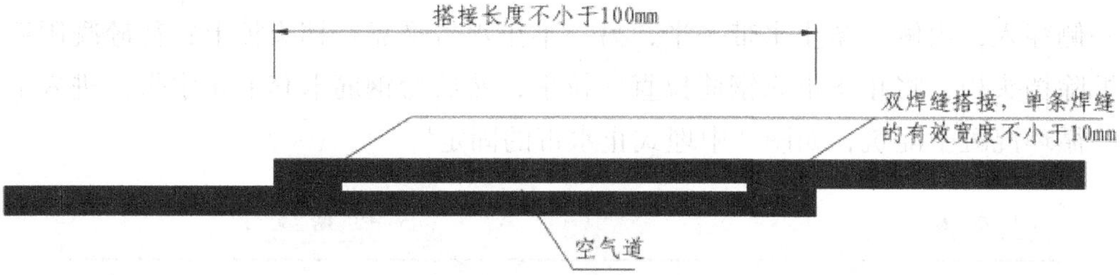

防水板焊接示意图

检查方法：用 5 号注射针与压力表相接，用打气筒进行充气，在 0.2MPa 压力作用下 5 分钟不小于 0.16MPa。否则应补焊至合格为止。

5. 施工变形缝的处理

变形缝、沉降缝及施工缝是防水的薄弱环节，因此必须按规范规定，和设计要求认真施作。

（1）混凝土应连续浇筑，尽量减少施工缝。墙体若有预留孔洞时，施工缝距孔洞边缘不宜小于 300mm。

（2）施工缝设置宜与变形缝相结合。施工缝施工时，应将其表面浮浆和杂物清除。刷不低于结构混凝土强度等级的净浆或涂混凝土界面处理剂，及时浇筑混凝土。端头模板应支撑牢固，严防漏浆。端头应埋设表面涂有脱模剂的楔形硬木条（或塑料条），形成预留浅槽，其槽应平直，槽宽比止水条宽 1 ~ 2mm，槽深为止水条厚度 1/2 ~ 1/3，将遇水膨胀止水条牢固地安装在预留浅槽内。

（3）变形缝应满足密封防水、适应变形、施工方便、检修容易等要求，变形缝的施工应注意：

①沉降变形缝的最大允许沉降差值应符合设计规定，设计无规定时，不应大于 30mm。当计算沉降差值大于 30mm 时，应采取特殊措施。

②沉降变形缝的宽度宜为 20 ~ 30mm。伸缩变形缝的宽度宜小于此值。

③变形缝处的混凝土结构厚度不应小于 300mm。

④缝底应设置与嵌缝材料无黏结力的背衬材料或遇水膨胀止水条。

⑤变形缝嵌缝施工时，缝内两侧应平整、清洁、无渗水；缝内应设置与嵌缝材料无黏结力的背衬材料，嵌缝应密实。

⑥变形缝的设置位置应使拱圈、边墙和仰拱在同一里程上贯通。

6. 中埋式止水带施工

（1）根据提供样品及出厂检验证件送监理工程师批准，止水带所用材料必须符合图纸要求或规范要求。

（2）中埋止水带安设采用安设钢筋卡工艺施工。沿设计衬砌轴线，每隔不大于0.5m钻一直径为 ϕ8mm 的钢筋孔；将制成的钢筋卡，由待灌砼侧向另一侧穿入，内侧卡紧止水带一半，另一半止水带平靠在挡头板上；待砼凝固后拆除挡头板，将止水带靠钢筋拉直、拉平，然后弯钢筋卡套上止水带，进入下一循环混凝土浇筑，如图“中埋式止水带的固定”。

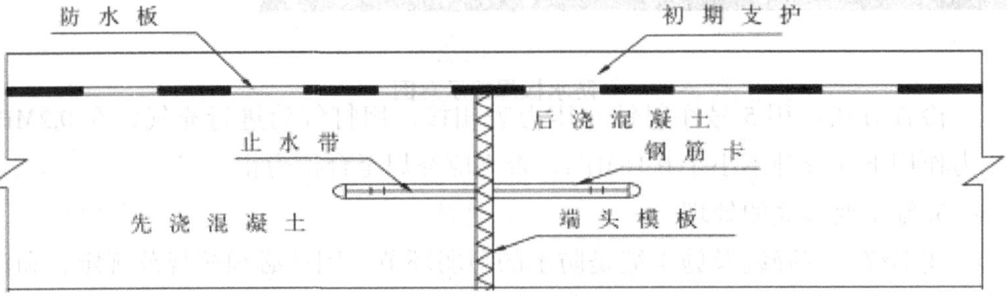

中埋式止水带的固定

（3）在固定止水带和浇注混凝土过程中，应防止止水带偏移。

（4）协助混凝土的浇注，加强混凝土振捣，排除止水带底部气泡和孔隙，使止水带和混凝土紧密结合。

（5）待混凝土凝固后拆除挡头板，将原贴在挡头板上的止水带拉直，然后弯曲钢筋卡上套卡紧另一半止水带。

（6）止水带的接头根据其材质和止水部位可采用不同的接头方法。对于橡胶止水带，其接头形式应采用搭接或复合接；对于塑料止水带，其接头形式应采用搭接或对接。止水带的搭接宽度可取100mm，冷粘或焊接的缝宽不小于50mm。

7. 背贴式橡胶止水带施工

（1）背贴式橡胶止水带设置在衬砌结构施工缝、变形缝的外侧，施工时按设计要求先在需要安装止水带的位置放出安装线。

（2）施工缝处设计有防水板的，如止水带材质与防水板相同，则采用热焊机将止水带固定在防水板上；如设计为橡胶止水带时，则采用粘接法将其与防水板粘接。

8. 止水条施工

（1）台车挡头板制作时在衬砌厚度中间安装一与止水条等宽一半深度的硬塑带，使衬砌混凝土端头形成一槽，在下次混凝土施工时止水条嵌入预留槽内一半，外露一半。

（2）安装止水条时，混凝土界面保持平整、干燥，安装前清除界面浮渣、尘土等一切杂物。止水条铺设中，沿预埋钉埋设路径将止水条缓缓展开进行铺设，并利用止水条自身黏性黏铺在混凝土界面上，凡遇预埋钉处进行敲打、固定。

（3）止水条的连接方式先将需对接的两根止水条端部的注浆管部分切削去3–5cm，然后将配置的小三通直接端头分别插入连接的两根止水条注浆孔内，小三通上横向端头则出入备用注浆管。带注浆管止水条端头已削去部分注浆管，止水条应上下重叠，用力按45° 从上向下切穿，丢掉多余部分，用手压平，使止水条粘贴紧密。必须将所连接的止水条中的注浆连接固定黏结，保证所安装的止水条和注浆管完全疏通，安装在三通上备用导浆管，应放入内墙方向内。为了保证止水效果，尽量根据每环使用长度，在工厂提前加工成型，减少现场搭接。

（4）注浆管的末端应引出电缆沟壁，以便在二次衬砌浇筑后进行注浆堵漏。

第八节　二次衬砌施工工艺

一、一般规定

二次衬砌台车长度宜为 9 ~ 12m，面板钢板厚度不小于 10mm，每块模板宽度宜为 1.5m，带液压推杆制动器。台车必须配备高频振动器，12m 台车配备不少于 15 台振动器，9m 台车配备不少于 12 台振动器。

隧道二次衬砌施工宜根据现场监控量测结果，分析初期支护结构稳定情况，确定二衬施工时间。Ⅰ ~ Ⅳ级围岩的二次衬砌应在初期支护变形基本稳定（参考值：水平收敛速率小于 0.2mm/d，拱顶下沉速率小于 0.15mm/d）后尽快施做。

隧道洞口段二次衬砌必须及时施做，进洞 50m 时必须进行二次衬砌施工。二次衬砌与掌子面安全步距要求：Ⅴ级围岩紧跟掌子面，Ⅳ级围岩不大于50m，Ⅲ级、Ⅱ级围岩控制在 120m 内。

隧道防排水设施、预埋件及预留洞室等数量、位置、尺寸符合设计设计及规范要求。

为保证二次衬砌混凝土厚度，铺挂防水层前应对初支断面进行检查，每5m检查一个断面，若存在欠挖及时处理，严禁欠挖。预留洞室重点检查，确保预埋预埋件安装后衬砌厚度。

二次衬砌表面出现蜂窝麻面等外观缺陷时，需指订修补方案报监理工程师批准后实施，严禁私自处理。

二、二次衬砌施工工艺流程

二次衬砌施工工艺流程见“图 8.2-1 二次衬砌施工工艺流程图”。

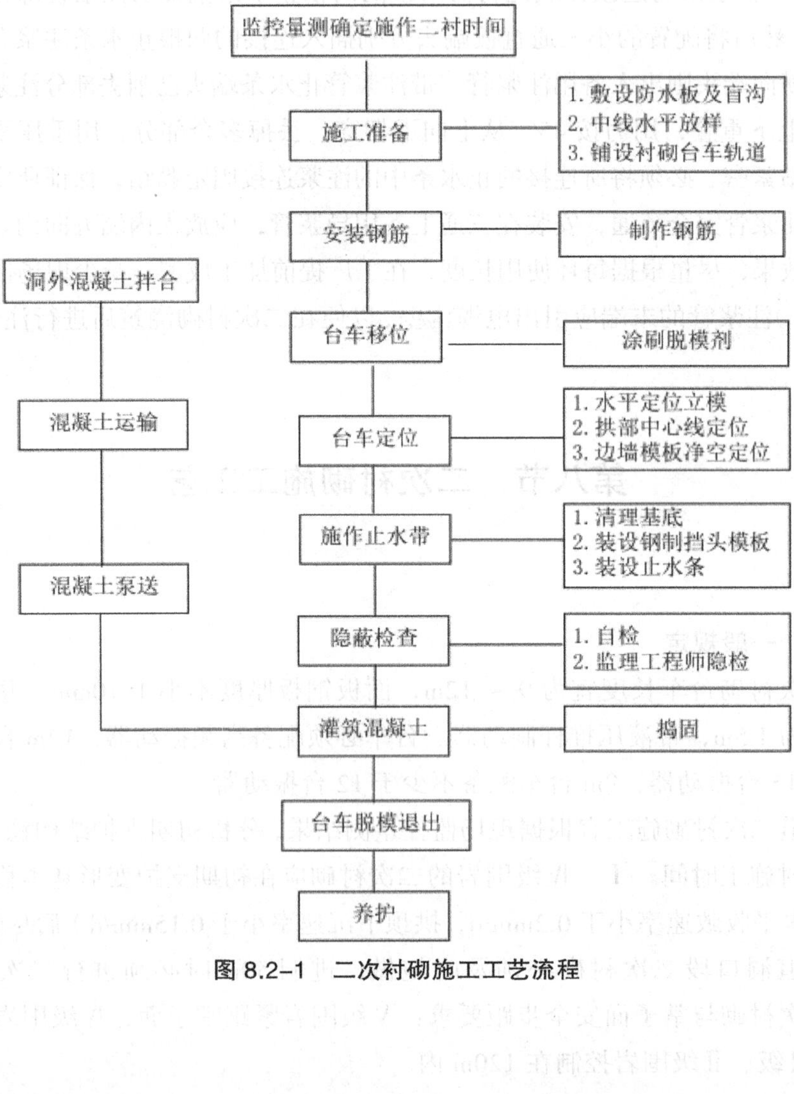

图 8.2-1 二次衬砌施工工艺流程

三、施工要点

（一）二次衬砌钢筋

1. 二衬钢筋绑扎前根据设计要求集中下料加工，钢筋加工弯制前应调直，并将表面油渍、水泥浆和浮皮铁锈等均应清除干净，加工后的钢筋表面不应有削弱钢筋截面的伤痕。

2. 钢筋接头单面搭接焊，其搭接长度不得小于 10d；双面搭接焊，其搭接长度不得小于 5d；绑扎搭接，搭接长度不小于 35d。钢筋接头应设置在承受应力较小处，相邻钢筋接头错开 1m 布置。

3. 二衬钢筋安装采用定位胎架，保证钢筋间距。两层主筋之间采用定位筋保证两层主筋之间的间距满足设计要求。

4. 钢筋保护层应采用同二次衬砌混凝土强度的混凝土垫块，防止二次衬砌露筋。垫块规格宜为 5cm × 5cm，厚度为保护层厚度。垫块在钢筋上固定牢固，拱顶 90。范围垫块间距为 1m × 1m，边墙垫块间距为 1.5m × 1.5m，呈梅花形布置。

（二）台车就位

1. 模板台车就位前，台车模板必须清理打磨并均匀涂刷隔离剂。

2. 台车就位时，测量隧道中线及标高，根据测量结果铺设衬砌台车轨道，准确定位台车中线及高程，保证钢模衬砌台车中线与隧道中线一致，拱墙模板成型后固定，并检查二衬厚度，测量复核无误。

3. 台车就位后，模板接缝应填塞紧密，防止漏浆。台车面板应与已浇筑完成的二次衬砌端头紧贴，不得留有空隙，搭接长度不得超过 50cm，防止形成二衬错台。

4. 混凝土浇筑前，检查台车油压系统及支撑杆件，确保台车模板支撑牢固。

（三）挡头模板安装

1. 台车端部的挡头模板应按衬砌断面制作以保证衬砌厚度，并可适当调整以适应其不规则性，其单片宽度不宜小于 300mm，厚度不小于 30mm。

2. 挡头板应定位准确、安装牢固，其与岩壁间隙应嵌堵紧密。

3. 挡头板顶部应留有观察小窗口，以观察封顶混凝土情况。

（四）混凝土浇筑

二衬混凝土采用泵送砼灌注，浇筑过程中采用插入式振捣器配合附着式振捣器将混凝土捣固密实。混凝土浇筑要左右对称进行，防止钢模台车偏移。砼生产采用自动计量拌合站拌合，砼拌合站设置应满足冬季施工要求。

1. 混凝土自模板窗口灌入，应由下向上，从两侧拱墙向拱顶对称分层浇筑，防止钢模台车偏移。凝土应尽可能直接入仓，混凝土输送管端部应加 3 ~ 5m

软管，控制管口与浇筑面的垂距，混凝土不得直冲防水板板面流至浇筑位置，垂距应控制在1.2m以内，以防混凝土离析。侧混凝土浇筑面高差应控制在50cm以内，同时应合理控制混凝土浇筑速度。

2. 混凝土浇筑应连续进行。当因故间歇时，其间歇时间应小于前层混凝土的初凝时间。当超过允许间歇时间时，按接缝处理，衬砌砼接缝处必须进行凿毛、布置连接钢筋处理。纵、环向施工缝按照设计要求设置防水措施。

3. 浇筑过程中采用插入式振捣器配合附着式振捣器将混凝土捣固密实。采用插入式振动器振捣混凝土时，振捣器的移动间距不大于振捣器作用半径的1.5倍，且插入下层混凝土内的深度宜为50 ~ 100mm，与侧模应保持50 ~ 100mm的距离，并避免碰撞钢筋、模板、预埋件等。每一振点的捣固延续时间宜为20 ~ 30s，以混凝土不再沉落、不出现气泡为宜，防止过振、漏振。当振捣完毕后，应竖向缓慢拔出。

4. 对于有预留洞、预埋件和钢筋太密的部位，应预先制订技术措施，确保顺利布料和振捣密实。在浇筑混凝土时，应经常观察，当发现混凝土有不密实等现象，应立即采取措施予以纠正。

5. 下层作业窗关闭前，应将窗口附近的混凝土浆液残渣及其他杂物清理干净，涂刷脱模剂。作业窗关闭时应平整严密，防止窗口部位混凝土表面出现凹凸不平及漏浆现象。

6. 当混凝土浇筑面接近顶部（以高于模板台车顶部为界限），进入封顶阶段，为了保证空气能够顺利排除，在堵头的最上端预留两个圆孔，安装排气管，其大小以 ϕ50mm为宜。排气管采用轻质胶管或塑料管，以免沉入混凝土之中。将排气管一端伸入仓内，且尽量靠前，以免被泵管中流出来的混凝土压住堵死，另一端即露出端不宜过长，以便于观察。随着浇筑继续进行，当发现有水（实为混凝土表层的离析水、稀浆）自排气管中流出时（以泵压≤0.5MPa为宜），即说明仓内已完全充满了混凝土，立即停止浇筑混凝土，撤出排气管和泵送软管，并将挡板的圆孔堵死。

7. 为保证二衬拱顶密实，拱顶应按设计预留注浆孔，注浆孔间距不应大于5m，且每模板台车范围的预留孔应不少于3个。拱顶注浆填充，宜在衬砌混凝土强度达到100%后进行，注入砂浆的强度等级应满足设计要求，注浆压力应控制在0.1MPa以内。

（五）拆模及养护

1. 二次衬砌拆模时间应符合下列规定：在初期支护变形稳定后施工的，不承受外荷载的拱、墙二次衬砌混凝土强度应达到5.0MPa；承受围岩压力的拱、墙以及封顶和封口的混凝土强度应达到设计强度。

2. 混凝土浇筑完毕后的 12 小时以内开始对混凝土进行养护，混凝土养护的最低期限应符合规范要求，且养护不得中断。混凝土养护期间，混凝土内部温度与表面温度之差、表面温度与环境温度之差不宜大于 20℃，养护用水温度与混凝土表面温度之差不得大于 15℃。浇水次数应能保持混凝土处于湿润状态。当环境气温低于 5℃时不应浇水。

第九节　小净距隧道、连拱隧道开挖施工工艺流程

一、一般规定

小净距隧道是指并行双洞隧道间夹岩石厚度较小，一般小于 1.5 倍隧道开挖断面宽度的一种特殊隧道结构。本作业指导书适用于隧道开挖断面宽度小于 13m 的并行双洞隧道。

根据隧道长度、断面大小、结构形式、工期要求、机械设备、地质条件等，选择适宜的开挖方案。

针对小净距隧道中间岩体的特殊性对底部土压、中间岩体侧倾及应力变化进行量测分析，及时了解中间岩体受力状态及稳定状态，以便于及时进行支护措施的调整。

在小净距隧道施工中，应采用控制爆破技术，减少爆破震动对左右洞及遗留围岩的影响。

爆破后应及时对开挖面和未衬砌地段进行检查，对出现的险情，应采取措施及时处理。

小净距隧道同向施工时，先行洞和后行洞掌子面距离应控制在 2D（D：隧道直径）以上，并且先行洞的仰拱等待后行洞的掌子面超过后施作；连拱隧道同向施工，左右两洞掌子面错开距离宜大于 30m；先行洞的二次衬砌宜在围岩变形基本稳定后进行，宜落后后行掌子面 2D（D：隧道直径）以上。

二、施工要点

（一）小净距隧道

1. 施工工艺

小净距隧道施工工艺见图 9.2–1

2. 施工要求

（1）洞口施工

为减少洞口施工对仰坡的挠动，隧道洞口土石方开挖采用弱爆破及预裂爆破的施工方法，为保证中夹岩柱的稳定，两隧道中夹岩柱坡口处原地面土体暂时予以保留，以支挡坡面，并对中夹岩柱坡面进行注浆加固，注浆过程中，根据地质情况控制注浆压力，浆液扩散半径不小于 0.5m。

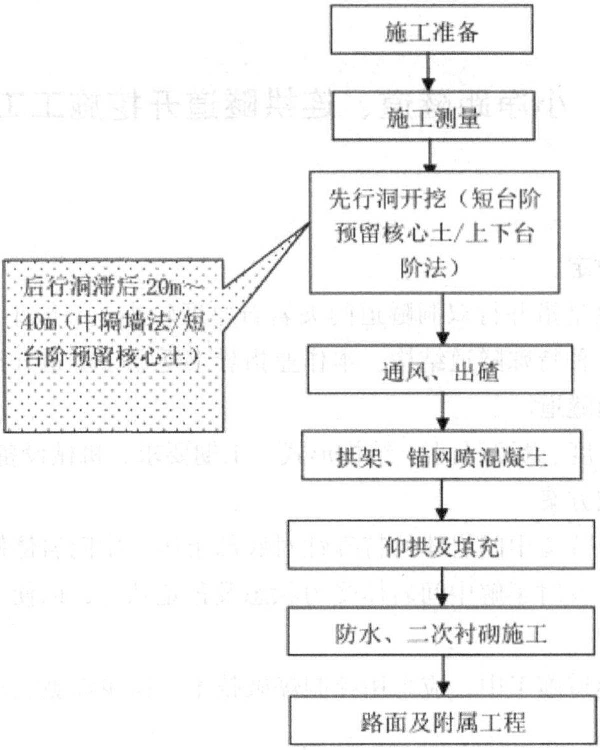

图 9-2-1 小净距隧道施工工艺框图

（2）中夹岩的保护

中间岩体的注浆加固处理主要包括两个阶段：在先行洞开挖后，后行洞施工前加固中间岩体；在后行洞开挖后再次进行中间岩体加固。

中间围岩加固过程中，先行洞加固必须在后行洞开挖前完成，后行洞再次加固宜在先行洞衬砌混凝土施工后再进行。中间岩体加固措施包括超前小导管注浆、钢花管注浆、水平贯通预应力锚杆等。

为确保开挖过程中围岩的稳定性，减小因隧道间净距小引起的围岩变形、爆破震动等不利因素的影响，满足小净距隧道中夹岩特有的加固要求，特对小净距隧道不同围岩类别段的施工工序作如下要求：

①小净距隧道Ⅴ级围岩施工工艺

小净距隧道Ⅴ级围岩开挖每循环进尺应控制在 0.5 ~ 0.8 米，先行洞采用短台阶留核心土法开挖，后行洞采用中隔壁法开挖，先、后行洞施工距离应错开 25m 以上，主要施工工艺如下：

A. 开挖先行洞上半断面。采用弧形导坑法，导洞超前 5 ~ 10 米，超前支护应先期施作；

B. 施作先行洞拱部初期支护；

C. 交错开挖先行洞下半断面；

D. 施作先行洞两侧边墙初期支护；

E. 开挖先行洞核心土体及仰拱；

F. 施作先行洞仰拱初期支护及二次衬砌、仰拱回填；

G. 开挖后行洞内侧上导坑，如果需要爆破应采用预裂爆破，超前支护应先期施作；

H. 施作后行洞内侧上导坑初期支护与侧导坑初期支护；

Ii. 开挖后行洞内侧下导坑，如果需要爆破应采用预裂爆破，超前支护应先期施作；

Jj. 施作后行洞内侧下导坑初期支护与侧导坑初期支护；

K. 开挖后行洞外侧上导坑；

Ll. 施作后行洞两侧边墙初期支护；

M. 开挖后行洞外侧下导坑；

N. 施作后行洞外侧下导坑初期支护；

O. 施作后行洞仰拱二次衬砌、仰拱回填；

P. 施作后行洞室的二次衬砌。

②小净距隧道Ⅴ级围岩施工工艺图见图 9.2-2。

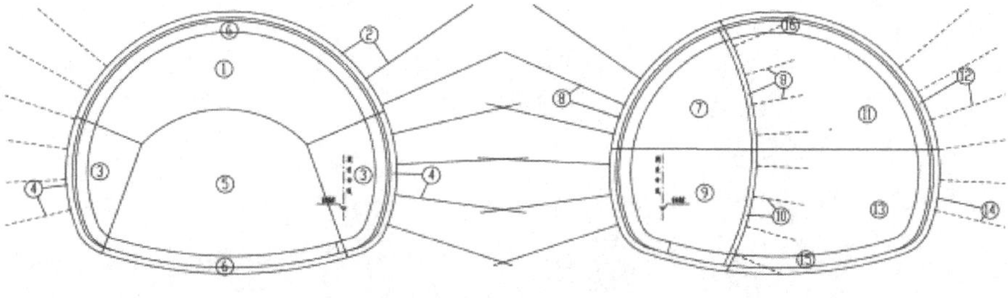

图 9.2-2 小净距隧道Ⅴ级围岩施工工艺图

③小净距隧道Ⅳ级围岩施工工艺

小净距隧道Ⅳ级围岩开挖每循环进尺控制在 1.0 ~ 1.2 米，先行洞采用上下台阶法开挖，后行洞采用短台阶留核心土法开挖，保证两洞施工距离应错开25m 以上。主要施工工艺如下：

A. 开挖先行洞上半断面，导洞超前 10 ~ 15 米，超前支护应先期施作；

B. 施作先行洞拱部初期支护；

C. 开挖先行洞下半断面；

D. 施作先行洞下半断面初期支护；

E. 施作先行洞二次衬砌、仰拱回填；

F. 开挖后行洞上半断面。采用弧形导坑法，导洞超前 5 ~ 10 米，超前支护应先期施作；

G. 施作后行洞拱部初期支护；

H. 交错开挖后行洞下半断面的两侧；

I. 施作后行洞两侧边墙初期支护；

J. 开挖后行洞核心土体及仰拱；

K. 施作后行洞仰拱初期支护及二次衬砌、仰拱回填。

④小净距隧道Ⅳ级围岩施工工艺图见图 9.2-3。

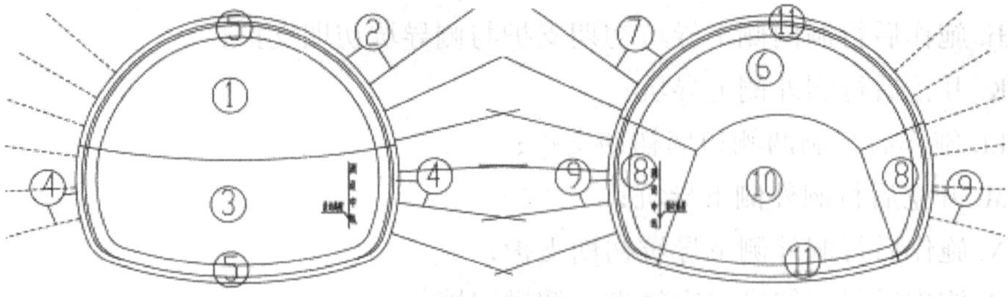

图 9.2-3　小净距隧道Ⅳ级围岩施工工艺图

（二）连拱隧道

1. 施工工艺

连拱隧道施工工艺框图见图 9-2-4。

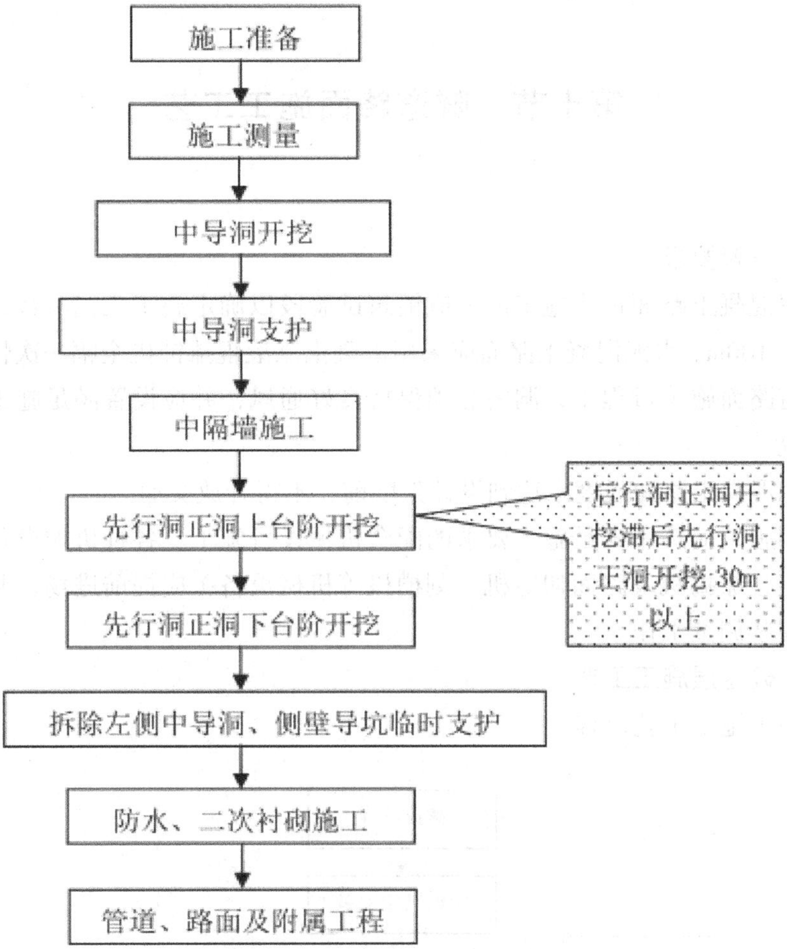

图 9-2-4　连拱隧道施工工艺框图

2. 施工要求

（1）中隔墙施工前应检测地基承载力，如不满足设计要求，应进行加固处理。

（2）中隔墙施工时应按设计要求预埋与主洞钢支撑连接钢板。

（3）中隔墙顶部应按设计要求预留注浆管，待中隔墙混凝土强度达到70%以上时，对墙顶进行压浆处理，保证墙顶混凝土密实。

（4）主洞开挖待中隔墙混凝土达到设计强度后方可施工。

（5）在主洞开挖前，应按设计要求做好为中隔墙的防护措施。

（6）中导洞开挖过程中，应对地质情况进行详细、准确的记录，指导正洞施工。

第十节　隧道路面施工工艺

一、一般要求

水泥混凝土路面正式施工前，应铺筑试验段以确定施工工艺参数，试验段长度宜为100m，水泥混凝土路面应采用混凝土三滚辊摊铺机全幅一次性施工。

隧道路面施工过程中，洞内必须保持良好通风，并应设置满足施工需要的照明系统。

水泥混凝土路面强度未达到设计强度前，不得开放交通。

路面施工应选用满足施工要求的配套机械设备施工。各种机械设备（如三辊轴机组、振捣机及路面切缝机、刻槽机等机械设备）应提前进场，并在施工前做好安装调试工作。

二、砼基层施工工艺

（一）施工工艺流程

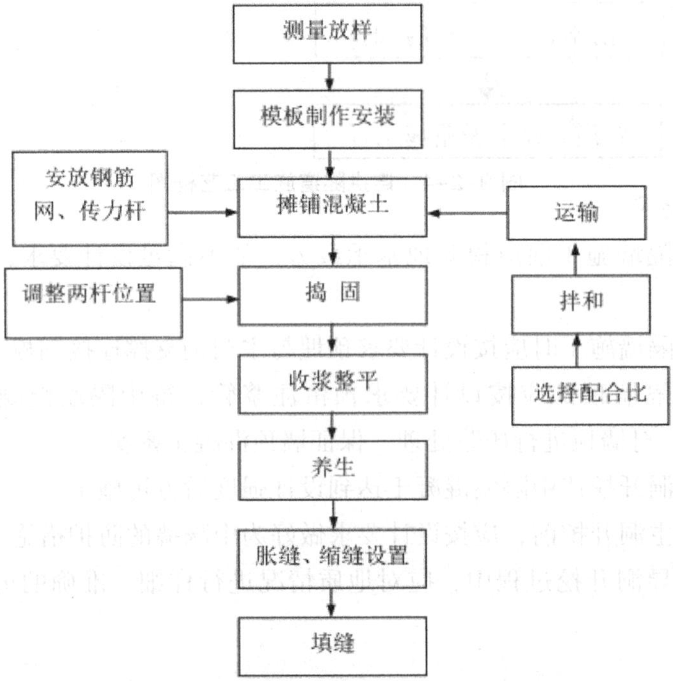

图 10.2-1　隧道砼基层施工工艺流程框图

（二）施工准备工作

对找平层顶面进行全面面测量，对所使用的高程控制点与附近的高程点进行联测，以确保砼基层的设计厚度调平功能，凿除浮碴、浮浆，清除泥土、石粉等杂物，并用高压水冲洗干净。

（三）测量放样

首先须根据设计图纸放出中心线及边线，设置胀缝、缩缝和纵坡转折点等桩位，同时根据放好的中心线及边线，在现场核对施工图纸的混凝土分块线，铺设振捣梁行走轨道。

（四）安设模板

选用有12槽钢作为模板兼轨道，槽钢下设置定位钢筋，下口采用砂浆堵塞，槽钢上口高度与面板厚度一致。安装模板前对调平层进行检测，模板的平面位置与高程须符合设计要求，模板须安装稳固，能承受摊铺、振捣、整平时的冲击和振动作用。模板间的连接须紧密平顺，不得有错缝、错位和不平顺现象，模板接头处及调平层填塞紧密以防止漏浆，模板内侧涂优质脱模剂。模板安装就位后，要横向拉线，检查混凝土中部的厚度，测量值小于设计厚度时，须将高出的调平层削平以保证混凝土基层的厚度。

（五）模板拆除

模板拆除时间要根据气温和混凝土强度的增长而确定，拆模时间可根据下表确定：

昼夜平均温度（℃）	5	10	15	20	25	≥ 30
延续拆模最早时间（h）	72	48	36	30	24	18

（六）摊铺

混凝土拌和物摊铺前，须对模板和调平层等进行全面检查，以保证混凝土面板的几何尺寸等符合设计要求。

（七）振捣

振捣时插入式振捣器与平板式振捣器配合使用，须先用插入式振捣器振捣，插入式振捣器功率须不小于1.1KW，插入式振捣器的移动距离不宜大于作用半径的1.5倍，至模板边缘的距离须不大于其作用半径0.5倍。振捣时须避免碰撞模板、传力杆。平板振捣器纵横振捣时须重叠10—20cm。振捣器在每一位置停留时间须足够长，平板振捣器不宜小于15s，插入式振捣器不小于20s，以便将混凝土拌和物振捣密实。当拌和物停止下沉，不在冒气泡并泛水泥浆时，混凝土即被振捣密实，但不须过振。振捣时须辅以人工找平，振捣作业须在拌和物初凝以前完成。

（八）提浆整平

振捣后须立即用三滚轴整平机在模板上平移拖振，赶出水泡。在拖振过程中，凹陷处须用相同配合比混凝土找补，往返滚浆，使混凝土泛浆整平，确保平整度满足设计及规范要求。

（九）混凝土基层接缝施工

水泥混凝土基层形成板体之后，由于受热胀冷缩的作用而产生变形，在自重、荷载及与基础的摩阻力和黏结力的作用下，将产生过大的应力而造成断裂和拱胀破坏，此外由于土基产生的不均匀沉陷或隆起。板体也可能开裂。为了有效地缓冲这种破坏力，混凝土路面设置了纵缝、横缝，把路面分成小块。这些接缝直接影响路面的平整度和路面的使用寿命，在施工中必须特别予以注意。

（十）胀缝和缩缝施工

根据施工设计图，基层需设置胀缝和缩缝。胀缝应保证与路面中心线垂直，缝壁必须垂直，缝隙宽度必须一致，宽度 2.0 ~ 2.5cm，缝中不得连浆，缝隙下部设胀缝板，上部灌胀缝填缝料深度 4cm，板中间设置传力杆按要求固定放置；缩缝不需要埋设拉杆和传力杆，采用 2 次锯切槽口，缝宽 0.5cm，以保证接缝填封效果和行使质量。

（十一）接缝材料

混凝土板养护期满后，须及时填封接缝，填缝前缝内必须清扫干净，并防止砂石再掉入。灌注填缝料必须在缝槽干燥状态下进行。填缝料采用聚氯乙烯胶泥，填缝料的灌注高度稍低于板面。接缝填筑饱满密实，平整，黏结牢固和缝缘清洁整齐。

（十二）养生

混凝土表面修整完毕后，须及时进行养生，养生期间，须防止混凝土的水分蒸发和风干，以免产生收缩裂缝，具体方法为，混凝土抹面 2h 后，当地面有相当硬度，用手指轻压不出现痕迹时即可开始养生，用湿草帘或麻袋（无纺布）等覆盖在其表面，每天洒水喷湿至少 2 ~ 3 次。养生时间 14 天。

三、混凝土路面施工工艺

隧道路面施工工艺流程详见图 10-3-1。

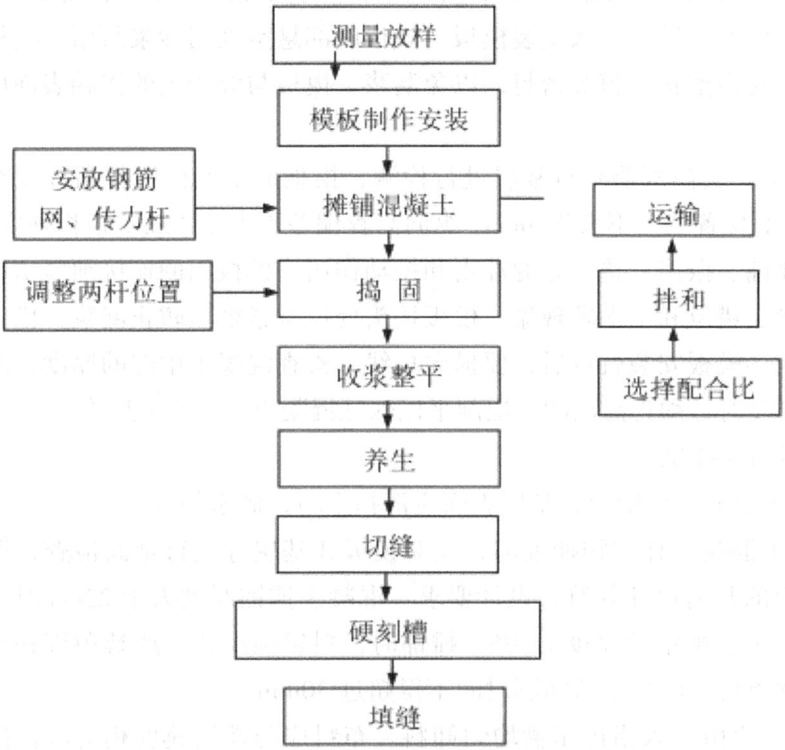

图 10-3-1 隧道路面施工工艺流程框图

（一）施工要点

1. 施工准备

（1）水泥混凝土路面全幅施工，要求各工序平行流水，相互交错，施工机械、工具、劳力、必须密切配合。工程使用的品种多、数量大、要求严，必须进行科学管理，道路施工现场分布面广、作业战线长、条件差，必须有严格的施工组织设计，施工前须做好充分的准备，尤其对进场材料的试验，做好路面混凝土的配合比设计。

（2）路面施工前应对基层（调平层）进行检查，其几何尺寸、标高、纵横向坡等均应符合设计及规范要求，对侵入面层的部分予以凿除处理，及时用高压风水冲洗表面污物，确保面板厚度及表面洁净。

2. 测量放样

应对路面中线、边线及标高进行测量放线，每隔 10m（曲线段每隔 5m）打基准桩，测出标高，拉紧基准钢丝控制整体标高。

3. 模板安装

（1）路面施工模板强度及刚度应满足施工要求。

（2）模板应安装稳固，接头紧密平顺，不得有前后错茬、高低错台等现象。禁止在基层上挖槽，嵌入安装模板。模板底部悬空处用砂浆封堵，模板接头和拉杆插入孔用塑料薄膜等密封，以免漏浆。模板与混凝土的接触表面应涂隔离剂。

（3）安装模板前须对基层进行检测，模板的平面位置与高程须符合设计要求，平面位置偏差不大于5mm，纵向高程偏差不大于3mm，模板须安装稳固，能承受摊铺、振捣、整平时的冲击和振动作用。模板间的连接须紧密平顺，不得有错缝、错位和不平顺现象，模板接头处填塞紧密以防止漏浆，模板内侧须涂隔离剂。模板安装就位后，要横向拉线，检查混凝土中部的厚度，测量值小于设计厚度时，须将高出的基层削平以保证混凝土路面板的厚度。

4. 混凝土摊铺

（1）混凝土摊铺前，基层表面应清扫干净，洒水保湿。

（2）混凝土拌和物摊铺前，须对模板和基层等进行全面检查，以保证混凝土面板的几何尺寸等符合设计要求。混凝土摊铺厚度大于22cm时，须分两层摊铺，下层摊铺总厚度的3/5。摊铺时，料铲须反扣，严禁抛掷和搂耙，防止拌和物离析，两层铺筑间隔时间不得超过30min。

（3）应由专人指挥车辆均匀卸料。布料应与摊铺速度相适应，摊铺厚度应考虑振实预留高度（数据由铺筑混凝土试验段确定）。

5. 混凝土振捣

（1）混凝土振捣必须配备震动棒和平板振动器，振动棒应沿横断面连续振捣密实，并应注意路面板底、内部和边角处不得欠振或漏振。

（2）振捣棒在每一处的持续时间，应以拌合物全面振动液化，表面不再冒气泡和泛水泥浆为限，不宜过振，也不宜少于30s。振动棒的移动间距不宜大于50；至模板边缘的距离不宜大于20。

（3）振动棒应轻插慢提，不得猛插快拔，严禁在拌合物中推行和拖拉振动棒振捣。

（4）在振动棒已完成振实的部位，可开始振动板振实，纵横交错两遍全面提浆振实。

（5）振动板移位时，应重叠10 ~ 20，振动板在一个位置的持续振捣时间不应少于15s。振动板须由两人提拉振捣和移位，不得自由放置或长时间持续振动。

（6）缺料的部位，应辅以人工补料找平。

6. 纵缝拉杆和横缝传力杆及其他钢筋纵缝拉杆和横缝传力杆及其他钢筋必

须采用定位架预埋在正确的位置。

7. 整平

（1）混凝土经振捣密实后，应立即用三辊轴进行提浆和整平。三辊轴整平机按作业单元分段整平，作业单元长度宜为 20 ~ 30m，振捣器振实与三辊轴整平两道工序之间的时间间隔不宜超过 15min。

（2）三辊轴滚压振实料位高差宜高于模板顶面 5 ~ 20mm，应有专人处理轴前料位的高低情况，过高时，应辅以人工铲除，轴下有间隙时，应使用混凝土找补。

（3）三辊轴整平机在一个作业单元长度内，应采用前进振动、后退静滚方式作业，宜 2 ~ 3 遍。最佳滚压遍数应经过试铺确定。

（4）滚压完成后，将振动辊轴抬离模板，用整平轴前后静滚整平，直到平整度符合要求，表面砂浆厚度均匀为止。

（5）表面砂浆厚度宜控制在（4 ± 1）mm，三辊轴整平机前方表面过厚、过稀的砂浆应刮除。

8. 人工精平及抹面

（1）应采用 3 ~ 6m 铝合金刮尺沿高程控制带顺路线方向连续反复几次直至刮平，再横向拉动混凝土面，并均匀的向前滑移尺杆，检查尺杆与面层的接触情况，并做平整度修补及混凝土质量检查。平整度检查时 3m 直尺最大间隙控制在 3 mm以内。

（2）第一次抹面：在混凝土表面精平后进行，人工抹面采用不短于 40cm 的木抹子进行，以柔压泛浆，压下露石，消除明显的凹凸为主。

（3）第二次抹面：第一次抹面结束后混凝土表面出现泌水时，进行第二次收浆，该工序主要是将第一次木抹收浆时留下的各种不平整的印痕抹平，并进一步提浆抹光，保证局部平整度，防止出现裂缝。完成后的混凝土表面呈现平坦、密实的外观，不露砂、无抹痕、砂眼、无气泡、蜂窝、麻面及损边、掉角、龟裂等现象。

9. 缩缝、胀缝及施工缝

（1）横向施工缝施工。每天摊铺结束或摊铺中断时间超过 30min 时，应设置横向施工缝，其位置宜与胀缝或缩缝重合，横向施工缝在缩缝处采用平缝加传力杆，施工缝传力施工方法同缩缝传力杆。在胀缝处其构造与胀缝相同。

（2）胀缝设置与施工。隧道进出口应按要求设置胀缝，洞内需要设置胀缝时，应结合洞内衬砌沉降缝设置。胀缝应采用前置钢筋支架法施工。应在混凝土未硬化时，剔除胀缝板上部混凝土，嵌入（20 ~ 25）mm × 20mm 的木条，整平表面。胀缝板应连续贯通整个路面板宽度。

（3）灌缝。混凝土面板养生期满后，应及时灌缝。灌缝前应采用高压风水彻底清除缝中的尘土及其他杂物，确保缝内清洁、干燥。灌缝料必须符合设计及施工规范要求。填缝必须饱满、均匀、厚度一致并连续贯通，填缝料不得缺失、开裂和渗水。

10. 抗滑构造施工

路面混凝土应采用硬刻槽，刻槽深度应为 2 ~ 4mm，宽度 3 ~ 5mm，槽间距 15 ~ 25mm。

11. 混凝土养生

（1）混凝土有一定强度表面略微干燥时，或现场用手指轻按混凝土面，无明显压痕时，及时覆盖塑料布或渗水土工布洒水进行养生。在覆盖前若出现塑性裂缝和干缩裂缝可采用二次抹压的方法消除。保湿养生天数宜为 14 ~ 21d，高温天气不宜少于 14d，低温天气不宜少于 21d。

（2）冬季施工气温较低时，应采取保温养护措施，可在混凝土面层先铺一层无渗土工布或塑料布再覆盖草帘或棉被等保湿保温。当环境温度低于 5℃时，严禁对混凝土表面进行洒水养护，并采取冬期施工措施。

（3）混凝土养生初期，严禁人、车通行，在达到设计强度 70% 后，行人方可通行。面板达到设计弯拉强度后，方可开放交通。

第六章　隧道附属工程施工及安全控制措施

第一节　隧道附属工程

一、一般规定

机电预留预埋应由设计单位统一组织对土建施工单位进行技术交底，施工单位在二衬开工前应仔细进行图纸复核，针对存在问题及时反馈。

电缆槽内壁模板宜与液压模板台车一起整体加工成型，边模企口外侧设置铰缝及液压装置，使电缆槽内壁与二次衬砌一次浇注成型。

各类洞室的防护门框及门扇骨架应在平整场地上先放样；各种钢材应调直、调平后下料加工成所需的形状，且不得产生裂纹，所有构件应进行防锈处理。

洞内装饰施工前，应检查并处理衬砌表面的渗漏水，做好装饰基面的打磨、整平、清洗工作。

洞口装饰力求表面平整、清洁，隧道铭牌力求美观、醒目。

二、预留洞室及预埋件

（一）施工工艺

预留洞室及预埋件施工工艺流程框图见图 11-2-1。

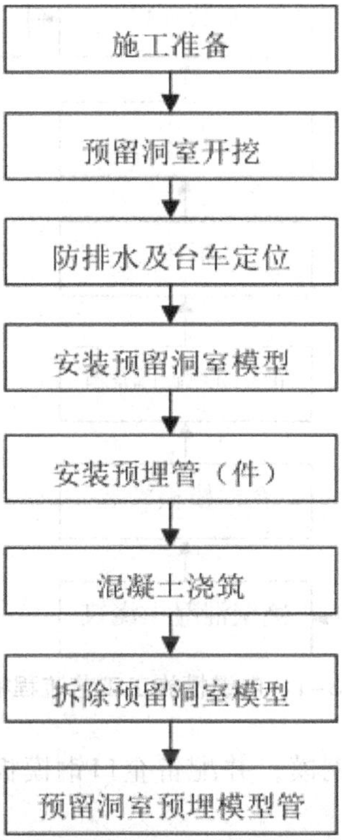

图 11-2-1　预留洞室及预埋件施工工艺流程框图

（二）施工要点

1. 隧道预留洞室宜在正洞开挖时一次到位，预留洞室里程位置及标高应符合设计要求。

2. 预留洞室位置处的钢支撑拆除宜超前 1 ～ 2 模二次衬砌。

3. 预留洞室的永久性防、排水工程，应与正洞同时完成。洞室与正洞连接的折角处，防水层应根据铺设面的形状平顺铺设，不得出现空白。洞室不得设在衬砌断面变化及各种衬砌接缝处。

4. 预留洞室模型及预埋件安装就位后，应采取加固措施，防止模型及预埋件发生移位。

5. 监控、照明、供配电、消防设施调整位置为前后 5m 范围内，通风及检测设施位置不宜调整。

6. 预埋管数量、材质应符合设计要求，并按要求弯曲、穿线，保证管路畅通。

三、电缆槽

（一）施工工艺

电缆槽施工工艺流程框图见图 11.3–1。

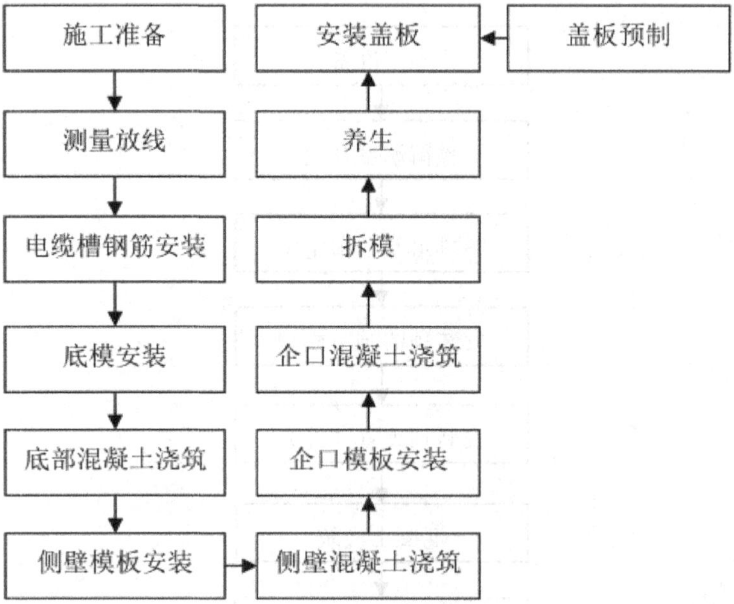

图 11.3–1　电缆槽施工工艺流程框图

（二）施工要点

1. 侧壁模板应采用定型钢模，并配备企口钢模板，保证企口与侧壁混凝土一次浇注成型，线形顺直。

2. 模板应安装稳固、顺直、平整、无底部漏浆、前后错茬、高低错台等现象。

3. 电缆槽盖板应在预制场集中制作。

4. 电缆槽施工初按上述常规施工工艺外，宜采用电缆槽移动模架施工工艺（图 11.3–2）。

（1）加工电缆槽移动模架。

（2）电缆槽线型、标高放线。

（3）电缆槽钢筋安装。

（4）电缆槽移动模架就位。

（5）电缆槽砼浇筑。

（6）初凝后移动模架移动。

（7）养生。

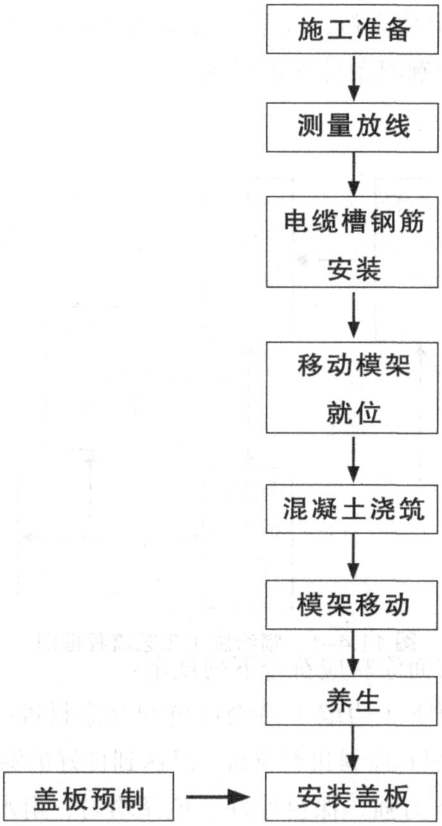

图 11.3–2　电缆槽移动模架施工工艺流程框图

四、隧道装饰工程

（一）施工工艺

喷涂施工工艺流程框图见图 11.4–1。

（二）施工要点

1. 涂前处理

隧道涂装涂料施工前，对隧道衬砌基层表面应进行下列处理：

（1）施工前，应对喷涂表面进行喷砂、打磨，彻底清除基层的疏松层、浮灰、浮尘、脱模剂、油污和污渍等杂物。对错台进行修补，平整度误差控制在 10mm 以内。

（2）基层应用高压水冲洗干净。

（3）喷涂施工前，混凝土基体应充分润湿，且基层表面不得有明水。

2. 喷涂涂料

（1）洞内涂料喷涂应严格按图纸要求施工。图纸未作规定时，应满足下列要求。

①隧道整体喷涂涂装涂料，涂层厚度宜为 7mm。与混凝土的黏结强度大 0.1Mpa，并要求在长期潮湿条件下不脱落。

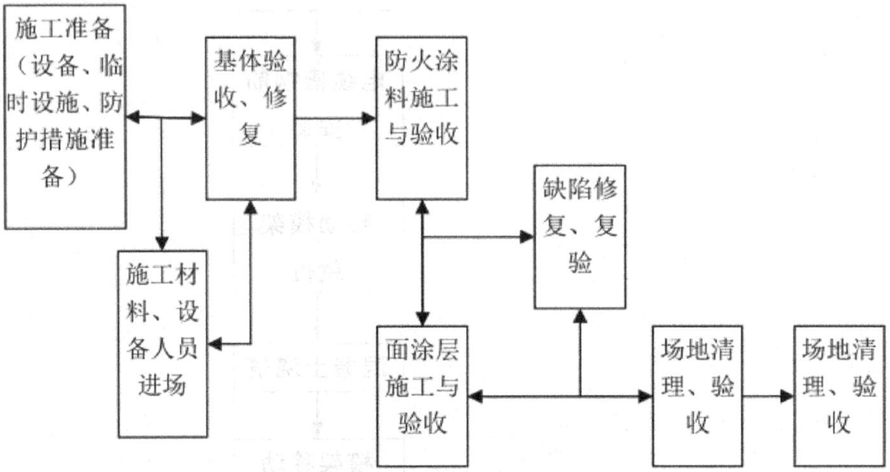

图 11.4–1　喷涂施工工艺流程框图

②隧道涂装涂层饰面涂料应符合下列规定：

A. 衬砌 4m 高处以下（边墙）喷涂浅色配套涂料进行饰面，衬砌 4m 高处以上（拱顶）喷涂深色配套涂料进行饰面，以达到良好的涂装、吸音及装饰效果。

B. 饰面涂料应附着力强、保色性好、色泽均匀、耐水，涂料的质量应符合国家现行标准的规定。

C. 饰面涂料的颜色、装饰界面高度可由承包人报监理人审查，报发包人审批后实施。

（2）隧道涂装涂料施工前应根据设计要求，确定材料的单位面积用量和施工层数。

（3）隧道涂装涂料的配制应符合下列规定：

①打底的第一层隧道涂装涂料应内掺可再分散乳胶粉，或外掺配套专用的聚合物乳液，配制前，配套用的聚合物乳液应先搅拌均匀。

②计量应按产品说明书的要求进行，不得随意改变配合比。

③隧道涂装涂料的拌制应采用机械搅拌。搅拌器具应清理干净。拌制时先投隧道涂装涂料干粉，然后倒入乳液和水搅拌均匀。拌制时间应不低于

10min，并静止 10min，再搅拌 3min 后方可喷涂施工。拌制好的材料应色泽均匀，无结块、粉团。在喷涂施工过程中，应不时地搅拌涂料，因此推荐使用双层搅拌机。不得向已拌制好的涂料中另外加水。

④拌制好的隧道涂装涂料宜在产品规定的时间（1h 左右）内用完。当气温高、湿度小或风速大时，宜在 30 ~ 45min 内用完。切忌存放时间过长，造成涂层的黏结力下降而影响施工质量。喷涂过程中散落回弹的涂料不得回收利用，被污染和超过规定时间的涂料不能再用。

（4）隧道涂装材料喷涂施工应符合下列规定：

①涂装涂料施工应采用专用机械设备，喷涂设备应能连续、均匀地把涂料喷涂到基层上。

②涂装涂料涂层厚度应符合设计规定，并应通过多次喷涂达到设计厚度。后一层涂料的施工应待前一层表干后进行，在室温下每层喷涂施工的间隔时间宜在 12h 以上（涂料表面干燥的时间与气温及涂层厚度有关）。各层应黏结牢固。

③涂装涂料喷涂第一层时，喷涂厚度宜控制在 3 ~ 4mm 左右，并确保第一层涂装涂料与基面黏结可靠。第二层喷涂时每层的厚度控制为 3 ~ 4mm，直至满足设计的涂装涂层厚度要求。每层喷涂太厚会影响涂料的黏结力。下层涂料喷涂施工前，先喷雾将上层涂料润湿，不得用压力水或晒水浇灌。

④涂装涂料施工时要求喷涂均匀，无漏涂，基本无色差，无流挂、结块，喷涂面要求平整。在喷涂前两层过程中对局部缺陷应及时采取措施改进，以使喷涂表面平整。交叉作业时，应协调先后工序及防护工作。喷涂施工宜从隧道腰部向顶部（从下而上）进行。

⑤喷涂与涂抹宜相结合。喷涂施工时，喷枪的喷嘴应垂直于基面，合理调整压力、喷嘴与基面距离。因喷涂表面不够光滑，所以在最后一次喷涂完后，立即用涂料进行手工补填、压实、修整、抹平，使涂层表面平整，并使其达到设计厚度。如遇气泡应挑破压实，保证涂抹密实。如有损伤，应及时修补。抹平、压实应在初凝前完成。基层喷涂完工后，其表面要求平整、洁净，且呈色泽均匀的颗粒状表面。在基层基本干透成型后方可进行表层的饰面施工。

⑥涂装涂料施工期间及施工后的 24 小时内，环境温度不应低于 5℃，湿度不应大于 80%。在极度干燥的条件下，应创造必要养护条件，防止涂层失水过快而开裂。

⑦施工结束后，应及时将施工机具清洗干净。

（5）隧道涂装涂料涂层施工达到设计厚度且终凝后应进行 7d 保湿养护，初始宜采用喷雾养护，后期可喷洒清水养护，然后自然养护 21d。养护期间，不得受冻，并应防止碰撞和用水冲刷。

（6）隧道涂装涂层表面饰面施工应符合下列规定：

①施工涂装涂料涂层硬化后，一般与涂装涂层施工完毕相隔 7d，方可按设计要求喷涂其他各色建筑装饰涂料。

②装饰要求高时（特别是衬砌边墙），涂装涂层表面要用泥子找平，表面不平整时还应用砂纸打平。

③装饰涂料的施工要求按产品说明书和国家现行有关标准进行。

3. 喷涂混凝土专用漆

（1）洞内喷涂混凝土专用漆应严格按图纸要求施工。

（2）专用漆喷涂厚度应符合图纸规定，图纸无规定时，一般可用 300 μm（喷涂三遍：一底、二面）。

（3）为保证面层美观，应采用高压无空气喷涂机施工，第一次喷涂无色封闭底漆，然后喷涂两次带色面漆，每次喷涂间隔时间 8h。

（4）喷涂混凝土专用漆施工工艺流程可参照“基层→处理→质检→喷底漆→喷两次面漆→质检→补喷→质检、验收”施行。

第二节　超前地质预报及围岩监控量测

一、超前地质预报

（一）一般规定

1. 承担超前地质预报工作的单位应具备相应的资质。

2. 超前地质预报单位开工前应编制超前地质预报实施方案，按程序审查和批准后实施；主要内容应包括：

（1）超前地质预报的目的、方法和技术。

（2）根据工程勘察设计资料分析隧道工程地质及水文地质环境条件，重点说明隧道施工存在的主要工程地质问题及地质灾害风险。

（3）方案的编写原则、预报的具体实施内容、预报方法选择及不同方法的结合关系、各种预报方法的具体技术要求，物探、钻探仪器设备的选择。

（4）超前地质预报实施技术要求。

（5）超前地质预报组织机构设置及投入的人力、设备资源。

（6）施工单位的配合要求。

（7）超前地质预报工作安全措施。

（8）地质预报成果报告的提交时限，信息传递方式等。

3. 超前地质预报实施单位应根据预报方案与合同配备足够的专业人员和仪器设备，仪器设备的性能、精度及效率应能满足预报和工期的要求，对预报成果的真实性、准确性负责。

4. 超前地质预报应主要查明（预测）下列内容：

（1）断层及其影响带和节理（结构面）密集带的位置、规模和性质。

（2）软弱夹层（含煤层）的位置、规模及其性质。

（3）岩溶发育位置、规模及其性质。

（4）不同岩性间的接触界面与位置。

（5）采、废弃矿巷分布及其与隧道的空间关系。

（6）不同风化程度的岩性分界位置。

（7）其他不良地质体（带）的分布位置。

（8）隧道涌水位置、水压及水量。

（9）岩爆的可能性与区域。

5. 超前地质预报的成果应体现及时性，超前地质预报实施单位应及时将预报成果报送有关各方。超前地质预报成果“送达时限”，应根据预报推断的工作面前方围岩情况，在预报区段内，按下列规定时限送达：

（1）无明显地质危害情况的，应在 48 小时内送达。

（2）有较轻微地质危害情况的，应在 24 小时内送达。

（3）发现重大地质问题（如岩溶、突水、突泥、较大的破碎带等），应立即送达。

6. 具有下列条件之一的隧道均应全程实施隧道超前地质预报工作：

（1）深埋长大隧道。

（2）水下隧道。

（3）查明或推测存在大断层、岩溶、大量涌水涌泥、岩爆、废弃矿巷、瓦斯突出等严重工程地质灾害的隧道。

（4）隧址区全程或者大部分通过可溶岩，特别是强溶岩层（灰岩、白云岩、盐岩等）的隧道。

（5）可能因开挖造成环境生态破坏的隧道。

（6）监理工程师认为有必要的其他隧道。

（二）工作程序

超前地质预报工作程序框图见图 12-1-1。

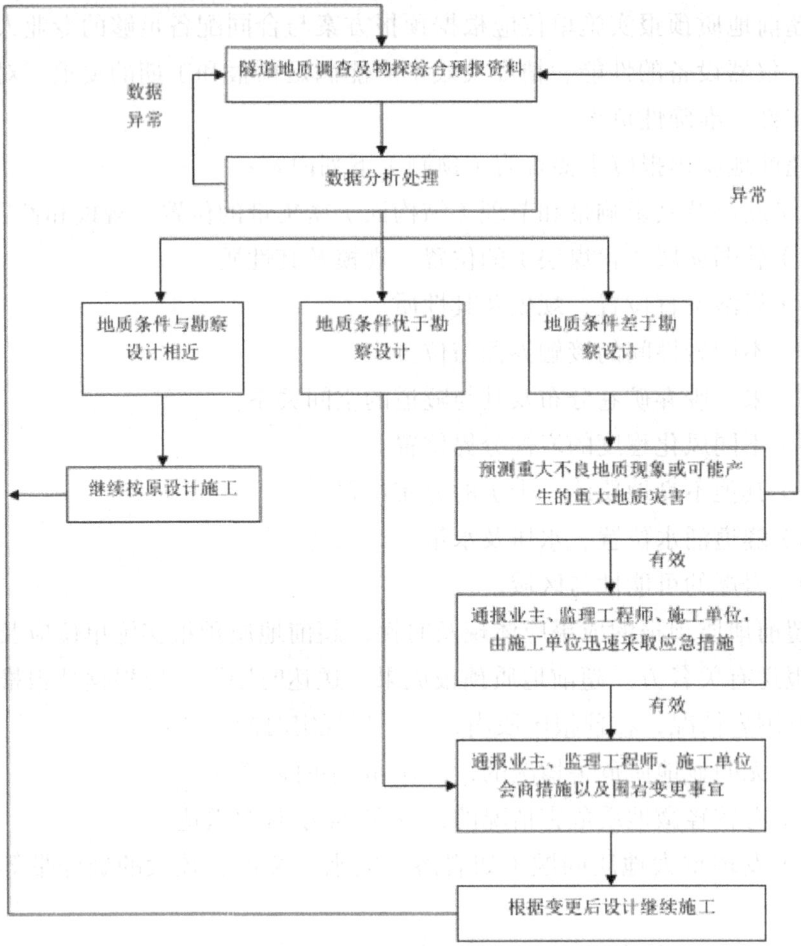

图 12-1-1　超前地质预报工作程序框图

（三）超前地质预报的分级

1. 根据地质对隧道安全的危害程度，地质灾害分为 A、B、C、D 四级，其影响因素见表 12-1-1。

2. 复杂地质的预测、预报应坚持隧道洞内探测与洞外地质勘探相结合，地质方法与物探方法相结合，并贯穿于施工全过程。不同地质灾害级别的预报方式可采用：

（1）1 级预报可用于 A 级地质灾害。采用地质分析法、地震波反射法、超声波反射法、陆地声呐法、地质雷达法、瞬变电磁法、红外探测法、超前水平钻探法、炮孔加长探测法等进行综合预报。

（2）3 级预报可用于 C 级地质灾害。以地质分析法为主。对重要地质（层）界面、断层或物探异常地段宜采用地震波反射法或超声波反射法进行探测，必要时采用红外探测法、超前水平钻孔和炮孔加长探测法。

（3）4 级预报可用于 D 级地质灾害。采用地质分析法。

表 12-1-1　地质灾害分级影响因素

地质灾害分级		A	B	C	D
		严重	较严重	一般	轻微
地质复杂程度（含物探异常）	岩溶发育程度	极强，厚层块状灰岩，大型溶洞、暗河发育，岩溶密度每平方公里＞15 个，最大泉流量＞50L/s，钻孔岩溶率＞10%	强烈，中厚层灰岩夹白云岩，地表溶洞落水洞密集、地下以管道水为主，岩溶密度每平方公里 5～15 个，最大泉流量 10～50L/s，钻孔岩溶率 5%～10%	中等，中薄层灰岩，地表出现溶洞，岩溶密度每平方公里 1～5 个，最大泉流量 5～10L/s，钻孔岩溶率 2%～5%	微弱，不纯灰岩与碎屑岩互层，地表地下以溶隙为主，最大泉流量＜5L/s，钻孔岩溶率＜2%
	涌水涌泥程度	特大突水（涌水量＞$1\times10^5m^3/d$）、大型突水（涌水量 1×10^4～$1\times10^5m^3/d$）、突泥，高水压	中小型突水（涌水量 1×10^3～$1\times10^4m^3/d$）、突泥	小型涌水（涌水量 1×10^2～$1\times10^3m^3/d$）、涌泥	涌水量＜$1\times10^2m^3/d$，涌突水可能性极小
	断层稳定程度	大型断层破碎带、自稳能力差、富水，可能引起大型失稳坍塌	中型断层带，软弱，中～弱富水，可能引起中型坍塌	中小型断层，弱富水，可能引起小型坍塌	中小型断层，无水，掉块
	地应力影响程度	极高应力，严重岩爆（拉森斯判据＜0.083，即岩石点荷载强度与围岩最大切向应力的比值），大变形	高应力，中等岩爆（拉森斯判据 0.083～0.15），中～弱变形	弱岩爆（拉森斯判据 0.15～0.20），轻微变形	无岩爆（拉森斯判据＞0.20），无变形
	瓦斯影响程度	瓦斯突出：瓦斯压力 P≥0.74MPa，瓦斯放散初速度≥10，煤的坚固性系数 f≤0.5，煤的破坏类型为Ⅲ类及以上	高瓦斯：全工区的瓦斯涌出量≥$0.5m^3/min$	低瓦斯：全工区的瓦斯涌出量＜$0.5m^3/min$	无
地质因素对隧道施工影响程度		危及施工安全可能造成重大安全事故	存在安全隐患	可能存在安全问题	局部可能存在安全问题
诱发环境问题的程度		可能造成重大环境灾害	施工、防治不当，可能诱发一般环境问题	特殊情况下可能出现一般环境问题	无

（四）超前地质预报主要方法

超前地质预报工作及采用的方法宜按表 12-1-2 的步骤及顺序实施，但必须满足设计要求。

表 12-1-2　超前地质预报工作及方法的步骤及顺序

步骤	满足条件之一的隧道或地段	主要方法	辅助方法
第一步	所有隧道全过程	地质调查法	
第二步	1、全程实施超前地质预报的隧道； 2、设计标示的需进行超前地质预报的地段； 3、通过地质调查法推断的不良地质地段； 4、Ⅳ、Ⅴ级围岩地段； 5、监理工程师认为有必要的地段。	弹性波反射法	富水地段应辅助高分辨直流电法
第三步	通过第二步推断的以下不良地质地段： 1、断层破碎带地段； 2、软弱夹层地段； 3、岩溶地段； 4、瓦斯地段； 5、含水围岩地段； 6、监理工程师认为有必要的其他不良地质地段。	地质雷达法	含水地段辅助红外探测法
第四步	通过第三步推断的以下不良地质地段： 1、软弱夹层地段； 2、Ⅴ级围岩地段； 3、监理工程师认为有必要的其他不良地质地段。	炮孔加长探测法	
	通过第三步推断的以下不良地质地段： 1、富水软弱断层破碎带； 2、富水岩溶发育区； 3、煤层瓦斯发育区； 4、重大物探异常区； 5、监理工程师认为有必要的其他不良地质地段。	超前地质钻探法	

1. 地质调查法

（1）地质调查法适用于各种地质条件下隧道的超前地质预报，应在隧道施工全过程进行，为隧道施工地质预报提供基础地质资料。

（2）地质调查法包括隧道地表补充地质调查和隧道内地质素描等。

（3）隧道地表补充地质调查应包括下列主要内容：

①对已有地质勘查成果的熟悉、核查和确认；

②地层、岩性在隧道地表的出露及接触关系，特别是对标志层的熟悉和确认；

③断层、褶皱、节理密集带等地质构造在隧道地表的出露位置、规模、性

质及其产状变化情况；

④地表岩溶发育位置、规模及分布规律；

⑤煤层、石膏、膨胀岩、含石油天然气、含放射性物质等特殊地层在地表的出露位置、宽度及其产状变化情况；

⑥人为坑洞位置、走向、高程等，分析其与隧道的空间关系；

⑦根据隧道地表补充地质调查结果，结合设计文件、资料和图纸，核实和修正超前地质预报重点区段。

（4）隧道内地质素描是将隧道所揭露的地层岩性、地质构造、结构面产状、地下水出露点位置及出水状态、出水量、煤层、溶洞等准确记录下来并绘制成图表。

（5）隧道地表补充地质调查应在实施洞内超前地质预报前进行，并在洞内超前地质预报实施过程中根据需要随时补充，现场应做好记录，并于当天及时整理。

2. 弹性波反射法

（1）适用于预报地层特征、地层界线、地质构造及探测不良地质体的厚度和范围。

（2）应配备具有一定专业知识和经验的人员，以提高探测的准确度。

（3）每次探测距离 100 ~ 150m，连续探测搭接长度不小于 20m。

3. 地质雷达法

（1）地质雷达法主要用于岩溶探测，亦可用于断层破碎带、软弱夹层等不均匀地质体的探测。

（2）隧址区内不应有较强的电磁波干扰；现场测试时应清除或避开测线附近的金属物等电磁干扰物；当不能清除或避开时应在记录中注明，并标出位置。

（3）现场记录应注明观测到的不良地质体与地下水体的位置与规模等。

（4）重点异常区应重复观测，重复性较差时应查明原因。

（5）每循环探测 20 ~ 25m，连续探测搭接长度不小于 5m。

4. 红外探测法

（1）适用于定性判断探测点前方有无水体存在及其方位，但不能定量给出水量大小等参数。

（2）探测时间应选在爆破及出碴完成后进行。

（3）全空间全方位探测地下水体时，需在拱顶、拱腰、边墙、隧底位置沿隧道轴向布置测线，测点间距一般为 5m，发现异常时，应加密点距。

（4）每次探测距离 20 ~ 25m，连续探测搭接长度不小于 5m。

5. 高分辨直流电法

（1）适用于探测任何地层中存在的地下水体位置及相对含水量大小，如断层破碎带、溶洞、溶隙、暗河等地质体中的地下水。

（2）每次探测距离 80 ~ 100m，连续探测搭接长度不小于 10m。

6. 超前地质钻探法

（1）适用于各种地质条件下的隧道超前地质预报，如富水软弱断层破碎带、富水岩溶发育区、煤层瓦斯发育区、重大物探异常区等地质条件复杂地段。

（2）超前地质钻探在一般地段采用冲击钻，复杂地质地段采用回转取芯钻，二者应合理搭配使用，提高预报准确率和钻探速度。

（3）断层、节理密集带或其他破碎富水地层每循环可只钻一孔；富水岩溶发育区每循环宜钻 3–5 个孔，揭示岩溶时，应适当增加；

（4）在需连续钻探时，一般每循环可钻 30–50m，必要时也可钻 100m 以上的深孔，连续预报时前后两循环钻孔应重叠 5–8m。

（5）富水岩溶发育区超前钻探应终孔于隧道开挖轮廓线以外 5 ~ 8m。

（6）在富水地段进行超前钻探时必须采取防突措施；测钻孔内水压时，需安装孔口管，接上高压球阀、连接件和压力表，压力表读数稳定一段时间后即可测得水压。

（7）富水区隧道超前地质钻探时，发现岩壁松软、片帮或钻孔中的水压、水量突然增大，以及有顶钻等异状时，必须停止钻进，立即上报，并派人监测水情。当发现情况危急时，必须立即撤出所有受水威胁地区的人员，然后采取措施，进行处理。

7. 炮孔加长探测法

（1）适用于各种地质条件下隧道的超前地质探测，尤其适用于岩溶发育区；

（2）孔长应较爆破孔（或循环进尺）深 3m 以上；孔径宜与爆破孔相同；孔数、孔位应根据开挖断面大小和地质复杂程度确定；

（3）钻到溶洞和岩溶水时，应视情况采用超前地质钻探和其他探测手段，查明情况，确保施工安全；

（4）加长炮孔探测严禁在爆破残眼中实施。

二、监控量测

（一）一般规定

1. 隧道监控量测开始之前，应编制隧道监控量测方案，用以指导施工。

2. 隧道开工前，施工单位应成立现场监控量测小组，专门负责隧道监控量测，且要求人员固定，一般情况下，不得更换，确保数据的连续性，并对监控量测仪器定期维护，检验。

3. 监控量测应贯穿整个施工过程，掌握围岩和支护动态信息，指导施工。

4. 各项监控测点应牢固可靠，保证数据的真实性，并设置标志牌，包含里程、时间、累计变形量，本次变形量等。

（二）施工工艺

施工工艺见图 12.2–1 所示。

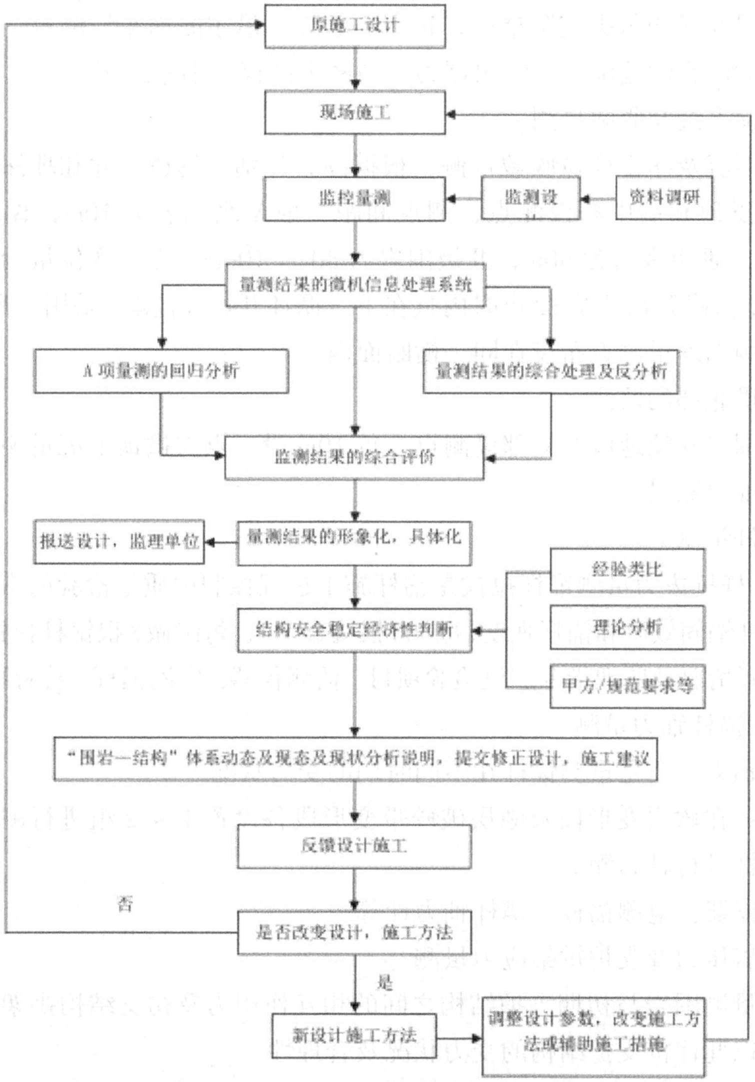

图 12.2–1　隧道监控量测工艺流程图

（三）监控量测方法

1. 地质和支护状况信息的观察观察记录工作面的工程地质与水文地质情况，作地质素描。观察开挖面附近初期支护状况，判断围岩、隧道的稳定性和初期支护的可靠性。

由施工单位组织技术人员进行。范围：工作面及初期支护后的地段进行观察。监测仪器：地质罗盘仪等。

2. 隧道洞口段、浅埋和偏压段地表沉降监测进口段覆盖层薄，开挖后围岩难以自稳成拱，地表易沉陷，为了确保洞口浅埋段的施工安全，进行地表沉降监测。布点原则为：在Ⅴ级围岩且埋深小于40m的地段沿隧道轴向每隔5 ~ 10m布设。同时在横向依据实际情况，选定主断面，沿主断面布设测点，以了解地表沉降的横向影响范围。监测仪器为：精密水准仪，钢卷尺等。

3. 拱顶下沉及收敛量测

拱顶下沉及净空变位收敛量测，根据围岩类别、隧道尺寸和埋深等，沿隧道纵向在拱顶和墙中布设测点，测点间距一般Ⅴ级围岩为10m，Ⅳ级围岩为20 ~ 30m，Ⅲ级围岩为50m，Ⅱ级围岩为80 ~ 100m。净空变位量测在开挖后尽早进行，初读数在开挖12小时内且在下一循环开挖前读取，采用无尺量测法。浅埋地段洞内外量测点布设在同一横断面内。

4. 仰拱底部的监测

Ⅴ级围岩开挖地段在底部设测点，每10m设一点与拱顶下沉量测点同断面布设、水准仪测量。

5. 锚杆量测

（1）杆抗拔力量测锚杆拉拔是锚杆施工过程控制中质量检验的常规项目，可检验锚杆锚固效果和锚杆强度，每300根检查一组，每组做3根锚杆拉拔力检验；或根据实际情况及监理指令加设检验项目。监测仪器：电测锚杆、锚杆抗拔器等。

（2）锚杆轴力量测

锚杆轴力主要是量测锚杆在不同时期的受力状况。

方法：在软岩变形段及断层破碎带变形段各设置1 ~ 2组进行测试，每组设5根锚杆进行轴力测试。

监测仪器：电测锚杆、锚杆轴力计等。

6. 围岩压力及支护拱架应力量测

主要量测围岩与初期支护结构之间的相互作用力及初支结构拱架主力筋受力情况，以此评价支护结构的受力状况及合理性。

方法：在断层破碎带及其影响带和岩溶地段（Ⅴ级围岩中进行）5 ~ 10m各设置断面，每断面上测点对称布置24个。同时初期支护的格栅主筋应力量测点与围岩与初期支护的接触应力点设置在同一断面上，对称布置，每断面布设15 ~ 20测点。

监测仪器：采用土压力盒、钢筋应力计及频率接收仪量测。

7. 隧道涌水量及涌水含泥量与含砂量监测

在隧道排水沟内每 50 ~ 200 米设置一个涌水量监测点，对隧道涌水量进行测试和评估，以此指导隧道结构防水堵排对策，从而达到隧道结构防水的“限量排放”的目的。

同时为了保证隧道排水系统的畅通，不定期地对隧道初期支护段涌水进行取样分析测试其含泥量和含砂量，根据其水质状况采取必要的堵排措施，防止排水导致隧道排水系统的堵塞和淤积现象发生。

方法：涌水量采用三角形围堰法或浮标进行测试，而含泥量与含砂量则采用烘干后称取重量法进行测试。

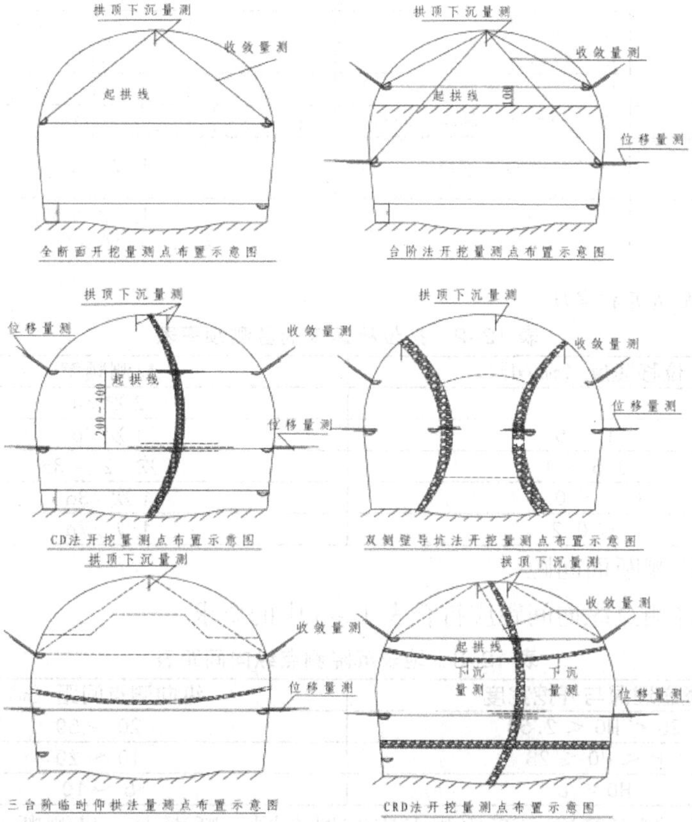

8. 地表水力联系观察项目

为确切了解隧道涌水排水对地表水系的影响，进一步弄清隧道排水与地表水的水力联系，为制定隧道堵排水方案提供依据，在隧道内发生大的涌水和突水时，则有必要对地表水系进行观察。主要设置的项目有相关区域内的井泉水位状况的观察。

（四）量测频率

量测频率根据监测数据的变化情况而定，一般按“表12-1量测频率表”和“表12-2按位移速度的量测频率表”进行。当按下表选择量测频率出现较大差异时，取量测频率较高的作为实施的量测频率。

表12-1　量测频率表

项　目	量测仪器设备	量测时间间隔			
		1~15天	16~30天	1~3月	3月以上
围岩及支护状态观察	目测、数码相机、地质罗盘等	开挖面每次开挖后进行 已施工地段喷混凝土、锚杆、钢架1次/天			
地表沉降	精密水准仪，铟钢尺	开挖面离量测面<2B时，2次/天 开挖面离量测面<5B，1次/2天 开挖面离量测面>5B时，1次/周			
拱顶下沉	水准仪，挂尺	2次/天	1次/2天	1~2次/周	2次/月
周边收敛	坑道收敛计	同上			
围岩与支护间压力	压力盒，频率接收仪	1次/天	1次/2天	1~2次/周	2次/月
格栅主筋内力	钢筋应力计，频率接收仪	1次/天	1次/2天	1~2次/周	2次/月
结构混凝土裂缝观察	读数显微镜，钢尺	根据需要进行			
锚杆轴力	锚杆轴力计	根据需要进行			
其它		根据实际情况和要求进行			

注：B—隧道开挖宽度。

表12-2　按位移速度的量测频率表

位移速度（mm/d）	量测频率
≥5	2次/d
1～5	1次/d
0.5～1	1次/2～3d
0.2～0.5	1次/3d
<0.2	1次/7d

（五）监测断面间距

地表沉降测点纵向间距应符合表12-3中的要求。

表12-3　地表沉降测点纵向间距表

隧道埋深与开挖宽度	纵向测点间距（m）
2B＜H0＜2.5B	20～50
B＜H0≤2B	10～20
H0≤B	5～10

拱顶下沉测点和净空变化测点应布置在同一断面上，量测断面按表12-4.表12-5要求布置。

表12-4　拱顶下沉和净空变化量测断面间距

围岩级别	断面间距（m）
V—Ⅳ	5～10
Ⅳ	10～30
Ⅲ	30～50

表 12-5 净空变化量测测线数

开挖方式	一般地段	特殊地段
全断面法	一条水平测线	——
台阶法	每台阶一条水平测线	每台阶一条水平测线，二条斜侧线

（六）监测结束标准

根据收敛速度判别：一般地段：收敛速度＞ 5mm/d 时，围岩处于急剧变化状态，加强初期支护系统；收敛速度＜ 0.2mm/d 时，围岩基本达到稳定。特殊地质地段：加强初期支护强度和刚度，严格控制过大变形。各量测项目持续到变形基本稳定后 2 周结束，断层破碎带地段位移长时间不能稳定时，延长量测时间并采取加强措施。

（七）信息反馈

1. 量测数据的整理、分析

工程监控量测作为施工组织的核心内容之一，置于动态管理体系之中，具体包括监测、数据的整理分析和信息反馈等几个主要方面。

数据整理：把原始数据通过一定的方法，如大小顺序，用频率分布的形式把一组数据分布情况显示出来，进行数据的数字特征计算以及离群数据的取舍。回归分析和曲线拟合：绘制量测数据的时态变化曲线图（即“时态散点图”所示）和距开挖面关系图。

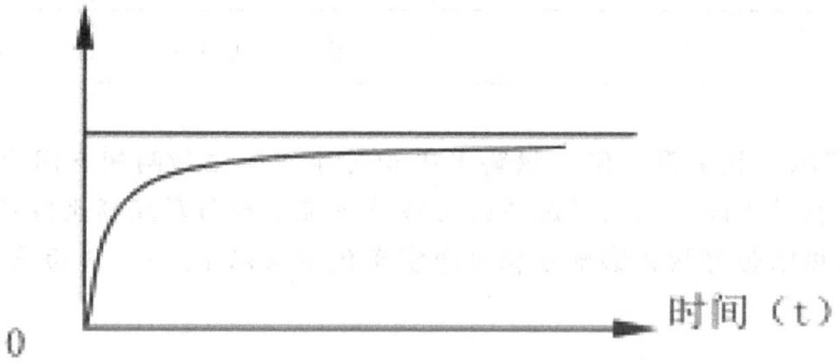

图 12.2-5 时态散点示意图

在取得足够的数据后，根据散点图的数据分布状况，选择合适的函数，对监测结果进行回归分析，以预测该测点可能出现的最大位移值或应力值，预测结构和建筑物的安全状况，防患于未然。还可通过插值法，在实测数据的基础上，采用函数近似的方法，求得符合测量规律而又未实测到的数据。

2. 建立监测管理预警机制

建立监测变形管理等级标准，管理等级分三级，其等级划分及相应基准值见“表 12-6 变形管理等级标准表”。通过对监测结果的比较和分析来判定支护结构的稳定性和安全性，并指导施工。

表 12-6 变形管理等级标准表

管理等级	管理位移	施工常态
Ⅲ	U0 ＜ Un/3	正常施工
Ⅱ	Un/3 ≤ U0 ≤ 2Un/3	加强支护
Ⅰ	U0 ＞ 2Un/3	采取特殊措施

注：U0 为实测变形值，Un 允许变形值见“结构允许相对位移表”。Un 的确定：Un 的确定考虑围岩类别、隧道埋置深度等因素并结合现场条件选择。

表 12-7　结构容许相对位移表（%）

埋深 / 围岩级别	＜50m	50～300m	300m～500m
拱脚水平相对静空变化值			
Ⅴ	0.29～0.72	0.58～2.88	2.59～4.32
Ⅳ	0.14～0.43	0.29～1.15	1.00～1.73
Ⅲ	0.04～0.14	0.12～0.58	0.43～0.86
Ⅱ		0.01～0.04	0.01～0.12
拱脚水平相对静空变化值			
Ⅴ	0.12～0.23	0.20～1.58	1.15～2.02
Ⅳ	0.09～0.14	0.06～0.12	0.43～1.15
Ⅲ	0.04～0.09	0.06～0.22	0.17～0.43
Ⅱ		0.04～0.09	0.07～0.17

注：硬岩取下限，软岩取上限。拱脚水平相对净空变化指两侧点间净空水平变化值与其距离之比；拱顶相对下沉指拱顶下沉值减去隧道下沉值后与原拱顶至隧底高度之比。墙腰水平相对净空变化极限值可按拱脚水平相对净空变化值乘以 1.2 ～ 1.3 后采用。

第三节　隧道突发事件的处置技术措施

一、预防隧道塌方的技术措施

隧道软弱围岩及围岩破碎地段，施工措施不当易产生坍塌，因此如何防止隧道坍塌是该段施工的关键。要预防隧道坍塌，首先做好地质预测预报，对掌子面前方可能存在的软弱破碎围岩及不良地质体进行预判，以便提前选择相应的安全合理的施工方法和措施。在施工中主要采取以下技术措施：

在施工前和施工中均应采取相应的堵水及排水措施，根据超前地质预报提供的开挖面前方的涌水情况，若单位涌水量超过设计要求，则采取超前帷幕注浆堵水，直到单位涌水量降到设计规定值以下。对于单位涌水量不超过设计要求的情况，则采取排放方式，确保开挖作业面处不积水，对反坡排水，建立可靠的抽排系统，保证抽水机械设备满足要求。

对于易产生塌方地段，先采取超前支护，然后开挖，开挖时要短进尺，采用分部开挖法，软质围岩由人工采用风镐开挖，硬质围岩采用弱爆破，尽量减少对围岩的扰动。开挖后立即施工初期支护，以减少围岩暴露时间。

加强监控量测工作，特别加强净空收敛量测及拱顶下沉量测。一旦发现围岩变形异常，就要立刻采取措施予以处理。当变形值趋于稳定时，要及时施作二次衬砌。使衬砌尽快成环，形成完全封闭体系。以防初期支护暴露时间过久。

二、软弱围岩地段隧道变形控制的施工技术措施

（一）增加围岩的自稳能力

采用双侧壁导坑法、三台阶七步开挖法和台阶法小进尺开挖，初期支护和围岩为隧道的主要受力结构，施工中“保护围岩”，确保初期支护质量；初期支护的参数和采用的施工工法、超前支护密切相关，在施工中合理确定工法，适当调整支护参数，从而减少围岩的变形。

（二）加强初期支护

将加强初期支护作为稳定围岩的主要手段，比较有效的办法是加长锚杆，一般加长到5m左右，锚杆主要施作在拱部。喷射混凝土中加入微纤维，否则当变形发生时素混凝土将因开裂而失效。

（三）加强量测，预留变形，控制二衬混凝土施作时间

因围岩变形后可能导致开挖断面变小，故开挖断面要适当加大，预留足够的变形量，保证初期支护及二次衬砌有足够的厚度，并满足衬砌后净空要求，预留变形量的大小要根据量测结果不断调整，施工过程中要加强与设计单位的联系，将量测结果准确及时地上报给设计单位，以便设计人员能够及时修改设计。

（四）加强型初支施工完毕，二次衬砌应适时施作，以阻止围岩继续变形。二次衬砌也必须采用加强型衬砌。

三、穿过断层地段的施工技术措施

通过综合超前地质预报，切实掌握断层带的情况，包括破碎带的宽度、填充物、地下水以及隧道轴线与断层构造线方向的组合关系，施工前根据有关施

工技术和机具设备条件，确定通过断层地段的施工方法报监理工程师审批。

当断层带内充填软塑状的断层泥或特别松散的颗粒时，则采用超前预支护、开挖采取三台阶七步开挖法组织施工，如断层带特别破碎，则采取三台阶七步开挖法或双侧壁导坑法。

断层地段出现大量涌水时，则采取排堵结合的治理措施，通过断层地段的各施工工序之间的距离尽量缩短，尽快地使断层地段全断面衬砌封闭，以减少岩层暴露、松动和地压增大。

采用爆破掘进通过断层时，严格掌握炮眼数量、深度和装药量，尽量减小爆破对围岩的震动。采用上下导坑掘进、先拱后墙衬砌法施工时，其上导坑不宜超前过多，掘进后随即将下导坑予以临时衬砌。断层地带的支护应宁强勿弱，并应经常检查加固。断层地带的衬砌应紧跟开挖面完成，衬砌断面尽早封闭。

四、防突水、突泥的技术措施

隧道岩溶较发育，施工中可能出现突水、突泥的现象。施工中重点从预防入手，首先是认真会审设计文件，对设计文件已经提到的可能突水、突泥地段在施工前要制定详细的施工方案。其次对于设计尚未指出的地段，也要做细致的地质调查工作，以便提前发现，提前预防。

施工中加强超前地质预报工作，运用 TSP-203. 地质雷达、红外线探水仪、超前水平钻孔、地质调查与素描等多种物探手段进行综合预测预报，力争准确判别可能突水、突泥的具体位置。

根据已判别的可能出现突水、突泥的位置，提前采用超前帷幕注浆的方法进行封堵，同时不间断地进行水量及水压监测，当逼近突水点时，除帷幕注浆外，再对局部进行补充注浆，直到完全封堵突水口。

对于已经出现的突水、突泥现象，要及时撤出作业面人员及机具，保证人员及设备安全。然后到地面相应位置寻找是否存在积水洼地与突水口相连通。如果有，则予以封堵，切断地下水的补给源头。当突水、突泥现象减弱时，即可进洞清理，寻找出水口，注浆封堵。

五、溶洞地段施工技术措施

当隧道施工遇到溶洞时，应根据设计文件有关资料、超前地质预报，现场实际查明溶洞分布范围、类型情况（大小、有无水、溶洞是否在发育中及其充填物），岩层的稳定程度和地下水流情况（有无长期补给来源，雨季水量有无增长）等，分别以引、填、越、绕等措施进行处理。

（一）引排水

当溶洞有水流时，在查明水源流向及其与隧道位置的关系后，用暗管等设施，尽量保持地下水原有通道，宣泄水流或开凿泄水洞，将水排出洞外。当水流的位置在隧道上部或高于隧道时，应在适当距离外，开凿引水斜洞(或引水槽)将水位降低到隧道底部位置以下，再行引排。

（二）堵填、注浆

1. 对已停止发育，径跨较小，无水且无补给来源的溶洞，可根据其与隧道相交的位置及其充填情况，采用混凝土、浆砌片石或干砌片石予以回填封闭，根据地质情况决定是否需要加深边墙基础。

2. 对于隧底岩溶，根据溶洞的大小及充填物情况，可采取换填或注浆加固措施进行处理。

（三）跨越

当溶洞较大较深，可采用梁、拱跨越。但梁端或拱座应置于稳固可靠的基础上，必要时用圬工加固。

隧道在不同部位遇到溶洞的跨越措施：

1. 当隧道一侧遇到狭长而较深的溶洞，可加深该侧的边墙基础通过。

2. 当隧道底部遇到有较大溶洞并有流水时，可在隧底以下砌筑浆砌片石支墙，支承隧道结构，并在支墙内套设涵管引排溶洞水。

3. 当隧道边墙部位遇到较大、较深的溶洞，不宜加深边墙基础时，可在边墙部位或隧底以下筑拱跨过。

4. 当隧道中部及底部遇有深狭的溶洞时，可加强两边墙基础，并根据情况设置桥台架梁通过。

5. 溶洞上大下小，且有部分充填物时，可将隧道顶部的充填物清除，然后在隧道底部标高以下设置钢筋混凝土横梁及纵梁，横梁两端嵌入岩层。

6. 隧道穿过大溶洞，情况较为复杂时，可根据情况，以边墙梁及行车梁通过。

（四）溶洞地段施工注意事项

1. 施工前对地表进行详细勘察，注意研究岩溶状态，估计可能遇到溶洞的地段。了解地表水、出水地点的情况，并对地表进行必要的处理，以防止地表水下渗。当施工达到溶洞边缘，各工序应紧密衔接。同时设法探明溶洞的形状、范围、大小、充填物及地下水等情况，据以制定施工处理方案及安全措施。

2. 注意检查溶洞顶板，及时处理危石。当溶洞较大较高时，应设置施工护架或钢筋护网。

3. 在溶蚀地段的爆破作业，应尽量做到多打眼，打浅眼，并控制药量。

4. 在溶洞充填体中掘进，如充填物松软，可用超前支护法施工。如充填物为极松散的砾、块石堆积或有水，可于开挖前采取预注浆加固。

5. 溶洞未做出处理方案前，不得将弃碴随意倾填于溶洞中。处理情况复杂的溶洞时根据现场情况制定安全措施，以确保施工安全。

6. 穿越岩溶暗河地段施工时，应尽量维系岩溶暗河的既有通道，严禁随意封堵。

六、防止隧道衬砌混凝土开裂的措施

防止隧道衬砌开裂的措施主要从混凝土的原材料质量和混凝土的施工工艺质量两方面加强控制，有效地防止混凝土的开裂。

（一）原材料质量控制措施

加强材料质量控制，各类材料到现场后必须由试验室组织有关人员进行抽样检查，合格后方可使用。

所有进场产品必须有出厂合格证，质量管理人员对提拱的产品进行抽查监督，凡不符合质量标准，无合格证明的产品一律不准使用，并采取必要的封存措施，及时清退出场。

材料进场后分类堆放，标牌明示，指定专人妥善保管，并协助做好原材料的取样、送样工作。

对每批进场水泥必须取样进行安定性及强度等试验；钢筋原材料必须取样进行拉伸、抗弯等试验；对混凝土及砂浆的细骨料必须进行取样分析，所有原材料必须取得合格的试验证明方可投入使用，杜绝使用不合格材料。

（二）施工工艺质量控制

1. 混凝土配合比控制

本工程混凝土的配合比由项目部检测试验中心选定，并经监理工程师批准后执行，整个混凝土拌制全过程实行试验人员跟班作业。

拌制混凝土时，严格按照配合比进行，材料的偏差不得超过设计及相关规范的要求。骨料含水率应经常检查，据以调整施工配合比。雨天施工时，增加检测次数。混凝土搅拌过程应始终控制坍落度，如与原定的不符，立即纠正。

2. 混凝土施工过程质量控制

混凝土采用专用的混凝土输送车运输，每车必须有供应单并注明使用部位，到现场由单位管理人员核准无误后方能浇筑。

混凝土浇筑前计算工程量，合理安排混凝土运输车数量及频率，既要保证输送泵工作，又要保证混凝土在输送车内存放的时间不超过规范允许时间。

混凝土生产后必须在规定时间内灌注，若由于交通、车辆、现场等原因造成延误，超过时间的不准使用，也不允许二次加水搅拌。

混凝土浇筑前，对模板、钢筋、预埋件和输送管线进行检查，清除模板内的杂物和钢筋上的油污等，确认模板具有足够的刚度和稳定性后方能浇筑。

混凝土泵送前用适量的与混凝土同标号的砂浆润滑管路，采用分段、分块、分层浇筑混凝土，分段长度以先浇层与后浇层到达的时间间隔不超过先浇层初凝时间为宜。

模板拆除时，必须在混凝土强度达到设计或规范规定要求后方可拆除。

3. 混凝土灌注质量控制

混凝土灌注时其自由倾落高度不超过规范要求，混凝土浇筑时从低处向高处分层连续进行。如必须间歇时，其间歇时间应尽量缩短，并在前层混凝土初凝前将次层混凝土灌注完毕。

浇筑过程不得发生离析现象。混凝土浇筑层厚度与振捣必须严格按技术规范和有关规定执行。混凝土振捣人员必须是具有丰富施工经验、经过培训合格的专业人员，并挂牌上岗。

混凝土的养护必须编制混凝土养护作业指导书，并报监理工程师批准后严格执行。

4. 混凝土防开裂保证措施

严格控制水泥用量。在保证设计强度、防水要求和施工工艺要求的前提下，减小单位混凝土的水泥用量，降低水化热，避免或减轻混凝土的收缩和开裂。

在混凝土中采用双掺技术（即掺粉煤灰和减水剂）是降低水化热和防渗防裂的有效措施，粉煤灰粒度较细，表面光滑，质地致密，与水拌和均匀后可以有效分隔水泥颗粒使之易于水化，提高水化速度，减小水化的需水量，降低孔隙率，提高混凝土的密实性。

严格控制混凝土入模温度，以免温度过高混凝土收缩过大发生开裂。

严格控制拆模时间，以免因拆模过早混凝土强度未达到要求发生开裂。

加强混凝土拆模后的养护，防止因砼水分蒸发散失过快引起砼收缩开裂。砼采用喷雾洒水养护。

第四节 隧道质量通病控制措施

一、隧道开挖质量通病及预防控制措施

测量放样时要精确标注开挖轮廓线，在开挖过程中控制好开挖断面，做到

测量精确，仰拱开挖须采用锅底开挖，严禁矩形开挖。

钻爆开挖影响，要消除超欠挖在日常施工中，一般很难做到，但可将超欠挖控制到最低限度，坚持岩变我变，及时对爆破参数进行调整，提高钻孔精度，采用合理的爆破技术和方法。

土质隧道采用机械开挖，严禁用机械一次开挖到位，必须预留 20 ~ 30cm 人工修整。

在开挖过程中根据实际情况确定预留变形量，应将施工中可能发生的围岩变化情况进行考虑。

严格按设计施作超前支护，控制好外插角、间距、数量、长度、搭接长度，防止因超前支护施做不到位造成超挖。

地质情况较差、局部出现坍塌时根据实际情况尽快施作初期支护进行封闭处理。开挖到设计轮廓线位置后，立即进行初喷封闭开挖面。

加强现场施工管理组织。

二、仰拱施工质量通病预防控制措施

（一）仰拱曲度不够

1. 原因分析

灌注仰拱混凝土不安装内模，无法保证仰拱的曲度，两侧混凝土捣固也不密实。

2. 防治措施

灌注仰拱混凝土必须支设内模，确保仰拱曲度和混凝土密实度。

（二）仰拱两端和仰拱填充两侧中埋式橡胶止水带位置不正确和损害

1. 原因分析

（1）仰拱内和仰拱填充中埋式橡胶止水带安装固定方法不正确，灌注混凝土时没有保护措施造成中埋式橡胶止水带中心线位置和施工缝中心不重合，出现扭曲现象等；

（2）开挖下一环仰拱土方采用挖掘机进行开挖，没有对已经预埋的止水带进行保护造成止水带有损坏现象；

2. 防治措施

（1）采取增加固定中埋式橡胶止水带钢筋，端头模板开槽夹止水带的措施保证止水带正确位置。确保止水带中心线位置和施工缝中心重合不出现扭曲变形现象。

（2）灌注仰拱混凝土时，应严格控制浇筑的冲击力，避免力量过大而刺破橡胶止水带，振捣棒不要碰撞预埋的止水带确保止水带的正确位置，同时还必须充分振捣，保证混凝土与橡胶止水带的紧密结合，灌注混凝土时发现止水带不正确及时进行处理。

（3）挖掘机挖掘仰拱土方时，应采取保护措施避免损坏已经预埋好的止水带，损坏的止水带采取补救措施。

（三）仰拱施工质量预防措施

1. 仰拱开挖应采用锅底形开挖，钻孔时注意炮孔的布置。

2. 仰拱施工前，必须将隧道底碴、杂物、积水等清理干净，超挖部分用同级混凝土回填。

3. 仰拱浇筑应一次成型，避免分部浇筑。

4. 仰拱施工缝和变形缝须做好防水处理。

三、隧道二衬裂缝质量通病及预防措施

（一）二衬裂缝的类型

1. 干缩裂缝

混凝土在硬化过程中水分逐渐蒸发散失，使水泥石中的凝结胶体干燥收缩产生变形，由于受到围岩和模板的约束，变形产生应力，当应力值超过混凝土的抗拉强度时，就会出现干缩裂缝。干缩裂缝多为表面性的，纹理较细小，走向没有规律。影响混凝土干缩裂缝的因素主要有：水泥品种、用量及水灰比，骨料的大小和级配，外加剂品种和掺量。

2. 温度裂缝

水泥水化过程中产生大量的热量，在混凝土内部和表面间形成温度梯度而产生应力，当温度应力超过混凝土内外的约束力时就会产生温度裂缝。裂缝宽度冬季较宽，夏季较窄。温度裂缝的产生与二次衬砌混凝土的厚度及水泥的品种、用量有关。

3. 荷载变形裂缝

地质原因或防水设施处理不当，围岩沉降产生荷载：仰拱和边墙基础的虚碴未清理干净，混凝土浇筑后，基底产生不均匀沉降：模板台车或堵头板没有固定牢固，以及过早脱模，或脱模时混凝土受到较大的外力撞击等都容易产生变形裂缝。荷载变形裂缝在隧道衬砌混凝土病害中占有的比例逐年增大。

4. 施工缝

施工过程中由于停电、机械故障等原因迫使混凝土浇筑中断时间超过混凝土的初凝时间，继续浇筑混凝土时，原有的混凝土基础表面没有进行凿毛处理，或者凿毛后没有用水冲洗干净，也没有铺水泥砂浆垫层，就在原混凝土表面浇筑混凝土，致使新旧混凝土接茬间出现裂缝。

（二）原因分析

1. 施工工艺或现场操作不规范

隧道开挖成型差，衬砌混凝土厚度严重不均匀：欠挖或初期支护侵入衬砌限界，造成衬砌混凝土厚度不足。个别隧道衬砌混凝土背后存在脱空、防水处理不当、防水板破漏等现象：未开展监控量测工作或量测走与形式仅凭经验来确定二次衬砌的施作时间，安全可靠性差，造成二次衬砌超设计荷载承受围岩压力：混凝土生产时原材料计量误差大，尤其外加剂的掺加随意性大，没有根据砂、石料的实际含水率及时调整施工用水量，造成混凝土水灰比增大。在混凝土运输及泵送过程中加水的现象也比较普遍：采用整体式钢模板台车施工，混凝土浇筑时不振捣或漏振，混凝土均质性差：盲目追求施工进度，随意提前脱模时间，使低强度混凝土过量承受荷载，破坏了混凝土结构。脱模后没有进行混凝土的潮湿养护：夏季施工时砂、石料露天堆放，无切实有效的降温措施，混凝土入模温度高。冬期施工时采取的防寒保温措施不力。

2. 原材料质量差、配合比设计不合理

水泥品种选择不当，安定性不良，不同批次的水泥混用。碎石、砂级配差，含泥量超标，碎石中石粉含量大，针、片状物过多，影响了水泥与骨料的胶结。进行配合比设计时，忽视水泥用量增多对混凝土品质的影响，错误认为水泥用量越多，混凝土强度越高。对掺合料和外加剂的选用缺乏专业技术人员的指导，往往达不到预期的效果。

（三）二衬裂缝预防控制措施

1. 加强超前地质预报工作

加强工程前期地质工作，为设计提供详尽的工程地质、水文地质勘探资料，提高设计的质量、同时在施工中加强做好超前地质预报工作，为不良地址段提供准确的数据基础。

2. 把好材料进场关，严格控制原材料的质量和技术标准

（1）水泥

施工现场多使用普通硅酸盐水泥，但应尽量减少单位水泥用量。不同品牌、不同规格、不同批次的水泥不能混用。

（2）碎石

根据泵送管路的内径，尽可能选用较大粒径的碎石。严格控制含泥量 ≤ 1%，针、片状物含量 ≤ 15%，粒径以 5–31.5mm 为宜，最大不超过 40mm。

（3）砂

采用级配良好的中砂，细度模数应为 3.0–2.3，粒径小于 0.315mm 的颗粒

含量所占比例宜为15-20%，严格控制含泥量在3%以内。为方便混凝土的运输、泵送和浇筑，砂率取35%-45%。

（4）水

最好选用饮用水。当采用其他水源时，应按国家现行《砼拌合用水标准》（JGJ63）的规定进行检验，PH值应大于4。水灰比越大，混凝土的干燥收缩越大。严格控制泵送混凝土的用水量是减少裂缝的根本措施。施工中水灰比在0.45-0.55之间，混凝土入泵塌落度控制在（12±2）cm。

（5）掺合料

推广掺加粉煤灰和膨胀剂的双掺技术，等量替代水泥，以减少水泥用量。对强度等级C25以下的混凝土，粉煤灰掺量一般为水泥用量的10%～15%，膨胀剂掺量为水泥用量的8%-12%，具体掺量需经试验确定。

（6）外加剂

高效减水剂能够有效减少拌合用水，降低水化热，延缓水化热释放速度，从而减少温度裂缝，但掺量过多，会引起混凝土的肿胀和开裂。施工时必须慎重选择外加剂的品种和掺量。

3. 严格混凝土施工工艺

（1）提高钻眼技术水平，优化钻爆参数，提高光面爆破效果，加强隧道开挖断面检测，严格控制超欠挖，为衬砌施工创造良好的条件。

（2）加强监控量测工作，严格控制二衬施做时间。二次衬砌施作，应在围岩和初期支护变形基本稳定时进行。当围岩变形较大、流变特性明显，需提前进行二次衬砌时，必须对初期支护或衬砌结构进行加强。

（3）混凝土的拌和：①严格按施工配料单计量，定期检查校正计量装置。加强砂石料含水率检测，及时调整拌合用水量。②控制混凝土的入模温度。夏季施工时，当气温高于32℃时，砂石料、搅拌机应搭设遮阳棚，用冷水冲洗碎石降温。尽量安排在夜间浇筑混凝土。

（4）混凝土的灌注：混凝土在运输和泵送过程中严禁加水：适当放慢灌注速度，两侧边墙对称分层灌注，到墙、拱交界处停1h-1.5h，待边墙混凝土下沉稳定后，再灌注拱部混凝土：混凝土灌注过程中必须振捣，振捣一般采用附着式振捣器和插入式振捣器组合振捣，以提高混凝土的密实度和均质性，减少内部微裂缝和气孔，提高抗裂性。

四、防排水质量通病预防控制措施

（一）衬砌环向施工缝渗漏水

1. 原因分析

（1）防水板焊接质量存在问题，或遭破坏；

（2）中埋式橡胶止水带施工质量不到位；

（3）排水盲管或盲沟被堵塞。

2. 措施

（1）采用以排为主，排、堵、截相结合的综合治水原则；

（2）每条焊缝均做充气压力检查；

（3）加强对防水板的保护，特别是二衬钢筋焊接施工时，应防止防水板被烧伤、灼伤，防止钢筋接头扎破防水板，混凝土浇筑振捣时，尽量防止破坏防水板；

（4）中埋式橡胶止水带必须严格按规范要求，保持直顺，无损坏；

（5）正确施作排水盲管，做好防排水施工。

（二）防水板铺设过程中的损坏

1. 原因分析

（1）土工布挂设采用带射钉的热塑性圆垫圈进行固定，热塑性圆垫圈与 EVA 防水板无法焊接，或焊接时烧坏。防水板和热塑性圆垫圈不是同一厂家，材料又是甲供材料。热塑性圆垫圈质量达不到设计的质量要求；

（2）拆除的中隔壁和临时仰拱工字钢接头没有抹平处理，容易造成防水板损坏；

（3）焊接二次衬砌钢筋对防水板不进行防护，造成防水板损坏。

2. 防治措施

（1）热塑性圆垫圈与 EVA 防水板无法焊接，防水板与土工布之间挂设采用射钉进行固定，射钉处再用防水板采用手持焊枪进行补焊；

（2）拆除的中隔壁和临时仰拱工字钢接头处，要求采用喷射混凝土或砂浆抹平，平整度用 2m 靠尺检查，表面平整度允许偏差：侧壁 5cm、拱部 7cm；

（3）挂设防水板前，仰拱预埋钢筋采用塑料管套在钢筋头上，防止钢筋头损坏防水板，焊接钢筋时在其周围用石棉水泥板进行遮挡，以免溅出火花烧坏防水板，灌筑二衬混凝土时输送泵管不得直接对着防水板，避免混凝土冲击防水板引起防水板被带滑脱，防水板下滑；

（4）二次衬砌钢筋绑扎完成后，要从新进行防水板进行复查，发现有损坏现象及时进行修补焊接处理，确保防水效果。

五、隧道路面质量通病预防控制措施

隧道路面为隧道土建施工的最后一道工序，路面的好坏直接影响隧道的使用寿命和行车安全，因此在隧道施工之前，对隧道路面施工中容易出现的质量问题以及隧道施工中经常出现的通病进行有针对性的防治，防治主要从原材料管理、工艺控制、实体检验三个方面进行。

隧道路面质量通病主要有以下 4 点：

1. 路面混凝土强度不够。

2. 路面混凝土开裂。

3. 路面平整度不符合要求。

4. 路面板面起砂、脱皮、露骨。

（一）路面混凝土强度不够防治措施

1. 加强混凝土的拌和质量控制，严格按照配合比进行拌合。

2. 缩短混凝土的运输时间，保证连续供应。

3. 加强混凝土的振捣工艺，严格控制混凝土的振捣时间，速度，振捣位置。

（二）路面混凝土开裂防治措施

1. 严格控制混凝土路面的基层厚度。

2. 按要求安装传力拉杆，传力拉杆的设置必须保证与路面平行保证其伸缩方向。

3. 待路面混凝土强度达标后在开放洞内交通，不得过早开放交通。

4. 在浇筑后要及时养护，防止混凝土表面水分蒸发而干燥。

5. 采用二次抹面，以减少表面收缩裂纹。

（三）路面混凝土平整度不够防治措施

1. 模板安装

模板质量及安装质量是影响路面平整度的重要因素，模板选用合适规格的钢模，安装模板的位置须牢固、可靠，缝隙位置须用素砼密封；施工时派专人进行模板检查。

2. 混凝土水灰比的控制

对水灰比的控制应注意二级控制，也就是对砂石材料的含水量控制，尤其是在雨天施工时候应加大频率，严格遵守计量控制，保证计量准确。加强塌落度的控制，异常时应每车料进行检查。

3. 提浆、刮平、抹面的控制

普通三滚轴的提浆应注意的是注意人工振捣找平后提浆次数不宜过多，一般为 3 次，静滚两遍，施工长度最长不宜超过 10m。刮尺时采用两把 3-4m 尺交错重叠进行，重叠宽度控制为 1m 左右，刮尺时候检查平整度情况。沿路线方向刮尺时产生间隙来衡量，不宜超过 2mm。

4. 抹面

人工精平后，如有条件尽量使用机械抹面进行。

（四）路面混凝土起砂、脱皮、露骨防治措施

1. 加强混凝土全面养身，采用无纺布覆盖全天候专人喷淋养身确保混凝土质量。

2. 加大混凝土塌落度、水灰比的测定，同时加大材料尤其是砂石料的含水量抽检。

3. 施工中提浆机械的提浆严格控制，确保其表面不形成“砂浆层”。

六、电缆槽外观质量通病

（一）原因分析

1. 立模不细致，不牢固，沟槽外沿没有按照线路中线控制。

2. 盖板预制、安装质量差。

3. 其他工序施工，多次掀起、搬动和碰撞而破损。

（二）电缆槽外观质量控制措施

电缆槽为隧道表面工程，表面施工质量影响隧道总体形象，因此要保证线性顺直，不能有错台、表面光洁。

1. 电缆槽必须进行测量放线控制，曲线根据半径大小，10m 或 20m 中线高程控制，直线 50m 控制。模板采用整体钢模板，保证一次浇筑成型，模板涂脱模剂，保证外观质量，模板安装完成后技术人员检查模板安设情况，线性是否达标，加固是否牢固。

2. 盖板预制采用预制场集中预制，采用定型钢塑模板，上下面留有标记，方便安装；盖板砼要求和易性良好，振动台振捣，确保表面光洁。

3. 盖板预制好以后存放在预制场，待隧道沟槽施工完成，没有其他工序影响时再集中安放，安放时采用砂浆填塞盖板与基础的间隙，要求安装稳当，不晃动。

七、隧道喷涂施工质量通病预防控制措施

（一）喷涂施工常见质量通病分析

高速公路隧道防火涂料施工时，由于施工环境、施工操作行为等种种因素，给施工造成了很多不利因素，影响了施工质量，经常性出现一些质量通病，具体表现在：隧道防火涂料在喷涂施工时，常处在低温高湿环境，涂层固化时间

使涂层没有足够的黏结强度，隧道洞壁隔离剂清理不彻底，造成涂料黏结力不牢，引起局部产生空鼓；隧道洞内衬砌混凝土一般采用衬砌台车逐段施工，这样会留有施工缝，施工环缝较大时，在喷涂涂料时不能充实施工环缝，使施工环缝处的基层与涂料产生分离，形成相邻部位的空鼓和裂缝；一次喷涂厚度太厚，造成涂层黏结力不足，或总体喷涂过厚导致涂料自重较大引起空鼓；隧道洞壁二村混凝土表面较光滑影响涂料黏附力，也容易引起空鼓脱落。

（二）喷涂施工常见质量通病预防控制措施

针对高速公路隧道常见的质量通病及问题，我们在隧道防火涂料施工过程中，首先充分做好施工准备，安排好施工作业时间，安全避开雨季、冬季潮湿、低温环境的不利条件，施工现场气温在 5℃以上，相对湿度 40% ~ 80%，且通风良好。施工前充分清理干净隧道洞壁，表面较光滑时用水泥浆拉毛后在喷涂料，并选取 30m 作为试验段，获取经验数据才开始大面积施工。喷涂时严格控制喷涂厚度，分层喷涂，以有效避免影响涂料黏结力引起空鼓或脱落。

第五节　隧道施工安全管理措施

一、组织保障

安全生产是我们施工企业项目管理当中，一项十分重要的管理内容，只有确保安全生产，才能抓好进度，保质保量完成项目任务，因此项目管理当中安全生产制度是否齐全，安全管理网络是否可靠，直接影响到该项目的最终效益和管理形象。为了认真贯彻“安全第一，预防为主，综合治理”的方针，认真落实“关于安全生产检查的若干规定”的通知精神，强化“谁主管谁负责”的原则，保障广大职工和人民生命财产安全，确保本工程安全、优质、按期、低耗地完成，特别制定本分部安全生产实施细则。安全生产管理机构、成员及职责为明确项目安全管理职责，提高安全管理效率，保证项目安全施工，项目部成立安全管理机构，领导并实施本项目实施过程中的安全生产管理工作。安全生产领导小组下设办公室，挂靠安全管理部，由安全总监担任办公室主任，负责安全生产管理工作，实施检查、督办和惩奖等各项工作。

二、制度保障

（一）安全管理“八严禁”

1. 严禁在危险区域设置施工驻地或加工场所

严禁在泥石流区、爆破区、滑坡体、洪水位下等危险区域设置施工驻地或加工场。施工现场的办公区和生活区应与作业区分开设置。

2. 严禁安全管理人员无证上岗

施工单位项目负任人、专职安全生产管理人员以及监理工程师必须取得交通运输主管部门颁发的安全生产培训考核合格证。安全管理人员的配置应满足施工安全管理需要。

3. 严禁作业人员未经安全教育培训和技术交底上岗作业

施工单位必须对作业人员进行安全生产教育和培训，保证作业人员具备必要的安全生产知识，熟悉有关安全生产规章制度和安全操作规程，掌握本岗位安全操作技能。未经安全生产教育和培训合格的作业人员不得上岗作业。特种作业人员必须持特种作业操作资格证方可上岗。作业人员上岗前必须由施工单位技术人员对其进行安全技术交底。

4. 严禁作业人员安全防护不到位上岗作业

施工单位应建立安全防护用品管理制度，配置必要的安全防护用品。安全防护用品必须具有产品合格证书。作业人员上岗作业时必须正确佩戴和使用安全防护用品。

5. 严禁特种设备未经检验合格投入使用

施工现场的特种设备必须有相应资质的检验检测机构进行验收，验收合格后方可投入使用。施工单位必须对特种设备进行定期检查和维修、保养。

6. 严禁未开展安全风险评估组织施工

项目单位必须建立风险源管理制度，强化风险源管理。施工单位必须按规定开展施工安全风险评估。监理单位应审查施工安全风险评估报告，无风险评估报告的，不得签发开工报告。

7. 严禁危险性较大工程未编制安全专项方案施工

危险性较大工程开工前必须编制安全专项施工方案，经监理工程师审批后方可实施。必要时，安全专项方案应组织专家评审。危险性较大工程施工时，必须执行项目领导带班制度。

8. 严禁在恶劣自然条件下进行露天施工

当出现雷电、暴雨、冰雹等恶劣天气或发生泥石流、滑坡等自然灾害时，必须提前做好防范措施，停止露天作业，及时撤离危险区域人员。

（二）隧道施工“八不准”

1. 洞口管理不到位不准施工

隧道施工必须封闭管理，严格执行人员进出登记制度。洞口应设置消防设施，加强边坡防护，并设置截水沟。按规定设置人员电子管理系统或视频监控系统。

2. 开挖支护管理不到位不准施工

隧道开挖面作业人员不得超过 9 人。隧道开挖必须采用与围岩地质条件相适应的工艺工法施工。初期支护必须紧跟开挖面，并严格控制仰拱、二衬与开挖面的安全距离。浅埋段或Ⅳ级以上围岩隧道严禁全断面开挖。

3. 地质超前预报不到位不准施工

长大及以上隧道或地质不良隧道必须开展超前地质预报。出现异常情况必须立即停止施工，在调整支护参数和工艺、工法和指定相应的处置方案，经审查同意后方可恢复施工。

4. 监控量测不到位不准施工

隧道施工必须进行监控量测。发现围岩变形、支护开裂、地面沉降或者数据异常的，必须停止施工，并制定相应的处置方案，经审查同意后方可恢复施工。

5. 洞内通风不到位不准施工

隧道开挖 150 米后必须采用机械通风，送风口与开挖面距离须符合有关要求，并加强空气质量检测。瓦斯隧道必须按要求安装瓦斯自动报警仪，实行不间断通风，并组织监测专班加强监测。瓦斯浓度大于 1% 时必须采取安全防突措施。

6. 爆破管理不到位不准施工

隧道施工必须实行控制爆破。严禁在隧道内同时运输、存储炸药、雷管。富水地段敷设爆破网络时，接头应做好防水、绝缘处理。瓦斯隧道爆破必须进行爆破设计，报经有关部门审批，并使用煤矿专用雷管和炸药，在洞外起爆，爆破前后须喷雾洒水，渣体用水浇头后方能运出洞外。

7. 防排水不到位不准施工

隧道施工必须制定防排水方案。反坡施工应采用多级泵站接力排水，顺坡施工应做好侧向排水沟。洞顶有河、塘、池、沟等时，应对底层进行防渗铺砌，溢水段应加以疏导。水位较高、围岩软弱的浅埋隧道应降低地下水位，提高地层稳定性。

8. 应急救援措施不到位不准施工

隧道施工必须制定应急救援预案，建立应急救援队伍，储备应急救援物资和设备，并经常组织开展应急演练。施工现场必须按规定设置救生和逃生管道、消防设施，布设应急照明、报警系统。

（三）安全教育培训

1. 安全排险救助的基本原则

（1）及时的原则；

（2）“先救人、后排险”的原则；

（3）“先防险、后救人”的原则；

（4）“先防险、后排险”的原则。

2. 安全排险救助工作的基本要求

（1）遵守安全排险救助的基本原则；

（2）及时地研究和制定安全排险救助的技术措施；

（3）统一指挥、分工明确、各尽其责、搞好协作配合；

（4）及时观察和研究排险救护工作进行的情况，发现问题时应及时研究解决，必要时，对原先不合适的措施做出修改。

3. 急救工作

（1）建立急救机构，随时提供急救服务，和南漳县医院建立联系，确保及时地将受伤和急病人员送去医院。

（2）急救机构应定期培训急救人员，向职工进行急救知识教育，增加和购买急救药品和器材。

（3）施工现场有受过急救培训、掌握抢救技术、熟悉在事故中营救伤员技能的专职或兼职急救人员，并配备急救药品和急救器材。

（四）安全教育

对参加高边坡的全体人员进行入场教育，由于其安全素质参差不齐、文化程度不同，开展全员性、全面性、针对性、成效性、经常性和发展性的安全教育。用以提高全员的安全生产素质，提高安全生产管理和技术措施的编制质量和实施效果。

（五）安全意识教育

通过对安全教育的认识、安全方面的知识了解、安全方面经验的宣传、培训教育，特别是事故案例教育，使“要我安全”变成“我要安全”“三不伤害”“四不放过”“事故是可以预防的”“安全生产重在预防”等安全管理理念深入每位施工人员的心中，落实到每位施工人员的管理、操作中。

（六）安全作业行为教育

1. 严格遵守有关的安全生产规范、规定、要求和制度。

2. 严格遵守岗位安全生产责任制。

3. 严格执行安全操作规程。

4. 认真执行安全施工施工技术措施。

5. 在执行上述规定中遇到问题时不自作主张，应及时报告。

6. 拒绝违指挥，违反劳动纪律、违反操作规程现象的发生，并劝阻别的违章行为。

7. 施工现场劳动纪律，禁止行为的教育。

（七）自我保护能力教育

1. 按照规定正确使用劳动防护用品，同时提醒别人正确使用。

2. 进入施工现场后，始终保持高度的安全警惕性，做到不伤害自己、不伤害别人、不被别人伤害。

3. 随时随地注意发现哪些表明出现不安全状态和安全事故征兆的异常情况，并及时检查、报告，采取措施解决。

4. 在出现危险时，迅速避开危险和用正确的方法保护自己，并同时通知人避开危险和进行自我保护。

（八）特种作业人员安全教育

特种作业是施工安全管理工作重中之重，因此项目部在对特种作业人员持证上岗这一把关上严格要求，并且还定期组织电气、电焊、起重吊装方面经验丰富的先进工人对施工作业人员进行安全操作技能、安全事故案例、安全意识等方面的安全交流会议；项目部还定期向各作业层队伍发放安全方面宣传资料，对重大吊装作业或起重量大的吊装作业进行现场安全教育和安全技术交底。

（九）特种机械设备安全管理

根据施工进展实际情况，施工用主要机械设备有发电机、钎孔钻、喷锚机等机械设备，因此应建立机械设备管理安全档案和维护保养纪录。

（十）施工技术、安全技术交底

项目部工程部、工区、质检、安全部在施工前向各部门、施工班组进行安全施工方安、安全技术交底，并做好施工交底纪录；施工班组再根据施工特点、工序要求对工人进行详细的安全交底，提高作业人员安全意识和安全操作技能水平。

（十一）高处作业安全管理

1. 患有高血压、心脏病、贫血病、癫痫病及其他不适合高空作业人员，不得从事高空作业。

2. 高空作业衣着方便，禁止穿硬底鞋、带钉易滑鞋。

3. 高空作所所用材料工具必须放置稳当，禁止抛掷物料工具。

4. 遇到恶劣天气如六级以上大风等应立即停止高空作业。

5. 严禁酒后上岗作业。

6. 严禁向下抛掷工具、扣件及其他物料。

（十二）用电安全管理

1. 施工临时用电符合施工临时用电安全技术规范要求，严格执行项目部制定的《施工临时用电安全方案》；

2. 电工必须持证上岗，电动工具必须由专业人员操作，严禁无证人员违章操作；

3. 定期对配电箱、配电柜、电动工具进行检验、检查、维修、调试等各项工作并进行记录；

4. 对用电设备进行保护接地，并实施“一机一闸一箱一漏电保护”，安全部每月组织一次专项用电安全检查；

5. 电工班定期检修和测试用电设备的安好性，特别是对设备的绝缘值经常测试；

6. 建立好交接班制度和设备运行记录，下班后锁好配电柜和配电箱；

7. 电工、电动工具操作人员必须按要求正确佩戴好安全防护用品。

（十三）特殊季节施工安全管理

夏季高温作业，做好防暑降温工作，调整作息时间，避开高温时段，防止人员中暑或由于中暑而导致二次事故发生。雨季来临前严格按照防洪防汛应急救援预案要求，准备防洪防汛所需物资，做好应对措施。

关注天气预报，及时做好大风大雨、雷电等恶劣天气应急措施，对主要设备进行覆盖，有条件的将机械、设备转到高处。

根据气候变化，灵活安排不同工种作业，做好冬季施工作业人员的安全防护用品配备，做好夏季作业人员的防暑降温工作；做好汛期安全工作；大雾天气，做好车辆指挥、疏导防撞警示工作、做好起重机械及其他车辆运输的安全管理；遇到雨雪等恶劣天气时，要及时清除道路及施工现场积水、积雪，严禁雨雪大风天气强行组织施工队作业。

（十四）安全检查

分部每月组织四次综合性安全检查评比，由项目安全总监带队组织施工一线工区、机械、工程、安全、质检等部门进行安全大检查，并对每次的安全检查结果进行通报并限期整改落实。

安全部牵头同机物部对主要施工机械，特种设备进行专项安全检查，深入了解机械设备运转情况，尽早发现机械故障和事故苗头，及时进行机械设备维护保养并做好机械设备运转记录。

安全部负责定期对施工临时用电、施工用气瓶、消防器材、安全防护措施等的安全检查工作和日常现场安全管理检查工作。

质检、工区负责对施工质量、施工技术控制，对日常施工质量进行全面检查。

加强在不利天气（大雨、雷电、大风、酷暑、霜冻等）条件下的安全检查，对关键工序、关键部位进行自检后邀请监理单位进行检查控制。

（十五）施工现场安全管理

1. 按国家安全生产标准规范要求，设置安全警示标牌，配电设施、气瓶存放区、交叉作业等危险区设置醒目的安全警示标志。

2. 落实高处坠落、物体打击、起重吊装、坍塌等各项安全防护措施，安全通道、围栏、安全网、木板等及时设置。

3. 现场安全管理人员、技术人员现场监督管理，发现事故隐患、不安全行为及时整改处理，严格执行“一岗双责制”。

4. 重要工序、危险性较大施工点安全部组织对工人进行安全技术交底，提高作业人员安全防范意识和应急能力。

5.2 米以上高空，根据施工实际设置安全爬梯和休息平台。

6. 加强对特种机械设备的安全管理和日常维护保养，操作人员交班时对设备安全装置、风罩、安全警示装置等进行检查确认后再使用。

7. 特种作业人员必须持证上岗，安全部对操作人员进行安全技术交底。

8. 严格要求劳动纪律，所有进入施工现场作业人员必须按要求佩戴安全防护用品。

9. 全面落实公司、项目部各项安全管理制度、按全操作规程，规范劳动行为。

10. 注重人文管理，以制度管人，加强施工现场文明施工。

三、施工安全技术保障措施

（一）一般要求

1. 施工场地应做出详细的部署和安置，出碴、进料及材料堆放场地应妥善布置，弃碴场地应设置在不堵塞河流、不污染环境、不毁坏农田的地段。对风、水、电等设施做出统一安排，并在进洞前基本完成。

2. 进洞前应先做好洞口工程，稳定好洞口的边坡和仰坡，做出天沟、边沟等排水设施，确保地表水不致危及隧道的施工安全。

3. 隧道施工的各班组间，应建立完善的交接班制度，并将施工、安全等情况记载于交接班的记录簿内，工地值班负责人应认真检查交接班情况。

4. 所有进入隧道工地的人员，必须按规定佩戴安全防护用品，遵章守纪，听从指挥。

5. 遇有不良地质地段施工时，应按照先治水、短开挖、弱爆破、强支护、早衬砌的原则稳步前进。如设计文件中指明有不良地质情况时，必要时应进行超前钻孔，探明情况，采取预防措施。

6. 施工场地应做出详细的部署和安置，出碴、进料及材料堆放场地应妥善布置，弃碴场地应设置在不堵塞河流、不污染环境、不毁坏农田的地段。对风、水、电等设施做出统一安排，并在进洞前基本完成。

7. 进洞前应先做好洞口工程，稳定好洞口的边坡和仰坡，做出天沟、边沟等排水设施，确保地表水不致危及隧道的施工安全。

8. 隧道施工的各班组间，应建立完善的交接班制度，并将施工、安全等情况记载于交接班的记录簿内，工地值班负责人应认真检查交接班情况。

9. 所有进入隧道工地的人员，必须按规定佩戴安全防护用品，遵章守纪，听从指挥。

10. 遇有不良地质地段施工时，应按照先治水、短开挖、弱爆破、强支护、早衬砌的原则稳步前进。如设计文件中指明有不良地质情况时，必要时应进行超前钻孔，探明情况，采取预防措施。

（二）管棚和超前小导管施工安全措施

1. 管棚和小导管施工前应检验作业台架安全性能，施工过程中应保持稳定。

2. 管棚和小导管施工前应检验钻机、注浆机及配套设备、风水管等施工机具的安全性能，施工过程中应确保钻机稳定牢固，注浆管接头及高压风水管连接牢固。

3. 管棚和小导管施工过程中应指定专人负责，对开挖工作面进行安全观测。

4. 管棚和小导管施工中应按作业程序和技术要求进行钻进、安装、注浆作业。

5. 管棚作业换钻杆及超前小导管作业顶进钢管时，应防止钻杆、钢管掉落伤人。管棚作业气地道钻杆及其他物件时，应指定专人专指挥，统一口令，起吊范围内任何人不得进入。

6. 在水压较高的隧道进行管棚钻孔作业时，应选择适合较高水压的钻孔设备，钻孔设备应采取防突水突泥冲出的反推或拴锚措施；应安装满足水压要求的带止水阀的孔口管，孔口管应安装牢固；作业时作业人员不应站立在孔口正面，且应远离孔口。

7. 进行管棚施工时应激励钻机钻进的各项技术参数，观察钻渣排出和孔内出水的情况，并与超前地质预报的结果核对。出现异常时，应及时报告并进行处理。

8. 管棚和小导管在运输时应根据运输机械、洞内临时存放场地大小、各类作业台架腹下净空限界确定运输长度和重量。

9. 管棚和小导管在作业平台上临时存放时，应根据平台设计荷载及安全性能检算结果确定存放数量和高度，同时应有房子其滚落、滑下的防护措施。在洞内空地堆放时除应采取防止滚落的措施外，还应设置醒目的安全警示标志。

（三）支护施工安全措施

1. 隧道各部（包括竖井、斜井、横洞及平行导洞）开挖后，除围岩完整坚硬，以及设计文件中规定的不需支护者外，都必须根据围岩情况、施工方法采取有效的支护。

2. 施工期间，现场施工负责人应会同有关人员对支护各部定期进行检查。在不良地质地段每段每班应设专人随时检查，当发现支护变形或损坏时，应立即整修和加固；当变形或损坏情况严重时，应先将施工人员撤离现场，再行加固。

3. 洞口地段和洞内水平坑道与辅助坑道（横洞、平行导坑等）的连接处，应加强支护或及早进行永久衬砌。洞口地段的支撑宜向洞外多架 3 ~ 4 榀钢架，并在其顶部压土一稳定支撑，待洞口建筑全部完工后方可拆除。

4. 洞内支护，宜随挖随支护，支护至开挖面的距离一般不得超过 4m；如遇石质破碎、风化严重和土质隧道时，应尽量缩小支护工作面。当短期停工时，应将支撑直抵工作面。

5. 不得将支撑立柱置于废碴或活动的石头上。软弱围岩地段的立柱应加设垫板或垫梁，并加木楔塞紧。

6. 漏斗孔开挖时应加强支护，并加设盖板；供人上下的孔道应设置牢固的扶梯。

7. 采用木支撑时应选用松、柏衫等坚硬且富有弹性的木材，其梁、柱的梢径不得小于 20cm，跨度大于 4m 时不得小于 25cm；其他连接杆件稍径不得小于 15cm，木板厚度不得小于 5cm。木支撑宜采用简单，直立、易于拆、立的框架结构，并应保证坑道的运输净空。

8. 钢支架安装，宜选用小型机具进行吊装，并应遵守本规程“起重吊装”的规定。

9. 喷锚支护时，危石应清除，脚手架应牢固可靠，喷射手应佩戴防护用品；机械各部应完好正常，压力应保持在 0.2Mpa 左右；注浆管喷嘴严禁对人放置。

10. 当发现已喷锚区段的围岩有较大变形或锚杆失效时，应立即在该区段增设加强锚杆，其长度应不小于原锚杆长度的 1.5 倍。如喷锚后发现围岩突变或围岩变形量超过设计允许值时，宜用钢支架支护。

11. 当发现测量数据有不正常变化或突变，洞内或地表位移值大于允许位移值，洞内或地面出现裂缝以及喷层以及喷层出现异常裂缝时，均应视危险信号，必须立即通知作业人员撤离现场，待制定处理措施后才能继续施工。

（四）锚杆施工安全措施

锚杆的设置应沿隧道轮廓法线方向，倾斜岩层应与岩面或围岩主要节理面垂直。锚杆施工时应根据锚杆设置及围岩实际情况及时调整锚孔角度及采用合适的钻杆和钻进方法。

锚孔钻进作业时，应保持钻机及作业平台稳定牢靠，除钻机操作人员外还应安排至少一人协助作业，作业人员应佩戴安全带、安全帽、防护眼罩等防护用品。

锚杆的类型、规格和质量必须符合国家现象标准的规定中空锚杆的性能指标应符合《中空锚杆技术条件》（TB/T3209）的规定。隧道拱部不应采用从杆体中空孔进浆的普通中空锚杆，各种锚杆必须上垫板、带螺帽，垫板与锚杆间不应采用焊接连接；垫板应紧贴孔口混凝土，并随时检查锚杆头的变形情况，及时紧固垫板螺帽。

在围岩破碎、自稳时间短、地应力较大地段，应采用早强砂浆锚杆或早强中空注浆锚杆，亦可采用增加锚杆数量、选用高强锚杆、加大锚杆长度和直径、加大钻孔直径、提高黏结材料饿黏结性能等措施。

锚杆安设后不得随意敲击，其端部在锚固材料终凝前不得悬挂重物。

（五）开挖、凿孔及爆破施工安全措施

1. 开挖及凿孔

（1）开挖人员到达工作地点时，应首先检查工作面是否处于安全状态，并检查支护是否牢固，顶板和两帮是否稳定，如有松动的石、土块或裂缝应先予以清除或支护。

（2）机械凿岩时，宜采用湿式凿岩机或带有捕尘器的凿岩机。

（3）站在碴堆上作业时，应注意碴堆的稳定，防止滑坍伤人。

（4）风钻钻眼时，应先检查机身、螺栓、卡套、弹簧和支架是否正常完好；管子接头是否牢固，有无漏风；钻杆有无不直、带伤以及钻孔堵塞现象；湿式凿岩机的供水是否正常；干式凿岩机的捕尘设施是否良好。不合要求者应予修理或更换。

（5）带支架的风钻钻眼时，必须将支架安置稳妥。风钻卡钻时应用扳钳松动拔出，不可敲打，未关风前不得拆除钻杆。

（6）在工作面内不得拆卸、修理风、电钻。

（7）严禁在残眼中继续钻眼。

2. 爆破

（1）装药与钻孔不宜平行作业。

（2）爆破器材加工房应设在洞口 50m 以外的安全地点。严禁在加工房以外的地点改制和加工爆破器材。长隧道施工必须在洞内加工爆破器材时，其加工硐室的设置应符合国家现行的《爆破安全规程》（GB6722-86）的有关规定。

（3）爆破作业和爆破器材加工人员严禁穿着化纤衣物。

（4）进行爆破时，所有人员应撤离现场，其安全距离为。

①独头巷道不少于 200m；

②相邻的上下坑道内不少于 100m；

③相邻的平行坑道，横通道及横洞间不少于 50m；

④全断面开挖进行深孔爆破（孔深 3—5m）时，不少于 500m。

（5）洞内每天放炮次数应有明确的规定，装药离放炮时间不得过久。

（6）装药前应检查爆破工作面附近的支护是否牢固；炮眼内的泥浆，石粉应吹洗干净；刚打好的炮眼热度过高，不得立即装药。如果遇有照明不足，发现流沙、泥流未经妥善处理，或可能有大量溶洞涌水时，严禁装药爆破。

（7）洞内爆破不得使用黑色火药。

（8）为防止点炮时发生照明中断，爆破工应随身携带手电筒，严禁用明火照明。

（9）采用电雷管爆破时，必须按国家现行的《爆破安全规程》（GB6722-86）的有关规定进行，并应加强洞内电源的管理，防止漏电引爆。装药时可用投光灯、矿灯照明。起爆主导线宜悬空架设，距各种导电体的间距必须大于 1m。

（10）爆破后必须经过 20min 通风排烟后，检查人员方可进入工作面，检查有无“盲炮”及可疑现象；有无残余炸药或雷管；顶板两帮有无松动石块；支护有无损坏与变形。在妥善处理并确认无误后，其他工作人员才可进入工作面。

（11）当发现“盲炮”时，必须由原爆破人员按规定处理。

（12）装炮时应使用木质炮棍装药，严禁火种。无关人员与机具等均应撤至安全地点。

（13）两工作面接近贯通时，两端应加强联系与统一指挥。岩石隧道两工作面距离接近 15m（软岩为 20m），一端装药放炮时，另一端人员应协调放炮时间。放炮前要加强联系和警戒，严防对方人员误入危险区。

（14）土质或岩石破碎隧道接的贯通时，应根据岩性适当加大预留贯通的安全距离，此时只准一端掘进，另一端人员和机具应撤离至安全地点。贯通后的导坑应设专人看管，严禁非施工作业人员通行。

（六）喷射混凝土施工安全措施

1. 喷射混凝土作业前应清除工作面松动的岩石，确认作业区无塌方、落石等危险源存在。

2. 喷射混凝土作业人员应佩戴防尘口罩、防护眼镜等防护用具，并避免直接接触液体速凝剂，不慎接触后应立即用清水冲洗。

3. 非施工人员不进入正在进行喷射混凝土的作业区，施工中喷嘴前严禁站人。

4. 喷射混凝土作业中如发生输料管路堵塞或爆裂时，必须一次停止投料、送水和供风。

5. 喷射混凝土施工中应经常检查输料管、接头的使用情况，当有磨损、击穿或松脱时应及时处理。

6. 在有水地段喷射混凝土前应对渗水进行处理，应将分散的恩水集中引出，严禁采用防水布或铁皮等遮盖材料大面积引水大面积造成混凝土与岩体分离，喷射混凝土中采用特殊添加材料在有水地段直接作业时，应先进性试验，满足要求后推广使用。

（七）洞内运输安全措施

1. 各类进洞车辆必须处于完好状态，制动有效，严禁人料混载。

2. 进洞的各类机械与车辆，宜选用带净化装置的柴油机动力，燃烧汽油的车辆和机械不得进洞（如通风良好，可以达到本章“通风及防尘”要求者除外）。

3. 所有运载车辆均不准超载、超宽、超高运输。运装大体积或超长料具时，应有专人指挥，砖车运输，并设置显示界限的红灯。

4. 进出隧道的人员应走人行道，不得与机械或车辆抢道，严禁扒车、追车或强行搭车。

5. 装碴

（1）人工装碴，应将车辆停稳制动。漏斗装碴时，应有联络信号，装满时应发出停漏信号，并及时盖好漏碴口。接碴时，漏斗口下不得有人通过。

（2）人工卸碴，应将车辆停稳制动，严禁站在斗车内扒碴。

（3）机械装碴时，坑道断面应能满足装载机械的安全运转，装碴机上的电缆或高压胶管应有专人收放，装碴机械操作时，其回转范围内不得有人通过。

6. 洞内运输

（1）洞内运输的车速不得超过：人力车 5km/h；机动车在施工作业地段单车 10km/h，有牵引车时 15km/h；机动车在非作业地段单车 20km/h，有牵引车时 15km/h，会车时 10km/h；

（2）车辆行驶中严禁超车；

（3）在洞口、平交道口及施工狭窄地段设置“缓行”标志，必要时应设专人指挥交通；

（4）凡停放在接近车辆运行界限处的施工设备与机械，应在起外缘设置低压红色闪光灯，组成显示界限，以防运输车辆碰撞；

（5）在洞内倒车与转向时，必须开灯鸣号或有专人指挥；

（6）洞外卸碴地段应保持一段的上坡段，并在堆碴边缘内 0.8m 处设置挡木；

（7）路面应有一定的平整度，并设专人养护；

（8）洞内车辆相遇或有行人通行时，应关闭大灯光，改有近光或小灯光。

7. 爆破器材运输

（1）在隧道工程外部运输爆破器材时，应遵守《中华人民共和国民用爆炸物品管理条例》。

（2）在任何情况下，雷管与炸药必须放置在带盖的容器内分别运送。人力运送时雷管与炸药不得由一人同时运送；汽车运输时，雷管与炸药必须分别装在二辆车内运送，其间距应相隔 50m 以上。

（3）人力运送爆破器材时必须有专人护送，并应直接送到工地，不得在中途停留；一人一次运送的炸药数量不得超过 20kg 或原包装一箱。

（4）汽车运送爆破器材时，汽车排气口应加装防火罩，运行中应显示红灯。器材必须由爆破工专人护送，其他人员严禁搭乘。爆破器材的装载高度不得超过车厢边缘，雷管或硝化甘油类炸药的装载不得超过二层。

（5）严禁用翻斗车、自卸汽车、拖车、拖拉机、机动三轮车、人力三轮车、自行车、摩托车和皮带运输机运送爆破器材。

（八）通风及防尘

1. 隧道作业环境标准

（1）粉尘允许浓度：每立方米空气中，含有 10% 以上游离二氧化硅的粉尘必须在 2mg 以下。

（2）氧气不得低于 20%（按体积计，下同）。

（3）瓦斯（沼气）或二氧化碳不得超过 0.5%。

（4）一氧化碳不得超过 $30mg/m^3$。

（5）氮氧化物（换算成二氧化氮）浓度应在 $5mg/m^3$ 以下。

（6）二氧化硫浓度不得超过 $15mg/m^3$。

（7）硫化氢浓度不得超过 $10mg/m^3$。

（8）氨的浓度不得超过 $30mg/m^3$。

（9）隧道内的气温不宜超过 28℃。

2. 隧道内空气成分每月应至少取样分析一次；风速、含尘量每月至少检测一次。

3. 隧道施工时的通风，应设专人管理。应保证每人每分钟供给新鲜空气 1.5 ~ $3m^3$。

4. 无论通风机运转与否，严禁人员在风管的进出口附近停留，通风机停止运转进任何人员不得靠近通风软管行走和在软管旁停留，不得将任何物品放在通风管或管口上。

5. 施工时宜采用湿式凿岩机钻孔，用水炮泥进行水封爆破以及湿喷混凝土喷射等有利于减少粉尘浓度的施工工艺。

6. 在凿岩和装碴工作面上应做好下列防尘工作。

（1）放炮前后应进行喷雾与洒水；（2）出碴前应用水淋透渣堆和喷湿岩壁；（3）在吹如式的出风口，宜放喷雾器。

7. 防尘用水的固体含量不应超过 50mg/L，大肠杆菌不得超过 3/1。水池应保持清洁，并有沉淀或过滤设施。

（九）照明、排水及防火

1. 照明

（1）隧道内的照明灯光应保持亮度充足、均匀及不闪烁，应根据开挖断面的大小、施工工作面的位置选用不同的高度；

（2）隧道内用电线路，均应使用防潮绝缘导线，并按规定的高度用瓷瓶悬挂牢固。不得将电线挂在铁钉和其他铁件上或捆扎在一起。开关外应箱盖，采用封闭式保险盒。如使用电缆亦应牢固地悬挂在高处，不得放在地上；

（3）隧道内各部的照明电压应为：开挖、支撑及衬砌作业地段为 12 ~ 36v；成洞地段为 110 ~ 220v；手提作业灯为 12 ~ 36v；

（4）隧道内的用电线路和照明设备必须设专人负责检修管理，检修电路与照明设备时应切断电源。

（5）在潮湿及漏水隧道中的电灯应使用防水灯口。

2. 排水

（1）在有地下水排出的隧道，必须挖凿排水沟，当下坡开挖时应根据涌水量的大小，设置大于 20% 涌水量的抽水机具予以排出。抽水机械的安装地点应在导坑的一侧或另开偏洞安装，并用栅栏与隧道隔离；

（2）抽水设备宜采用电力机械，不得在隧道内使用内燃抽水机。抽水机械应有一定的备用台数；

（3）隧道开挖中如预计要穿过涌水地层，宜采用超前钻孔探水，查清含水层厚度、岩性、水量、水压等，为防治涌水提供依据；

（4）如发现工作面有大量涌水时，应即令工人停止工作，撤至安全地点。

3. 防火

（1）各洞、井口施工区，洞内机电硐室、料库等处均应设置有效而数量足够的消防器材，并设明显的标志，定期检查、补充和更换，不得挪作他用；

（2）洞口 20m 范围内的杂草必须清除。火源应距洞口至少 30m 以外。库房 20m 范围内严禁烟火。洞内严禁明火作业与取暖；

（3）洞内及各硐室不得存放汽油、煤油、变压器油和其他易燃物品。清洗风动工具应在专用硐室内，并设置外开的防火门。

（十）瓦斯隧道施工方法及措施

1. 隧道电源

高瓦斯隧道和瓦斯突出隧道供电应配置 2 套电源。建立双电源的目的，是为了保证洞内通风，特别是通过瓦斯段时的连续通风，以防因停电而使通风中断，造成瓦斯聚集而诱发瓦斯事故。当建立双电源有困难时，可设置备用发电机，备用发电机的发电量应满足通风机的需要，如果连备用发电机也没有，当通风中断，恢复通风时可由外向里逐步推进，直至全隧瓦斯浓度降低到 1% 以下后，再向洞内送电。

2. 瓦斯检测

瓦斯检测是瓦斯隧道施工中一项十分重要的工作。

瓦斯检测仪器种类繁多，按产地有国产和进口之分，国产仪器结构简单，性能稳定，操作方便，而且价格适中，按测量原理，瓦斯检测仪器分光干涉、热催化、热导、气敏、红外等类型，前 3 种用得较多，由于测量原理不同，各种仪器各有其优缺点，同时使用上述至少 2 种仪器，可以集仪器之所长，弥补其不足，检测结果可以相互参照，彼此验证。在一个施工循环中，瓦斯含量增加幅度最大的工序是在凿眼过程中和放炮之后，这是因为炮眼可能成为与前方瓦斯层的连接通道：而放炮之后，由于突然揭露出大面积的新鲜岩层，有可能使封闭的瓦斯层完全暴露，致使瓦斯沿围岩裂隙大量涌出。因此，加强凿眼过程中及装药前和放炮后的瓦斯检测至关重要，抓住了这个环节就抓住了检测瓦斯的牛鼻子。

瓦斯检测需要重视的另一问题是检测的部位。由于瓦斯比空气轻，而且有很强的扩散性，当隧道风速小到一定程度（通常认为风速不应小于 0.5m/s）时，瓦斯将游离出来，在隧道顶层和死角处聚集，局部甚至超限达到爆炸浓度，因此，隧道顶部及顶部超挖的空洞、盲巷、避车洞等是检测的重点。特别注意：当瓦斯浓度达到 1% 时，禁止打眼、装药、放炮；瓦斯浓度到 1.5% 时，撤人、停电、通风。

3. 使用防爆电器和作业机械

隧道内高瓦斯工区和瓦斯突出工区的电气设备和作业机械，必须是矿用防爆型。瓦斯隧道内，对固定敷设的电缆、照明、通信、信号采用防爆型，即使高瓦斯工区和瓦斯突出工区的移动电气设备和作业机械，也可采用非防爆型，这是因为，如前所述瓦斯隧道在施工过程中，洞内瓦斯含量增加幅度最大的工序是在凿眼过程中和放炮之后，放炮后经过通风把瓦斯浓度降低到 0.5% 后，非防爆的移动电气设备和作业机械即可进洞作业。在正常通风条件下，洞内瓦斯浓度将继续下降或保持相对稳定状态，即使出现因通风中断使洞内瓦斯浓度升高的情况，还可采取使这些非防爆的移动电气设备和作业机械就地熄火或开出隧道的方式来处置。

瓦斯隧道使用非防爆型的移动电气设备和作业机械，即实行“半防爆”方案，在电气设备和作业机械的配置方面留有更大的选择空间，也节省了投资。

4. 平行导坑

长瓦斯隧道往往设计有辅助导坑，其中又以平行导坑居多，如果设置平行导坑的目的仅仅是为了解决正洞通风问题的话，还是不设置的为好，其原因是：

（1）平行导坑断面小，其高度远低于正洞，瓦斯比空气轻，容易聚集在正洞顶部，采取巷道式通风，把平行导坑作为回风巷道时，很难排除正洞顶部的瓦斯，对正洞的排烟降尘作用也十分有限，正洞还容易出现循环风；（2）平行导坑本身也存在独头掘进，长距离通风问题；（3）平行导坑同样要揭煤和防治瓦斯，这实际上是人为地增添了不安全因素；（4）平行导坑的造价一般相当于正洞造价的 40%，成本过大。欲解决长瓦斯隧道的通风问题，完全可以通过优化通风方案和加强通风管理，用管道通风来实现。

5. 通风

通风是排烟降尘和稀释瓦斯的最主要手段，瓦斯隧道宜采用管道压入式或混合式通风 " 在长距离通风中，为了提高风压，可将 2 台风机串联工作。

风量按同时工作最多人数的吸氧量（按 4m3/ 人计算）以及回风流瓦斯浓度不超限（瓦斯浓度小于 0.75%）分别计算，并按允许最低风速（0.25m/s）进行检验，取最大值。

除进行以上计算和检验外，还必须进行稀释柴油机尾气中 CO 的计算，并取其最大值，由于内燃机产生的 CO 量与行车速度、路面好坏、内燃机性能、柴油质量、有无净化装置以及运输距离等因素有关，许多因素难以定量，所以多以经验公式计算，即

$Q=Q_0\sum N$

式中：Q—无轨运输所需风量；

Q_0—单位功率的通风量，一般取 $Q_0=4.0m^3/KW$；

$\sum N$—洞内作业柴油机功率的总和。

计算所需风量还应考虑风阻、风耗因素，以选取供风量合适的通风机。由于风管阻力与风管直径的 5 次方成反比，所以应尽可能选用大直径风管。但从方便施工和减少风管对衬砌台车的干扰考虑，风管直径以 1.2–1.3m 为宜。

6. 超前钻探

超前钻探是为了准确掌握煤层的位置、产状、厚度和瓦斯储存状况，采用地质钻机进行超前钻探，并在距煤层 10m、5m（垂距）时分别进行钻探，也可用风钻进行钻探，其方法是：进入煤系地层后，每次打眼都用 5m 钻杆打 2–3 个超前钻孔，而放炮则控制在 3m 以内，使工作面始终保持距煤层 2m 以上的安全距离，根据打眼时的钻进速度、岩屑性质及浆液颜色，很容易对煤层作出判断。

超前钻孔的位置可根据岩层产状确定：当掘进由煤层顶板进入煤层时，超前钻孔布置在隧道底部；反之，当掘进由煤层底板进入煤层时，超前钻孔布置在隧道顶部。采用 5m 超前钻探工艺，避免了钻机的频繁移动，不中断隧道的正常掘进，简便易行，事半功倍，同时由于科学布孔，最大限度地发挥钻孔作用，超前探孔还可兼作炮眼，节约成本，提高工效。

7. 使用煤矿安全炸药和毫秒电雷管

瓦斯工区的爆破作业必须使用煤矿安全炸药和毫秒电雷管。

煤矿安全炸药加入了食盐作消焰剂，能吸收热量，降低爆炸气体的温度，削弱瓦斯与氧的连续反应，安全性高；但其爆力和猛度只相当于一般岩石铵锑炸药的 80%。毫秒电雷管总延期时间不能超过 130ms，只能选用到 5 段，难以满足公路隧道大断面的施工要求。基于上述原因，在瓦斯工区掘进时，当洞内瓦斯从无到有，由小变大，浓度达到 0.5% 时再使用煤矿安全炸药和毫秒电雷管。而不必提前使用，这样做，既保证安全，使煤矿安全炸药和毫秒电雷管的使用更具针对性，又使煤矿安全炸药和毫秒电雷管给施工带来的不利因素降低到了最低限度。

8. 揭煤放炮

当预测为突出工作面时，必须采取防治突出措施，经效果检验有效后可用远距离放炮或震动放炮揭穿煤层；当预测为无突出危险时，可不采取防治突出措施，但必须采取震动放炮揭穿煤层。

所谓“震动放炮”，是指通过多打眼（每 m2 断面 4 ~ 5 个炮眼），多装药（炸药为正常掘进量的 1.5 ~ 2 倍），一次放大炮，使煤体及岩层造成强烈的震动，在人员撤到安全地点的条件下诱导突出，以保证作业的安全。震动放炮适合于煤矿揭煤：矿山井巷断面小，震动放炮不致引起塌方。但公路隧道断面大，由于煤系地层岩性松软，震动放炮引起围岩强烈振动，极易造成隧道大面积坍塌。因此，瓦斯隧道在揭煤时，经预测无论煤层有无突出危险性，都不宜采取震动放炮，而应采取远距离放炮。

为了保证既能一次揭开煤层，又不致因过度“震动”而引起围岩坍塌，应结合掘进在工作面进行爆破试验，不断调整爆破参数，使之达到最佳的爆破效果，尽可能减少对围岩的扰动。揭煤后应及时支护加固围岩，以防坍塌。

9. 瓦斯救护

高瓦斯工区及瓦斯突出工区应配备救护队。施工瓦斯隧道，不可预见和无法抗拒因素多。施工任何一条瓦斯隧道，都不能保证绝对不发生瓦斯事故。配备救护队的目的，就是为了及时、有效地对瓦斯事故进行救护。救护队是一支专业队伍，人员必须经过专业培训，而且要有相应的装备和器材。施工期间可与地方救护队建立协作关系。

10. 加强安全教育

（1）开挖工作面风流中瓦斯浓度达到 1% 时，必须停止用电钻打眼，并在放炮地点附近 20m 以内严禁放炮；达到 1.5% 时必须停止工作，撤出人员切断电源进行处理；个别地段达到 2% 时，人员撤离并立即进行处理。瓦斯浓度必须在 1% 以下，才准开动机器；（2）采用湿式凿岩，严禁打干钻；（3）禁绝火源火种入洞；（4）洞内急电设备必须采用防爆型，坑道内输电线路必须使用密闭电缆，不得使用皮线，电压不得超过 110V；（5）灯头、开关、灯泡等照明器材必须采用防爆型，开关必须设置在送风道或洞口。

第七章　案例分析

——河北省茅荆坝（蒙冀界）至承德公路隧道施工标准化管理实施细则

第一节　总　则

一、目的及范围

（一）为规范高速公路隧道工程施工，明确作业流程和施工要点，提高标准化管理水平，克服质量通病，保证施工质量和安全生产，特制定本实施细则。

（二）隧道施工必须遵守国家有关生态、环境保护的法律法规，制定防止噪声、粉尘、废水污染环境的措施，保护原有植被地貌，弃渣合理处置，做到文明施工。

（三）本实施细则适用于河北省茅荆坝（蒙冀界）至承德公路项目隧道工程施工管理。

二、编制依据

（一）国家、交通运输部等公路工程建设主管部门颁布的与隧道工程相关的文件、标准、规范、规程和指导意见 。

（二）行业内现行的先进施工工艺和管理办法 。

（三）河北省高速公路建设指挥部办公室“关于在大广公路蒙冀界至承德段高速公路建设项目上全面推广精细化管理试点工作的通知”冀高指办【2010】4 号文。

（四）《高速公路建设质量年活动文件汇编》（2009 年 4 月）。

（五）《高速公路平安工地建设施工安全防护设施量化标准》及《高速公路“平安工地”建设达标验收标准》 。

（六）《关于大广公路冀蒙界至承德段工程环境影响报告书批复》1.2.7《河北省高速公路承赤筹建处精细化管理实施细则》 。

三、主要内容

本实施细则分为总则、施工准备、施工测量、洞口与明洞工程、洞身开挖、初期支护与辅助工程措施、仰拱与底板、防水与排水、二次衬砌、路面及附属工程、超前地质预报、隧道监控量测、安全环保管理与文明施工、档案管理与验收以及首件工程和工法。

第二节　术　语

一、隧道净空

隧道衬砌的内轮廓线所包围的空间，包括公路通行限界、通风、照明及其他所需的段面积。

二、围岩

坑道开挖后，由于工程力的作用破坏了岩体原先的应力状态，使坑道周围一定范围内的原有岩体受到影响。这部分受到影响的岩（土）体与坑道的稳定性有关，称之为围岩。其范围与坑道开挖情况、岩（土）体性质、结构面性质及岩块形状等许多因素有关。

三、 围岩自承能力

在隧道开挖后，由于周围岩体自身整体性和强度较高，通过岩体间的镶嵌、咬合作用而具有承受由开挖而产生的岩体应力的能力称为围岩自承能力。

四、新奥法

在软弱岩层中修建隧道时，用混凝土作为临时支承，在开挖后立即喷上一层混凝土以将岩层封闭起来（必要时用锚杆加固），并进行施工量测，待变形发生到一定程度时做永久衬砌对下一步设计、施工提出修正。

五、衬砌

在隧道施工中，为了保持岩体的稳定和行车安全而修建的人工永久建筑物。一般根据围岩的特性不同而采用直墙式衬砌、曲墙式衬砌及复合衬砌等。

六、支撑

在坑道开挖到衬砌完成之前的一段施工时间内，为了保证施工安全、减少围岩松弛而对坑道进行临时支护。常见的形式有：木支撑、锚杆支撑、喷混凝土等，也有将锚杆支撑、喷混凝土支撑作为永久支护。

七、喷锚支护

喷锚支护是利用喷混凝土和锚杆主动加固围岩，控制围岩变形、防止围岩的松动、破坏和塌落，使混凝土在与围岩的共同变形过程中确保围岩的稳定。

八、隧道通风

在隧道中，为了减小汽车废气对行车安全和人体健康的影响，将一氧化碳和烟雾浓度作为计算新风量标准，进行通风的方式称为隧道通风；具体分为自然通风和机械通风两大类。

九、隧道防水

在隧道内设置防水层，使地下水不能进入隧道，有可能时，应在衬砌表面设置外贴式防水层或在衬砌表面上高速喷射水泥砂浆或混凝土作为刚性防水层。

十、 岩爆

埋藏较深的隧道工程，在高应力、脆性岩体中、由于施工爆破扰动原岩、岩体受到破坏，使掌子面附近的岩体突然释放潜能，产生脆性破坏，这时围岩表面发生爆裂声，随之有大小不等的片状岩块弹射剥落出来。

十一、湿式喷射混凝土技术

将除速凝剂外包括水在内的所有集料组分在送入喷射机前拌和制备完成。制备完成的成品混凝土消除了游离态的水泥颗粒，在运输、上料、喷射机喂料过程中基本不产生粉尘，只在喷嘴处有少量高速气流运动形成的粉尘，保护了施工环境。有效解决传统干喷（潮喷）工艺存在的粉尘、回弹、混凝土品质控制三大难题。

第三节　施工准备

一、 一般规定

（一）隧道施工前项目总工组织地质工程师和隧道施工负责人、技术负责人、施工员、试验员、安全环保员等相关人员做好以下现场调查：

1. 隧道施工对地表和地下既有结构物的影响。

2. 施工场地布置与洞口相邻工程、弃渣利用、农田水利、征地等的关系。

3. 交通运输条件和施工便道的调查。

4. 施工中和运营后对自然环境、生活环境的影响及需要采取的保护措施。

5. 可利用的电源、动力、通信、物资、消防、劳动力、生活供应、医疗卫生条件。

6. 材料的产地、产量、供应、质量情况。

7. 水源、水质调查及施工供水方案。

（二）熟悉和核对设计文件，结合现场调查，制定实施性施工组织设计，申报单位、分部、分项开工报告。

（三）根据隧道规模、技术难度建立项目驻地、工地试验室、拌合站、钢筋加工厂，并通过筹建处组织的专项验收。

（四）隧道开工前制定桥隧相连处的专项施工方案，落实弃渣场地，贯通施工便道。

二、人员、材料和设备准备

（一）施工人员

1. 一般特长和长隧道由主管隧道的项目副经理常驻现场主持工作，其他隧道视施工难易程度确定现场负责人，现场负责人必须是具备资格的承包人单位长期在册职工。

2. 根据工程规模、工期和技术难度配备相应的施工、技术、测量、试验、环保、地质、质量和安全管理人员。

3. 隧道施工的钻爆、运输、支护、模筑衬砌等作业均安排专业化队伍进行流水施工，施工前应根据工期安排制定详细的施工进度计划和劳动力需求计划。

4. 单洞施工人员最低配置图见图 3–1（针对特长和长隧道）

5. 从事隧道施工的各类特殊岗位人员均应持证上岗。开工前承包人应对各类施工人员做好岗前培训和安全、技术交底，经考核合格后颁发上岗证。

6. 承包人应向作业人员提供必需的安全防护用具（如安全帽、安全带、口罩、耳塞、绝缘鞋、绝缘手套等）和安全防护服装。

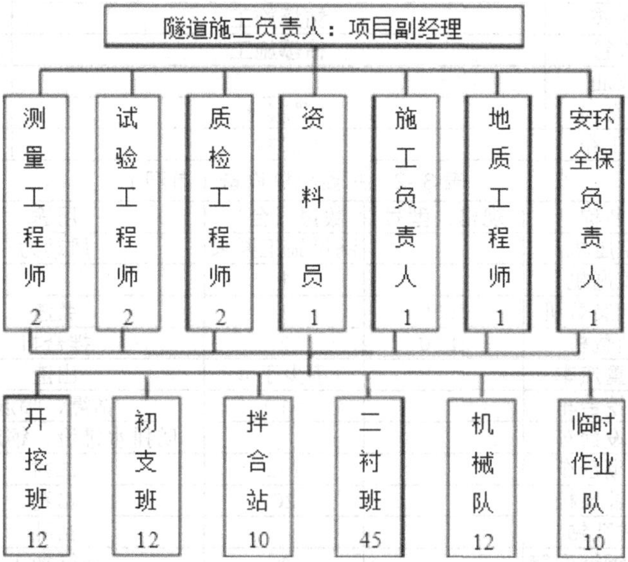

图 3-1　单洞施工人员最低配置图

（二）材料采备

1. 隧道施工前应做好材料的采备和质量检测工作，并根据施工进度计划，制订材料供应计划；

2. 隧道施工材料质量控制按照《承赤高速公路原材料质量管理办法》进行，实行原材料准入制度；

3. 隧道施工主要材料见表 3-1。

（三） 主要设备准备（单洞）

1. 机械设备应本着性能优良、数量配套合理、工效高的原则配备，使用前完成相应的检定工作，并根据施工进度计划安排，分阶段、分期组织进场，以满足施工需要。

2. 二衬台车在隧道进洞前适时进场。

3. 隧道施工机械设备见表 3-2。

表 3-1　隧道施工主要材料一览表

序号	材料名称	所用部位	甲控	甲供
1	水泥	初期支护、二衬、仰拱、洞口边坡、垫层、路面	√	
2	钢筋	Ⅳ Ⅴ级围岩初期支护、二衬、仰拱、路面	√	
3	碎石	初期支护、二衬、仰拱、洞口边坡、垫层、路面	√	
4	型钢	Ⅴ级围岩初期支护	√	
5	锚杆	Ⅲ Ⅳ Ⅴ级围岩初期支护	√	
6	砂	初期支护、二衬、仰拱、洞口边坡、垫层、路面		
7	外加剂	初期支护、二衬、路面	√	
8	防水板	二衬	√	
9	透水管	初期支护		

10	粉煤灰	二衬		
11	炸药	钻爆施工		
12	雷管	钻爆施工		
13	柴油			
14	硅微粉	混凝土	√	
15	土工布	二衬	√	

表 3-2　主要机械设备（单洞）

序号	名称	规格、型号	数量（台）	用途	性能
1	空压机		满足施工要求	风动力	良好
2	挖掘机		1		良好
3	侧翻装载机	ZL50	1	装渣	良好
4	装载机	ZL50	2	拌合机	良好
5	载重汽车		不少于 4	出渣	良好
6	开挖台车		1	钻爆、喷混	良好
7	架设台车			防排水铺设、钢筋绑扎	良好
8	衬砌台车		1-2	二衬	良好
9	钻孔风枪		20	钻孔	良好
10	浅孔钻		1	钻孔	良好
11	数控钢筋弯箍机		1	钢筋加工	良好
12	数控钢筋弯箍机		1	钢筋加工	良好
13	砼拌合机	JS1000	2		良好
14	管棚机		1	管棚钻孔	良好
15	型钢成型机		1	钢拱架	良好
16	湿喷机		4	喷混	良好
17	碎石破碎机		2	碎石加工	良好
18	钢筋加工设备		2 套		良好
19	变压器	600KVA	1		良好
20	发电机	200KVA	1	临时供电	良好

注：型号按隧道的施工情况而定，设备的配置应充分考虑备用设备的进场。

三、施工场地和临时工程

（一）施工场地

隧道开工前应绘制施工现场总体布置图。施工场地布局一般采取“一次规划，分期实施”的原则。

1. 临时工程应满足安全、环保和便于施工正常开展的需要。

2. 临时房屋的布置应避开自然灾害威胁的地段，并制定相应的应急预案；临时房屋采用彩钢板房，周围做好防排水措施，冬季做好防冻、取暖措施。

3. 施工便道引至洞口，满足行车安全要求，并经常养护，保障行车安全和畅通。在急弯、陡坡处设置警示标志。

4. 施工便道的设置综合考虑与地方道路相结合，方便施工的同时也改善地方交通。

（二）施工供风

1. 空气压缩机站应在洞口旁边选址修建，宜靠近变电站，应有防水、降温、保温和防雷击等设施。

2. 空气压缩机站供风能力须满足隧道正常施工需要，供风管路布置应尽量避免压力损失，保证工作面使用风压不小于 0.5MPa。

3. 隧道掘进 50m 后应将供风管道引至洞内进行供风，供风管道前端至开挖面距离不应大于 20m。

（三）施工供水

1. 按施工需要的供水压力（水压不小于 0.3MPa），合理选址、修建高位水池、低位水池，安装上、下水管路，并做好管路的保温防冻措施。

2. 供水管道前端至开挖面一般不超过 20m。

（四）临时供电

1. 对于短隧道应采用高压至洞口，再低压进洞；特长隧道应考虑高、中压进洞，以满足施工需要。

2. 隧道施工供电应采用三相五线供电系统；动力设备应采用三相 380V；照明电压一般作业地段不宜大于 36V，成洞段和不作业地段可采用 220V，瓦斯地段不得超过 110V，手提作业灯为 12 ～ 24V；选用的导线截面应使低压线路末端电压降不大于 10%，36V 及 24V 线不得大于 5%；高压分线部位应设明显危险警告标志；所有配电箱必须全部安装漏电保护器，并明确责任人和标识用途。

3. 洞外变电站应设置防雷击和防风装置，且宜设在靠近负荷集中地点和设在电源来线一侧。当变电站电源线需跨越施工地区时，其最低点距人行道和运输线路的最小高度应满足：电压 35KV 时 7.5m，电压 6 ～ 10KV 时 6.5m，电压 400V 时 6m。变压器容量应按电气设备总容量确定，当单台电动设备容量超过变压器容量的 1/3 时，宜适当增加启动附加容量。

4. 洞内变电站应设置在干燥的紧急停车带或不使用的横通道内，变压器与周围及上下洞壁的最小距离，不得小于 300mm，同时应按规定设置灯光、轮廓标等安全防护设施。洞内高压变电站之间的距离宜为 1000m，由变电站分别向相反两方向供电，每一方供电距离宜采用 500m。洞内高压变电站应采用井下高压配电装置或相同电压等级的油开关柜，不应使用跌落式熔断器，应有防尘措施。

5. 成洞地段固定的电线路，应采用绝缘良好的胶皮线架设；施工地段的临时电线路应采用橡套电缆；瓦斯地段的输电线必须使用密封电缆，不得使用皮线；涌水隧道的电动排水设备应采用双回路输电，并有可靠的切换装置；动力干线上每一分支线，必须装设开关及保险装置；严禁在动力线路上加挂照明设施。

6. 照明和动力线路安装在同一侧时，必须分层架设；隧道施工作业地段必须有充足的照明。

7. 电线悬挂高度应满足：110V 以下电线离地面距离不应小于 2m，380V 时应大于 2.5m，6 ~ l0KV 时不应小于 3.5m。供电线路架设一般要求高压在上、低压在下，干线在上、支线在下，动力线在上、照明线在下。

（五）施工期间“三管两线”架设、安装应顺直、整齐，按图 3–2 所示布置。

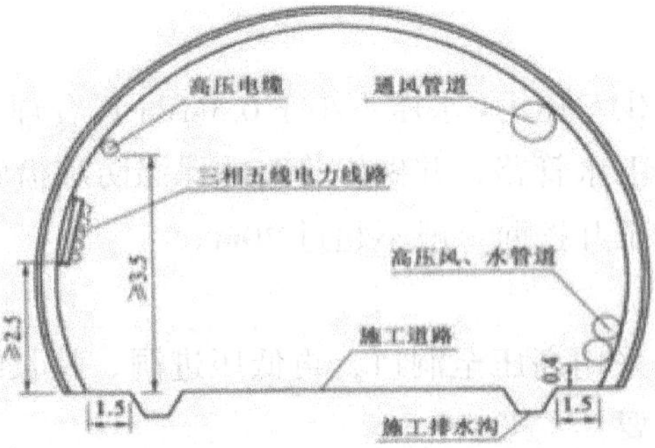

图 3–2　三管二线布置示意图

（六）施工通信设备

1. 隧道施工前，各洞口均需安装对外有线电话，以备无线手机无信号时应急联络。

2. 隧道施工前，实现洞内外无线对讲通讯，方便施工。

（七）施工监控

隧道洞口应安装监控系统，视频头安装在洞口的上方，全天监控进出洞人员和监测隧道的施工情况。

四、弃渣场、料场、危险品库

（一） 弃渣场

1. 隧道施工前应对现场周围地形做好详细调查，及时取得当地政府的支持和配合，选择出渣运输方便、距离短的场地作为弃渣场，距离村庄较近的可考虑新农村建设，合理确定弃渣场。

2. 弃渣场防护工程应进行专项设计，不能满足实际工程需要时，报监理工程师审核，业主批准方可变更。

（二） 隧道弃渣综合利用

1. 承包人组织队伍挑拣隧道弃渣中片石，经试验合格后，可于防护工程；亦可就地安装破碎机加工成各类规格的碎石。（见附图 1）

2. 对于既不能加工碎石又不能用于防护砌筑的隧道弃渣，宜将弃渣场上铺设种植土，把弃渣场改造为农田、林地或其他用地。

3. 隧道弃渣尽可能考虑用于本合同段填方路基的加宽，以降低路基边坡防护高度；亦可在条件允许的路基加宽段修建观景台。

（三）危险品库

1. 承包人提出建库计划（包括拟建仓库的地点、时间、设计图纸、保卫措施、防火制度、保管和看守人员名单等内容），报所在地县以上公安机关审核批准。完工后须经公安机关验收合格方可使用。同时办理爆炸物品“储存许可证”。

2. 建库选址时，承包人会同公安机关进行实地勘察，建立符合公安机关要求的库房。

3. 危险品库应设置在安全、偏僻的地带，并配备符合要求的专职守卫人员和保管员，安装完善的防雷电、防盗、报警设施。

4. 储存爆炸物品的库房的管理除应符合《工地建设标准化管理实施细则》的有关要求外，还应符合以下要求：

（1）建立健全火工用品管理制度，严格火工用品采购、储存、领取、使用和退库的各个环节的管理和操作，做到全程监控，全程把关。项目经理每月、安保负责人每半月必须对危险品库进行一次全面的安全检查，监理工程师要加强监督检查。

（2）双洞中隧道及长隧道、特长隧道宜设置专用火工品库房，其他短隧道可结合其他隧道及路基、桥涵施工集中设置。

（3）其他危险品，如氧气、乙炔、油料等应单独建库存储，库房建设及管理应符合《工程爆破及爆炸物品运输保存管理办法》的规定。

五、施工质量控制

现场质量控制流程图（图 3-3）

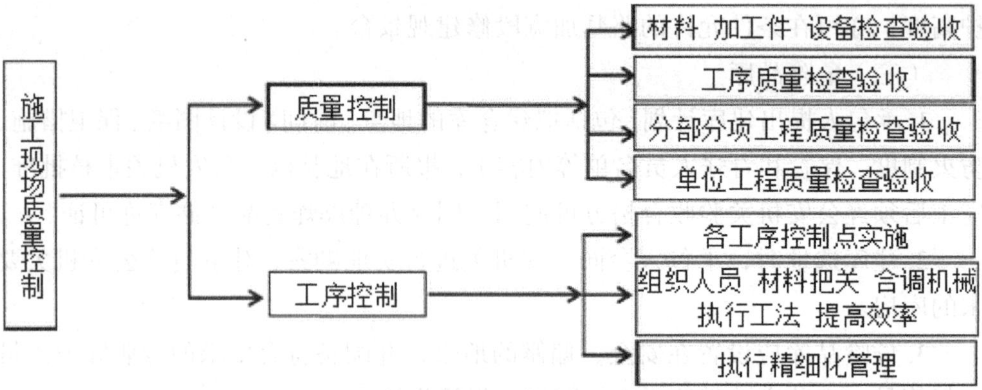

图 3-3　现场质量控制流程图

六、环境保护及安全施工

（一）穿越茅荆坝自然保护区的环保管理

河北省茅荆坝（蒙冀界）至承德公路采用隧道的形式穿越茅荆坝自然保护区的缓冲区、实验区、核心区。在施工准备阶段，必须做好穿越自然保护区的各项技术准备措施：

1. 从施工技术角度制定保护水土流失的措施。

2. 隧道排水的处理应采取不改变原地下水环境为原则，以堵为主，堵排结合。

3. 浅埋路段的地表预注浆，从注浆材料、注浆范围等方面充分考虑施工对地表植被的影响和破坏。

4. 隧道弃渣场的选择和设置，应充分考虑对原地貌、斜坡岩体的稳定性、地表径流的影响，对下游的威胁程度及弃渣场的绿化和综合利用等问题，防止产生次生灾害。

5. 施工期间禁止引入新物种，维持原生态平衡。

6. 隧道洞口设置防护网，防止保护区动物侵入公路范围。

（二）安全施工

1. 隧道施工时，所有进入隧道的人员均应穿反光背心，头戴反光安全帽；洞口设置进洞栏杆卡或门。

2. 隧道洞口设立值班室和刷卡机，设专人佩戴安全员袖标值班，负责进出洞人员的登记刷卡和保卫工作（进出隧道的施工人员每次进出均需刷卡，并书面登记）。

3. 隧道洞口及隧道办公区显著位置设置声光报警器，总开关应设在开挖台车立柱内侧（左右均设置）。

4. 施工机械设备出入隧道应进行登记，以备必要时核查。

5. 在施工现场和生活区设置足够的临时医疗卫生设施，以便及时救治。

6. 采取合理措施，保护隧道内外的环境，以避免因施工产生的粉尘、噪声等污染造成的对人员或财产的损害。

7. 在主要的施工便道组织人力与车辆进行维修，避免有坑槽出现，同时不定时的用水车洒水，减少灰尘污染。

8. 开工前制定塌方、涌水、冒顶、泥石流、爆炸等应急预案，并进行演练；开挖软弱围岩段时，隧道拱脚的合适位置安放逃生钢管，以备应急之用。

9. 成立“平安工地”建设活动领导小组，并制定实施方案，建立安全保卫机构，实行安全交接班记录制度，设立专门的安全检查台账 。

10. 编制治安保卫工作总体方案、日常治安保卫检查制度，制定防火、防盗抢、防爆炸防范措施，沿线张贴省交通运输厅和公安厅《关于切实维护全省高速公路工程建设治安秩序的通告》，建立与当地公安机关联防联警工作联系制度，设立联防室。

11. 对于做到承赤高速公路筹建处“三个不发生”中全线不发生一起重大安全事故的隧道（中、长隧道以上）工程项目，给予承包人、监理单位一定的奖励。反之处于承包人和监理单位同样的处罚。

第四节　施工测量

一、一般规定

（一）隧道施工测量方案设计应根据隧道规模和贯通误差的要求，综合考虑控制网等级和图形、测量仪器精度和测量方法、估算误差范围。

（二）隧道施工测量仪器按照《中华人民共和国计量法》及相关法规鉴定与维护。断面测量必须采用隧道激光断面仪。

（三）承包人对设计交桩按照规范要求进行复测，平差后报监理工程师，监理工程师应按照监理规范的要求对复测结果进行实际测量复核，满足要求后进行测量成果批复。施工中按照批复的成果进行控制测量。施工期间每年春融后进行导线点、水准点及临时控制点进行复测，复测结果经监理工程师复核后方可使用。

表 4-1 贯通中误差表

测量部位	两开挖洞口间长度			高程中误差（mm）
	L ＜ 3000	3000 ≤ L ＜ 6000	L ≥ 6000	
	横向贯通中误差允许值（mm）			
洞外	≤ ±45	≤ ±60	≤ ±90	≤ ±25
洞内	≤ ±60	≤ ±80	≤ ±120	≤ ±25
整个贯通区	≤ ±75	≤ ±100	≤ ±150	≤ ±25

二、控制测量

（一）平面控制测量可采用 GPS 测量、导线测量、三角测量。洞外平面控制测量利用已有的定测控制网，并符合隧道贯通误差的有关规定和隧道施工要求。

表 4-2 隧道平面控制测量等级表

隧道长度	测量登记	隧道长度	测量等级
L ≥ 6000	二等	1000 ≤ L ＜ 3000	四等
3000 ≤ L ＜ 6000	三等	L ＜ 1000	一级

（二）高程控制测量

高程控制测量采用水准测量

表 4-3 隧道高程控制测量等级表

隧道长度	测量等级	水准线路最大长度（km）
L ≥ 6000	二等	600
3000 ≤ L ＜ 6000	三等	60
L ＜ 3000	四等	25

（三）导线测量和水准测量的主要技术要求按照《公路勘测规范》的要求进行。

（四） 洞内平面控制测量

1. 洞内平面控制测量采用导线测量。

2. 洞内导线，应根据贯通精度的要求布点，选择在施工干扰少、通视的地方布点。直线段不小于 200m，曲线段不小于 70m。

3. 联系洞外和洞内的控制测量，宜选在洞外和洞内观测条件接近的时段进行。

（五）每个洞口应设置不少于 3 个平面控制点，2 个高程控制点。隧道控制测量桩点应定期进行复核。

三、 施工测量

（一）开挖前应在开挖面上标出设计断面轮廓线，开挖工作完成后及时测量超欠挖并绘制横断面。

（二）洞内施工用的水准点，应根据洞外、洞内已设定的水准点，按照施工需要加密，并定期复核。

（三）在开挖断面形成后，及时进行断面测量，根据测量数据修正开挖参数，控制超欠挖。

四、贯通误差的测定及调整

（一）贯通误差的测定应按照以下要求进行：

1. 采用导线测量时，在贯通面附近定一临时点，有进出的两方向分别测量该点的坐标，所得的闭合差分别投影至贯通面及其垂直的方向上，得出实际的横向和纵向贯通误差，在置镜于该临时点测求方位角贯通误差。

2. 采用中线法测量时，应有测量的相向两方向分别向贯通面延伸，并在贯通面上分别得出中线点，量出两点的横向和纵向距离，即为该隧道的实际贯通误差。

3. 水准路线由两端向洞内进测，分别测至贯通面附近的同一高程控制点或中线点上，所测得的高差即为实际高程的贯通误差。

（二）隧道贯通后，洞内导线、施工中线及高程的实际贯通误差，应在贯通面两侧未衬砌段调整，该贯通误差调整段的长度应根据中线形式、贯通误差值、支护和衬砌（包括仰拱）施工情况综合确定，不宜小于 200m（贯通面两侧对称）。该段的后续工序均应以调整后的中线及高程为准进行放样。

（三）采用导线法测量、贯通误差不超过允许值时，应按以下要求进行贯通误差调整：

1. 方位角贯通误差分配在未衬砌地段（该段长度不小于 200m）导线角上。

2. 坐标闭合差在贯通误差调整段的导线上，按边长比例分配。

3. 采用调整后的导线坐标作为贯通误差调整段的放样依据。

（四）采用中线法测量、贯通误差不超过允许值时，应按以下要求进行贯通误差调整：

1. 贯通误差调整段为直线，宜通过架设曲线来调整路线中线，所加设的极限参数应满足《公路路线设计规范》（JTG D20）的要求。

2. 贯通误差调整段全部位于圆曲线地段时，贯通误差应由曲线的两端向贯通面按长度比例调整中线。

3. 贯通误差调整段既有直线又有曲线时，宜通过调整曲线偏角和曲线起（终）点位置调整中线，满足《公路路线设计规范》（JTG D20）的规定，并能保证隧道净空。

（五）高程贯通误差超过允许值时，贯通点附近的高程控制点，应采用有两端分别引测的高程平均值作为调整后的高程，将高程贯通误差的一半分别在贯通面两端未衬砌地段的高程控制点上按水准线路长度的比例调整。

五、交（竣）工测量

（一）应在中线复测的基础上埋设永久中线点，永久中线点应用混凝土包埋金属标志。直线上的永久中线点，每 200 ~ 250m 设一个，曲线上应在缓和曲线的起终点各设一个；曲线中部，可根据通视条件适当增加。永久中线点设立后，应在隧道边墙上画出标志。

（二）应在直线地段每 50m、曲线地段每 20m 及需要加测断面处，测绘以路线中线为准的隧道实际净空，标出拱顶高程、起拱线宽度、路面水平宽度。

（三）洞内水准点每公里应埋设一个，短于 1km 的隧道应至少设一个，并应在隧道边墙上画出标志。

（四）应提交贯通测量技术成果书、贯通误差的实测成果和说明、净空断面测量和永久中线点、水准点的实测成果及示意图。

第五节　洞口与明洞工程

一、一般规定

（一）洞口前的桥梁、涵洞及路基等相关工程应合理安排施工，防止相互干扰。

（二）洞口设有明洞且洞口地质情况相对较好的隧道，可按先进暗洞，由内向外施作洞口明洞模筑衬砌，再进行洞身段开挖、初支、二衬施工。

（三）隧道洞口场地必须进行混凝土硬化处理，要求使用20cm厚石渣垫层，汽车运输通道必须采用 20cm 厚的 C15 混凝土作为面层。可考虑将洞口段路基基层设置为混凝土基层，提前施作。

（四）开挖前，承包人应对洞口段原地形地貌进行复测，认真调查地质情况，结合设计图纸提出隧道进洞专项施工方案。

（五）隧道洞口截水沟以内的植被不得砍伐破坏，洞门及边、仰坡绿化工程在二衬施工完成 50m 后立即组织施工。

二、施工工序

洞口与明洞工程的施工工序流程见图 5-1

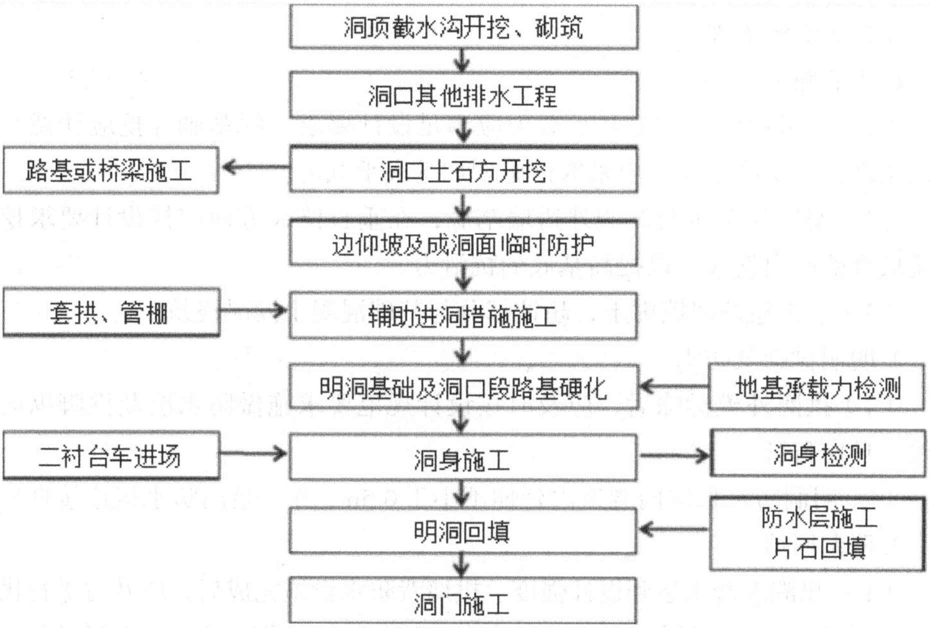

图 5-1　洞口与明洞工程的施工工序流程

三、施工要点

（一）洞口土石方开挖

1. 洞口边坡、仰坡土石方的开挖应加强对山坡稳定情况的监测和检查，尽量减少对岩、土体的扰动，禁止大爆破；施工宜避开降雨期、融雪期及严寒季节。对于边、仰坡上可能滑塌的表土、灌木以及边坡和仰坡上的悬石、危石要清除或加固。

2. 洞口边坡及仰坡采用明挖法施工，自上而下分阶段、分层进行开挖。不得上下重叠开挖，土方施工中不能用爆破法施工或掏洞取土，当地质条件不良时采取稳定边坡和仰坡的措施。

3. 洞口有邻近建（构）筑物时，应采取弱爆破。

4. 偏压洞口施工应在做好支挡、反压回填等工作后再开挖；开挖方法应结合偏压地形情况选定，不得因人为因素加剧偏压。

5. 进洞前按设计要求对地表及仰坡进行加固防护；松软地层开挖边坡和仰坡时，宜随挖随支护，当洞口可能出现地层滑坡、崩塌时，应及时采取预防和稳定措施稳定坡体，确保施工安全。

6. 洞口永久性挡护工程应紧跟土石方开挖及早完成，地基承载力应满足设计要求。

7. 尽量少刷坡或不刷坡，争取做到零距离进洞，减少植被破坏，保护生态环境。

（二）明洞工程

1. 边墙施工

（1）明洞边墙基础地基承载力应满足设计要求，深基础开挖应注意核查地质条件，如基底松软，应采取措施增加基底承载力。

（2）偏压和单压明洞的外边墙基底，在垂直路线方向应按设计要求挖成一定坡度的向内斜坡，以提高基底的抗滑力。

（3）禁止超挖回填虚土，超挖部分与基础混凝土同时浇筑。

2. 明洞衬砌及防水

（1）拱圈外模拆除后，应及时按设计规范要求施做防水层及拱脚纵向排水管、环向盲管。

（2）明洞防水板应向隧道内延伸不小于 0.5m，并与暗洞防水板连接良好。

3. 明洞回填

（1）拱圈混凝土达到设计强度、拱墙背防水设施完成后，应及时进行拱背土石方回填；底部应铺填 0.5 ~ 1.0m 厚碎石并夯实；明洞回填应两侧对称分层进行，不得对衬砌产生偏压，每层厚度不得大于 0.2m，两侧回填的土面高差不得大于 0.5m；回填至拱顶后应分层满铺填筑，顶层同填材料采用黏土以利于隔水。

（2）墙后有排水设施时，与回填同时进行施工。明洞黏土隔水层应与边坡、仰坡搭接良好，封闭紧密。

（3）使用机械回填时，拱圈混凝土强度应达到设计强度，且需先用人工填筑夯实回填至拱顶以上 1.0m 后，方可使用机械施工。

（三）洞门工程

1. 洞门基础开挖应注意安全防护，地基承载力必须经试验满足要求，应做好防水、排水工作，防止基底被水浸泡。基坑废渣、杂物等必须清除干净。

2. 隧道开挖，禁止将弃渣弃于桥位处，影响桥台施工和其他桥墩质量。

3. 洞门附近的截水沟和墙顶排水沟应与路堑排水系统连接完好。

（四）桥隧相连施工

1. 合理安排施工的先后顺序，对于桥梁，应先施工远离隧道的桥台及其他墩的下部构造。待隧道进洞后进行近洞口处桥台施工，以减少相互影响。

2. 隧道开挖，禁止将弃渣弃于桥位处，影响桥台施工和其它桥墩质量。

3. 隧道弃渣只能用于桥台的台背回填和锥护坡填筑，不得在桥梁其他位置随意堆放。桥台施工完毕，尽快进行锥坡填筑和台背回填，为隧道施工开辟场地。

（五）排水工程及临时防护

1. 排水工程

（1）边坡和仰坡的排水系统施工应避开雨季。隧道排水应与洞外排水系统合理连接，不得侵蚀软化隧道和明洞基础，不得冲刷洞口前路基边坡及桥涵锥坡等设施。

（2）隧道排水系统应采取必要的保温措施，防止冻胀，确保冬季排水畅通。

2. 临时防护

（1）边坡、仰坡应边开挖边防护，禁止一次开挖成型后再防护。

（2）坡面临时防护施工前，应将岩面浮渣及危岩清除干净并用高压风将岩面清理干净。

（3）若坡面岩土体含水量较大或有地下水露头，应增设泄水孔。

（4）临时防护应根据地质、季节、施工手段等情况制定，可采取喷锚和格构网等措施。

四、质量问题预防及处理措施

（一）衬砌裂纹

1. 现象

（1）明洞的衬砌裂纹，主要有拱部纵向裂纹、边墙水平裂纹、环形裂纹。

（2）洞口端墙竖向开裂，门洞翼墙断裂。

2. 原因分析

（1）山坡上塌方落石巨大冲击力使拱顶和边墙产生裂纹，由于明洞顶填土厚度不够，不能满足冲击力扩散均匀分布在整个拱跨，使局部受过大冲击力而产生裂纹。

（2）边坡滑塌使明洞受偏压造成衬砌裂损，通常偏压可使拱内侧受拉开裂或受压而碎裂。当侧压引起内侧边墙基础自由微小滑动时，则拱内侧受压破碎，外侧受拉开裂。

（3）基础处理不当导致衬砌裂纹。

（4）由于混凝土配合比、养生不当等原因产生的裂纹。

3. 预防措施

（1） 明洞顶应按设计要求保持足够的填土厚度，对于滑坡塌方的堆积物要及时清理，避免产生额外荷载。

（2）局部岩体失稳导致的墙脚内移，可在洞外设抗滑挡墙或抗滑锚固桩及抗滑沉井等。

（3）在洞口两端及洞顶有针对性的增设必要的支（栏）挡和防护建筑物。

（4）必须保证明洞回填厚度，明洞回填时必须按设计文件和规范要求进行。

（5）严格控制混凝土配合比，做好混凝土的养生工作。

（二）明洞内渗漏水

1. 原因分析

造成明洞漏水的主要原因是防水层失效、明洞没有完整良好的排水系统、防水层质量不符合要求或防水层施工不当。

2. 预防措施

（1）建立完善的排水系统，在明洞顶部填土至边坡交接处要增设截水沟，并经常保持良好状态。

（2）在明洞顶部及周围，有针对性增设防冲刷措施，保持洞顶填土及其周围衔接平衡。

（3）防水卷材的质量必须符合设计文件和规范的要求。防水板铺设时要注意搭接长度，并向洞内延伸足够的长度，不得有通缝。

五、安全施工

（一）洞口边、仰坡施工作业平台临边和隧道所有浅埋区域应设置安全护栏和警戒标志，设置五牌一图，安全标志牌、定置管理牌、安全操作规程牌制作规范、醒目。

（二）洞口爆破时应在危险区和安全区的交界处设置警戒隔离绳；并在安全区设置警戒人员持警示旗、哨指挥，重要危险路段有专人看护。

（三）承包人应制订专门的应急救援预案，备好应急抢险物资，定期组织应急演练。每个隧道施工现场设置一处抢险物资储备点。

（四）早施作防护工程、排水工程和裸露地表的植被覆盖，防止水土流失。

第六节　洞身开挖

一、一般规定

（一）洞身开挖采用“新奥法”施工，根据实施性施工组织设计的开挖方案进行洞身开挖。

（二）利用TSP、地质钻孔、地质雷达等对隧道前方水文、地质情况进行调查、分析研究，调整开挖进尺和钻爆参数。

（三）开挖作业应符合下列规定：

1. 确定合理的开挖步骤和循环进尺，保持各开挖工序相互衔接，均衡施工。

2. 开挖断面尺寸应满足设计要求，采用有效的测量手段控制开挖轮廓线；做好预留沉降量工作；开挖质量应符合设计及规范要求，严禁二次爆破开挖，在开挖过程中，承包人应随时测定隧道轴线位置和高程。

3. 掌子面爆破后及时处理易滑落的楔形三角体和水平岩体，消除安全隐患。

4. 开挖后应做好地质构造的核对，及时进行监控量测工作，地质变化处和重要地段，应有相应照片或文字描述记载。

5. 开挖作业必须保证安全，不得危及初期支护、二次衬砌和设备的安全，并应保护好量测用的测点。

6. 开挖爆破作业应在上一循环喷射混凝土终凝不少于 4h 后进行。

（四）隧道爆破必须采用光面爆破，施工中应优化钻爆设计，提高钻眼效率和爆破效果，降低工料消耗。对不宜爆破、挖掘机又难以挖动的软弱围岩以及黄土地段，鼓励采用铣挖机配合装载机进行隧道开挖施工。

（五）隧道双向开挖的贯通位置应选择在Ⅳ级以上围岩地段。当两开挖面间的距离为 15 ~ 30m 时，应改为单向开挖，另一端必须停止开挖并将人员机具撤走，并在安全距离处设立警告标志；对采用单向开挖的隧道，出洞前应反向开挖不少于 30m 且不小于洞口超前管棚长度，严禁在隧道洞口处贯通。

（六）双洞开挖时，应根据两洞的轴线间距、洞口里程距离、地质条件及其他自然条件，选择适当的开挖方法，确定好两洞开挖的时间差和距离差，并采取措施防止后行洞开挖对先行洞周壁产生不良影响。

（七）承包人应安排好施工过程的测量，以保证隧道按设计方向和坡度施工，使开挖断面符合图纸所示尺寸，尽量做到不欠挖和不超挖。洞内应每隔 50m 设置一个水准点。

（八）在施工过程中，承包人应根据对开挖面的现场观察、围岩变形的量测结果，辅以超前地质预报，结合岩层构造、岩性及地下水情况，提出围岩分级的修改意见，并判定隧道围岩稳定性，提出相应的处理措施。

二、施工工序

一般分离式隧道总体施工工序图 6-1

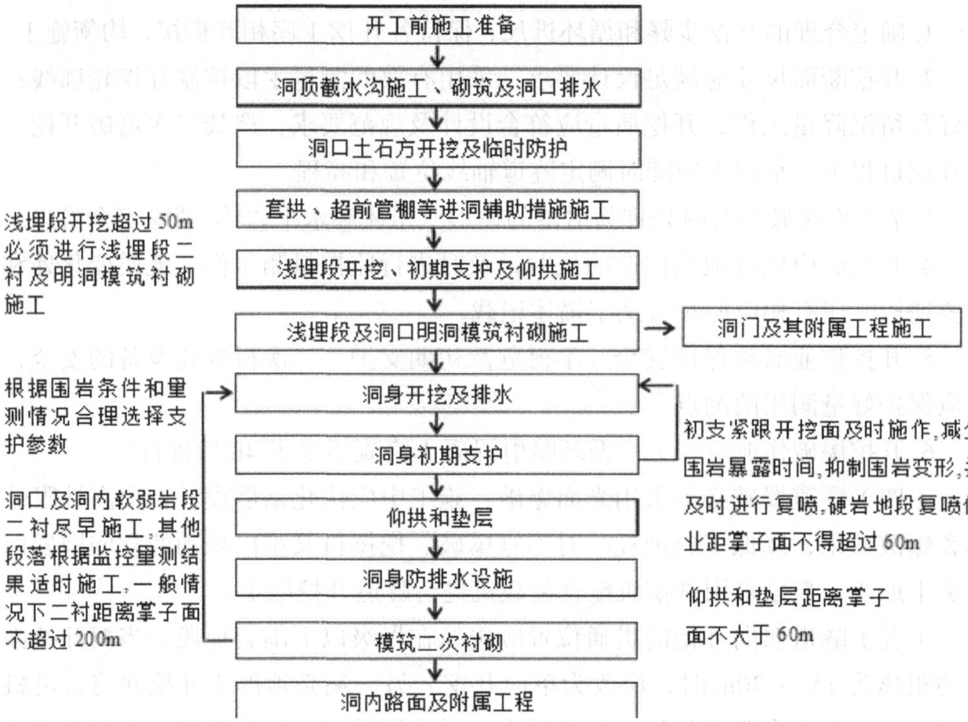

三、施工要点

隧道的开挖方法主要有全断面法、台阶法、预留核心土法、中隔壁法、双侧壁导坑法等其他施工方法。根据隧道长度、断面大小、结构形式、工期要求、机械设备、地质条件等选定，开挖必须与支护、衬砌施工相协调。并具有较大的适应性。变换开挖方法时，应有过渡措施。

（一）全断面法

用于 I ~ III 级围岩的中小跨度隧道，IV 级围岩中小跨度隧道和 III 级围岩大跨度隧道在采取预加固措施后，也可采用全断面法开挖。

1. 施工方法

全断面一次开挖成形，其施工步骤见图 6-2。

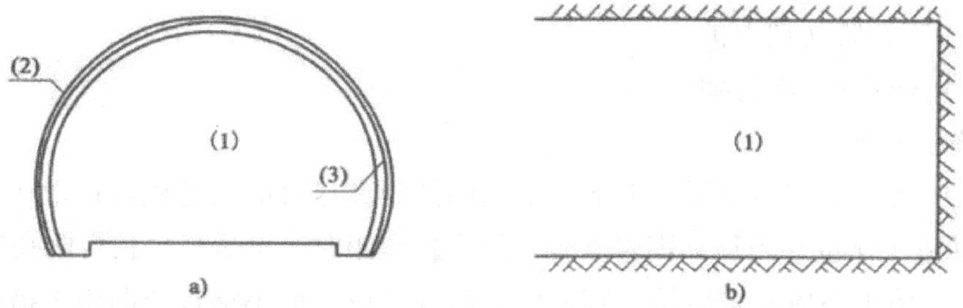

a）横断面；　　　　　　　　b）纵断面

图 6–2　全断面施工工序横断面及纵断面示意图

2. 施工顺序说明

（1）全断面开挖；（2）初期支护；（3）全断面二次衬砌。

3. 施工要求

循环进尺宜控制在 3 ~ 4m；采用大型机械配套作业。

（二）台阶法

用于 IV 级中小跨度隧道，V 级围岩的中小跨度隧道在采用了预加固措施亦可采用台阶法开挖。

1. 采用台阶法施工应符合下列规定：

（1）上台阶高度宜为 2.5m，装渣机械紧跟开挖面。

（2）控制上台阶钢架下沉和变形，做好锁脚锚杆。

（3）岩体不稳定时应缩短进尺，先施工边墙支护，后开挖中间岩体；左右错开或拉中槽后再开挖边墙。

2. 施工方法

先开挖上半断面，待开挖至一定长度后，再开挖下半断面，上、下半断面同时并进。其施工步骤见图 6–3。

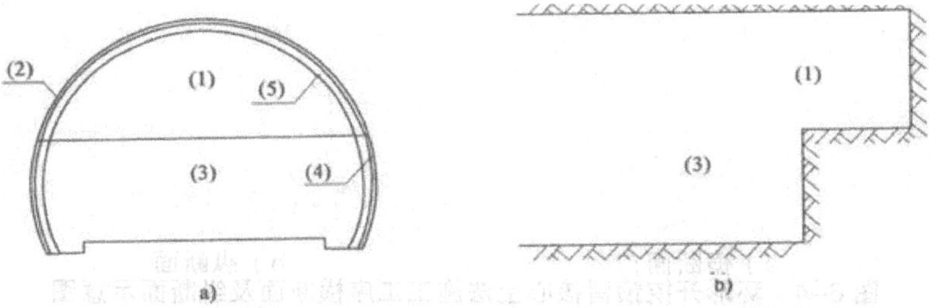

a）横断面；　　　　　　　　b）纵断面

图 6–3　台阶法施工工序横断面及纵断面示意图

3. 施工顺序说明

（1）上台阶开挖；

（2）上台阶初期支护；

（3）下台阶开挖；

（4）下台阶初期支护；

（5）全断面二次衬砌。

4. 施工要求

（1） 台阶不宜多分层，上下台阶之间的距离尽可能满足机具正常作业，并减少翻渣工作量；当顶部围岩破碎，需支护紧跟时，可适当延长台阶长度。

（2） 施工亦应先护后挖，宜采用超前锚杆或超前小钢管辅助施工措施。开挖应尽量采用微震光面爆破技术。

（3） 初期支护应紧跟开挖面；上台阶施工时，钢架底脚宜设锁脚锚杆和纵向槽钢托梁，控制其下沉和变形。下台阶在上台阶喷射混凝土强度达到设计强度的70%后开挖。

（4） 隧道两侧的沟槽及铺底部分应和下台阶一次开挖成型。

（5）台阶分界线不得超过起拱线，台阶长度不得大于隧道开挖宽度的1.5倍，下台阶马口落底长度不大于2榀钢拱架的长度；应一次落底，并尽快封闭成环。

（6）台阶长度不宜过长，应尽快安排仰拱闭合，改善初期支护受力条件。

（三） 预留核心土法

预留核心土法用于Ⅳ ~ Ⅴ级围岩或一般土质围岩的中小跨度隧道。

1. 施工方法

先开挖上部导坑成环形，并进行初期支护，再分部开挖剩余部分。施工步骤见图6-4。

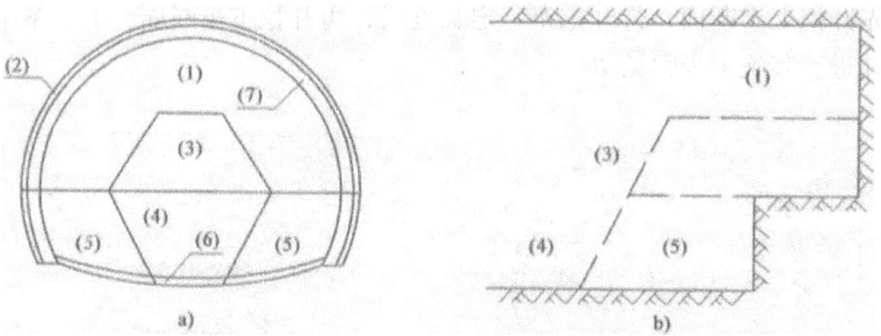

a）横断面；　　　　b）纵断面

图6-4　环形开挖预留核心土法施工工序横断面及纵断面示意图

2. 施工顺序说明

（1）上弧形导坑开挖；（2）拱部初期支护；（3）预留核心土开挖；（4）下台阶中部开挖；（5）下台阶侧壁部开挖；（6）仰拱超前浇筑；（7）全断面二次衬砌。

3. 施工要求

（1）环形开挖预留核心土法，将开挖断面分为上、中、下及底部四个部分逐级掘进施工，每循环开挖进尺控制在 0.5 ～ 1m 之间，核心土面积应不小于整个断面面积的 50%。上部宜超前中部 3 ～ 5m，中部超前下部 3 ～ 5m，下部超前底部 10m 左右。为方便机械作业，上部开挖高度控制在 4.5m 左右，中部台阶高度也控制在 4.5m 左右，下部台阶控制在 3.5m 左右。

（2）核心土与下台阶开挖应在上台阶支护完成、喷射混凝土强度达到设计强度的 70% 后进行。为防止上台阶初期支护下沉、变形，其底部宜加设槽钢托梁，托梁与钢架连为一体，钢架底部应按要求设置锁脚锚杆，并与纵向槽钢焊接，锚杆布设俯角宜为 450。

（3）每一台阶开挖完成后，及时喷射 4cm 厚混凝土对围岩进行封闭，安装钢架和锁脚锚杆，分层复喷混凝土到设计厚度，必要时各台阶设临时仰拱加强支护，完成一个开挖循环。

（4）对土质的隧道应以核心土为基础设立 3 根临时钢架竖撑以支撑拱顶和拱腰，核心土根据围岩量测结果适当滞后开挖。

（四）中隔壁法（CD 法）

适用于围岩较差、跨度大，以及浅埋和地表沉降需要控制的段落。

1.CD 法是在软弱围岩大跨度隧道中先分部开挖隧道的一侧，并施作中隔壁，然后再分部开挖另一侧的施工方法。其施工步骤见图 6–5。

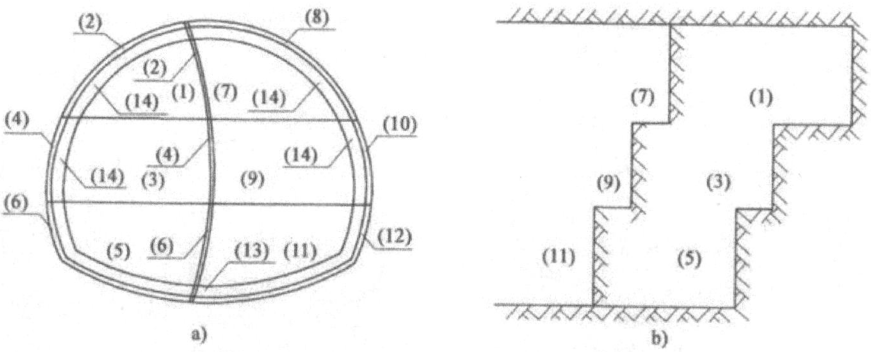

a）横断面；　　　　b）纵断面

图 6–5　中隔壁法（CD 法）施工工序横断面及纵断面示意图

2. 施工顺序说明

（1）先行导坑上部开挖；（2）先行导坑上部初期支护；（3）先行导坑中部开挖；（4）先行导坑中部初期支护；（5）先行导坑下部开挖；（6）先行导坑下部初期支护；（7）后行导坑上部开挖；（8）后行导坑上部初期支护；（9）后行导坑中部开挖；（10）后行导坑中部初期支护；（11）后行导坑下部开挖；

（12）后行导坑下部初期支护；（13）仰拱超前浇筑；（14）全断面二次衬砌。

3. 施工要求

（1）上部导坑的开挖循环进尺控制为 1 榀钢架间距（0.75 ~ 0.8m），下部导坑的开挖进尺可依据地质情况适当加大。

（2）中隔壁法或交叉中隔壁法施工时，初期支护完成后方可进行下一分部开挖，地质较差时，每个台阶底部均应按设计要求设临时钢架或临时仰拱；各部开挖时，周边轮廓应尽量圆顺；应在先开挖侧喷射混凝土强度达到设计要求后再进行另一侧开挖；左右两侧导坑开挖工作面的纵向间距不宜小于 15m；当开挖形成全断面时，应及时完成全断面初期支护闭合。

（3）导坑开挖孔径及台阶高度可根据施工机具、人员等安排进行适当调整。应配备适合导坑开挖的小型机械设备，提高导坑开挖效率。

（4）拱顶下沉 7d 内增量在 2mm 以下，可以拆除中隔壁，中隔壁拆除应滞后于仰拱，一次拆除长度应根据量测数据慎重确定，拆除后应立即施作二次衬砌。

（五）双侧壁导坑法

用于浅埋大跨度及地表下沉量要求严格而围岩条件很差的情况。

1. 施工方法

分部开挖隧道两侧的导坑，并进行初期支护，再分部开挖剩余部分。其施工步骤图 6-6 如下：

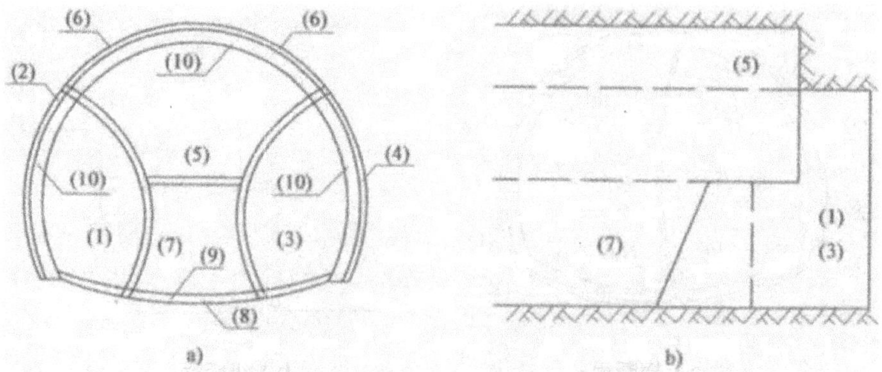

a）横断面；　　b）纵断面

图 6-6　双侧隔壁导坑发施工工序横断面及纵断面示意图

2. 施工顺序说明

（1）左（右）导坑开挖；（2）左（右）导坑初期支护；（3）右（左）导坑开挖；（4）右（左）导坑初期支护；（5）上台阶开挖；（6）上台阶初期支护、导坑隔壁拆除；（7）下台阶开挖；（8）仰拱初期支护；（9）仰拱超前浇筑；（10）全断面二次衬砌。

3. 施工要求

（1）围岩开挖应尽最采用挖掘机和人工配合无爆破施工，局部需爆破施工时，宜弱爆破施工，尽量减少对底层的扰动。

（2）开挖应严格按规范做好监控量测工作，随时掌握围岩及支护的变形情况，以便及时修正支护参数，改变施工方法；同时应做好超前地质预报工作。

（3）认真做好开挖时的排水工作，在保证排水畅通的同时，重点要对两侧临时排水铺砌抹面，防止钢支撑基底软化。

（4）侧壁导坑开挖后，应及时施工初期支护并尽早形成封闭成环；侧壁导坑形状应近于椭圆断面，导坑跨度宜为整个隧道跨度的三分之一；左右导坑施工时，前后拉开距离不宜小于 15m；导坑与中间土体同时施工时，导坑应超前 30 ~ 50m。

（六）Ⅴ级围岩和浅埋段的Ⅳ级围岩每循环进尺控制在 2 榀钢拱架长度以内。

（七）钻爆设计与施工

采用光面爆破技术进行施工时，必须注意选取有关的技术参数，最大限度地减轻爆破对围岩的扰动，尽可能地保持原围岩的完整性和稳定性。

1. 钻爆作业流程见图 6–7

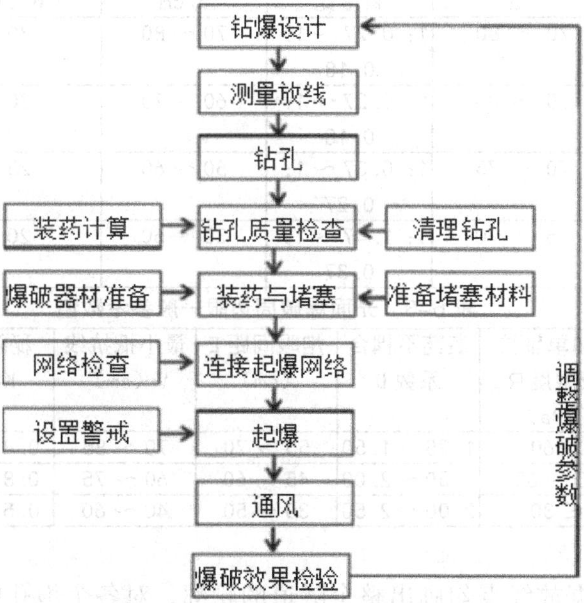

图 6–7　钻爆作业流程框图

2. 光面爆破主要参数的确定

光面爆破主要参数应依据爆破试验来确定各参数。

隧道作业应按照钻爆设计进行，采用光面爆破应执行以下控制标准。见表6-1

表 6-1 光面爆破控制标准表

序号	项目	硬岩	中硬岩	软岩
1	平均线性超挖量（cm）	10	15	10
2	最大线性超挖量（cm）	20	20	15
3	两炮衔接台阶最大尺寸（cm）	10	10	10
4	残眼率（%）	≥ 90	≥ 75	≥ 55
5	局部欠挖量（cm）	5	5	5
6	炮眼利用率（%）	90	95	100

（1）掏槽眼参数

楔形掏槽，炮眼与开挖面间的夹角 α、上下两对炮眼的间距 a 和同一平面上一对掏槽眼眼底间距 b，是影响此种掏槽效果的重要因素。

（2）周边眼间距（E）、最小抵抗线（W）、周边眼密集系数（K）

周边眼应考虑 0.03 ~ 0.05 的外插斜率，周边眼间距一般取值范围为（8 ~ 18）炮孔直径。

（3）装药集中度（γ）

周边眼装药集中度按规范取值范围为 0.07 ~ 0.35kg/m，根据试验统计，当 γ 取值 0.2kg/m 时，效果为好。

表 6-2 楔形掏槽爆破参数

围岩级别	a	斜度比	a/cm	b/cm	炮眼数量 / 个
	70° ～ 80°	1：0.27 ～ 1：0.18	70 ～ 80	30	4
Ⅲ级	75° ～ 80°	1：0.27 ～ 1：0.18	60 ～ 70	30	4 ～ 6
Ⅳ级	70° ～ 75°	1：0.37 ～ 1：0.27	50 ～ 60	25	6
Ⅴ级	55° ～ 70°	1：1.47 ～ 1：0.37	30 ～ 50	20	6

表 6-3 光面爆破周边眼一般参考数值

围岩级别	饱和单轴抗压极限度 R_0（MPa）	装药不耦合系数 D	炮眼间距 E（cm）	最小抵抗线 V（cm）	秘籍系数 K=E/V	装药集中度（kg/m）
硬岩	＞60	1.25 ～ 1.50	55 ～ 70	70 ～ 85	0.8 ～ 1.0	0.30 ～ 0.35
中硬岩	30 ～ 60	1.50 ～ 2.00	45 ～ 60	60 ～ 75	0.8 ～ 1.0	0.20 ～ 0.30
软岩	≤ 30	2.00 ～ 2.50	30 ～ 50	40 ～ 60	0.5 ～ 0.8	0.07 ～ 0.15

3. 钻孔

（1）根据放线点勾画出整个隧道的轮廓，对各个炮孔的位置用红漆进行标记，炮眼位置误差不超过 5cm。

（2）根据掌子面表面凹凸情况调整钻孔深度，保证炮眼底部处于同一竖直面。

（3）钻孔操作时应先开水再开风，停钻时应先停风再停水。开眼时先低速运转，当钻进一定深度时再高速运转。

（4）内圈炮眼至周边炮眼的排距误差不得大于50mm，炮眼深度超过2.5m时，内圈炮眼与周边炮眼宜采用相同的斜率。

（5）不得在残眼和裂缝处钻孔。

4. 装药

（1）装药前应利用高压风进行清孔，刚打好的炮孔由于温度过高，不得立即装药。

（2）爆破工仔细核对所装炮孔和手上炸药品种、数量是否与要求相符，核对雷管段别和所装炮孔是否相符。

（3）用炮棍将炸药装到底，并记好每次炮棍插入的尺寸，保持装药的连续性。

（4）加强炮眼堵塞，提高爆破效果，周边眼的堵塞长度不得小于400mm。

5. 起爆

（1）安全员组织洞内施工人员全部撤到安全区，并进行安全清查工作，确信无人后联网起爆。

（2）起爆后立即通风排烟，一刻钟后开启照明设施，驾驶侧翻装载机进洞，禁止单人徒步进洞。

（3）原爆破人员配合安全员进行安全检查，如有瞎炮，由原爆破人员按《爆破安全规程》的有关规定进行处理，排出安全隐患。

6. 出碴

（1）爆破完成后，进行通风除尘，恢复照明，立即进行清危排险，然后利用台车或爆出来的碴堆，进行锚喷封闭。

（2）利用装载机、运输车立即进行出碴作业，运料车严禁人、渣混载，不得超高超宽运输，保证道路平整畅通。

（3）加强车辆调度，避免相互干扰。

四、连拱隧道

（一）一般要求

1. 施工应严格按设计及规范要求采取强有力的超前预支护或预加固措施以保证开挖安全，还应特别注意地形偏压带来的不利影响。

2. 钻爆法施工应采用光面爆破技术，以减轻爆破对围岩的扰动。

3. 严格按设计和规范要求，合理安排两侧主洞开挖、初支、二衬等工序的先后顺序及步距，减少先行洞、后行洞施工时相互对围岩及结构的扰动。一般情况下，施工时先行洞超前后行洞 30 ~ 50m，先行洞二衬断面距离落后后行洞开挖面。根据爆破震动检测结果确定，一般不小于 10 ~ 20m。

4. 为确保施工安全，避免二衬出现开裂，要求左、右洞必须至少各配备一台二衬模板台车。

5. 严格按照设计要求进行中隔墙施工，重视对中隔墙顶部和基底的加固工作，以提高中隔墙的抗收敛变位能力。

（二）施工工序

连拱隧道总体施工程序见下图 6-8

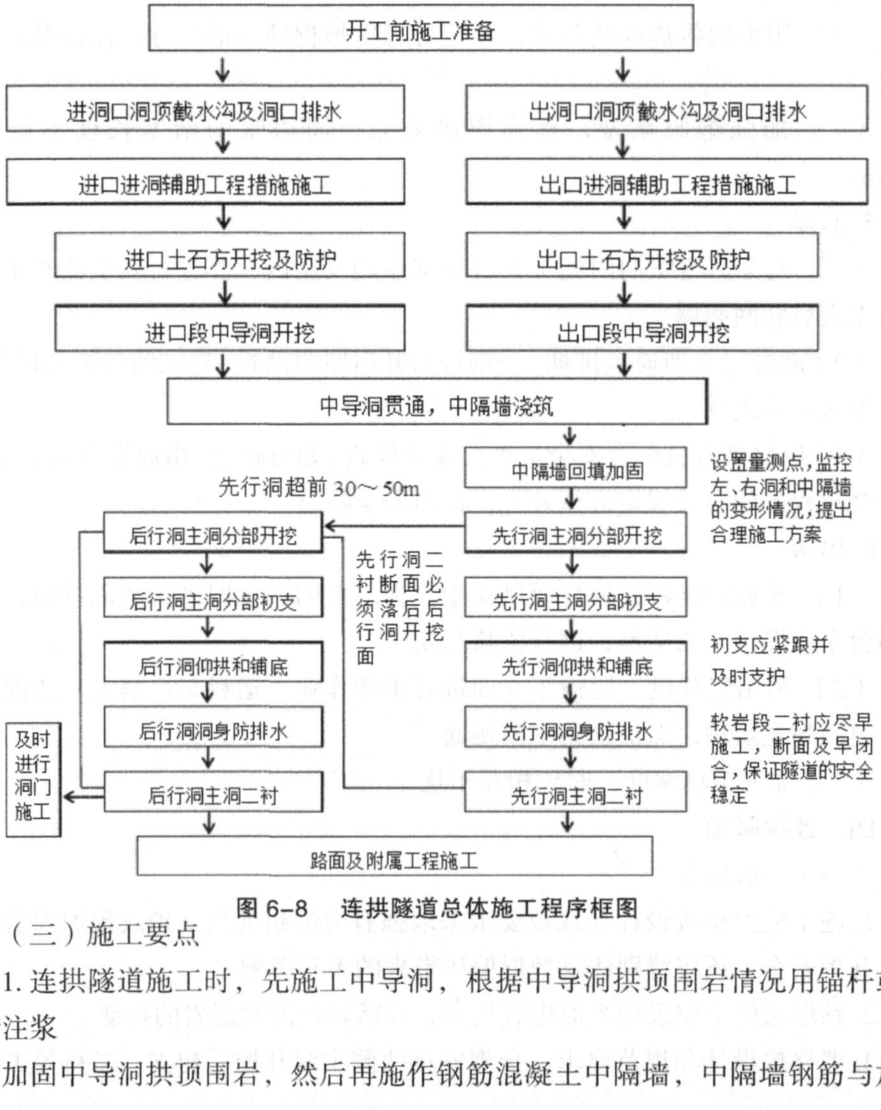

图 6-8　连拱隧道总体施工程序框图

（三）施工要点

1. 连拱隧道施工时，先施工中导洞，根据中导洞拱顶围岩情况用锚杆或小导管注浆

加固中导洞拱顶围岩，然后再施作钢筋混凝土中隔墙，中隔墙钢筋与加固

拱顶锚杆、小导管焊接成整体；当围岩软弱时，中隔墙采用扩大基础或基底注浆加固措施。

2. 连拱隧道施工时应对地基进行测试，承载力不能满足要求时，应采取措施提高地基承载力，譬如高压注浆等。中隔墙混凝土施工应符合下列要求：

（1）基础底面应清扫干净，无水、无石渣。

（2）墙身内预埋件、排水管应固定牢固，位置准确。并应加强对预埋排水和止水设施的保护。

（3）中隔墙模板宜采用定型钢模，混凝土采用补偿型混凝土，以保证混凝土浇筑质量，加快中隔墙施工进度。

（四）开挖方法

1. 三导洞分部施工法 见图 6–9

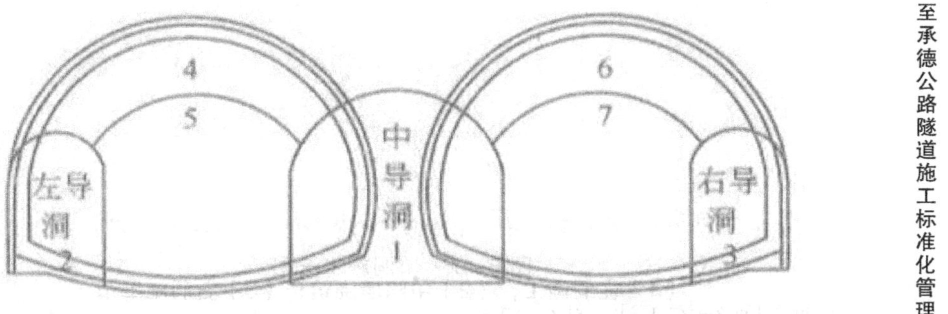

图 6–9　三导洞分部施工法

对于地质情况很差、埋深较浅的软弱围岩（Ⅴ级、Ⅵ级）可满足基本维持围岩原始状态。（1）中导洞施工；（2）左导洞施工；（3）右导洞施工；（4）左洞上半断面施工；（5）左洞下半断面施工；（6）右洞上半断面施工；（7）右洞下半断面施工

2. 中导洞施工法 见图 6–10 和 6–11

对于Ⅳ级或Ⅳ级以上围岩，可考虑布设两侧导洞，在中导洞中隔墙施工后，直接进行左右施工，施工方法可采用全断面法和台阶法。

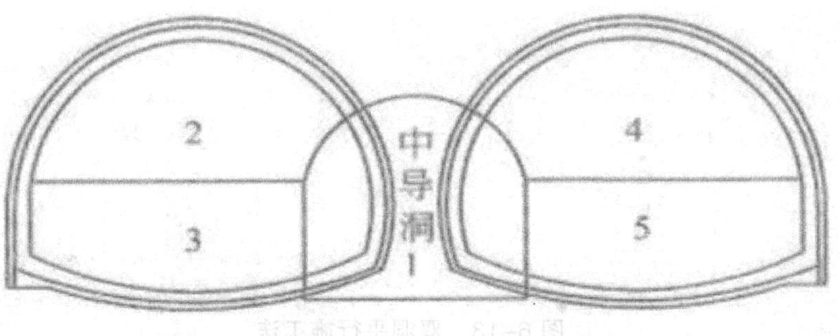

图 6–10　中导洞先行，正洞分台阶洞施工法

（1）中导洞施工；（2）左洞上半断面施工；（3）左洞下半断面施工；（4）右洞上半断面施工；（5）右洞下半断面施工

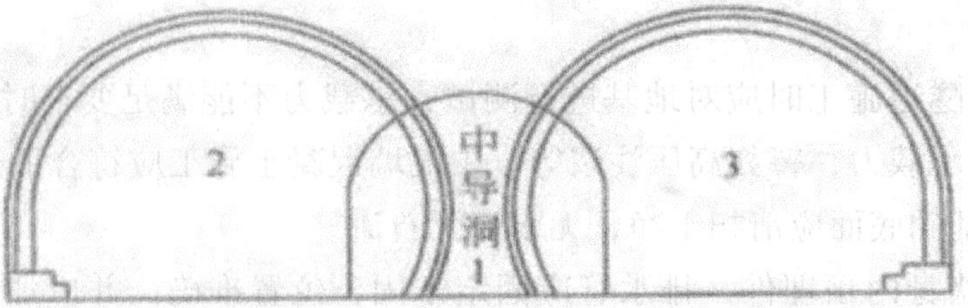

图 6-10　中导洞先行，正洞全断面施工法

（1）中导洞施工；（2）左洞施工；（3）右洞施工

3. 单洞施工法 见图 6-12

单洞施工法应注意加强中隔墙顶部围岩支护；后施工的单洞，最好采用上下台阶分布施工；后洞的施工，可通过控制爆破减少对中隔墙的破坏，下台阶施工时采取先施工远离中隔墙一侧的围岩，增加靠中隔墙一侧围岩的爆破临空面。

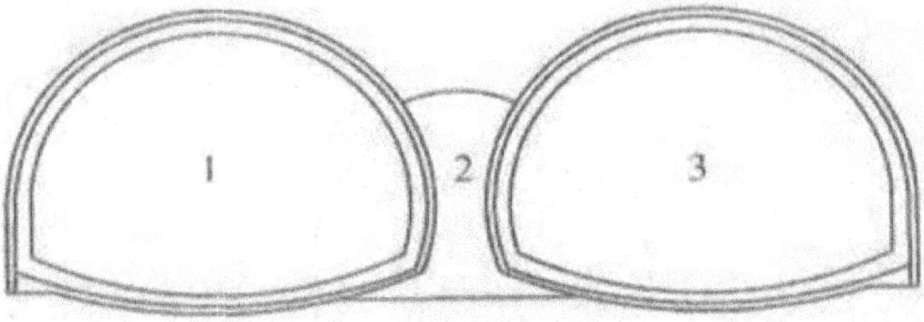

图 6-12　单洞施工法图

（1）左洞施工；（2）中隔墙浇筑；（3）右洞施工

4. 双洞平行施工法 图 6-13

双洞平行施工左右洞时，特别注意中墙岩柱的稳定，使之能平衡左右洞围岩传递来的应力。施工中墙岩柱采用跳槽式施工，施工长度控制在 4 ~ 5m 左右，施工前采用长锚杆加固中墙顶部围岩，施工后立即施工中墙衬砌和及时施工左右洞二次衬砌。

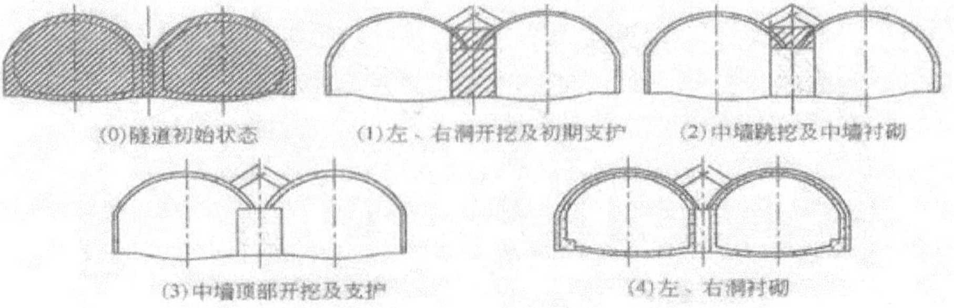

图 6-13　双洞平行施工法

五、小净距隧道

（一）一般要求

1. 小净距隧道随着两洞体间距的减小，洞体间的影响不断增强，左右洞二次应力场在中壁岩柱处相互叠加，中壁岩柱应力明显增大，处于不利的受力状态。

2. 小净距隧道施工应结合中岩柱的厚度、围岩条件及埋深等制订单项施工技术方案。该方案应严格贯彻设计意图，并包括以下内容：先行洞和后行洞开挖方法；先行洞和后行洞爆破设计以及爆破震动控制；先行洞和后行洞开挖错开距离；先行洞衬砌与后行洞开挖错开距离；中壁岩柱保护方法；各相互影响工序的滞后时间；非小净距隧道施工方案中的其他内容等。

（二）开挖方法

1. 正向单侧壁导洞法见图 6–14

适用于 V、VI 级围岩中隧道施工，可采用人工开挖，局部采用弱爆破方案；左右洞先施工邻近中壁岩柱的导洞，尽早对中壁岩柱进行支护加固，维持围岩原始状态。

2. 上下台阶与正向单侧壁导洞组合法见图 6–15

适用于稳定性较好的 V 级围岩和稳定性较差的 IV 级围岩，使用大型机械设备通过上下台阶法施工，后行洞采用正向单侧壁导洞施工，尽早对中壁岩柱进行支护。

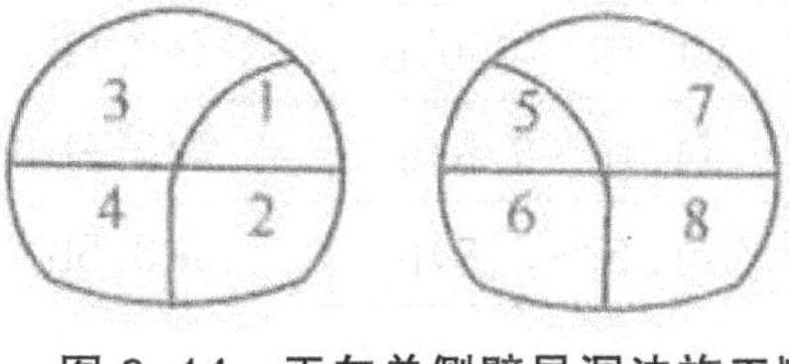

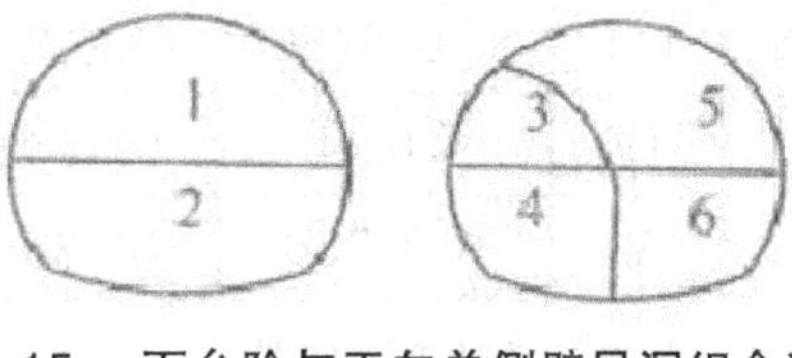

图 6–14 正向单侧壁导洞法施工顺序 图 6–15 下台阶与正向单侧壁导洞组合法

3. 上下台阶与反向单侧壁导洞组合法见图 6–16

适用于稳定性中等的 IV 级围岩，采用钻爆法施工，后行洞采用反向单侧壁导洞，3 台阶与 4 台阶先施工，为 5.6 的施工提供了临空面，减小对中壁岩柱的扰动。

4. 上下台阶法 见图 6–17

适用于稳定性较好的 III 级围岩和多数 IV 级围岩，由于围岩稳定，台阶长度根据围岩的稳定性确定，同时下台阶及时跟进，以便及时封闭仰拱。

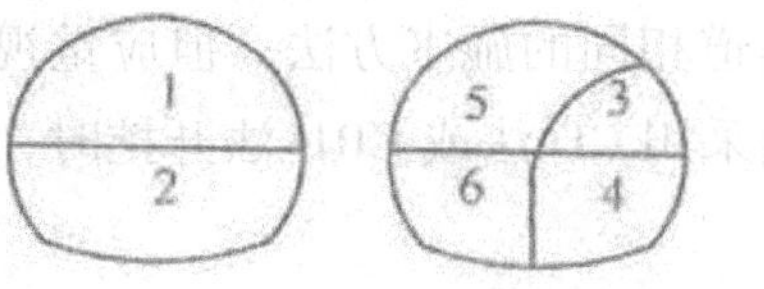

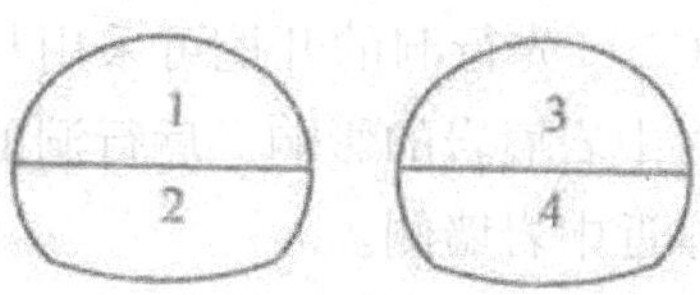

图 6–16 上下台阶与反向单侧壁导洞组合法 图 6–17 上下台阶法施工顺序图

5. 全断面爆破法 见图 6-18

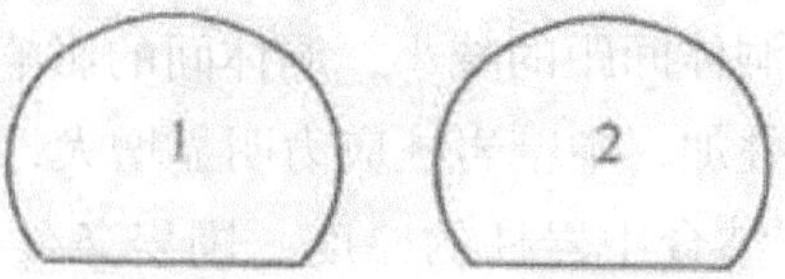

图 6-18 全断面爆破法施工顺序图

适用于 II 级围岩，围岩稳定性较好，自稳能力强，采用全断面光面爆破，提高效率和速度。

（三）施工要点

1. 小净距隧道爆破应进行专门设计，并进行试爆，测定震动值，严格控制爆破震动。

2. 小净距隧道的开挖和爆破：

（1）对 III、IV、V 级围岩小净距隧道双洞间相互影响程度划分和小净距隧道爆破震动速度控制标准可参考下表：

表 6-4 小净距隧道双洞间相互影响程度划分

围岩条件		影响程度			分离式单洞
		严重影响	一般影响	轻微影响	
围岩级别	III	⩽0.375b	(0.375～0.5)b	(0.75～2.0)b	⩾2.0b
	IV	⩽0.5b	(0.5～0.75)b	(1.0～2.5)b	⩾2.5b
	V	⩽0.75b	(0.75～1.5)b	(1.5～3.5)b	⩾3.5b

b- 单洞隧道的开挖宽带

表 6-5 小净距隧道爆破震动速度控制标准值（单位：mm/s）

围岩级别	小净距隧道爆破震动速度控制标准值		
	严重影响	一般影响	轻微影响
III	80～100	100～120	150～200
IV	50～80	80～100	100～150
V	<50	50～80	80～100

（2）先行洞的开挖可采用与分离式隧道相同的施工方法，但应重视爆破震动对中岩墙岩的影响。后行洞的开挖，当采用 CD 法或 CRD 法开挖时，宜先开挖靠近中岩墙侧。

3. 小净距隧道初期支护、二次衬砌应满足下列要求：

（1）对于差的围岩，应采用封闭的初期支护；对于好的围岩，初期支护可不封闭，但应尽早浇筑仰拱。

（2）先行洞的二次衬砌宜在围岩变形基本稳定后进行，宜落后于后行洞掌子面2倍隧道开挖宽度以上，且在初期支护变形基本稳定（参考值：周边位移速率小于0.2mm/d，拱顶下沉速率小于0.15mm/d）后尽早施工。

（3）为确保施工安全，避免二衬出现开裂，要求先、后行洞必须至少各配备一台二次衬砌模板台车。

六、超欠挖控制

1. 超挖部位必须用混凝土填充，严禁存在空洞或用片石填充；欠挖必须清除，拱脚以上1m内范围禁止欠挖，确保隧道初期支护质量。

2. 针对隧道围岩特点进行爆破参数试验，选择合适的爆破参数；

3. 提高画线和钻孔精度，提高装药和炮孔堵塞质量，每个爆破循环进行断面轮廓线检查及爆破效果信息反馈，强化施工组织管理。

4. 推行开挖精细化作业，制定严格的奖罚制度，调动施工人员的积极性。

七、质量问题预防及处理措施

（一）光面爆破质量问题

1. 未留半边孔的欠挖

（1）原因分析：光爆层太薄；周边眼线装药密度过大；辅助眼装药量太大。

（2）预防措施：严格按设计要求钻孔；将周边眼底部药量减小。

2. 放炮过程中产生瞎炮

（1）原因分析：炸药受潮：雷管起爆力不足或未爆。

（2）预防措施：有水地质采用乳化炸药；装药或堵塞时严禁损坏导爆管。

（二）塌方

1. 原因分析：

（1）设计定位或设计参数不当，施工方法不正确。

（2）地质条件为严重风化破碎带、堆积层等。

2. 预防措施

（1）加强地质超前预报和监控量测工作，对于不同的地质情况，采取正确的施工方法。

（2）断层破碎带地段施工。

严格按照"早预报、管超前、预注浆、短台阶、短进尺、弱爆破、强支护、早成环、勤测量"的原则进行施工。

断层破碎带地段采用超前小导管或长管棚预注浆、短台阶开挖，开挖完后立即喷射混凝土封闭围岩。根据围岩情况采取超前锚杆、钢拱架、挂网等手段加强支护。

八、安全施工

（一）开挖台车的各作业平台应为可调性的平台，固定的临边设置安全护栏，并设密目式安全立网及彩灯或反光标志；上下行通道设栏杆扶手，顶部设置限高标志牌；在台架底部配置消防器材，便于应急火灾事故。

（二）每次爆破的炸药、雷管必须用设锁的火工品专用箱分别送入洞内。

（三）洞内运输车辆必须限速行驶，洞内倒车与转向必须开灯、鸣笛；洞口、平交道口和狭窄的施工场地，应设置“缓行”标志，必要时宜安排人员指挥交通。

（四）隧道施工中必须密切注意围岩及地下水等的变化情况，当施工方法或支护结构不适应实际围岩状态时，必须采取应急措施，并经批准后及时采用合适的施工方法或支护形式。

（五）隧道内施工设备应靠边停放，远离爆破点；停放点应选择围岩稳定、支护结构已完成、无渗漏水的位置。

（六）开挖循环中每次爆破后，应及时通风，使洞内各有害气体及时排除。整个施工过程中作业环境应符合职业健康和安全标准，爆破作业统一指挥。

第七节　初期支护和辅助工程措施

一、一般规定

（一）初期支护前，开挖面的净空应符合要求。

（二）自稳能力差的掌子面，应做好预支护，坚持“先支护、后开挖，采取短进尺、弱爆破、快封闭、勤量测”的施工原则，初期支护紧跟掌子面。IV ~ VI 级围岩初期支护必须保证尽早封闭成环。

（三） 隧道支护根据现场监控量测和地质超前预报结果，及时调整支护参数 。

（四） 施工中地质工程师做好地质描述和超前地质预报工作，做到支护合理，经济高效。

二、喷射混凝土支护

（一）一般要求

1. 喷射混凝土必须采用湿喷工艺进行施工，凡擅自改变施工工艺者，每次给予承包人及监理单位一定的经济处罚。

2. 供风压力应满足湿喷机工作压力。

（二）施工工序（见图 7–1）

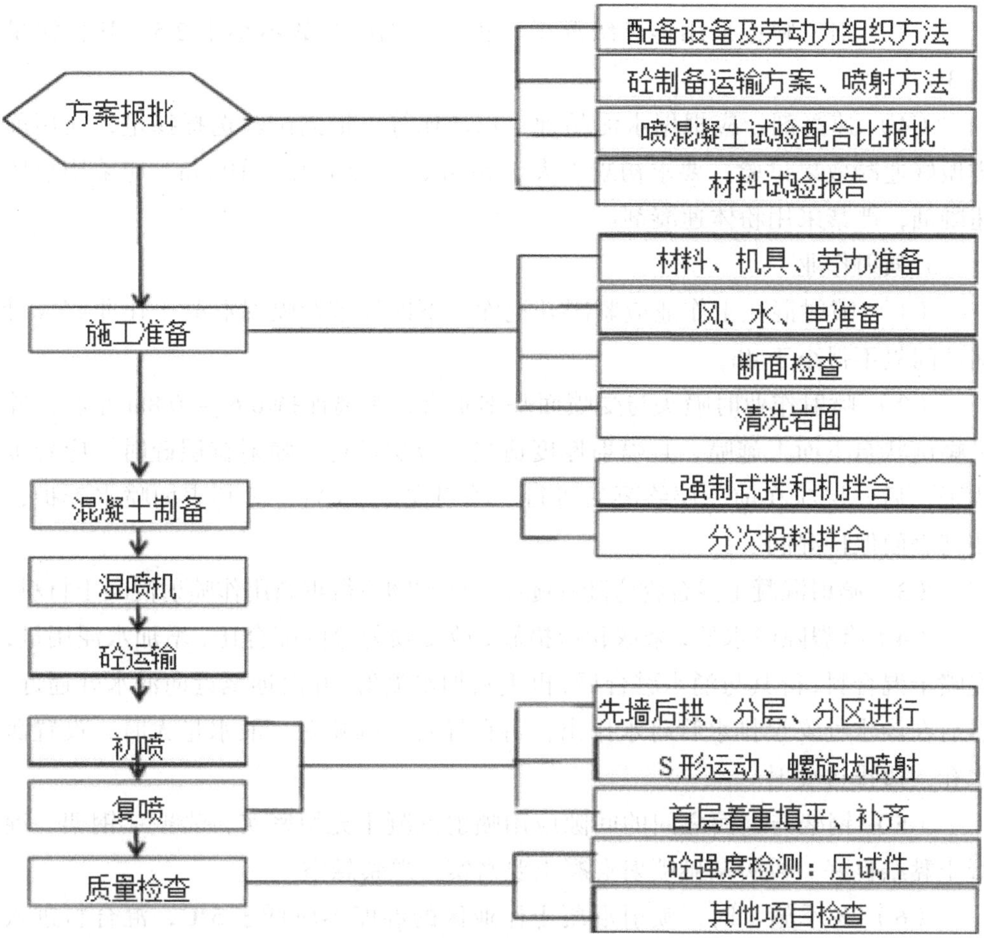

图 7–1　喷射混凝土施工工序流程图

（三）施工要点

1. 喷射混凝土作业前应做好的准备工作。

（1）岩面有渗水时，应做好引排水工作，再喷射混凝土。

（2）埋设测试喷射混凝土厚度的标志，以确保最小厚度满足要求。

（3）检查各机具设备、劳动力的准备情况，调试好风、水、电等管线路，并保证作业面具有良好的通风和照明条件。

2. 喷射混凝土原材料要求

（1）水泥：宜选用硅酸盐水泥或普通硅酸盐水泥。特殊情况下可采用特种水泥，采用特种水泥时应进行现场试验，指标应满足设计要求。

（2） 粗集料：应采用连续级配、坚硬耐久的碎石，最大粒径不大于16mm，其压碎值应≤20%，针片状颗粒含量≤8%，含泥量≤1.0%，施工前进行碱活性试验。

（3） 细集料：采用连续级配中、粗砂，细度模数不小于2.5，其含泥量≤3%。

（4） 速凝剂：应根据水泥品种、水灰比等，根据试验选择掺量，使用前应做好速凝效果试验，要求初凝不大于5min，终凝不大于10min。应采用液体速凝剂，严禁采用粉体速凝剂。

3. 喷射作业

（1） 喷射混凝土作业应紧跟开挖面，下次爆破距喷射混凝土作业完成时间的间隔不得小于4h。

（2） 喷射作业时喷头与受喷面基本垂直，距离保持0.6 ~ 0.8m左右，并呈螺旋状自下而上施喷，且喷射厚度适当，分层进行，喷射首层砼时，应着重找平，后一层应在前一层终凝后进行，喷射完成2h后，对其表面喷水养护，使其表面保持湿润。

（3）喷射混凝土混合物应随拌随喷，回弹物不得重新用作喷射混凝土材料。

（4）有裂隙渗水处，采取相应措施，改变喷射砼的配合比，增加水泥用量，先喷干混合料，待其与涌水融合后，再重新加水喷射，并由远至近向涌水处逼近，然后在渗水处安设排水管将水排出，再在导管周围喷射。涌水量大时，设置泄水孔，边排边喷射。

（5） 钢架与壁面之间的间隙应用喷射混凝土充填密实；岩壁、钢架、混凝土黏结良好。拱脚基础喷射混凝土要密实，严禁悬空。

（6） 冬季施工时，喷射混凝土作业区的温度不应低于5℃，混合料进入喷射机的温度不低于50℃，在结冰的岩面上不得进行喷射混凝土作业。混凝土强度未达到设计强度前不得受冻。隧道内环境温度低于50℃，严禁喷水养生。

（7） 对于超挖部位均采用混凝土填充，严禁添加片石填充。

三、锚杆

（一）一般要求

1. 锚杆施作时要确保其长度和根数，在防水板施工之前，委托第三方检测单位对隧道锚杆长度、数量、注浆饱满度进行检测，检测频率原则上不低于锚杆数量的3%。

2. 锚杆应尽量与岩面垂直。所有锚杆必须安装垫板，垫板应与喷射混凝土表面紧密接触。

3. 锚杆施工宜在初喷后及时进行。Ⅳ、Ⅴ级围岩的系统锚杆尾端应预留足够长度，确保锚杆垫板能够在初喷完成后安装，以便于锚杆质量检测。

4. 锚杆安装时，隧道现场监理工程师应旁站，对每次锚杆的安装，应详细注明锚杆施作的里程桩号、围岩等级、锚杆施作情况、设计数量、实做数量等。

5. 砂浆锚杆安设后不得拉拔、敲击，其端部3d内不得悬挂重物。

（二）施工工艺：

1. 钻孔

（1）根据锚杆的类别和所需长度进行钻孔，钻孔时应先标示出锚杆孔的位置。

（2）钻孔深度应大于锚杆锚固长度的95%，但超长值不大于10cm。

（3）用高压风将孔清理干净。

2. 普通砂浆锚杆

（1）施工流程图7–2

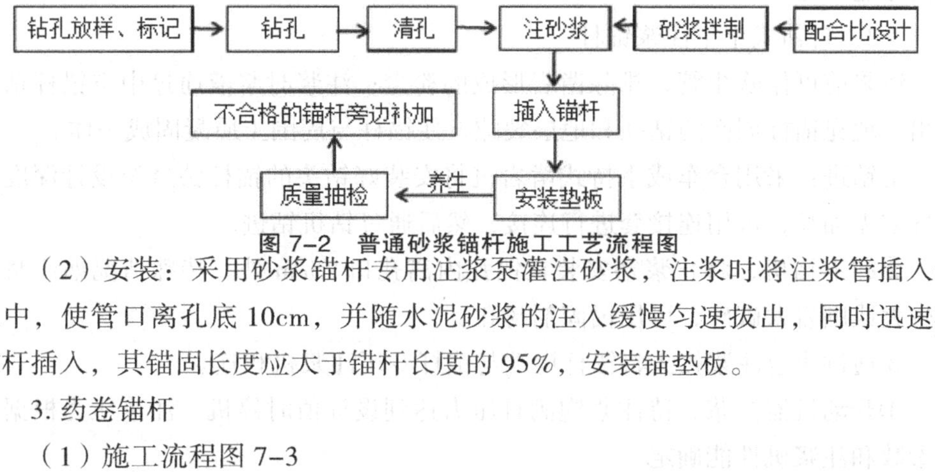

图7–2 普通砂浆锚杆施工工艺流程图

（2）安装：采用砂浆锚杆专用注浆泵灌注砂浆，注浆时将注浆管插入钻孔中，使管口离孔底10cm，并随水泥砂浆的注入缓慢匀速拔出，同时迅速将锚杆插入，其锚固长度应大于锚杆长度的95%，安装锚垫板。

3. 药卷锚杆

（1）施工流程图7–3

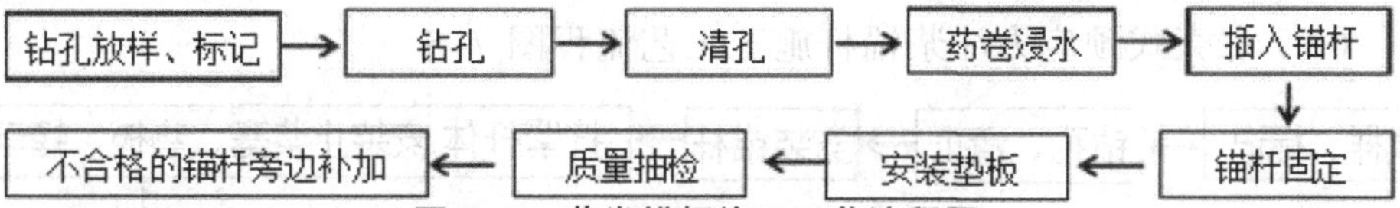

图7–3 药卷锚杆施工工艺流程图

（2）安装

①涌水地段锚杆施工时，如孔内流水，则在附近另外钻孔，施作锚杆。

②“药卷”在水中浸泡，保证水泥吸足水分，但不能过久。

③安装时，用锚杆的杆体将“药卷”匀速地顶入锚杆安装孔，边顶边转动

杆体，使“药卷”水泥在杆体周围均布密实，但不可过搅。

④若使锚杆安装后立即起作用，可在水泥中加速凝剂，也可在水泥中加水泥微膨胀剂。

4. 中空注浆锚杆

（1）普通中空注浆锚杆

①施工流程图 7–4

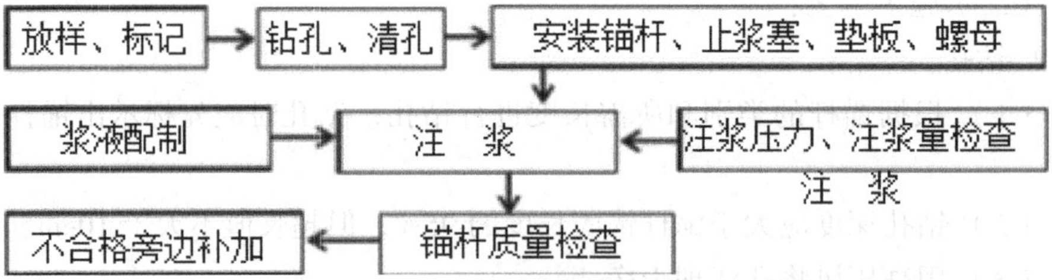

图 7–4 中空注浆锚杆施工流程图

②安装：钻孔清空后，及时安装中空注浆锚杆，检查止浆塞安装的严密性，垫板平整全面紧贴岩面后，快速开动注浆机注浆，注浆压力根据设计参数和注浆机性能确定。

（2）自钻式中空注浆锚杆

注浆前可作吹尘管，排除凿岩形成的粉尘；注浆时浆液通过中空锚杆钻头喷出，填充锚杆周围的钻孔和地层裂隙，使锚杆与周围土质凝固成一体。

①钻进：采用台车或手持式凿岩机将安装好钻头的锚杆钻进至设计深度。锚杆如需加长，可用连接套进行连接，然后通过钻机钻进。

②卸下钻机，将止浆塞安装在锚孔内离孔口 25cm 处。特殊情况如注浆压力较大或围岩太破碎，可用锚固剂封孔。

③通过快速注浆接头将锚杆尾端与锚杆专用注浆机相连。

④开动机器注浆，待注浆饱满且压力达到设计值时停机。注浆压力根据设计参数和注浆机性能确定。

⑤根据设计需要，安装垫板和螺母。

（3）涨壳式预应力注浆锚杆施工工艺流程图 7–5

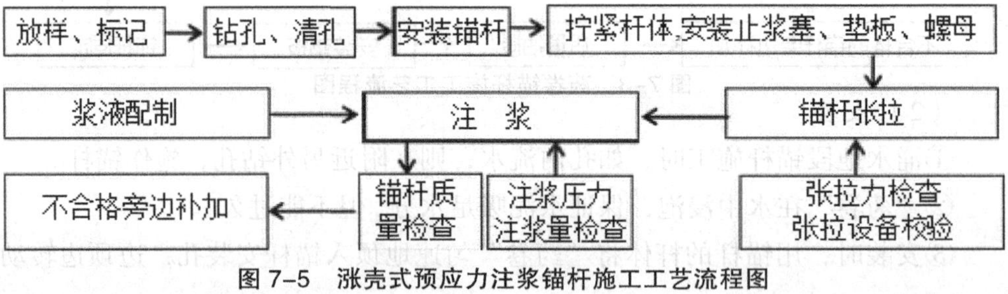

图 7–5 涨壳式预应力注浆锚杆施工工艺流程图

①安装：清空完成后，及时安装涨壳式预应力锚杆，检查止浆塞安装严密，垫板平整、全面、紧贴岩面后施加 50 ~ 80MPa 预应力。

②张拉完成后，快速开动注浆机注浆，注浆压力根据设计参数和注浆机性能确定。

（三）中空锚杆应注浆饱满，承包人质检人员和监理工程师按照检查频率，认真进行检测，杜绝出现不注浆或采用锚固剂锚固现象。

四、钢支撑

（一）一般要求

1. 根据隧道跨径制作模具，钢架依靠模具分节段制作，每节长度不宜大于 4m 且避开起拱线处；尺寸符合设计要求，形状与开挖断面相适应。

（1）型钢钢架采用冷弯法制作，可在工厂加工制作，亦可在现场加工制作，非节段连接时采用钢板焊接。

（2）格栅钢架依靠模具控制尺寸，钢筋节点必须采用焊接，焊接长度应不小于 40mm，对称焊接。

2. 钢板厚度及螺栓规格应符合设计要求；接头钢板螺栓孔应采用机械钻孔，禁止采用气割冲孔。

3. 首榀钢支撑加工完成后，应放在平地上试拼，当各部尺寸满足设计要求时，方可生产。

4. 钢支撑两侧拱脚应安装在牢固的基础上。拱脚底超挖、拱脚高程不足时，应用混凝土垫块填充；拱脚高度应低于上半断面底线 15 ~ 20cm。钢支撑拱脚在喷混凝土之前妥善包裹；当拱脚处围岩承载力不够时，应向围岩方向加设钢垫板、垫梁或浇筑强度不低于 C20 的混凝土以加大拱脚接触面积。

（二）施工工艺

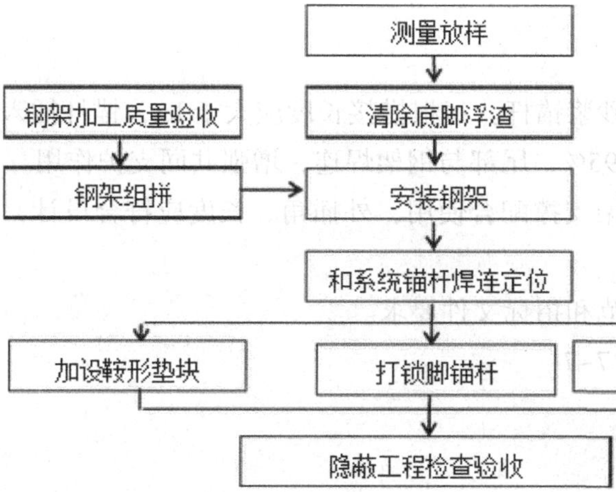

图 7-6　钢架安装施工工艺框图

（三）施工要点

1. 钢支撑应分节段安装，连接钢板平面应与钢架轴线垂直，钢板连接紧密。

2. 钢架立起后，校正位置、定位固定，并用纵向连接筋将相邻钢架连接牢靠。钢架安装时应垂直于隧道中线，竖向不倾斜、平面不错位、不扭曲。上、下、左、右允许偏差 ±50mm，钢架倾斜度应小于 20。

3. 钢架可在初喷混凝土后安装，应尽可能与围岩或初喷面密贴，有间隙时应采用混凝土垫块楔紧，严禁采用片石回填。

4. 钢架必须严格按设计架设，间距必须符合设计要求，拱架安装位置采用红油漆进行标注，并编写节段号码。

5. 下导坑开挖时，预留洞室的位置应按设计要求进行支护，只有在施工二衬时方可拆除，以确保安全。

6. 钢架安装就位后，钢架与围岩之间的间隙应用喷射混凝土充填密实，并使钢架与喷射混凝土形成整体。喷射混凝土应由两侧拱脚向上对称喷射，并将钢架覆盖，临空一侧的喷射混凝土保护层厚度应不小于 20mm。

7. 钢架应经常检查，如发现异常现象立即加固。

五、钢筋网

（一）一般要求

调直钢筋网钢筋、清除锈蚀和油渍，加工合适的钢筋网片。

（二）施工要点

1. 钢筋网与受喷面起伏铺设，间隙宜控制在 20 ~ 30mm。

2. 钢筋网应与锚杆、钢支撑连接牢固，在喷射混凝土时不得晃动。

3. 钢筋网搭接长度不得小于 30d（d 为钢筋直径），并不得小于一个网格长边尺寸。

六、超前锚杆支护

（一）一般要求

1. 超前锚杆一般为砂浆锚杆。每根搭接长度应大于 lm，锚杆插入孔内的长度不得小于设计长度的 95%，尾部与钢架焊连，增强共同支护作用。

2. 超前锚杆宜和钢架支撑配合使用，外插角、长度应符合设计，且大于循环进尺的 2 倍。

3. 锚杆材料符合规范和招标文件要求。

（二）施工工序 图 7–7

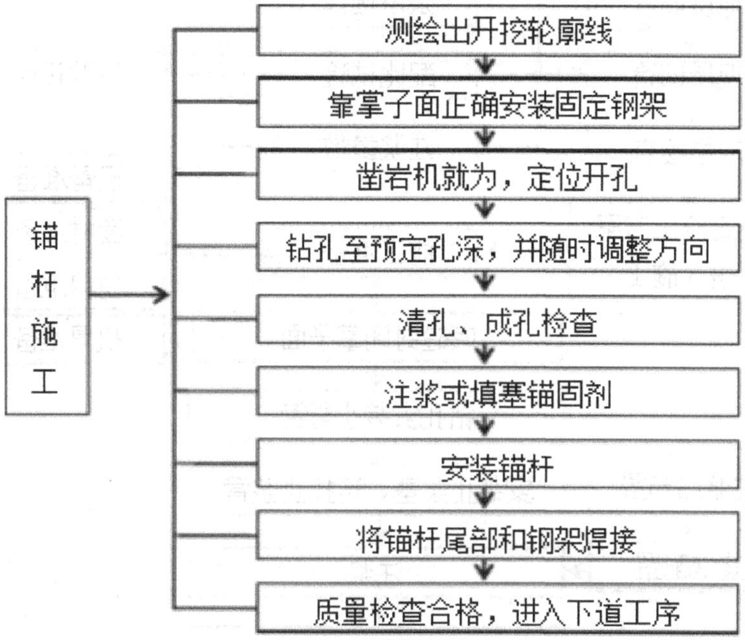

图 7–7　锚杆施工工序图

（三）施工要点（见 7.3.1 和 7.3.2 砂浆锚杆）

七、超前小导管预注浆支护

（一）一般要求

1. 超前小导管应为花管，长度满足设计要求，纵向搭接长度不小于 1.0m。

2. 小导管注浆时，监理应旁站，并填写旁站记录（旁站记录表见《监理规范》）。

（二）超前小导管预注浆施工工序框图 7–8

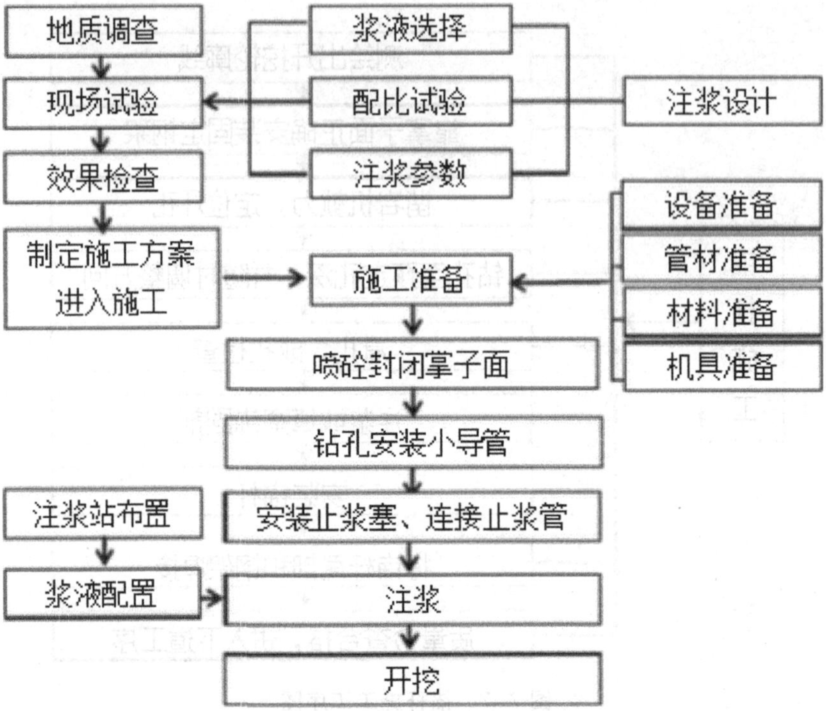

（三）施工要点

1. 小导管应从钢架腹部穿过，尾端与钢架焊接，外插角和间距应符合设计。

2. 钻孔、安装后，合理封堵管口，使其能承受规定的最大注浆压力。

3. 注浆前，应对开挖面及 5m 范围内的坑道喷射厚为 50 ~ 100mm 混凝土或用模筑混凝土封闭，以防止注浆作业时，发生孔口跑浆现象。

4. 注浆压力应为 0.5 ~ 1.0MPa，注浆按由下至上的顺序施工，浆液先稀后浓，注浆量先大后小。

5. 注浆标准：以终压控制为主，注浆量校核。当注浆压力为 0.7 ~ 1.0MPa，持续 15min 即可终止。

八、超前管棚支护

（一）一般要求

1. 超前管棚支护的长度和钢管外径、厚度应满足设计要求。

2. 管棚钢管外径为 φ108mm，钢管中心间距宜为管径的 2 ~ 3 倍，考虑路线纵坡的影响，合理选择外插角。

（二）超前管棚施工工艺

超前管棚施工工艺框图参照图 7–8

（三）施工要点

1. 沿设计轮廓线纵向施钻管棚孔，其外插角以不侵入隧道开挖轮廓线为原则。钻孔顺序由高孔位向低孔位进行。

2. 钻孔施工采用管棚钻机，利用套管跟进的方法钻进，长管安装一次完成。注浆时为避免钻孔串浆，应钻一孔注一孔。

3. 管棚定位：以套拱内预埋的孔口管定向、定位，严格控制其上抬量和角度。

4. 接长管棚钢管时，接头应采用厚壁管箍，上满丝扣，丝扣长度不应小于150mm。接头应在隧道横断面上错开。

5. 为确保注浆质量，在钢管安装后，用钢板焊封管口，在钢板上穿孔安装两通接头。

6. 用双液注浆泵先单液浆、再双液浆，先稀后浓的原则注浆。注浆量由压力控制，初压 0.5 ~ 1.0MPa，终压为 2.0MPa，持续 5 min 结束。

九、质量问题预防及处理措施

（一）超前锚杆

1. 超前锚杆施工位置和方向发生偏斜

（1）形成原因

超前锚杆钻孔时孔位未准确定位并做出明显标志，钻孔处插角控制不严格或未使用测斜仪测量、控制钻孔方向。

（2）预防及处理措施

①施工前应按照设计位置和间距准确测量放样并标记开挖轮廓线和锚杆孔位。

②可先由钻工按设计外插角度钻 3 ~ 5 孔，然后插入炮棍或锚杆以控制其他孔的方向和角度，用测斜仪检查控制钻孔方位。

③出现钻孔偏斜应采用砂浆或混凝土封堵后重新钻孔。

2. 开挖后超前锚杆外露或塌落

（1）形成原因

超前锚杆施工外插角偏小，纵向搭接长度不符合设计和规范要求，开挖循环进尺过大与超前锚杆长度不匹配等。

（2）处理措施

①严格控制超前锚杆钻孔外插角施工误差，误差不得超过 20，超前锚杆纵向搭接长度宜为超前长度的 40% ~ 60%，不得小于 1m，保证前方始终大致形成双层锚杆。

②开挖时必须保留前方有一定长度的锚固区，保证超前锚杆的前端有一个

稳定的支点。

③开挖后如出现超前锚杆外露或滑塌现象，应及时喷射混凝土进行封闭，并尽快打入下一排超前锚杆。

（二）超前钢管

1. 管棚方向发生偏斜

（1）形成原因：钻孔角度误差控制不严。

（2）处理措施

①严格控制钻孔角度，外插角 10 ~ 20，误差不得大于 0.50，使用测斜仪进行检查控制方向，管棚不得侵入开挖轮廓线。

②钢拱架定位准确，安装稳固。

2. 钢管后端下坠移位

（1）形成原因：钢管后端支撑不牢固。

（2）处理措施

①管棚钢架应安装牢固、安装前应清除拱脚处的虚渣，严禁钢架置于虚渣上，在超挖处应垫放型钢等以调整高差，两边底脚应用楔子将钢架与围岩间楔紧。

②在浅埋、跨度较大的隧道洞口软弱围岩段、塌方段等处，采用混凝土套拱作为管棚的孔口环向支撑，套拱长度一般为 1 ~ 2m。

3. 超前小导管注浆时发生串浆、跑浆

（1）形成原因：注浆的导管被堵塞，开挖面、坑道壁未封闭或孔口注浆压力过大。

（2）处理措施

①采用多台泵同时注浆，堵塞串孔后隔孔注浆。

②调整浆液浓度及配合比，缩短凝胶时间，进行小量低压力注浆或间歇式注浆，使浆液在裂隙中有相对停留时间，以便凝固。

③小导管注浆的孔口最高压力应严格控制在允许范围内，以防压裂开挖面，注浆压力一般为 0.5 ~ 1.0Mpa，止浆塞应能承受注浆压力。

（三）锚杆孔内砂浆不饱满和达不到设计锚固力

1. 原因分析

（1）眼孔不直、钻孔过深或过浅、钻孔直径过大或过小、眼孔内有泥浆。

（2）灌浆时注浆管外壁粘浆过多、砂浆下淌；安装锚杆时，孔内砂浆向外流出；先灌后锚法，插入锚杆前，砂浆已硬化等。

2. 预防措施

（1）钻孔时凿岩机位置要固定，尤其是下端不能移动，严格按设计的深度和孔径选择钻杆和钻头。

（2）先灌后锚时注浆管要钻到孔底并随注浆同时抽出；先锚后灌浆时要将孔口堵塞严密，砂浆要有一定的黏稠度，速凝剂参量符合要求并尽快使用。

（四）钢筋网质量问题

1. 质量问题

（1）钢筋网的质量问题主要是喷混凝土时回弹率高及易出现脱口现象。

（2）钢筋网晃动，喷射距离、角度、风压掌握不好。

2. 预防措施

（1）钢筋网一定要和锚杆焊接牢固。

（2）采用双层钢筋网时，第一层钢筋网被混凝土覆盖后再铺设第二层钢筋网。

（3）开始向钢筋网喷射混凝土时，适当减少喷头至受喷面的距离。

（4）喷射中如果有脱落的混凝土被钢筋网架住，应及时清除。

十、初期支护质量要求

（一）喷射混凝土均匀密实，表面平顺光亮，无干斑或流滑现象

（二）对初期支护混凝土的强度、厚度、空洞、锚杆和钢拱架（钢格栅）的施工质量进行全面检测，检测合格并经业主确认后进行下道工序。

十一、安全施工

（一）在台车临边设置安全护栏，并设置漏电保护器。

（二）凿岩机钻眼时必须先送水后送风。

（三）放炮后必须进行喷雾、洒水，出渣前应用水淋湿石渣和附近的岩壁。

（四）吹孔、注浆和喷砼施工人员均应佩戴防尘口罩和防护眼镜、胶皮手套。

（五）长大隧道应在压人式的出风口设置喷雾器，以增加空气湿度，降低粉尘含量。

（六）钻眼作业应采用湿式凿岩，当水源缺乏、容易冻结或岩性不适于湿式凿岩时，可采用带有捕尘设备的干式凿岩，采用防尘措施后应达到规定的粉尘浓度。

第八节　仰拱与底板

一、一般规定

（一）仰拱应根据围岩受力状况、初期支护监测情况及时组织施工，且应保持洞内交通畅通，不得影响前方的掘进施工。

（二）仰拱开挖应严格按审批的开挖方案进行，并结合拱墙施工抓紧进行仰拱初期支护和仰拱模筑混凝土施工，实现支护结构早闭合。

（三）仰拱混凝土浇筑必须使用模板，保证混凝土浇筑质量。

（四）仰拱应一次成型，不宜左右半幅分次浇筑。底板混凝土可半幅浇筑，但接缝应平顺且做好防水处理，超挖部位应采用与衬砌相同强度等级混凝土浇筑回填。

（五）仰拱、填充层及底板砼应能满足拱墙混凝土及二衬施工，保证衬砌台车的正常作业长度。

（六）II、III 级围岩地段应全断面一次开挖成型，底板混凝土应及时进行浇筑以改善洞内交通状况和施工环境。

（七）仰拱、底板施工时，应按图纸要求施作中心排水沟、横向盲管、拱脚纵向排水管等排水设施，并注意设置与二衬贯通的变形缝。

（八）洞口段仰拱应在开挖进洞 150m 之内封闭成环。

（九）隧道仰拱（IV、V）级围岩段严禁私自改变支护形式。

二、施工工序（见图 8-1 和图 8-2）

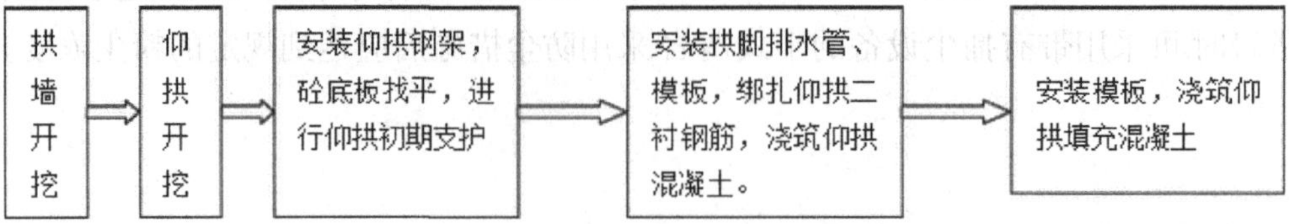

图 8-1　仰拱施工工艺流程图

图 8-2　底板施工工艺流程图

三、施工要点

（一）开挖

1. 仰拱土质地层开挖应以人工开挖为主，并辅以机械配合。

2. 隧道仰拱开挖应平顺，避免引起应力集中。边墙钢架底部杂物清除干净，保证与仰拱钢架连接良好。

3. 特殊地段仰拱开挖必须严格按审批方案进行施工，确保施工质量和安全。

（二）初期支护

1. 仰拱开挖和仰拱初期支护应衔接紧密，但应先施作混凝土垫层，再安装仰拱钢架，然后喷射混凝土或采用模筑混凝土。

2. 仰拱底无初期支护层时，也应先施作混凝土垫层，便于进行仰拱钢筋安装及安装模板等作业。

3. 仰拱钢支撑安装必须符合设计和规范要求，且与边墙拱架的牛腿焊接顺畅牢固。

（三）二衬钢筋预埋

1. 仰拱二衬钢筋的制作与安装应符合设计和规范要求。两侧二衬边墙部位的预埋钢筋伸出长度应满足与二衬环向钢筋焊接的要求，且将接头错开，使同一截面的钢筋接头数不大于总数的 50%。

2. 仰拱二衬钢筋的绑扎必须保证两个间距的要求，即两层层距和单层钢筋间距。层间距通过焊接定位钢筋来确定。

（四）混凝土施工

1. 仰拱混凝土应为矮边墙施工创造工作面，仰拱和底板施工前应清除积水、杂物、虚渣等。

2. 仰拱、仰拱上的填充层及底板混凝土施工应使混凝土配合比准确，必须使用顶模，顶模上预留振捣孔，保证混凝土捣固密实。仰拱混凝土可采用泵送浇筑。禁止仰拱和填充层一次施工。

3. 仰拱、底板的施工缝和变形缝应按设计要求进行防水处理。

4. 仰拱填充采用片石混凝土时，片石应距模板边 10cm 以上，片石不得直接接触仰拱顶，且片石间距大于粗集料的最大粒径。

5. 浇筑片石混凝土仰拱填充时，禁止采用先码放片石再使用混凝土充填空隙的做法。应先浇一层混凝土，人工码放片石，再浇筑混凝土，再码片石的顺序进行施工。片石掺量不大于 25%。

6. 仰拱以上的混凝土或片石混凝土（仰拱填充）应在仰拱混凝土达到设计强度的 70% 后施工。

7. 仰拱和底板混凝土强度达到设计强度 100% 后方可允许车辆通行。

四、质量问题预防及处理措施

（一）仰拱厚度不足

1. 分析原因：欠开挖。

2. 预防措施

严禁仰拱部分欠开挖，仰拱断面开挖后应立即检查，不足部分需重新开挖，未经监理工程师检验不得浇筑混凝土。

（二）钢筋保护层厚度不足和混凝土表面不密实

1. 原因分析：钢筋绑扎位置不准确，振捣不到位。

2. 预防措施

（1）仰拱的钢筋绑扎和浇筑应采用大样板，可有效保证钢筋保护层的厚度，确保不露筋。

（2）加强振捣，采用插入式振捣器和平板振捣器结合的方法。

五、安全施工

（一）在仰拱开挖周边设置护栏围挡，并安装密目式安全立网；出口处设置警示牌。

（二）仰拱施工时，采取栈桥的方式保证洞内交通不中断。

第九节　防水与排水

一、一般规定

（一）隧道施工防排水设施应符合设计并与营运防排水工程相结合，做到排水通畅；对于穿越茅荆坝自然保护区，防排水应作专门设计，维护保护区原生态不被破坏。

（二）隧道防排水不得污染环境，不得直接排入地表水源。

（三）隧道防排水应遵循因地制宜、综合治理、防、排、截、堵相结合的原则进施工。

（四）隧道施工前应做好不影响施工的防排水设施。

（五）加强衬砌背后结构防排水施工质量，强调结构自身防水。

（六）防水板应在初期支护基本稳定后施工，铺设松紧适度。

（七）停车带、洞室与正洞连接处的防排水工程应与正洞同时完成，其搭接处应平顺，不得有破损和折皱。

（八）加强成品保护工作，开挖和衬砌作业不得损坏防水层，当发现层面有损坏时应及时修补；防水层在下一阶段施工预留的连接部分，应采取措施保护。

二、施工防、排水

（一）一般要求

1. 隧道洞口应及时做好防排水系统，完善防排水措施，保证隧道及时进洞；确保洞顶、洞口不受地表水的下渗和冲刷。

2. 边坡、仰坡坡顶的截水沟应结合永久排水系统修建，其出水口应与路基边沟顺接组成完善的排水系统，并防止水流冲刷危害农田和水利设施。

（二）施工防排水工序见图 9–1。

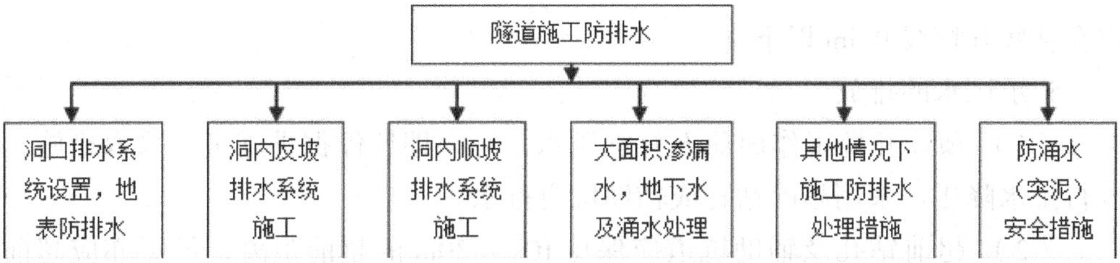

图 9–1 施工防水与排水施工工艺图

（三）施工要点

1. 洞内顺坡排水

（1）洞内顺坡排水一般采用在距边墙基脚 1.5m 处设临时排水沟的方法排水。

（2）在特殊地质隧道一般采用预制管和浆砌片石排水沟排水，尽量阻止水直接接触岩体。

（3）台阶法施工时，上下台阶设架槽（管）引流至下台阶排水沟，严禁漫流浸泡下台阶基坑。

2. 洞内反坡排水

（1）对于反坡排水的隧道，每 200m 设置一个集水坑，通过水泵逐级抽排至洞口。

（2）抽水机和集水坑容积应按实际排水量确定，设在对施工干扰较小的位置。

（3）抽水机功率应大于排水所需功率的 20%，并备用抽水机。

（4）做好停电时的应急排水准备工作。

3. 洞内涌水或地下位较高时，可采用井点降水法和深井降水法处理。井点降水施工应符合下列要求：

（1）根据降水要求，选择降水形式、降水设施，编制降水施工方案。

（2）在隧道两侧地表面布置井点，间距宜为 25 ~ 35m。井底应在隧底以下 3 ~ 5m。

（3）应设水位观测井，及时测定动水位，调整降水参数，保证降水效果。

（4）重视降水范围内地表环境的保护工作，制定包括量测监控、回灌等措施，预防地表超限下沉措施。

4. 洞内水量较大时的处理措施

（1）洞内渗漏水严重、大股集中水时，应钻孔引流至集水坑，顺坡段引流出洞；反坡段用抽水机抽水出洞。

（2）详细记录钻孔位置、数量、孔径、深度、方向和渗水量等情况。利用排水设施引流至边墙排水管。

（3）隧道洞口基坑排水：采用井点降水法和深井降水法保持地下水位稳定在基底开挖线 0.5m 以下。

5. 承压水的排放

（1）预计开挖工作面前方有承压水，应立即暂停掘进施工，采取措施，进行排水降压。采用超前钻孔或辅助坑道排水。

（2）超前钻孔及辅助坑道应保持 10 ~ 30m 的超前距离，最短亦应超前 1 ~ 2 倍掘进循环长度。

6. 高压涌水的处理

（1）预测前方有高压涌水时，立即暂停掘进，采用钻孔排水的方法降低地下水的压力。

（2）封堵涌水注浆应先在周围注浆，切断水源，然后顶水注浆，将涌水堵住。

三、结构防、排水

（一）一般要求

1. 防排水材料应符合国家、行业标准，满足设计要求，并有出厂合格证明。

2. 必须采用防水混凝土，其施工配合比设计应符合下列规定：

（1）每立方米混凝土中水泥和矿物掺加总量不宜小于 320kg。

（2）砂率宜为 35% ~ 45%。

（3）水灰比不得大于 0.55。

（4）非泵送防水混凝土的坍落度不宜大于 50mm。泵送防水混凝土的入泵坍落度宜为 100 ~ 140mm。坍落度每小时的损失值不应大于 30mm。

（5）掺加引气剂的混凝土含气量应控制在 3% ~ 5%。

（6）防水混凝土的缓凝时间宜为 6 ~ 8h。

（7）抗渗性能试验：6 个试件中有 4 个未出现最大水压值为合格。

3. 止水带和止水条宜采用背贴式。

（二）施工工序 （见图 9-2）

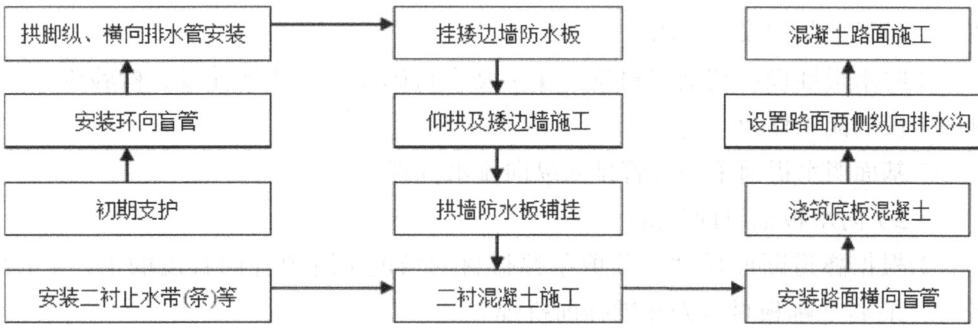

图 9-2 结构防水与排水施工工序图

（三）施工要点

1. 衬砌背后防排水

（1）衬砌背后纵、环向盲管、中心排水管（沟）排水性能良好；横向排水管排水通畅。

（2）衬砌混凝土施工时，不得损坏防排水设施，确保各排水孔道连接顺畅，以形成通畅的排水体系。

（3）各管路连接采用变径三通方式，纵向排水管与三通接头连接应用土工布包裹；中心排水管和纵向排水管高程控制良好。

（4）各排水管材的规格、质量、安装间距、材质应符合设计和规范要求。

2. 防水板质量

（1）防水板宜选用高分子材料，幅宽 2 ~ 4 米，EVA 膜厚度不小于 1.5mm，并应符合设计要求，柔性好、耐久性好、耐刺穿性好；其物理力学性能应符合表 9-1

表 9-1 防水板质量物理力学性能表

项目	拉伸强度（Mpa）	断裂延伸率 %	热处理时变化率 %	低温弯折性	抗渗性
指标	≥ 12	≥ 200	≤ 2.5	-20°C无裂痕	0.2Mpa24h 不透水

（2）防水板铺设之前应检查是否有变色、波纹(厚薄不均)、斑点、刀痕、撕裂、小孔等缺陷,如果存在质量疑虑,应进行张拉试验、防水试验和焊缝张拉强度试验。

3. 防水板铺设

（1）防水板铺设前检查

①检查喷射混凝土表面无空鼓、裂缝、松酥、外漏锚杆头、钢筋头等能刺

破防水板的物质。

②喷射混凝土平整度要求：D/L ≤ 1/6，拱顶 D/L ≤ 1/8，否则要进行基面处理。（L 为喷射混凝土相邻两凸面间的距离；D 为喷射混凝土相邻两凸面间凹进深度）。

③用隧道激光断面仪检查断面尺寸，复核中线位置和高程，确保衬砌厚度和净空满足规范和设计要求。

④防水板铺设应超前二衬施工 1 ~ 2 个衬砌段，形成铺挂段、检验段、二衬施工段的流水作业。

⑤基面明水提前采用盲管排入纵向排水盲管。

（2）防水板铺设前拼焊

①根据隧道断面尺寸，裁剪单幅板材的长度（隧道环向长度的 1.1 ~ 1.2 倍）。宜将 2 幅板材首先在铺挂前拼焊。

②焊接一律采用双焊缝焊接，搭接宽度不得小于 10cm，单条焊缝的有效焊接宽度不得小于 1.25cm。EVA 膜与垫片进行热合时间不得少于 10s。

（3）防水板施工工序流程图 9-3

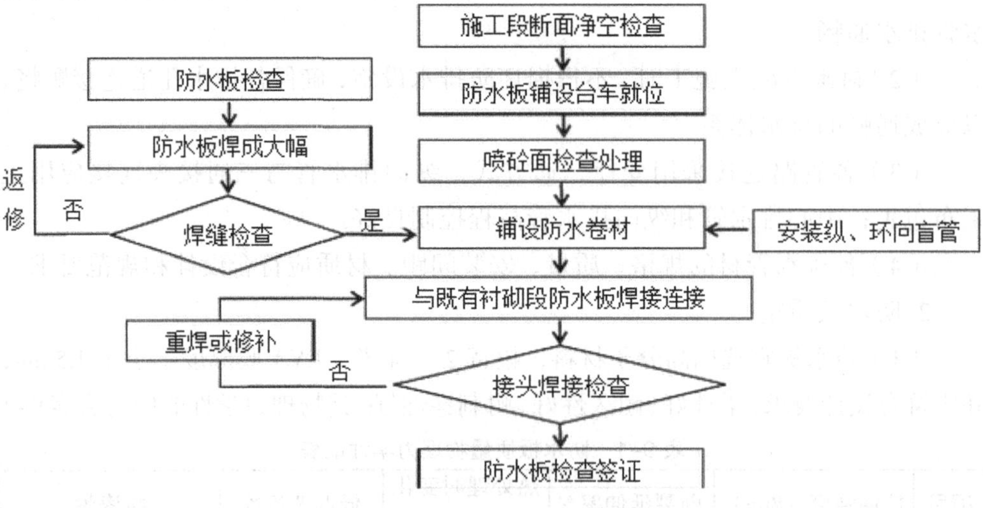

防水板施工工序流程图 9-3

（4）防水板铺挂

①工艺：基面清理→土工布垫层施工→塑料垫片施工→防水板铺挂。②土工布垫层施工 。

a. 铺设方法：在隧道拱顶纵中心线，使土工布垫层的横向中心线与喷射混凝土的纵向中心线相重合。

b. 土工布从拱顶部开始向两侧下垂铺设，用塑料胀管、木螺丝或射钉和塑料垫片将土工布固定在合格的喷射混凝土基面上。

c. 塑料垫片施工：用塑料胀管和木螺丝将塑料垫片压在土工布垫层上，间隔 50–150cm 矩形布置（拱顶 50cm，边墙 100cm，底板 150cm）。

d. 防水板铺设：剪裁卷材长度（要考虑搭接在底板上）；然后与土工布垫层一样从拱顶部开始向两侧下垂铺设，边铺边热熔焊接。

e. 防水板铺挂松弛率要求：环向松弛率经验值一般取 10%，纵向松弛率一般取 6%。根据初期支护表面的平整程度适当调整，以保证浇筑混凝土时板面与喷混凝土面密贴。

（5）防水层破损的检查

①利用防水层接缝时留出的空腔做充气检查。

② 检查方法：用 5 号注射针与压力表相接，用打气筒充气。充气时留出的空腔会鼓起来，当压力表达到 0.1 ～ 0.15MPa 时，停止充气。如果保持压力 lmin 不下降，说明焊接质量良好；否则，用肥皂水涂在焊缝上，找出漏气之处，补焊，直到接缝不漏气为止。

③ 在防水层施工过程中，发现防水层破损处，必须立即作出明显的记号，以便逐个把破损处修补好。

（6） 防水层破损修补的具体要求：

①补丁不得过小，离破损边沿不得小于 7cm。

②补丁要剪成圆形，边沿不能有正方形、长方形及三角形等的尖角。

4. 成品防护：

（1）当衬砌紧跟开挖时，衬砌前端的防水板要采取保护措施，防止爆破飞石损伤防水板。

（2）开挖、铺挂防水板、衬砌三者平行作业时，铺设防水层地段距开挖面不应小于一个爆破安全距离，并在施工中采取措施，保护铺挂成形的防水板。

（3）绑扎钢筋时，防止钢筋损伤防水板；焊接钢筋时在焊接作业与防水板之间增挂防护板。

（4）防水层安装后严禁在其上凿眼打孔。

（5）在浇筑二次衬砌混凝土前，应检查防水层铺设质量和焊接质量，如发现有破损情况，及时处理。振捣混凝土时，振捣棒不得接触防水板。

（四）止水带和止水条

1. 止水带

（1） 止水带埋设位置准确，其中间空心圆环应与变形缝的中心线重合；

止水带定位时，应使其在界面部位保持平展，防止止水带翻滚、扭结，如发现有扭结不展现象应及时进行调正。在固定止水带和浇筑混凝土过程中应防止止水带偏移，以免单侧缩短，影响止水效果。可采用定位钢筋定位。

（2）止水带先施工一侧的混凝土时，其端头模板应支撑牢固，严防漏浆。

（3）接头应连接牢固，接头宜设置在距铺底面不小于 300mm 的边墙上。

（4）隧道断面变化处或转角处的阴角应抹成半径不小于 50mm 的圆弧，橡胶止水带的转角半径不应小于 200mm，钢片止水带不应小于 300mm，且转角半径应随止水带的宽度增大而相应加大。

（5）不得在止水带上穿孔打洞固定止水带。在固定止水带和灌筑混凝土过程中应注意保护止水带不被钉子、钢筋和石子等刺破。如发现有刺破、割裂现象，必须及时修补。

（6）宜加强混凝土振捣控制，排除止水带底部气泡和空隙，使止水带和混凝土紧密结合，且应注意防止振捣造成止水带偏位或破损。

（7）止水带的长度应根据施工需要事先向生产厂家定制，尽量避免接头。如确需接头，应连接牢固。根据止水带材质和止水部位不同可采用不同的接头方法。橡胶止水带的接头形式应采用搭接或复合接；塑料止水带的接头形式应采用搭接或对接。止水带的搭接宽度不应小于 100mm，冷粘或焊接的缝宽不应小于 50mm。

2. 止水条

（1）止水条宜选用制品型遇水膨胀止水条，其性能见表 9-2

表 9-2　制品型遇水膨胀止水条

序号	项目		指标
1	硬度（邵氏 A）（度）		42±7
2	拉伸强度（mp）		≥ 3.5
3	拉断伸长度（%）		≥ 450
4	体积膨胀倍率（%）		≥ 200
5	反复浸水测试	拉伸强度	≥ 3
		扯断伸长率（%）	≥ 350
		体积膨胀倍率（%）	≥ 200
6	低温弯折 -20℃ ×2h		无裂痕
7	防雷等级		优于 2 级

注：1. 硬度为推荐项目，其余为强制项目。2. 成品切片测试应达到标准的 80%。3. 接头部位的拉伸强度不得低于标准强度的 50%。4. 体积膨胀率是浸水后的试样质量与浸水前的试样质量的比率。

（2）止水条必须在上环二衬混凝土浇筑时预埋，并嵌入 2cm。必要时用胶黏结或钢钉固定，下环混凝土施工时将其固定后，方可浇筑下一环混凝土。

（3）确保止水条位置准确，固定牢固，在下环混凝土浇筑前禁止被水浸泡。

（五）施工缝的处理

1. 混凝土应连续浇筑，原则上不留纵向施工缝。如确实留有施工缝应采用手持式凿毛机进行凿毛，并清理干净。

2. 水平施工缝：墙体水平施工缝宜设置在高出铺底面不小于 300mm 的墙体上。拱墙结合的水平施工缝，宜设置在拱墙连接线以下 150 ~ 300mm 处。

3. 垂直施工缝：垂直施工缝施工时，应将其表面浮浆和杂物清除。刷不低于结构混凝土强度等级的净浆或涂混凝土界面处理剂，及时浇筑混凝土。端头模板应支撑牢固，严防漏浆。端头应埋设涂有脱模剂的楔形硬木条，形成预留浅槽，其槽应平直，槽宽比止水条宽 1 ~ 2mm，槽深为止水条厚的 1/2 ~ 1/3，将遇水膨胀止水条牢固地安装在预留浅槽内。

4. 根据二衬台车、矮边墙和仰拱等的各自长度，设置施工缝。

5. 施工缝应水平或垂直，并用模板或其他措施，形成预定的形状，以保证与后续工程紧密连接。

（六）变形缝的处置

变形缝应满足密封防水、适应变形、施工方便、检修容易等要求，变形缝的施工应注意：

1. 沉降变形缝的最大允许沉降差值应符合设计规定，设计无规定时，不应大于 30mm。当计算沉降差值大于 30mm 时，应采取特殊措施。

2. 沉降变形缝的宽度宜为 20 ~ 30mm，伸缩变形缝的宽度宜小于此值。

3. 变形缝处的混凝土结构厚度不应小于 300mm。

4. 变形缝底应设置与嵌缝材料无黏结力的背衬材料或遇水膨胀止水条。

四、质量问题预防及处理措施

（一）防水层

1. 防水层破损

（1）形成原因

①喷射混凝土基面处理不符合要求，存在钢筋头、凸出的管件等尖锐突出物，刺破防水层。

②爆破飞石砸破或电焊烧伤防水层。

（2）预防及处理措施

①铺挂防水层前，对基面进行认真检查，在确认基面外露的钢筋、尖锐突出物处理完毕并用砂浆抹平后，方可铺挂。

②开挖和衬砌作业要防止损坏防水层，当衬砌紧跟开挖时，衬砌前端的防水层要采取保护措施，防止爆破飞石砸破防水层。

③衬砌钢筋的安装、焊接，各种预埋件的设置，挡头板的安装，混凝土输送管道的就位以及浇筑混凝土等作业时，应小心谨慎或采取适当措施，避免出现撞破、刺穿或烧伤防水层的现象。

④如发现防水层存在破损情况，应及时进行修补。

2. 防水层存在空缝、气泡现象

（1）形成原因

防水层焊接或粘接不牢，质量不过关，或粘接（焊接）操作不当，致使粘接（或焊接）存在假缝、漏焊等现象。

（2）预防及处理措施

①严格按防水层操作工艺进行操作，接合前应将待接的两块防水层接头擦净、对齐、并保证搭接长度，采用热合焊接时应严格控制焊接温度、焊机行走速度，保持焊机与焊缝良好接触、行走平稳。

②应加强检查，对个别漏接、漏焊处及时补接，补焊时尽量避免防水层的接头处折皱。

3. 防水层与喷射混凝土基面未密贴、出现紧绷现象或松弛度过大

（1）形成原因

①初期支护表面存在的凹坑未进行补平处理。

②防水层吊环间距过大。

（2）预防及处理措施

①衬砌前应将紧绷处一定范围内的防水层拆除，更换大面积的防水层后重新接合或将紧绷处防水层割开，增加一块防水层并粘接成整体。

②铺挂防水层前应根据喷射混凝土表面平整程度确定防水板固定点间距，尽量均匀布置，衬砌平整度较差时应适当调整。

（二）止水带

1. 与混凝土结合不密贴

（1）形成原因

止水带周围混凝土振捣不密实，混凝土凝固后产生收缩。

（2）预防及处理措施

在浇筑混凝土时加强接缝混凝土的振捣，确保止水带与混凝土结合密贴、无空隙。

2. 止水带偏位

（1）形成原因

安装止水带定位不准、钢筋卡固定不牢、衬砌挡头板跑模或混凝土振捣不均。

（2）预防及处理措施

①在止水带安装时要严格执行规定的安装工艺。

②衬砌端头混凝土浇筑时，止水带两侧混凝土应均匀灌入，防止混凝土过分偏压造成止水带偏斜，同时注意均匀振捣。

③挡头板拆除后，应将外露的一半止水带掰直掰正，用钢筋卡卡紧后进入下一环衬砌施工。

（三）排水

1. 衬砌背后排水不畅

（1）形成原因

①环向排水管未接至纵向盲管，或基面渗水量较大未布设环向排水盲管。

②纵向排水盲管与横向排水管（泄水孔）未接通。

③横向排水管（泄水孔）堵塞。

（2）预防及处理措施

①基面渗水量较大处，布设排水盲管集中引排水。

②环向和纵向排水管，纵向和横向排水管之间接头要连接牢固、密封可采用三通连接。

③横向排水管（泄水孔）应设置不小于2%的流水横坡，并经常疏通。

2. 路面渗水或冒水

(1)形成原因:路面底排水盲管堵塞或与隧道内排水沟、隧底盲沟连接不畅。

（2）预防及处理措施。

①路面底排水沟施工时不能堵塞，路面底排水盲沟必须外裹渗滤布，防止路面基层或面层施工时，水泥浆液渗入，堵塞排水通道。

②隧道内排水沟施工时，不能堵塞路面底排水盲沟的出水口。

五、防排水质量要求

（一）隧道结构防排水工程实测项目及外观鉴定按照《公路工程质量检验评定标准》（JTG F80/1-2004）隧道的相关要求执行。

（二）防水板、止水带实测项目及外观鉴定按照《公路工程质量检验评定标准》（JTG F80/1-2004）隧道的相关要求执行。

（三）隧道施工防排水工程实测项目及外观鉴定按照《公路工程质量检验评定标准》（JTG F80/1-2004）排水工程的相关要求执行。

六、安全施工

（一）在集水井周边设置安全护栏，并悬挂密目式安全立网。

（二）在防水板铺设台车周边设置安全护栏，底部设置兜底安全平网。

第十节 二次衬砌

一、 一般规定

（一）二衬作业区的防水层、纵向、环向排水管等验收合格。

（二） 二衬采用衬砌台车工艺浇筑混凝土，并执行隧道二衬台车验收准入制度。

（三） 二衬施工前必须对初期支护断面进行测量，对不符合要求的部位应进行处理。

（四）重点对施做防水层时记录下的渗水严重（或者渗水对二衬结构有侵蚀）部位，应按设计要求做好防水或防侵蚀工作，需要变更的做好变更工作。

（五） 为确保隧道的净空轮廓线及衬砌厚度，衬砌时应预留沉降量。

（六）预埋件、预留洞室位置的尺寸符合设计。

（七）七衬砌断面级别应和初期支护级别相一致，衬砌时围岩较差地段向围岩较好地段延伸，延伸长度为5m。

（八）衬砌完成后，组织检查衬砌施工质量，重点检查衬砌厚度、钢筋保护层厚度、背后空洞。

（九）继续做好监控量测工作。

二、二衬施作时机的确定

（一）二次衬砌应在围岩和初期支护变形基本稳定后施作，变形稳定符合以下条件：

1. 各测试项目的位移速率明显收敛，围岩基本稳定。

2. 已产生的各项位移，已达预计总变形量的80%–90%。

3. 周边位移速率小于0.1 ~ 0.2mm/d，或拱顶下沉速度小于0.07 ~ 0.15/d。

（二）二次衬砌距掌子面的距离符合设计和规范要求，一般情况不大于200m，软弱地段应紧跟掌子面。

三、配合比设计

（一）性能要求

1. 各种原材料及外加剂满足规范和设计要求。水泥标号不低于42.5级；水灰比不大于0.55；最小水泥用量不少于300kg/m³，拱顶封顶部位不少于350kg/

m³；拌制混凝土拌和物时，水泥重量偏差不超过 ±2%，集料重量偏差不超过 ±5%，水及加气剂重量偏差不超过 ±2%，但严禁使用早强水泥。

2. 混凝土应流动性好、坍落度衰减慢、干缩性小、初凝时间相对较长、终凝时间相对较短，满足泵送混凝土施工要求，满足抗渗性、抗裂性要求。

3. 混凝土水化热低且水化热高峰值发生在混凝土达到一定强度之后，以承受由于水化热产生的温度应力。

4. 混凝土有早强性能，特别是拱肩部位，以利于模板早拆，满足衬砌快速施工需要。

（二）配合比设计要求

1. 配合比根据原材料质量及设计混凝土所要求的强度、抗渗指标、施工和易性、凝固时间、运输灌注和环境温度条件通过试配确定，推荐采用“双掺”技术；即掺加外加剂和外掺料。同时应设计微膨胀混凝土的配合比，以补偿混凝土收缩使拱顶与围岩之间产生的裂隙。

2. 根据混凝土浇筑部位的不同选择适宜的坍落度，墙部混凝土坍落度宜小，拱部混凝土坍落度宜大。在保证混凝土可泵性的情况下，宜尽量减小混凝土的坍落度，并提高混凝土的和易性、保水性，避免混凝土泌水。但是禁止通过调整用水量改变混凝土的坍落度。

3. 配合比设计及混凝土施工时应采取措施，以减少反弧部位混凝土气泡、麻面等质量通病的发生。

四、 施工工序

二次衬砌施工工艺流程（图 10-1）

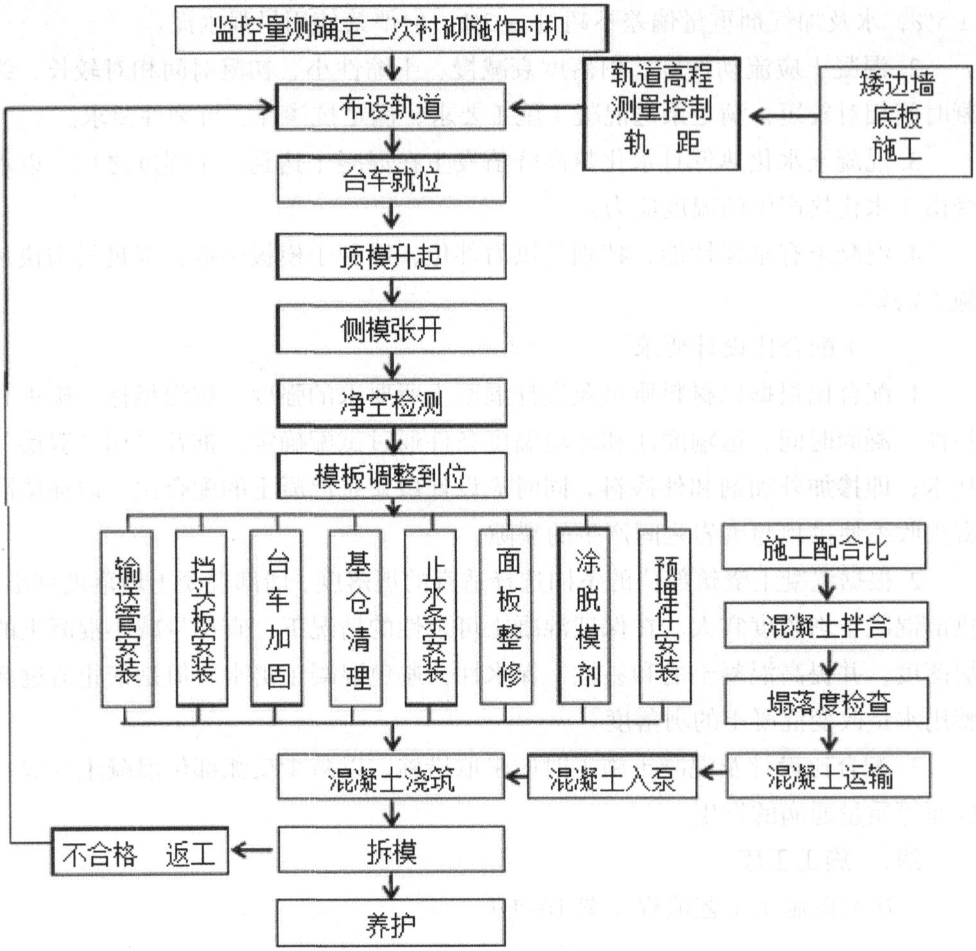

图 10-1 二次衬砌施工工艺流程图

五、衬砌模板台车

（一） 一般要求

1. 采用全液压自行式衬砌台车，结构尺寸准确，各种伸缩构件、液压系统、电气控制系统运行良好，支撑结构设置合理，并有闭锁装置。

2. 台车应具有足够的强度、刚度、稳定性和抗上浮能力，具有承受所浇筑混凝土的重力、侧压力、及施工中产生的各项荷载的能力。

3. 衬砌台车应能保证多次重复使用不变形，面板钢板厚不小于 10mm；三车道台车面板钢板厚应不小于 12mm；外弧模板每块钢板宽度应大于 1.5m；两车道台车每延米重量应不低于 6.8t，三车道台车每延米重量应不低于 8.5t。

4. 应在 3m、5.3m、拱顶处设置作业窗口，作业窗口间距纵向不宜大于 3m，横向不宜大于 2.5m，窗口尺寸 50cm × 50cm，且应整齐划一；作业窗口周边应加强，防止周边变形，窗门应平整、严密、不漏浆。

5. 台车的长度根据隧道的平面曲线半径、纵坡合理选择，长度一般为 8 ~ 12m，对曲线半径小于 1200m 的台车长度不应大于 9m。

6. 模板支撑桁架门下净空满足各种施工设备通行要求；桁架各层平台的高度满足工人安管、混凝土振捣等作业要求。

7. 衬砌台车必须在工厂制造、现场拼装，拼装完毕后，对模板表面彻底打磨，清除锈斑；对模板板块拼缝进行焊联并将焊缝打磨平整；最后做好涂油防锈工作。

8. 衬砌台车适时进场，连拱隧道、小净距隧道一端必须要有两部衬砌台车，以确保左右线开挖、二衬的合理布局，确保结构安全。加宽段落必须专门配备加宽衬砌台车。

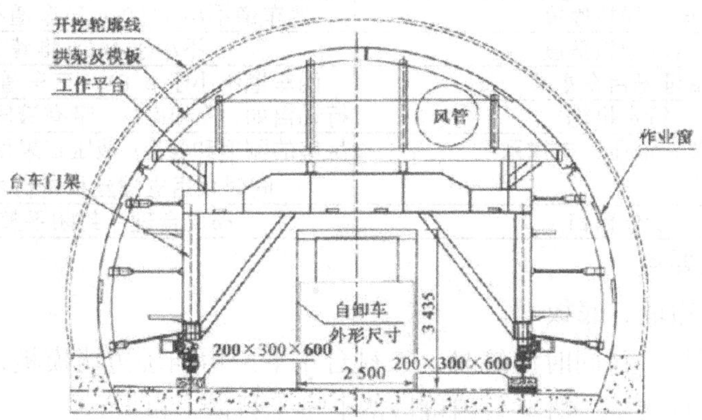

a）

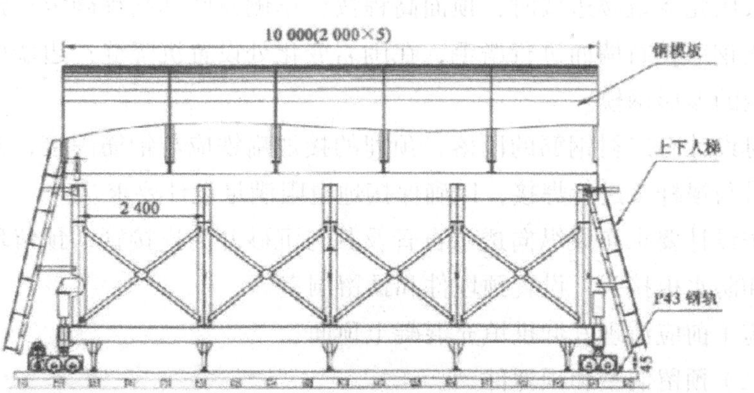

b）

a）二次衬砌模板台车正立面示意图；b）二次衬砌模板台车侧立面示意图

图 10-2　整体钢模衬砌台车结构示意图（尺寸单位 mm）

（二）台车调试

1. 测量台车各结构尺寸，做到台车模板尺寸与隧道的衬砌结构尺寸相符合

（考虑沉降量）。

2. 二衬台车现场拼装完成后，必须在轨道上往返行走 3 ~ 5 次后，再次紧固螺栓，并对部分连接部位加强焊接以提高其整体性。

3. 每施作衬砌 500 ~ 600m，台车应全面校验调试一次，校验可在隧道加宽带进行。

4. 由总监办组织成立专门的审批验收小组，对每座隧道的二衬台车进行逐一检查验收。验收标准见表 10–1。

表 10–1　衬砌台车要求

内容	要求
衬砌台车长度	一般为 8~12；小于 1200m 半径隧道，二衬台车不大于 9m
模板外观尺寸	满足设计要求
两端的结果尺寸相对偏差	不大于 3mm
梁体模板厚度	两车道不小于 10mm 三车道不小于 12mm
每块模板宽度	不小于 1.5m 推荐 2m
每延米台车重量	两车道不小于 6.8t，三车道不小于 8.5t
行走机构	行动自如、控制良好，带有液压推杆制动器。
台车架、液压、支撑系统	足够的刚度和强度；液压缸采用液压锁锁定，同时采用支撑丝杆进行机械锁定
工作窗口	布局合理，封闭平整严密

六、施工要点

（一）矮边墙、底板

1. 矮边墙与二衬同时浇筑时，二衬台车下应增加矮边墙模板，并对底板混凝土接触面进行凿毛，凿毛采用机械凿毛（手持凿毛机）。

2. 采用先浇筑矮边墙时，顶面高程按台车侧模底部高程确定；预埋符合设计的连接钢筋，对墙面进行凿毛，在围岩变化处设置沉降缝；边墙模板应采用一次成型的弧形钢模。

3. 对设计有二衬钢筋的段落，预埋的接地扁铁应与钢筋焊接，无衬砌钢筋的应尽量与锚杆头进行焊接，以确保接地电阻满足设计要求。

4. 按设计要求布设纵向透水盲管及其与沉砂井的连接管，预留环向软式透水盲管和防水板接头，设置预埋件和预留洞室等。

5. 施工前应清理好仰拱填充混凝土顶面。

（二）预留洞室和预埋件。

1. 预留洞室模板及预埋件在钢筋混凝土衬砌地段，宜固定在钢筋骨架上；在无钢筋衬砌地段采取在衬砌台车模板上钻孔，用螺栓固定。

2. 预留洞室模板宜采用钢模，承托上部混凝土重量时应加强支撑。

（三）衬砌钢筋

满足《施工标准化管理实施细则》桥梁篇钢筋加工、焊接、安装要求外，还应满足以下要求：

1. 钢筋集中加工、统一配送。

2. 环向钢筋必须按设计轮廓线进行放大样，以隧道实测断面做参考。

3. 钢筋安装要求：

（1）横向钢筋与纵向钢筋的每个节点均必须进行绑扎或焊接。

（2）钢筋焊接搭接长度应满足设计及规范要求，受力主筋的搭接应采用焊接，焊接搭接长度及焊缝应满足规范要求。

（3）相邻主筋搭接位置应错开，错开距离不应小于 1000mm。

（4）同一受力钢筋的两个搭接距离不应小于 1500mm。

（5）箍筋连接点应在纵横向筋的交叉连接处，必须进行绑扎或焊接。

（6）钢筋其他的连接方式应符合相关规范的规定。

（7）安装钢筋时，钢筋长度、间距、位置、保护层厚度应满足设计要求。

4. 为确保二衬钢筋定位准确、钢筋保护层厚度符合要求，采取措施有：

（1）先由测量人员用坐标放样，在调平层及拱顶防水层上定出自制台车范围内前后两根钢筋的中心点，确定好法线方向，确保定位钢筋的垂直度及与仰拱预留钢筋连接的准确度。钢筋绑扎的垂直度采用三点吊垂球的方法确定。

（2）用水准仪测量调平层上定位钢筋中心点高程，推算出该里程处圆心与调平层上中心点的高差，采用自制三脚架定出圆心位置。

（3）圆心确定后，采用尺量的方法检验定位钢筋的尺寸是否满足设计要求，对不满足要求的位置重新调整，全部符合要求后固定钢筋。钢筋固定采用自制台车，二衬钢筋间距由钢管焊接的可调整的支撑杆控制。

（4）定位钢筋固定好后，根据设计钢筋间距，在支撑杆上用粉笔标出环向主筋布设位置，然后开始绑扎此段范围内钢筋。各钢筋交叉处均应绑扎。

（5）钢筋保护层应全部采用混凝土垫块控制，不得使用塑料垫块。

（6）要求主筋纵向间距、分布筋环向间距、内外层间距、保护层厚度均应符合设计要求。

（四）台车就位

1. 防水板、排水盲管、衬砌钢筋、预埋件等隐蔽工程在台车模板就位前应验收合格。

2. 采用五点定位法，即：以衬砌圆心为原点建立平面坐标系，通过控制顶模中心点、顶模与侧模的铰接点、侧模的底脚点来精确控制台车就位。曲线隧道应考虑内外弧长差引起的左右侧搭接长度的变化，以使弧线圆顺，减少接缝错台。

3. 衬砌台车驾驶员必须经培训合格后方可进行台车操作，对控制面板、油路、顶缸等重要部件随时加强维修保养，保证台车正常作业。

4. 台车模板应与混凝土搭接长度不小于 10cm，曲线路段按照内侧控制，台车各节点连接牢固、位置准确、系统运行良好。

（五）安装挡头模板、止水条（止水带）

1. 根据衬砌厚度制作台车端部挡头模板，宜采用质地良好的木板，其单片宽度不宜小于 300mm，厚度不小于 30mm。

2. 挡头模板结构应能保证衬砌环接缝榫接，以保证接头处质量，增强其止水功能。

3. 挡头板应定位准确、安装牢固，顶部应留有观察小窗口，以观察封顶混凝土浇筑情况。

4. 止水条（止水带）等安装见第 9 节防水与排水的相应内容。

（六）二衬混凝土

1. 浇注二衬混凝土前应重点检查下列内容：

（1）输送泵接头是否密闭，机械运转是否正常，基仓清理是否干净。

（2）输送管道布置是否合理，接头是否可靠。

（3）施工缝是否经过适当处理。

（4）脱模剂是否涂刷均匀。

2. 混凝土浇筑时，做到以下几点：

（1）混凝土拌制前，根据测定砂石含水率的结果调整用水量，实现理论配合比向施工配合比的转换。

（2）拌制混凝土时，水泥质量偏差不得超过 ±1%，集料质量偏差不得超过 ±2%，水及外加剂质量偏差不得超过 ±1%。

（3）混凝土浇筑前，必须将矮边墙凿毛，并采用手持凿毛机凿毛。

（4）泵送混凝土前应采用按设计配合比拌制的水泥浆润滑管道。

（5）混凝土应采用混凝土搅拌运输车运输，确保在运送过程中不产生离析、撒落及混入杂物。

（6）混凝土直接入泵仓，输送管尾端设软管控制管口与浇筑面的垂距，混凝土不得直冲防水板板面或台车模板板面流至浇筑位置，垂距应控制在 1.5m 以内；禁止采用振捣棒输送混凝土；以防混凝土离析。

（7）混凝土由下至上、左右交替、从两侧向拱顶对称浇筑。每层浇筑高度、方向应根据搅拌能力、运输距离、灌筑速度、洞内气温和振捣等因素确定。为防止浇筑时两侧侧压力偏差过大造成台车移位，两侧混凝土浇筑面高差宜控制在 50cm 以内，同时应合理控制混凝土浇筑速度。

（8）施工过程中，输送泵应连续运转，泵送连续浇筑，宜避免停歇造成“冷缝”，间歇时间超过规范要求时，按施工缝处理。

（9）当混凝土浇至作业窗下 50cm，作业窗关闭前，应将窗口附近的混凝土浆液残渣及其他杂物清理干净，涂刷脱模剂，将其关紧，防止窗口部位混凝土表面出现凹凸不平甚至漏浆现象。

（10）隧道衬砌起拱线以下的反弧部位是混凝土浇筑作业的难点部位，应对混凝土性能、坍落度及捣固方法进行有效控制，以减少反弧段气泡，有效改善衬砌混凝土表面质量。

（11）混凝土的入模温度，在冬季施工时不应低于 5℃，夏季施工时不应高于 32℃。

（12）混凝土应采用振动器振捣密实，并应采取确实可靠的措施确保混凝土密实。振捣时，不得使模板、钢筋、防排水设施、预埋件等移位。

（13）拱部混凝土衬砌浇筑时，应在拱顶预留注浆孔，注浆孔间距应不大于 3m，且每模板台车范围内的预留孔不少于 4 个。拱顶注浆填充，宜在衬砌混凝土强度达到 100% 后进行，注入砂浆的强度等级应满足设计要求，注浆压力应控制在 0.1MPa 以内。

（14）封顶采用顶模中心封顶器接输送管，采用补偿型混凝土，逐渐压注混凝土封顶。当挡头板上观察孔有浆溢出时，标志封顶完成。

（15）每板二衬混凝土浇筑完成时，应制作二组拆模用混凝土试件；及时清理场地的废弃混凝土及垃圾，保持施工现场整洁。

（七）拆模

1. 根据混凝土试件强度试验，确定拆模时间。不承受外荷载的拱、墙混凝土强度应达到 5MPa 以上及时拆模。

2. 当衬砌施作时间提前，拱、墙承受有围岩压力及封顶和封口的混凝土强度应满足设计要求，一般应在混凝土强度达到设计强度 70% 以上。

（八）养生

1. 在拆模前用高压水冲洗模板外表面，拆模后喷淋混凝土表面，以降低水化热，在冬季施工时，应做好衬砌的防寒保温工作，养护温度不得低于 5℃。

2. 养生时间要求：洞口 100m 养护期不少于 14d，洞身养护不少于 7d，对已贯通的隧道一般养护期不少于 14d。

（九）缺陷处理

拆模时，监理必须旁站；若发现缺陷，不得擅自修补，须经监理工程师批准后方可进行处理。

（十）特殊洞室要求

1. 紧急停车带

（1） 紧急停车带及洞身衬砌截面变化段，应制订专项施工方案。

（2） 紧急停车带衬砌两端与洞身衬砌应圆顺平整连接。

（3） 紧急停车带应布置在同一级别围岩地层中。开挖过程中，若发现不在同一级别围岩时，应及时报告监理工程师。

2. 车行、人行横洞

（1）车行、人行横洞与主洞交叉段的衬砌，应制订专项施工方案。

（2） 车行、人行横洞应与主洞同时进行衬砌。

（3）对车行横洞、人行横洞等特殊洞室，采用移动式模架拼装模板施工。边墙基础应与边墙一次浇筑完成，分次浇筑时应处理好接缝。

3. 交叉段的钢筋应相互连接良好，绑扎牢固使之成为整体。交叉段衬砌混凝土应连续浇筑，不得中断。

4. 拱、墙模板拱架的间距，应根据衬砌地段的围岩情况、隧道宽度、衬砌厚度及模板长度确定。架设拱、墙支架和安装模板时，应位置准确、连接牢同、严防移位。围岩压力较大时，拱架、墙架应增设支撑或缩小间距。

5. 移动式模架或拼装模板重复使用时，应注意检查，如有变形应及时修整。在拱架外缘应采用径向支撑与围岩顶紧，以防混凝土浇筑时拱架变形、移位。拱架、支架应于隧道中线垂直方向架设。拱架的螺栓、拉杆、斜撑等应安装齐全。拱架（包括模板）高程应预留沉落量。施工中应随时测量、调整。

七、质量问题预防及处理措施

（一）衬砌混凝土厚度不足

1. 原因分析

（1） 隧道开挖成型差，衬砌混凝土厚度严重不均匀；欠挖或初期支护侵入衬砌限界。

（2） 个别隧道衬砌混凝土背后存在脱空现象。

2. 预防措施

提高钻眼技术水平，优化钻爆参数，提高光面爆破效果，加强隧道开挖断面检测，严格控制欠挖。

（二）超设计荷载承受围岩压力

1. 原因分析

未开展监控量测工作，仅凭经验来确定二次衬砌的施作时间，安全可靠性差，造成二次衬砌超设计荷载承受围岩压力。

2. 预防措施

二次衬砌施作时机，应在围岩和初期支护变形基本稳定时进行。当围岩变形较大、流变特性明显，需提前进行二次衬砌时，必须对初期支护或衬砌结构进行加强。

（三）混凝土水灰比过大

1. 原因分析

（1）混凝土配料时原材料计量误差大，外加剂的掺加随意性大，没有根据砂，石料的实际含水率及时调整施工用水量。

（2）在混凝土运输及泵送过程中加水。

2. 预防措施

（1）严格按施工配料单计量，定期检查校正计量装置。加强砂石料含水率检测，及时调整拌合用水量。

（2）混凝土在运输和泵送过程中严禁加水。

（四）混凝土均质性差、产生麻面

1. 原因分析

主要是采用整体式钢模板台车施工，混凝土浇筑时不振捣或漏振所造成。

2. 预防措施

（1）适当放慢浇注速度，两侧边墙对称分层灌注，在墙、拱交界处停 1 ~ 1.5h，待边墙混凝土下沉稳定后，再灌注拱部混凝土。

（2）混凝土灌注过程中必须振捣，提高混凝土的密实度和均质性，减少内部微裂缝和气孔，提高抗裂性。

（3）蜂窝麻面的产生主要是振捣问题，施工前应做好操作交底，浇筑的混凝土用插入式振动器振实，振动器应快插慢拔，每个插点的振捣时间应该适宜，须控制在 20 ~ 30s。以混凝土不在显著下沉，泛起的水泥浆无气泡为准。

（4）漏浆也是混凝土蜂窝麻面产生的主要原因，要求模板施工时要严格控制空隙、孔洞，防止漏浆。

（5）使用振动棒时要避免振捣棒碰撞钢筋和预埋件，混凝土的浇筑厚度应控制在 500mm 以内。

（五）产生裂缝

1. 原因分析

（1）盲目追求施工进度，随意提前脱模时间，使低强度混凝土过量承受荷载，破坏了混凝土结构。脱模后对混凝土没有进行潮湿养护。

（2）夏季施工时砂、石料露天堆放，无切实有效的降温措施，使混凝土拌和料入模温度高。冬期施工时采取的防寒保温措施不力。

（3）原材料质量差、配合比设计不合理：

①水泥品种选择不当，安定性不好，不同批次的水泥混用；碎石、砂级配差，含泥量超标，碎石中石粉含量大，针、片状物过多。

②进行配合比设计时，水泥用量过多，掺和料和外加剂的选用不当。

2. 预防措施

（1）把好材料进场关，严格控制原材料的质量和技术标准。

（2）混凝土的拌和控制混凝土的入模温度。夏季施工时，当气温高于32℃时。砂石料、搅拌机应搭设遮阳棚，用冷水冲洗碎石降温。尽量安排在夜间浇注混凝土。

（3）混凝土的脱模、护养

①混凝土拆模时的强度必须符合设计或规范要求、严禁未经实验人员同意提前脱模，脱模时不得损伤混凝土；

②必须及时喷水养生。

八、质量要求

（一）外观质量

1. 衬砌轮廓线条平顺美观，无跑模、露筋现象，混凝土颜色均匀一致确保无气泡、无色差、无渗漏。

2. 混凝土无因施工养护不当而产生的裂缝。

（二）二衬质量检测

1. 二衬和仰拱必须适时实行检测。对检查不合格的项目，承包人必须进行返工整改。

2. 二次衬砌检测项目见 10-2 表。

表 10-2 隧道二衬质量检测结果表

测段	桩号	探测位置	二衬钢筋		二衬砼厚度（mm）			背后空洞情况	备注
			实测	设计	最大	最小	设计		
1		拱顶							
2									
3									

4		左拱腰							
5									
6									
7		右拱腰							
8									
9									

（三）预留洞室质量

预留洞室尺寸要符合设计，棱角整齐，外观质量好。

（四）拱顶预留接线盒质量

拱顶预留接线盒的位置要准确，电缆钢管要安放在两层钢筋的中间，其平面线形要与隧道的线形相一致。

九、安全施工

（一）台车上下行通道上部应满铺木板，并设安全网兜底；作业平台临边设置安全护栏。

（二）台车下方通道应满足洞内通车要求，内轮廓要设置警示灯。

（三）衬砌作业段两端 20m，设置行车限速警示牌。

（四）衬砌台车安装、拆除时应设置警戒区，警戒区边缘设置警戒隔离绳和警示牌。

（五）衬砌过程中遗漏的水泥浆和杂物在施工完毕后，及时清理和环保处理。做到“工完料净、环保到位”。

第十一节　路面及附属工程

一、路面

（一）一般要求

1. 隧道路面施工过程中，隧道内必须保持良好通风，并设置满足施工需要的照明系统。应选用带净化装置的柴油动力机械，汽油动力机械不宜进洞。

2. 隧道水泥路面施工应由专业化队伍进行施工，选用满足施工要求的配套机械设备，形成流水线作业。

3. 混凝土路面正式施工前，应铺筑混凝土试验段以确定施工工艺参数，试验段长度宜为 150 ~ 200m。水泥混凝土路面侧模必须采用新的槽钢进行施工。

4. 按照《公路水泥混凝土路面施工技术规范》（JTG F30– 2003）要求，

在高速公路隧道水泥混凝土路面应推广使用滑模摊铺工艺，对长大隧道和总长超过3000m的隧道群必须采用滑模摊铺机施工。

5. 水泥混凝土路面应根据施工组织设计连续浇筑；在浇筑过程中，应使已铺设路面地段的修整、防护、养生等作业，得以正常进行。水泥混凝土路面强度未达到设计要求前，不得开放交通。

（二）施工工序（图11–1）

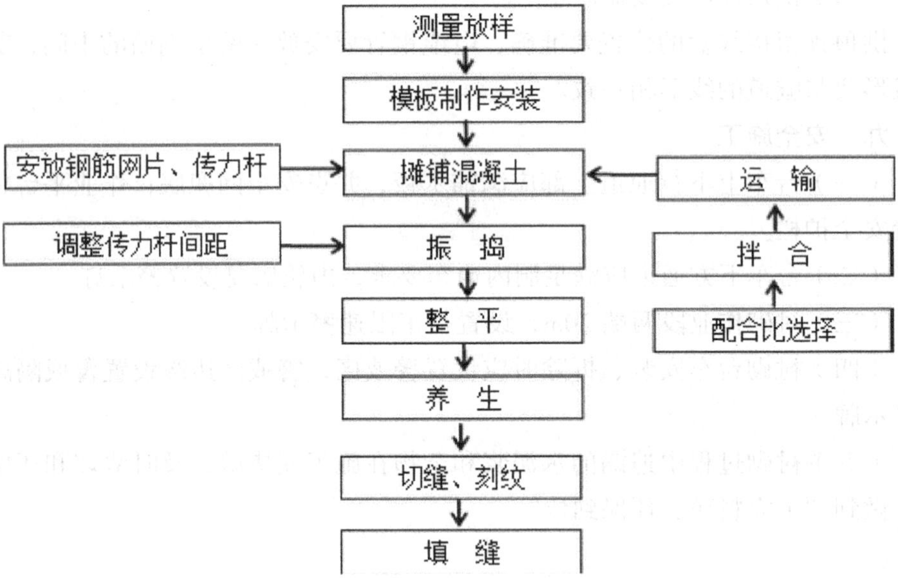

图11–1 隧道路面施工工艺图

（三）施工要点

1. 基底处理

（1）路面施工前对底板进行几何尺寸、高程、纵横向坡度全面检查。

（2）表面冲洗干净、不积水、排水系统良好。

（3）对产生纵、横向断裂、挤碎、隆起、碾坏或大面积高程偏高而影响路面厚度的部位，进行挖除；局部小面积高程偏高影响路面厚度时，凿除处理，确保面板厚度。

2. 模板安装

（1）模板安装前，画线标示模板安装位置，模板底有空隙的用砂浆补平；模板之间采用螺栓连接，接头连接紧密；模板侧面每米应埋设1处地锚牢固支撑，保证在浇筑混凝土时能经受冲击和振动。

（2）模板安装完毕，应对立模的平面位置、高程、横坡、相邻板高差、顶面接茬平整度等安装精确度进行全面检查。

（3） 禁止在基层上挖槽，嵌入安装模板，模板接头和拉杆插入孔用塑料薄膜等密封，以免漏浆；模板与混凝土的接触表面应涂隔离剂。

3. 混凝土摊铺

（1） 混凝土摊铺前，基层表面用高压风将杂物清扫干净，并洒水湿润，但不得积水。

（2） 根据试验段确定的数据准确控制摊铺厚度和行车速度。布料车辆必须由专人指挥。

4. 混凝土振捣

（1）插入式振捣棒每次移动距离不宜超过振捣棒有效作用半径的 1.5 倍，并不得大于 500mm，振捣时间宜为 15 ~ 30s，避免触及模板和钢筋。

（2）振捣作业缓慢匀速，保证拌合物表面不再冒气泡并泛出水泥浆为准。

（3）摊铺机作业时，不密实地段辅以平面振捣器振捣，保证混凝土密实。

5. 整平

（1） 利用三辊轴进行提浆和整平，及时专人处理轴前料位的高低情况，避免出现轴下间隙，保证混凝土表面平整。

（2） 采用横向通长的铝合金刮尺往返进行精确刮平，使混凝土表面的平整度达到规范要求。同时应进行清边整缝，清除黏浆，修补缺边、掉角。

（3） 混凝土表面采用二次收浆工艺，第一次用直尺刮平后，待其表面泌水完毕后及时进行精平，以保证路面表面平整度。

6. 刻纹

混凝土表面有沥青面层的进行机械凿毛，无沥青面层的混凝土表面进行机械刻纹。刻槽深度应为 2 ~ 4mm，宽度 3 ~ 5mm，槽间距 15 ~ 25mm。凿毛、刻纹后随即将路面冲洗干净，并恢复路面的养生。

7. 接缝

（1）纵缝

①对于前一幅混凝土路面出现的跑模、错台，必须通过拉直线切割处理；对模板底部漏浆的混凝土进行清除处理。

②侧边拉杆位置准确，对于变形拉杆扳直校正，如有松脱或漏插，应钻孔重新植入。

（2）横向缩缝

①路面横向缩缝均应采用切缝法施工。有传力杆缩缝的切缝深度应为 1/3 ~ 1/4 板厚，最浅不得小于 70mm；无传力杆缩缝的切缝深度为 1/4 ~ 1/5 板厚，最浅不得小于 60mm。

②缩缝传力杆采用前置钢筋支架法施工，混凝土摊铺前应准确放样，并用钢钎锚固。混凝土摊铺时用振捣棒先振实传力杆下面的混凝土，再摊铺上层混凝土。传力杆无防黏涂层一侧应焊接。

（3）横向施工缝

混凝土摊铺中断时间超过 30min 时，应设置横向施工缝，其位置应与胀缝或缩缝重合。横向施工缝在缩缝处采用平缝加传力杆，施工缝传力杆施工方法同缩缝传力杆。在胀缝处其构造与缩缝相同。

（4）胀缝设置

①根据设计图纸和规范要求设置胀缝，

②胀缝应采用前置钢筋支架法施工，用振捣棒振实胀缝板两侧的混凝土后再摊铺。

③在混凝土终凝前，剔除胀缝板上部混凝土，嵌入（20 ~ 25）mm × 20mm 的木条，整平表面。胀缝板应连续贯通路面板宽度。

（5）灌缝

①混凝土养生结束后，应及时灌缝。

②清除接缝中的杂物、尘土及其他污染物，确保缝壁及内部清洁、干燥。③填缝料的各项指标必须符合设计图纸和规范要求，填缝必须饱满、均匀并连续贯通。

8. 养生

在混凝土路面表面具有一定强度后立即覆盖透水土工布、保湿养生，高温天气养生不宜少于 14d，低温天气养生不宜少于 21d。养生期间，禁止车辆和人员通行。

二、各类洞室和横通道

（一）各类洞室和横通道不得在衬砌断面变化及各种衬砌接缝处设置。

（二）各类洞室、横通道与正洞连接地段的开挖，应在正洞掘进至其位置时，将该处一次开挖成形并按设计支护。

（三）各类洞室和横通道的永久性防、排水工程，应与正洞一次同时完成，与正洞连接的折角处，防水层应平顺铺设，不得出现空白。

（四）设备洞、横通道、预留洞室等二次衬砌施工应符合下列规定：

1. 衬砌中的预埋管件、预留孔、槽的位置准确，预埋管件必须经过防腐和防锈处理，设备洞、横通道与正洞的钢筋应连接牢固。

2.. 检查各种附属设施之间及其与排水系统之间位置是否合适，如有冲突，应上报监理工程师，会同有关人员及时处理。

3. 安装模板时应将预埋管件固定，各类孔、槽及边墙内的各类洞室位置准确。

4. 浇筑混凝土时应确保各类预埋管件、预留孔槽不产生位移。各类洞室、横通道与正洞的衬砌一次同时完成。

三、水沟、电缆槽

（一）水沟、电缆槽的开挖应与边墙基础开挖同时进行，禁止在边端浇筑后再爆破开挖。

（二）水沟可采用预制或现浇制作，边沟采用预制安装时，应保证边沟与相邻路面接缝平整。

（三）水沟应与衬砌排水、路面排水的管路连通，封闭严密，保持顺畅。

（四）电缆槽壁中的预留管件、预留孔等定位准确，与边墙应连接牢固，必要时加设短钢筋。

（五）电缆槽盖板应平顺、整齐、无翘曲；盖板铺设应平稳，盖板两端与沟壁的缝隙应用砂浆填平，不得晃动或吊空；盖板规格应统一，便于维护和调换。

（六）电缆槽侧墙施工前应凿毛，并配置连接钢筋和水平钢筋。

（七） 电缆沟靠路面一侧应滞后路面施工，以免影响路面机械摊铺。

四、隧道内装饰

（一）装饰必须满足设计要求，符合安全、经济、适用原则。

（二）隧道边墙部分（距检修道 3.0m 范围内）采用白色环保防火涂料，拱部采用深色防火涂料，耐火极限时间大于 1.5h，墙高 2m 以下装饰料反射率 ≥ 0.7。

（三）采用厚性涂料，能够满足修饰隧道内壁的作用。

（四）与衬砌的黏结强度大于 0.15Mpa，并要求在长期潮湿状态下不脱落。

（五）涂料可采用喷涂或粉刷，保证色调均匀，不得出现色斑和杂色。

五、 蓄水池

（一）蓄水池应在地基坚固处设置，混凝土浇筑应做到振捣密实、表面光洁，无渗漏。

（二）蓄水池混凝土在达到设计强度后，应进行闭水试验。

（三）设置避雷设备时，应进行接地电阻试验，其冲击接地电阻应符合设计要求。

（四）蓄水池应有冬季保温防冻措施，确保池内不结冰。

六、预埋件

（一）通风机底盘与机座相连的地脚螺栓，应按设计要求的风机底盘螺栓孔布置预留灌注孔眼。螺栓埋设时，灌浆应密实，螺栓应与机座面垂直。

（二）水泵基础施工时按设计要求埋设水泵地脚螺栓或预留孔位。

（三）安装工程所用各种预埋件应按设计要求进行防锈蚀处理。

（四）预埋钢管管口应打磨平整，管内穿 5 号铁丝，并在混凝土浇筑后进行检查、试通。

七、质量要求

（一）隧道路面实测项目及外观鉴定按照《公路工程质量检验评定标准》（JTG F80/1-2004）路面的相关要求执行。

（二）隧道排水沟、电缆沟、蓄水池实测项目及外观鉴定按照《公路工程质量检验评定标准》（JTG F80/1-2004）排水工程的相关要求执行。

（三）设备洞、横通道及预留洞室实测项目及外观鉴定按照《公路工程质量检验评定标准》（JTG F80/1-2004）隧道工程的相关要求执行。11.7.4 预埋件应位置准确，尺寸符合设计要求。

第十二节　地质超前预报

一、目的与要求

（一）采用各种地质分析、物探、超前钻探手段探明前方围岩地质情况，及时调整施工方法和采取相应的技术措施，降低地质灾害发生的概率。

（二）超前地质预报的结果应体现及时性，地质状况正常，不良地质采取的措施及时通知承包人，使工程处于可控状态。

（三）施工过程中应将实际开挖的地质情况与预报结果进行对比分析，以指导和改进地质预报工作。

（四）地质预报结论应有书面报告，并及时呈报承包人、监理单位和筹建处，对所有预报资料存档备查。

（五）地质超前预报的分级

1. 隧道施工中地质预测、预报方案应根据区域地质资料和设计文件制订，以达到预报准确、节省资源的目的。

2. 根据地质对隧道安全的危害程度，地质灾害分为 A、B、C、D 四级。见表 12-1。

表 12-1 地质灾害分级表

地质灾害等级		A	B	C	D
		严重	较严重	一般	轻微
地质复杂程度	岩熔发育程度	极强，厚度块状灰岩，大型溶洞、暗河发育，钻孔岩	强烈，中厚层灰岩夹白云岩地溶洞落水洞密集，地下以管道水为主钻孔岩溶 5%-10%	中等，中薄层灰岩，地表出现溶洞钻孔岩溶率 2%-5%	微弱，不纯灰岩与碎屑岩互层，地表以下以溶隙为主主钻孔岩溶率＜2%
	涌水涌泥程度	特大突水（涌＞$10^5m^3/d$）大型（$10^4m^3/d \sim 10^5m^3/d$）、突泥，高水压	中小型突水（涌水量 $10^3m^3/d1 \sim 10^4m^3/d$）、突泥	小型突水（涌水量 $10^2m^3/d \sim 10^3m^3/d$）、涌泥	涌水＜$10^2m^3/d$，涌突水可能性较小
	断层稳定程度	大型断层破碎带、自稳能力差、富水，可能引起大型失稳崩塌	中型断层带，软弱、中－弱富水，可能引起中型崩塌	中小型断层，带软富水，可能引起小型崩塌	中小型断层，无水，掉块
	地应力影响程度	极高地应力，严重岩爆，大变形	高应力，中等岩爆，中－弱变形	弱岩爆，轻微变形	无岩爆、无变形
	瓦斯影响程度	瓦斯突出	高瓦斯	低瓦斯	无
地质因素对隧道施工影响程度		危及施工安全可能造成重大安全事故	存在安全隐患	可能存在安全问题	局部可能存在安全问题
诱发环境问题的程度		可能造成重大环境灾害	施工、防止不当，可能诱发一般环境问题	特殊情况下可能出现一般环境问题	无

（六）复杂地质的预测、预报应坚持隧道洞内探测与洞外地质勘探相结合、地质方法与物探方法相结合、贯穿于施工全过程。不同地质灾害级别的预报方式可采用：

1. 一级预报可用于 A 级地质灾害。采用地质分析法、地震波反射法、超声波反射法、陆地声呐法、地质雷达法、瞬变电磁法、红外探测法、超前水平钻探法等进行综合预报。

2. 二级预报可用于 B 级地质灾害。采用地质分析法、地震波反射法、超声波反射法、陆地声呐法，辅以地质雷达法、瞬变电磁法、红外探测法，必要时进行超前水平钻孔。

3. 三级预报可用于 C 级地质灾害。以地质分析法为主，对重要地质（层）界面、断层或物探异常地段宜采用地震波反射法或超声波反射法进行探测，必要时采用红外探测法和超前水平钻孔。

4. 四级预报可用于 D 级地质灾害。采用地质分析法。

二、地质预报工作流程

地质预报工作流程见下超前地质预报工作流程图 12-1 。

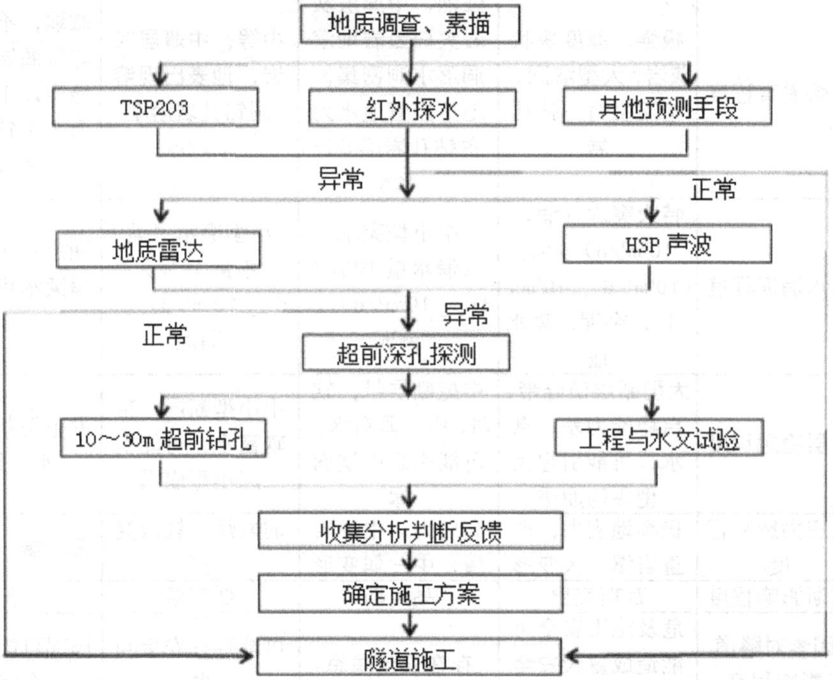

三、超前地质预报的方法

（一）施工阶段地质调查，隧道施工中，对已开挖段进行地质观察和观测，推测前方的地质情况，调查的主要内容有隧道开挖面的地质描述、岩体结构面产状调查、涌水观测等。

（二）施工地质探测，利用机械设备和检测仪器，预测开挖面前方围岩的工程地质，可通过导坑、钻探、物探的方法进行。见图 12-2

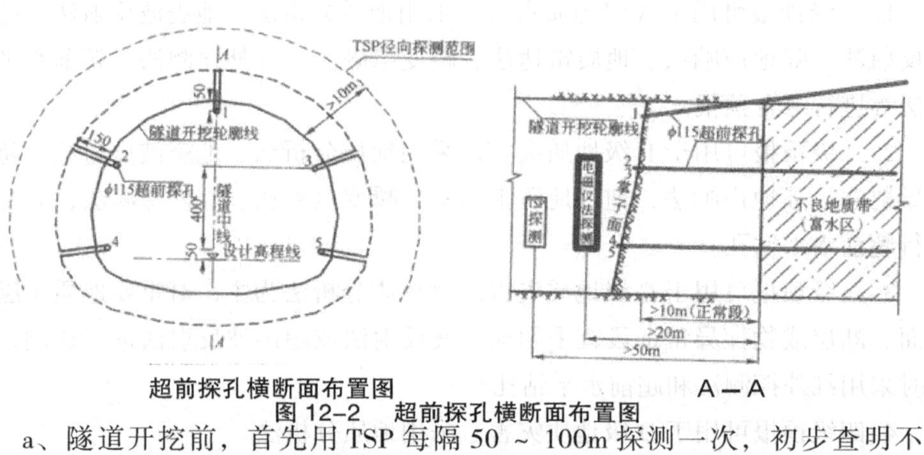

超前探孔横断面布置图　　　　A—A

图 12-2　超前探孔横断面布置图

a、隧道开挖前，首先用 TSP 每隔 50 ~ 100m 探测一次，初步查明不良地质带和富水带的位置，再用电磁仪等方法每隔 20 ~ 30m 探测，基本确定前方和周边富水区的位置，在邻近怀疑的富水区采用钻孔探查，探明长度 20 ~ 30m，保护段长度不小于 10m。

b、探孔的终孔点应超出开挖轮廓线外 1.5m，钻孔方位根据物探成果调整。

c、采用 TSP 法探测应查明隧道开挖轮廓线外径向 10 ~ 20m 以内的地质情况，若发现异常及时上报。

d、根据各探孔的探测和出水情况，综合判定是否进行注浆堵水和堵水方式。探孔在钻进时，对出水的位置、流量、水压及出水状态等作详细记录。

（三）施工地质预测，根据地质调查和地质探测进行预测，包括围岩的工程地质特征的预测和涌水量的预测。

四、地质预报的内容

（一）预报地质情况及水文地质：

1. 地层岩性，如软弱夹层、破碎地层、煤层及特殊岩土。

2. 地质构造，特别对断层、节理密集带、褶皱构造等。

3. 不良地质，特别是溶洞、暗河、人为坑洞、放射性、有害气体、高地应力、高地温、高岩温等发育情况。

4. 地下水，特别是岩溶管道水、富水断层、富水褶皱轴及富水地层地带等。

（二）对照图纸提供的地质资料，预报地质条件变化情况及对事故的影响程度。

（三）预报可能出现的不良地质及其对施工的影响，以及处理措施。

1. 可能出现的塌方、滑动的部位、形式、规模以及发展趋势，提出处理措施。

2. 可能出现突然涌水的地点、涌水量大小、地下水泥沙含量及对其影响。

3. 软岩内鼓、边墙掉块地段对施工的影响。

4. 岩体突然开裂或原有裂隙逐渐加宽的位置及其危害程度。

5. 对隧道将要穿过不稳定岩层、较大断层做出预报，以便及时改变施方法，采取应急措施。

6. 隧道附近或穿过瓦斯地段的岩（煤）层中，预报瓦斯影响范围。

（四）位移量测中发现围岩变形速率加快时，应预报对围岩稳定性的影响程度。

（五）浅埋隧道地面出现下沉或裂缝时，预报对隧道稳定和施工的影响程度。

（六）隧道施工中由于措施不当，可能造成围岩失稳，应及时采取改进措施。

第十三节　监控量测

一、监控量测目的

（一）判断隧道围岩的稳定状态，保证施工安全、指导施工、调整支护参数。

（二）掌握地表沉陷、围岩和支护结构的受力状态，并对其稳定性做出评价和结论。

（三）调整支护结构形式、确定支护参数施作时间。评价支护结构的合理性及安全性，并对设计和施工的合理性进行评估和信息反馈，以确保施工安全和隧道的稳定。

（四）了解支护结构的工作状态和应力分布。

二、工作程序

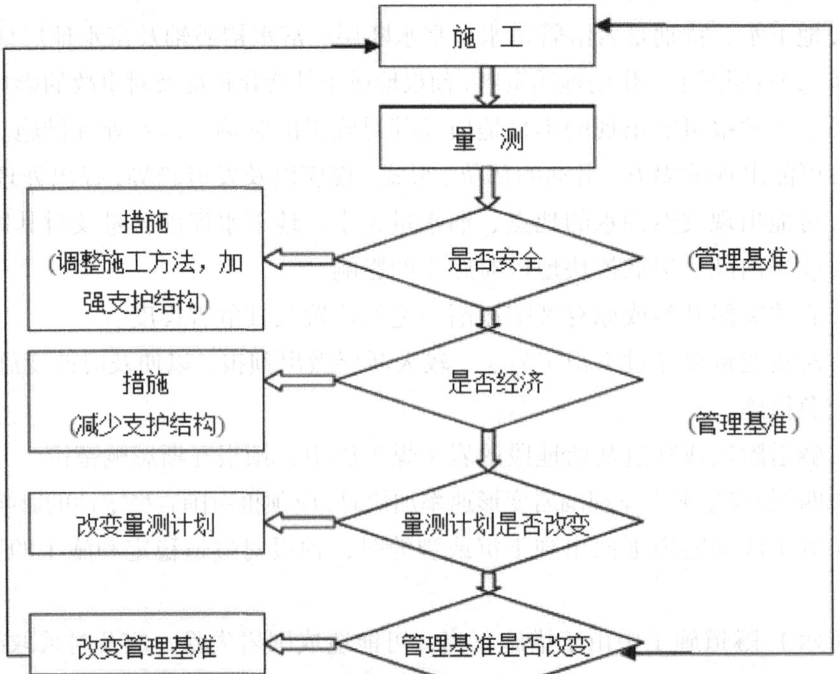

图 13-1　监控量测的工作程序框图

三、量测项目及要点

（一）必测项目（表 13-1）

表 13-1　比测项目表

量测项目	方法和工具	布置	测试精度	量测频率			
				0 ～ 15 天	16 ～ 30 天	31 天以后	3 个月以后
洞内、外观差	现场观察、地质罗盘	开挖及初期支护后进行	——	开挖后			
周边位移	收敛仪	每 5 ～ 20m 一个断面，每断眉 2 ～ 3 对测点	0.1mm	1 ～ 2 次 /d	1 次 /2d	1 ～ 2/ 周	1 ～ 3 次 / 月
拱顶下沉	水准仪、钢尺	每 5 ～ 50m 一个断面	0.1mm	1 ～ 2 次 /d	1 次 /2d	1 ～ 2 次 / 周	1 ～ 3 次 / 月
代表下沉	精密水准仪、水准尺	浅埋段、洞口没 10 ～ 20m 一个断面，每个断面在 3B 宽度范围内设 7 个测点	0.5mm	开挖面距离量测断面前后＜ 2b, 1 ～ 2 次 /d；开挖面距离量测断面前后＜ 5b, 1 次 /2 ＜ 2b, 3d；开挖面距离量测断面前后＞ 5b，1 次 /35 ～ 7d；			

注：b- 隧道开挖宽度

（二）量测要点

1. 洞内外观

（1） 隧道施工过程中应进行洞内、外观察。洞内观察分开挖工作面观察和已支护地段观察两部分。

（2）开挖工作面观察应在每次开挖后进行。观察工作面状态、围岩变形、围岩风化变质情况、节理裂隙、断层分布和形态、地下水情况以及喷射混凝土的效果。观察后填写隧道地质与支护状况观察记录表和施工阶段围岩级别判定卡。对已支护地段的观察应每天进行一次，主要观察围岩、喷射混凝土、锚杆和钢架等的工作状态。观察中发现围岩条件恶化时，应立即上报监理单位、业主并通知设计，采取相应处理措施。

（3） 洞外观察重点在洞口段、岩溶发育区段地表和洞身埋置深度较浅地段，其观察内容包括地表开裂、地表沉陷、边坡及仰坡稳定状态、地表水渗透情况、地表植被变化等。

2. 隧道周边、拱顶下沉位移量测

（1）测点埋设：喷锚支护施作后，用风枪钻 Φ40mm、深 200mm 的孔，用砂浆固定测点。周边位移同一基线上的两测点在同一直线上，拱顶位移量测的测杆头设挂钩。砂浆凝固后即可进行量测。

（2）施工时要注意保护测点，一旦发现测点被掩埋，要尽快重新设置，以保证数据不中断。

（3）按检查净空位移和拱顶下沉的量测频率，每 5 ~ 50m 一个断面，每断面 1 ~ 2 对测点确定的量测频率比较取大值。施工状况发生变化时（开挖下台阶、仰拱或拆除临时支护等），应增加检测频率。

（4）拱顶下沉和水平收敛量测断面的间距为：Ⅲ级及以上围岩不大于 40m；Ⅳ级围岩不大于 25m；Ⅴ级围岩应小于 20m。围岩变化处应适当加密，在各类围岩的起始地段增设拱顶下沉测点 1 ~ 2 个，水平收敛 1 ~ 2 对。当发生较大涌水时，Ⅳ、Ⅴ级围岩量测断面的间距应缩小至 5 ~ 10m。

（5）水平收敛测线的布置应根据施工方法、地质条件、量测断面所在位置、隧道埋置深度等条件确定。在地质条件良好，采用全断面开挖方式时，可设一条水平测线；当采用台阶开挖方式时，可在拱腰和边墙部位各设一条水平测线。

（6）各测点应在避免爆破作业破坏测点的前提下，尽可能靠近工作面埋设，一般为 0.5 ~ 2m，并在下一次爆破循环前获得初始读数。初读数应在开挖后 12h 内读取，最迟不得超过 24h，而且在下一循环开挖前，必须完成初期变形值的读数。

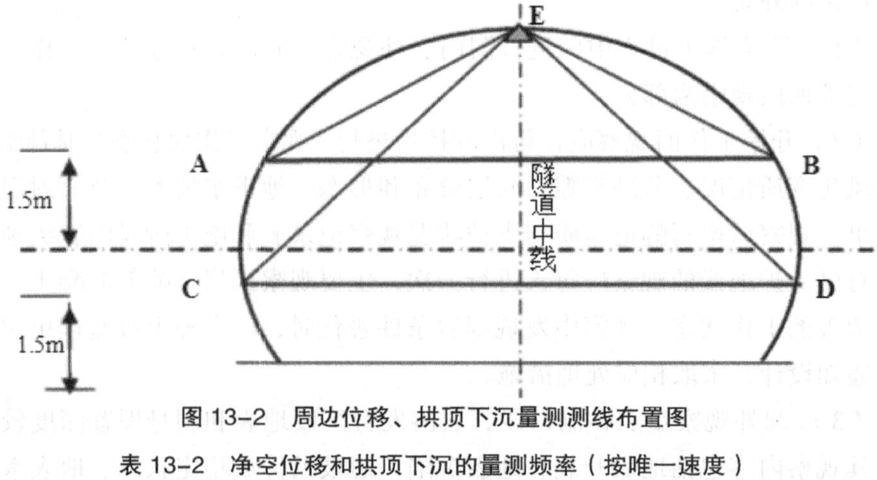

图 13-2　周边位移、拱顶下沉量测测线布置图

表 13-2　净空位移和拱顶下沉的量测频率（按唯一速度）

位移速度（mm/d）	量测频率	位移速度（mm/d）	量测频率
≥ 5	2 ～ 3 次 /d	0.2 ～ 0.5	1 次 /3d
1 ～ 5	1 次 /d	＜ 0.2	1 次 /（3 ～ 7）d

0.5～1	1 次 /（2～3）d		

表 13-3　净空位移和拱顶下沉的量测频率（按距开挖面距离）

最测断面距开挖面距离（m）	量测频率	最测断面距开挖面距离（m）	量测频率
（0～1）B	2 次 /d	（2～5）B	1 次 /（2～3）d
（0～2）B	1 次 /d	＞5B	1 次 /（3～7）d

3. 地表下沉量测

（1） 位于Ⅳ ~ Ⅴ级围岩中且覆盖厚度小于 40m 的隧道，应进行地表沉降量测。根据图纸要求或监理工程师指示，应在施工过程中可能产生地表塌陷之处设置观测点，地表下沉观测点按普通水准基点埋设，作为各观测点高程测量的基准，从而计算出各观测点的下沉量。地表下沉桩的布置宽度根据围岩类别、隧道埋置深度和隧道开挖宽度而定。

地表下沉监测范围横向应延伸至隧道中线量测（1 ~ 2）（B/2+h+H）。纵向应在掌子面前后（1 ~ 2）（h+H）（B 为隧道开挖宽度，h 为隧道开挖高度，H 为隧道埋深）测点间距宜为 2 ~ 5m，并应根据地质条件和环境条件进行调整。

（2）地表下沉量测应在开挖工作面前方 H+h（隧道埋深 + 隧道开挖高度）处开始，直到衬砌结构封闭、下沉基本停止时为止。

（3） 地表下沉的量测尽量与洞内拱顶下沉量测、周边位移量测在同一断面内，当地表有建（构）筑物时，应在建（构）筑物周围增设地表下沉测点。

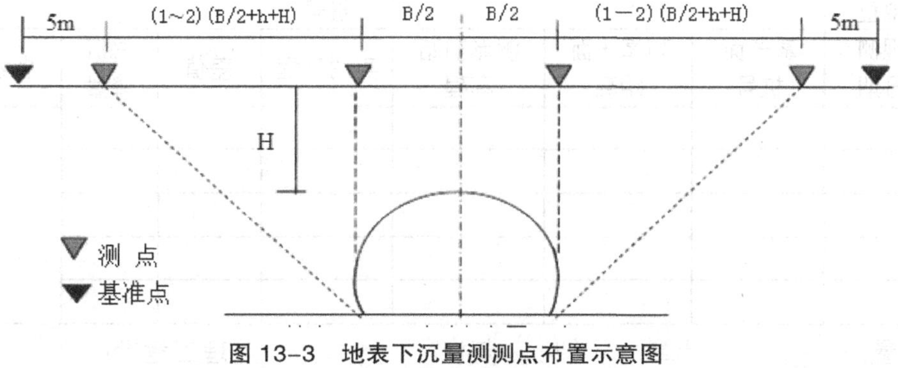

图 13-3　地表下沉量测测点布置示意图

表 13-4　地表下沉量量测断面间距及频率

变形速度（mm/d）	量测断面距开挖上作向的距离	量测频率
＞10	（0～1）B	1～2 次 /d
10～5	（1～2）B	1 次 /d
	（2～5）B	1 次 /2d
＜1	＞5B	1 次 / 周

B——隧道开挖宽度

表 13-4　地表下沉量测断面的间距（单位：m）

埋置距离 H	代表下沉量测断面的间距	埋置距离 H	代表下沉量测断面的间距
H ＞ 2B	20 ～ 50	H ＜ B	5 ～ 10
B ＜ H ＜ 2B	10 ～ 20		

注：无地表建筑物时取表山上限值，B——隧道开挖宽度。

隧道洞内外地质与支护状况观察记录表 13-6

项目名称		施工单位		合同段	
工程名称		监理单位			
观察时间					
图片 素描					
地质及支护 状况描述					

观察人：　　　　记录：　　　　监理工程师：　　　　观察日期：

地表下沉量测记录表 13-7

施工 单位				合同号			
监理 单位				埋设 桩号			
观测 日期	掌子面 桩号	与掌子面 距离	测点初始 高程	实测高程	差值	总沉 降量	备注

测量：　　　　计算：　　　　复核：　　　　监理工程师：

施工阶段围岩分级判定卡　表 13-8

<table>
<tr><td rowspan="2">工程名称</td><td colspan="2" rowspan="2"></td><td>施工里程</td><td colspan="4"></td><td rowspan="2">评定</td></tr>
<tr><td>距洞口距离（m）</td><td colspan="4"></td></tr>
<tr><td rowspan="3">岩性特征</td><td colspan="2">岩石类型</td><td colspan="5"></td><td rowspan="3">极硬岩
硬岩
较软岩
软岩
极软岩
土</td></tr>
<tr><td colspan="2">岩石强度 Rc(MPa)</td><td>Rc＞60</td><td>60≥Rc＞30</td><td>30≥Rc＞15</td><td>15≥Rc＞5</td><td>Rc≤5</td></tr>
<tr><td colspan="2">掌子面状态</td><td>稳定</td><td>稳定</td><td>随时间松弛、掉块</td><td>自稳困难，需及时支护</td><td>正面不能自稳，需超前支护</td></tr>
<tr><td rowspan="6">岩体完整状态</td><td colspan="3">地质构造影响程度</td><td>轻微</td><td>较重</td><td>严重</td><td>极严重</td><td rowspan="6">完整
较完整
较破碎
破碎
极破碎</td></tr>
<tr><td rowspan="4">地质结构面</td><td>间距</td><td>＞1.5</td><td>0.6～1.5</td><td>0.2～0.6</td><td>0.06～0.2</td><td>＜0.06</td></tr>
<tr><td>延伸性</td><td>极差</td><td>差</td><td>中等</td><td>好</td><td>极好</td></tr>
<tr><td>粗糙度</td><td>明显台阶状</td><td>粗糙</td><td>波纹状</td><td>平整光滑有擦痕</td><td>平整光滑</td></tr>
<tr><td>张开性（nm）</td><td>密闭＜0.1</td><td>部分张开 0.1～0.5</td><td>张开 0.5～1.0</td><td>无充填＞1.0</td><td>黏土充值</td></tr>
<tr><td colspan="2">风化程度</td><td>未风化</td><td>微风化</td><td>弱风化</td><td>强风化</td><td>全风化</td></tr>
<tr><td>地下水状态</td><td colspan="2">简要说明渗水量 L/(min·10m)</td><td colspan="2">＜10 干燥或潮湿</td><td>10～25 偶有渗水</td><td colspan="2">25～125 经常渗水</td><td>干燥或潮湿
偶有渗水
经常渗水</td></tr>
<tr><td rowspan="2">初始应力状态</td><td colspan="4">埋深 H=　　m</td><td>其他</td><td colspan="2"></td><td></td></tr>
<tr><td colspan="2">地质构造应力状态</td><td colspan="5"></td><td></td></tr>
<tr><td>围岩级别</td><td colspan="2">I</td><td>II</td><td>III</td><td>IV</td><td>V</td><td>VI</td><td></td></tr>
<tr><td>附图及备注</td><td colspan="8"></td></tr>
</table>

围岩收敛量测记录表 13-9

施工单位：　　　　　　监理单位：　　　　　　合同号：　　　　埋设里程：

观测日期	掌子面桩号	与掌子面距离	温度修正	初始读数	钢尺孔位读数	螺旋测微器读数				修正值	差值	总收敛量
						1	2	3	平均			

测量：　　　　　　计算：　　　　　　复核：　　　　　　监理工程师：

隧道___类围岩典型断面水平收敛拟合结果表 13-10

监控断面	稳定位移	稳定时间	最终收敛位移	监控断面	稳定位移	稳定时间	最终收敛位移

隧道___类围岩水平收敛分析表 13-11

参数	稳定位移	稳定时间	最终收敛量
均值 E(X)			
方差 $V_{ar}(x)$			
标准差σ			

隧道___类围岩典型断面拱顶下沉收敛拟合结果表 13-12

监控断面	稳定位移	稳定时间	最终收敛位移	监控断面	稳定位移	稳定时间	最终收敛位移

隧道___类围岩拱顶下沉收敛分析表 13-13

参数	稳定位移	稳定时间	最终收敛量
均值 E(X)			
方差 $V_{ar}(x)$			
标准差σ			

（三）选测项目根据隧道的具体情况，适时选择量测项目，详见公路隧道施工技术规范 JTG F60-2009 第 10 章监控量测表 10.2.2 隧道现场监控量测选测项目。

四、监控量测项目策划

根据隧道结构形式的不同，分离式隧道、小净距隧道及连拱隧道各有不同的临控量测项目，各类型隧道的监控量测项目如下：

表 13-14　分离式隧道监控量测线项目规划表

项目 围岩条件	洞内外地质与支护状态观察	周边位移	拱顶下沉	地表下沉	钢架内力及外力	围岩体内位移	围岩压力	两层支护间压力	锚杆轴力	支护衬砌内应力	围岩弹性波速度	爆破震动	渗水压力水流量
Ⅳ、Ⅴ级围岩	√	√	√	△	○	○	○	○	○	○	○	周围建筑物要求较高时比测	洞内出水量较大时比测
Ⅱ、Ⅲ级围岩	√	√	√	△		△	△	△	△	△	△		
洞口、偏压、浅埋段	√	√	√	√	○	○	○	○	○	○	○	○	

注：1. √为必测项目，○为宜进行的项目，△为必要时进行的项目

表 13-15　小净距隧道中岩墙现场监测量测项目及方法表

序号	项目	方法、工具	布置	间隔时间		
1	中岩墙土压力	钢弦式压力盒	每 10~30m 一个断面，每个断面 3 个压力盒	1~30d	1~3 个月	大于 3 月
2	围岩内位移	多点位移计及千分表	每 10~30m 一个断面，每个断面 2 个测点	1~2 次/d	1~2 次/d	1 次/周
3	围岩压力	钢弦式压力盒	每 10~30m 一个断面，每个断面一个压力盒			

表 13-16　小净距隧道中监控量测项目及规划表

项目 围岩条件	洞内外地质与支护状态观察	周边位移	拱顶下沉	地表下沉	钢架内力及外力	围岩体内位移	围岩压力	两层支护间压力	锚杆轴力	支护衬砌内应力	围岩弹性波速度	爆破震动	渗水压力水流量
Ⅳ、Ⅴ级围岩	√	√	√	△	○	√	√	○	○	○	○	周围建筑物要求较高时比测	洞内出水量较大时比测
Ⅱ、Ⅲ级围岩	√	√	√	△		√	√	△	△	△	△		
洞口、偏压、浅埋段	√	√	√	√	○	√	√	○	○	○	○	○	

注：1. √为必测项目，○为宜进行的项目，△为必要时进行的项目；

2. 增加必测项目：后行洞爆破震动速度、中岩墙土压力。

表 13–17　连功能隧道监控量测线项目规划表

项目 围岩条件	洞内外地质与支护状态观察	周边位移	拱顶下沉	地表下沉	钢架内力及外力	围岩体内位移	围岩压力	两层支护间压力	锚杆轴力	支护衬砌内应力	围岩弹性波速度	爆破震动	渗水压力水流量
Ⅳ、Ⅴ级围岩	√	√	√	△	○	○		○	○	○	○	周围建筑物要求较高时比测	洞内出水量较大时比测
Ⅱ、Ⅲ级围岩	√	√	√	△	–	△	√	△	△	△	△		
洞口、偏压、浅埋段	√	√	√	√	○	○	√	○	○	○	○	○	

注：1. √为必测项目，○为宜进行的项目，△为必要时进行的项目

2. 增加必测项目：先进洞与后进洞的对比量测（周边位移、拱顶下沉、围岩内位移、压力、支护应力等）；中隔墙的倾斜度、内应力、表面应力及裂缝。

3. 增加选测项目：底部土压力。

五、量测数据分析和信息反馈

（一）一般要求

1. 隧道现场监控量测应成立专门量测小组，负责日常量测、数据处理和仪器保养维修工作，并及时将量测信息反馈给施工单位和设计单位。各预埋测点应牢固可靠，不得任意撤换和破坏。

2. 现场监控量测应按量测方案认真组织实施，并与其他施工环节紧密配合，不得中断工作。

3. 每次量测后，应及时进行数据整理和分析，并绘制量测数据时态曲线和距开挖面关系图；应绘制地表下沉值沿隧道纵向和横向变化量和变化速率曲线。

4. 应根据量测数据处理结果，及时提出调整和优化施工方案和工艺；围岩变形和速率较大时，应及时采取安全措施，并建议变更施工设计。

5. 围岩稳定性、二次支护时间应根据所测得位移量或回归分析所得最终位移量、位移速度及其变化趋势、隧道埋深、开挖断面大小、围岩等级、支护所受压力、应力、应变等进行综合分析判定。

（二）监控量测资料整理及信息反馈

1. 及时对现场量测数据绘制时态曲线和空间关系曲线。

2. 当位移—时间曲线趋于平缓时，进行数据处理或回归分析，以推算最终位移和掌握位移变化规律。

3. 当位移—时间曲线出现反弯点时，则表明围岩和支护已呈不稳定状态，应加强支护，必要时暂停开挖。

4. 隧道周壁任意点的实测相对位移值或用回归分析推算出的总相对位移值

均应小于规范要求。当位移速率无明显下降，而此时实测位移值已接近规范要求，或喷层表面出现明显裂缝时，应采取补强措施，并调整支护参数或开挖方法。

5. 根据量测结果进行综合判断，确定变形管理等级，以指导施工。变形管理等级见下表：

表 13–18　变形管理等级表

管理等记	管理位移	施工状态
Ⅲ	$U < U_0/3$	可正常施工
Ⅱ	$U_0/3 \leqslant U \leqslant 2U_0/3$	应加强支护
Ⅰ	$U > 2U_0/3$	应采取特殊措施

注：U– 实测变形值；U0– 设计极限变形值

（1） 实测位移值不应大于隧道的极限位移，并按变形管理等级施工。一般情况下，宜将隧道设计的预留变形量作为极限位移，而设计变形量应根据检测结果不断修正。

（2） 根据位移速率判断：速率大于 1mm/d 时，围岩处于急剧变形状态，应加强初期支护；速率变化在 0.2 ~ 1.0mm/d 时，应加强观测，做好加固的准备；速率小于 0.2mm/d 时，围岩达到基本稳定。在高地应力、岩溶地层和挤压地层等不良地质中，应根据具体情况制定判断标准。

（3）根据位移速率变化趋势判断：当围岩位移速率不断下降时，围岩处于稳定状态；当围岩位移速率保持不变时，围岩尚不稳定，应加强支护；当围岩位移速率变化上升时，围岩处于危险状态，必须立即停止掘进，采取应急措施。

（4）初期支护承受的应力、应变、压力实测值与允许值之比大于或等于 0.8 时，围岩不稳定，应加强初期支护；初期支护承受的应力、应变、压力实测值与允许值之比小于 0.8 时，围岩处于稳定状态。

（三）量测资料

竣工文件中应包括以下量测资料：

1. 现场监控量测计划。

2. 现场监控量测说明。

3. 实际测点布置图。

4. 围岩和支护的位移—时间曲线图、空间关系曲线图，以及量测记录汇总表。

5. 量测变更设计和改变施工方法地段的信息反馈记录。

六、　竣工后量测

隧道工程竣工后，应满足长期量测的要求，量测点应在施工期间埋设，竣工后移交业主单位专人管理。

第十四节　安全、环保管理与文明施工

一、安全管理

（一）隧道开工前，项目总工组织向施工作业人员进行技术和安全交底，详细说明隧道安全生产的有关技术要求，分析可能存在的重大危险源，安全交底台账必须签字确认。落实工前教育制度，规范进洞管理。

（二）隧道进口处设置监控系统，并安排专人值守，负责登记人员和机械设备、物资的进出洞情况；洞口安装安全报警系统。

（三）施工过程中的安全生产费用不得低于投标价的1%，其中用于隧道工程的安全生产费用不低于投标报价清单中隧道总价的2%。

监理工程师应认真监督检查承包人安全生产费用使用情况，监督承包人是否用于购买和更新合格的安全防护用具和设施，落实安全施工措施，改善安全生产条件。施工现场存在安全事故隐患、未落实安全生产费用的，监理工程师应立即要求其改正，承包人拒不改正的，监理工程师应当及时向项目业主报告。

（四）承包人在编制施工组织设计和施工方案时，应当根据隧道工程的特点制定专项安全技术保障措施、现场临时用电方案和施工安全应急救援预案，备好应急抢险物资，定期组织应急演练。每个隧道施工现场设置1处抢险物资储备点。

（五）软弱围岩地段开挖，应配备足够长度、可手动拆卸的逃生钢管，管径不小于600mm，管壁厚度不小于10mm，每节长度为1.5 ~ 2.0m。

（六）监理工程师应按规定认真审查承包人的安全保证体系，审核隧道施工安全技术措施和施工方案；对危险性较大的分部分项工程，承包人应当单独编制安全专项施工方案，并按规定通过有关专家的论证、审查。

（七）现场办公、生活和作业区应设置在符合安全性要求的地段，并与炸药库和隧道开挖保持一定的安全距离；施工人员的膳食、饮水、休息场所、医疗救助设施等应当符合卫生标准，现场临时搭建的建筑物应当符合安全使用要求。

（八）筹建处按照河北省高速公路管理局《高速公路“平安工地”建设达标验收标准》，组织对隧道施工现场安全管理进行验收。

二、 环保管理

（一）隧道开工前，项目总工组织向施工作业人员进行环保交底，详细说明隧道环保的有关技术和环保要求，环保交底台账必须签字确认，落实工前教育制度。

（二）监理工程师应按规定认真审查承包人的环保管理体系，审查环保技术措施和环保专项施工方案；隧道工程穿越自然保护区，承包人应当应制定专项环保施工方案，并按规定通过有关专家的论证、审查。

（三）强化“安全环保 美观耐久”建设理念，完善环景保护的各项管理制度，提高施工人员的环保意识，保护美丽的自然环境。

（四）严禁止施工人员携带外来物种进入自然保护区，禁止上山打猎和滥砍滥伐，保护动植物。

（五）施工场地应尽量不靠近居民，运输道路及施工区应定时洒水，以减少粉尘污染。

（六）选用效率高、噪声低的机械，禁止噪声超标的机械设备进场。正确使用机械设备并进行维修、保养，确保设备在良好的条件下运行，减少废气排放量，减少运行噪声。

（七）及早施作防护工程、排水工程，对裸露地表的植被进行覆盖，防止水土流失。

（八）生活垃圾定点倾倒，统一深埋处理。施工废水通过沉淀过滤池处理合格后进行排放，防止对河流的污染。施工机械的废油废水，采用隔油池等有效措施加以处理，避免超标排放。

（九）在整个施工过程中，作业环境应符合下列职业健康及安全环保标准：

1. 空气中氧气含量，按体积计不得小于 20%。

2. 粉尘允许浓度，每立方米空气中含有 10% 以上的游离二氧化硅的矿物性粉尘不得大于 2mg，每立方米空气中含有 10% 以下的游离二氧化硅的矿物性粉尘不得大于 4mg。

3. 有害气体最高允许浓度：

（1）一氧化碳的最高允许浓度为 $30mg/m^3$，在特殊情况下，施工人员必须进入工作面时，浓度可为 $100mg/m^3$，但工作时间不得大于 30min。

（2）二氧化碳按体积计不得大于 0.5%。

（3）氮氧化物（换算成 NO_2）为 $5mg/m^3$ 以下。

（4）甲烷（CH_4）（瓦斯）按体积计不得大于 0.5%，否则必须按煤炭工业部门现行的《煤矿安全规程》有关规定办理。

（5）二氧化硫浓度不得超过 15mg/m³。

（6）硫化氢浓度不得超过 10mg/m³。

（7）氨的浓度不得超过 30mg/m³。

4. 隧道内气温不得高于 28℃。

5. 隧道内噪声不得大于 90dB。

三、文明施工

（一）文明施工管理

1. 建立“文明施工”领导小组，开展文明工地创建活动，定期进行文明施工专项检查，有效实施奖惩措施。

2. 制定隧道文明施工作业指导书，对施工人员进行上岗前的文明施工、规范化操作培训，建立文明施工管理档案。

3. 洞口上方安装隧道名称标牌；洞口安装安全进洞、进洞须知等标识标牌；洞口边坡或仰坡上设置质量、安全宣传标语。

4. 施工产生的废土、废渣弃到指定地点，施工废水经过净化后再排放。

5. 施工结束后，施工机械停放在指定的机械停放区；现场做到“工完料净”。

6. 洞内作业做到工序衔接，工区分明，各作业工序无相互干扰。

（二）施工照明

1. 成洞段每隔 6 ~ 8m 设置一个固定灯，电线敷设整齐划一，位于地面 2m 以上。

2. 围岩差、不安全因素较大地段应增加照明度，在洞内设备存放处、抽水机站应设置照明。

3. 漏水地段照明采取防水灯头和灯罩。

4. 距离掌子面 50m 内应设置移动照明灯具，保证洞内照明充足。

5. 各类电器设备和输电线路须有专职电工经常进行检查维修。

表 14–1 洞内照明线路及应急灯布置

工作地段	找照明布置
开挖面后 40m 以内作业段落	两侧采用 36V、500W 路灯各两盏
开挖后 40m 至二衬作业区段	每隔 20m，左右侧各安设 400W 高压钠灯一盏
模拟台车衬砌作业段	台车前台 10~15m 增设 400W 高压钠灯一盏，台车上亮度不足时增设 36V、300W 或 500W 卤钨灯
成洞地段	每隔 6~8 安装一盏 50W 节能灯

（三）洞内通风防尘

1. 采取必要的通风、洒水等防尘措施，保证洞内粉尘及有害气体的浓度达到健康标准。

2. 隧道掘进 150m 以上，必须实施管道通风，长大隧道采用混合通风方式。

3. 长大隧道应在压入式的出风口设置喷雾器，以增加空气湿度，降低粉尘含量。

4. 通风能满足洞内作业需要，隧道作业面风压应不小于 0.5Mpa。每人供应新鲜空气 3 m^3/min，采用内燃机械作业时，供风量不宜小于 4.5 m^3/（min . KW）。

5. 通风管安装平顺、接头严密，弯管半径不小于管直径的 3 倍，每 100m 平均漏风率不得大于 2%。

6. 通风机运转时严禁人员在风管的进出口停留，不得将任何物品放在通风管或管口上。

7. 隧道洞内道路平整畅通，保持湿润、不扬尘。

（四）成品保护

1. 监控量测各预埋点设置专用标志牌，标明测点的名称、部位、编号、埋设日期等。

2. 对已完成衬砌段落及时挂牌标明里程桩号。

第十五节　档案资料管理与质量检查验收

一、档案资料管理

（一）档案管理实行“统一领导、分级管理、层层负责”原则，承包人及监理单位设专职档案资料管理员负责内业资料的整理和档案资料的管理工作，建立专门的资料室和档案室。

（二）内业资料的整理必须由相应专业技术人员及现场监理负责填报，资料能够真实反映施工的实际情况，真实可信。禁止专人闭门编资料。发现资料造假现象，对承包人及相关监理人员进行处罚。

（三）工程资料的填报与整理必须与工程进展同步，禁止事后补资料。

（四）内业资料和档案的管理应分门别类，便于查找，并编制相应的目录；推行予立卷与首件制，按照分部、分项工程的体系划分及工序的先后预先立卷。

（五）资料的整理，尽量保存原始页。对隐蔽工程在隐蔽前必须留存全面的影像资料。对于关键工序和重点部位的施工必须留有影像资料。

（六）在完成文本格式的资料后，使用扫描形成电子文档，共同保存。

（七）资料签名本着谁负责谁签名的原则，禁止代签。

（八）监理的质检资料必须由现场监理人员独立现场检验后填报，禁止由承包人代为整理。发现承包人为监理代整资料，对承包人进行处罚，对相关监理人员严厉处罚。

（九）筹建处每季度定期对各单位生成的原始施工、监理记录进行现场检查，将检查结果通报各相关单位。

二、质量检查验收

（一）工程质量检查验收程序为承包人班组内部自检、互检、交接检、质检人员检查，合格后报监理工程师验收。验收合格后，承包人进行下一工序的施工；对于监理工程师提出的意见，承包人须认真整改，并再次申请验收。

（二）第三方检测单位独立的对工程进行抽检和质量评定。

（三）工程质量检查验收框图。

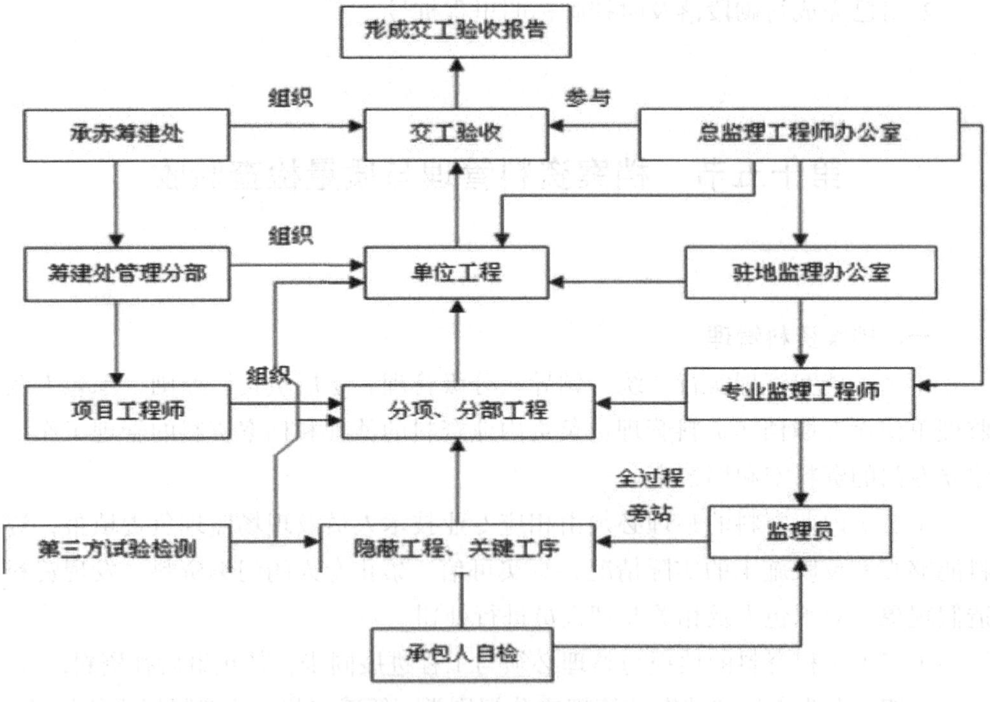

工程质量检查验收框图

第十六节　首件工程认可制和工法管理

一、首件工程认可制

（一）首件工程认可制是在某些分项工程全面开工之前，由承包人申报监理单位批准后进行首件工程(或者试验段)的施工，施工结束经评定达到要求后，方可进行该分项工程的全面施工。通过实施首件工程样板制度，可以建立某些分项工程形象的、直观的必须达到的标准。实施首件工程认可制度能够更直接的验证承包人施工方案的可行性，检查施工人员组织情况、施工机械设备等在施工过程中的整体配合效果、所用施工机械作业效果、质量保证体系运转情况、施工方案的可行性、安全制度体系及环保制度体系实施效果等。

（二）首件工程认可制的实施步骤

1. 首件的开工申请

首件工程的每道工序要制定详细施工方案和施工作业指导书，制订质量保证体系，确定自检体系和质量责任人，明确检测方法、检测频率以及重点、难点部位的控制措施。监理工程师据此制定相应的监理实施细则，明确监理责任人。

2. 施工方案审批

驻地监理工程师审批承包人提交的施工方案、施工作业指导书、质量保证体系等。对于重大的、复杂的、采用新技术、新工艺的分项工程，应签署审批意见后上报总监理工程师批准。

3. 工程实施

项目经理、项目总工要亲自盯岗，严格按照批准的施工方案进行施工，监理人员必须对所有的首件工程全过程旁站，并做好相应记录。对实施过程中发现的问题应及时会同有关方面，提出可行的处理方案，以保证其顺利实施。

4. 评价认可

首件工程完成后，由驻地监理组织进行检测、验收和评定。承包人应对已完成的首件工程的施工工艺和质量进行综合评价，提交总结报告。由监理组织有关人员对其进行分析、研究，验证施工工艺的可靠性、合理性、提出改进意见，并形成评审会议纪要。分项工程评分未达到 98 分以上不能视为首件工程。

5. 确定最终方案

首件工程经评审通过后，承包人、监理工程师应根据评审报告进一步完善施工和监理实施方案作为最终方案。在此基础上审批分项开工报告。

6. 推广示范

首件工程检验评定后被认可为样板工程的项目，由监理组织召开现场会，推广示范，以保证后续工程质量水平不低于首件工程的质量标准。

7. 资料管理

得到认可的首件工程，检查评定结果形成总结报告并加盖承包人与监理单位的公章以及有关人员签字。首件工程认可的所有相关资料均作为分项工程开工报告的附件整理和归档。

（三）首件工程的划分

隧道工程对需要进行首件工程认定的具体分项工程是：洞身开挖、喷射混凝土支护、锚杆支护、钢支撑、衬砌钢筋、衬砌混凝土、防水板、仰拱和路面工程。

二、工法管理

（一）企业级工法的选题

1. 通过总结工程实践经验，形成有实用价值、带有规律性、新的、先进施工工艺技术，其技术水平应达到国内先进及以上水平。

2. 通过应用新技术、新工艺、新材料、新设备而形成的新的施工方法。

3. 对现有类似的公路工程建设有所创新、有所发展，而形成的新的施工方法。

（二）企业级工法编写内容

工法的编写内容分为前言、工法特点、适用范围、工艺原理、施工工艺流程及操作要点、材料与设备、质量控制、安全措施、环保措施、节能降耗、效益分析和应用实例共 12 项。

1. 前言：概括工法的形成原因和形成过程。其形成过程要求说明研究开发单位、关键技术鉴定结果、工法应用及有关获奖情况。

2. 工法特点：说明工法在使用功能或施工方法上的特点，与传统的施工方法比较，在工期、质量、安全、造价等方面的先进性和新颖性。

3. 适用范围：适宜采用该工法的工程对象或工程部位，某些工法还应规定最佳的技术经济条件。

4. 工艺原理：阐述工法工艺核心部分（关键技术）应用的基本原理，并着重说明关键技术的理论基础。

5. 施工工艺流程及操作要点：

（1）工艺流程和操作要点是工法的重要内容。应该按照工艺发生的顺序编制工艺流程，并在操作要点中分别加以描述。

（2）工艺流程要重点说明工艺过程，并说明工序间的衔接和相互之间的关系以及关键部位。工艺流程最好采用流程图来描述。对于构件、材料或机具使用上的差异而引起的流程变化予以说明。

6. 材料与设备：说明工法所使用的主要材料名称、规格、主要技术指标以及主要施工机具、仪器、仪表等的名称、型号、性能、能耗及数量。对新型材料还应提供相应的检验方法。

7. 质量控制：说明工法必须遵照执行的国家、行业（地方）标准、规范名称和检验方法，并指出工法在现行标准、规范中未规定的质量要求，以及达到工程质量目标所采取的技术措施和管理方法。

8. 安全措施：说明根据国家、行业（地方）有关安全的法规所采取的安全措施和安全预警事项。

9. 环保措施：说明工法遵照执行的国家和行业（地方）有关环境保护法规中所要求的环保指标以及必要的环保监测、环保和文明施工措施。

10. 节能降耗：说明工法遵照执行的国家和行业（地方）有关节能法规中所要求的节能指标，所采取的节能措施。

11. 效益分析：根据工法实际效果（消耗的物料、工时、造价等），综合分析应用本工法所产生的经济、环保、节能和社会效益（可与国内外类似施工方法的主要技术指标进行分析对比）。

12. 应用实例：说明应用工法的工程项目名称、地点、结构形式、开竣工日期、实物工作量、应用效果及存在的问题等，并能证明该工法的先进性和实用性。一项成熟的工法，应至少有 2 个工程实例。

工法中属保密的专利技术或诀窍技术，编写时可说明其代号和作简要描述。编写的工法要层次分明、数据可靠，用词用句应准确、规范，附图要清晰。其深度应满足指导项目施工与管理的需要。

（三）工法管理

1. 承包人进场后，根据本企业的施工水平、施工规范编制承赤高速公路建设的工法，工法必须具有先进性、科学性和实用性、保证工程质量和安全、提高施工效率、降低工程成本、节约资源、保护环境等特点。

2. 工法上报筹建处工程科，工程科根据工法的适用性、可操作性进行全线推广。

（四）隧道工法编制的范围

1. 隧道洞身开挖；

2. 隧道初期支护。

第八章　特长隧道施工技术

第一节　铁路特长隧道施工机械配套技术

铁路特长隧道施工是控制整个线路施工工期的关键，而提高隧道工程建设速度的根本出路在于机械化和各施工工序所用机具之间的配套。由于既要受隧道所在位置的自然地理条件和地质条件的制约，又要受施工工艺与施工机械水平以及施工组织与技术水平的影响，因此，铁路隧道施工机械配套是一个历来受到重视而又难以解决好的问题。本部分以采用钻爆法施工的岩溶隧道，即石林特长隧道工程为例，详细论述特长隧道机械选型和配套技术，为铁路特长隧道施工机械选型配套提供借鉴。

我国铁路隧道机械化施工经历了小型设备钻爆法施工、大型无轨运输设备钻爆法施工和非钻爆法施工 3 个阶段，从部分机械化作业逐步走上综合机械化配套的发展过程。从人工开挖到 TBM 的使用，我国隧道机械化施工的综合水平与 20 世纪 50 年代相比已经发生了质的飞跃。铁路特长隧道的施工方法主要有钻爆法和隧道掘进机（TBM）法。我国铁路隧道施工只在西康线秦岭隧道、西合线磨沟岭隧道以及兰渝线西秦岭隧道采用 TBM 配套施工技术和 TBM 加钻爆法混合施工技术。目前隧道施工主要还是采用钻爆法施工。

一、工程概况

新建云桂铁路石林隧道位于弥勒—石林板桥区间，设计为单洞双线隧道，全长 18218m，为全线最长隧道、全国最长单洞双线隧道、全国最长岩溶隧道、世界上最长的采用钻爆法施工的岩溶隧道。隧道最大埋深约 250m，最小埋深拱顶以上约 3m。石林隧道设置“一平导 + 两斜井”的辅助坑道模式。隧道穿越岩性均为灰岩，岩溶强烈发育，部分地段极强烈发育。隧道通过 6 条断层和 4 条断层破碎带，不良地质为岩溶、高地应力。富水断层及岩溶发育地段极易发生突水、突泥等地质灾害。隧道中部埋深较大地段可能发生硬岩岩爆与软岩大变形地质现象，为 I 级风险隧道。隧道施工高风险源多，施工风险管理难度大，施工安全和工期控制难度大，总工期 64 个月，为全线重点控制工程。

根据施工管辖段的工程分布情况、工程量的大小及工期要求，隧道施工划分为四个工区组织，分别为进口工区、1 号斜井工区、2 号斜井工区及出口工区。每工区按流水作业组织施工，出口工区属于工期控制性工区。具体各工区施工段划分见图 1。

二、施工机械设备选型及配套

（一）机械设备选型原则

1. 针对不同的施工工序按专业化组织流水作业，以性能好、效率高、机况良好的大型设备装配挖装运、锚喷、衬砌、辅助作业等主要作业线，实现各机械化作业线的有机配合，用机械化程度的提高来实现隧道施工的稳产、高产。

2. 开挖能力大于施组能力：装渣能力大于开挖能力：运输能力大于装渣能力。

3. 施工机械与施工方法配套，既要考虑围岩较好时的全断面法，又要兼顾地质较差时的应变方法。

4. 施工机械与人员配套，一方面机械应能保证操纵人员的安全，另一方面先进的施工机械必须配备素质较高的操作人员，才能发挥其应有的作用。

5. 设备配置富余系数不宜过大，以避免造成部分设备能力的浪费。

6. 设备外形尺寸应与隧道断面相适应，并根据不同的施工形式优化配置：机械设备的配备要适应特长隧道施工的特点。

7. 施工机械要与隧道辅助施工作业配套，如供水、排水、通风、电力、轨道等。

8. 同类机械设备尽可能采用同厂家的设备，以便于维修、配件供应和通用互换，确保机械使用率。同时，充分考虑设备国产化。

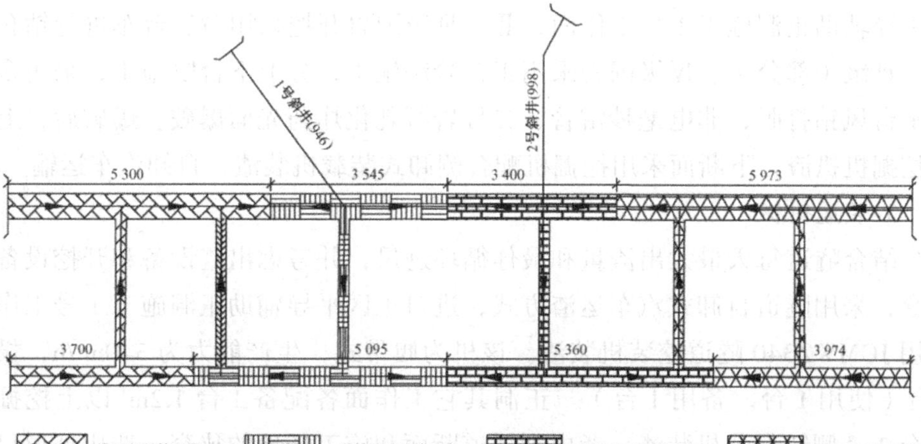

图 1　各工区施工段划分示意（单位：m）

（二）施工机械设备选型及配套

1. 施工机械设备配置方案

石林隧道施工采用喷锚构筑法，本着“科学筹划、动态控制、严控关键线路、均衡生产”的原则组织现场施工。施工机械设备本着“技术先进，性能可靠，满足需求，略有富余”的原则，均按无轨运输模式配备。形成开挖、装运、支护及二次衬砌等机械化平行流水作业线，实现隧道施工的快速、连续、均衡生产，全面完成工程各项预定目标。

隧道洞身Ⅱ、Ⅲ级围岩全断面采用液压凿岩台车或多功能作业台架配风动凿岩机钻孔，Ⅳ、Ⅴ级围岩施工段采用多功能作业台架配风动凿岩机钻孔。隧道洞身开挖实施光面爆破，挖掘机配合侧卸装载机装渣，15t 以上的大型自卸汽车运输。初期支护采用风钻或台车打孔，人工配合多功能台架安装锚杆和挂设钢筋网片，喷射混凝土采用湿喷工艺。

根据施工总体安排，隧道在平导贯通前采用长管路压入式通风；平导贯通后采用巷道式通风与压入式通风相结合的方式。反坡排水采用三级泵站接力抽排方式。隧道正常断面二次衬砌采用仰拱先行，拱墙衬砌采用整体式液压模板台车整体浇筑，模板台车长度为 12.2m。衬砌按照围岩级别和施工工期要求分段进行施工。

2. 凿岩机械

隧道Ⅱ、Ⅲ级围岩施工方法以全断面为主，Ⅲ级（部分）、Ⅳ级围岩施工方法以台阶法为主，Ⅴ级一般地段以台阶法加临时横撑为主，断层及物探显示极破碎、极软弱地段以四部 CD 法或三台阶预留核心土法为主。

隧道Ⅱ、Ⅲ级围岩采用全断面法施工，配备多功能台架配合风钻进行钻孔作业，非电毫秒雷管、二号岩石乳化炸药光面爆破，全断面一次成型。进口工区平导辅助正洞施工 1 号工作面，Ⅱ、Ⅲ级围岩开挖采用凿岩台车进行钻孔作业。Ⅲ级（部分）、Ⅳ级围岩采用正台阶法施工，分上下台阶施工，采用多功能平台风钻打眼，非电毫秒雷管、二号岩石乳化炸药光面爆破。爆破后，上断面挖掘机扒渣，下断面采用挖掘机配合侧卸式装载机装渣，自卸汽车运输。

3. 装运机械

结合隧道每天最大出渣量和最佳循环进尺，并考虑出渣设备和开挖设备的配套，采用隧道自卸式汽车运渣方式，进口工区平导辅助正洞施工 1 号工作面选用 JGMWZ340 隧道挖装机装渣。该机为履带式，生产能力为 $340m^3/h$，投入 2 台（使用 1 台，备用 1 台）。正洞其它工作面各配备 1 台 $1.2m^3$ 以上挖掘机配合 $3m^3$ 侧卸装载机装渣。考虑到隧道断面和施工场地的狭窄，选用外形尺寸合适、经济实用的国产 15t 汽车进行出渣作业。每个工区配备 12 台（使用 9 台，备用 3 台）自卸汽车。为了解决施工过程中出渣车辆会车问题，每 420m 设 1 处会车道。

4. 支护机械

超前管棚采用 Z-GP150 型管棚钻机钻孔并顶进钢管。管棚采用外径 80mm、长 6m 的钢管加工。根据每组管棚的长度要求，用 1m 长的 40mm 钢管将 80mm 的钢管逐根套接以控制管棚的顺直度，再将 80mm 的钢管焊接。钢管沿纵向每 30cm 钻孔一个。孔眼呈梅花形布置。管棚环向间距 33cm，纵向搭接长度为 2m，外插脚控制在 5° ~ 7° 。管棚之间采用 40mm 小导管，水泥—水玻璃双液注浆泵注浆加固。Ⅳ级、Ⅴ级围岩采用小导管超前支护。小导管采用 42mm 热轧无缝钢管，钢管壁厚 3.5mm，单根长 3.5m，每 2.4m 一环。小导管利用风钻钻孔，钻进至设计孔深后利用高压风吹净孔眼内的粉尘及岩石碎屑，然后再采用人工锤击或风钻钎尾顶入小导管。其余地段均采用自进式锚杆、砂浆锚杆作为系统锚杆和喷射混凝土支护体系。局部地段设格栅或型钢刚架。80mm 长管棚采用 Z-GP150 型管棚钻机施工。锚杆采用人工风钻打孔。注浆泵注浆，TK500 湿喷机喷射混凝土。

5. 衬砌机械

衬砌按照“仰拱先行、拱墙整体衬砌”的原则进行施工。衬砌的施作时间依据量测而定，在围岩及初期支护变形基本稳定后进行：对自稳性很差的围岩，尽早施作衬砌，以策施工安全。一般仰拱与开挖面保持 30 ~ 90m，衬砌与掌子面保持 90 ~ 200m。仰拱施工采用架设栈桥，每 8 ~ 10m 跳段开挖及浇筑混凝土，人工绑扎钢筋，浮放仰拱架，混凝土灌车运至工作面溜槽入仓，插入式振捣器振捣，人工整平。

衬砌施工与开挖平行进行，每个工作面配备 1 台 12m 穿行式全断面液压钢模衬砌台车。液压模板台车由现场提供断面尺寸及功能要求，委托专业的厂家加工，现场组装。模板台车具备足够的强度和刚度，并且立模方便。

每个工区洞外配备 1 套生产率为 90m3/h 自动计量的 HZS90 型拌合站，混凝土均在洞外自动计量的拌合站集中生产，配备 4 台 HNJ5253GJBA 型混凝土输送车运输混凝土。每个工作面配备 2 台 HBT60A-1406 Ⅲ型混凝土输送泵泵送混凝土入模，插入式捣固棒捣固。

三、施工效果

石林隧道机械设备配备见表 1。石林隧道进口于 2010 年 8 月 30 日正式开工进洞，成为云桂铁路全线第一家开工进洞的单位：1 号斜井、2 号斜井、出口分别于 9 月底开工进洞。Z-GP150 管棚钻机、CSS3 型混凝土喷射机械手、

JGMWZ340 型挖装机、多功能作业台车等隧道专用设备投入现场使用，保证隧道施工安全快速有序进行。截止 11 月 7 日，云桂铁路石林隧道进口平导累计完成开挖 206m，铺底 70m：正洞完成开挖 130m，仰拱 31m：1 号斜井完成开挖 146m：2 号斜井完成开挖 147m，铺底完成 45m：出口平导完成开挖 46m，正洞开挖完成 72m（其中包括明洞 52m）。进口正洞模板台车已经组装完成，11 月 18 日二次衬砌施工进入正式施工阶段。2 月 28 日 1 号斜井安全开挖至交汇点，比施组计划工期整整提前了一个月的时间。

表 1　主要机械设备配备

工序名称	设备名称	型号	规格	数量
开挖	液压凿岩台车	B353E		1
	风动凿岩机	YT28		320
装运	挖掘机	JT820	1.2 m^3	5
	挖掘机	PC200	0.8 m^3	3
	隧道挖装机	JGMWZ340	340 m^3/h	2
	装载机	WA470-3	3.4 m^3	10
	自卸车		15 t	48
支护	混凝土喷射机械手	CSS3		6
	混凝土喷射机	TK500	5 m^3/h	20
	注浆泵	2TGZ-60/210		4
	注浆泵	YZB130/14		4
衬砌	混凝土输送泵	HBT60A-1406Ⅲ	60 m^3/h	8
	混凝土拌合站	HZS90	90 m^3/h	5
	混凝土输送车	HNJ5253GJBA	8 m^3	16
	全断面液压模板台车	12 m		8

通过石林隧道施工实践，表明在长管路压入式通风技术成熟的前提下，长度＜4000m 的隧道采用无轨运输模式比较恰当。采用人工风钻打眼，灵活方便，成本较低。JGMWZ340 隧道挖装机装渣效率较高。用电做动力环境污染小。运输车辆应考虑到外形尺寸和隧道净空相适应。要考虑效率和效益以及环境保护等因素，把开挖、出渣等工序统筹考虑，以确定合理的开挖循环进尺，保证机械设备和时间利用率均较高。石林隧道设备的合理配套是隧道快速施工的前提

条件，也为石林隧道施工进度和施工安全提供了保障。

第二节　某高速公路特长隧道施工技术探讨

结合某高速公路段井冈山特长隧道工程对特长隧道施工技术进行探讨，详细介绍了隧道施工方案，新工艺新技术措施，施工效果及存在问题，为类似工程设计施工提供参考。

一、项目概况

井冈山隧道全长6849.93m，属于特长隧道，位于江西省吉安井冈山市厦坪镇菖蒲村与湖南省炎陵县赣湘两省交界处高速路段，路线基本与在建的衡茶吉铁路相伴而行（交叉三次），在厦坪与S321省道（老319），该高速基本为东西走向，路线东接井冈山市、泰和县、吉安市，北连井冈山旅游风景区、西连湖南茶陵县、衡阳市，南接永新、莲花、吉安县。井冈山隧道是该项目的控制工程，主洞是东西走向，通风斜井是南北走向。本项目的井冈山隧道（长6810m）为江西最长的公路隧道、有三座铁路跨线桥、厦坪互通等三处。所以主要控制工程：井冈山隧道为控制施工工期的控制性工程，应尽早开工。

二、井冈山隧道施工技术

（一）施工难点及解决方案

该隧道施工工期较长，且离城区较近，且围岩比较破碎，施工条件受到限制，存在塌方的可能性比较大，给施工的实时监测和施工技术提出了更高的要求。隧道位于城市市区附近，综合分析工程特点并依据有关专家隧道施工经验，项目部提出采用新奥法施工，爆破采用光面爆破，减小对环境的影响。

围岩等级较多，复杂多变，施工可变因素多是本工程另一大难题，施工前，项目部再三讨论，最后决定不同等级围岩以不同的方式开挖，对于Ⅴ类围岩开挖采用机械化辅以人工作业，Ⅳ类围岩采取预裂爆破，机械化作业，Ⅲ类围岩采取全断面爆破，机械化作业：Ⅱ类围岩采取光面爆破，机械化作业。隧道出口端为小净距隧道地段，项目部结合中岩柱的厚度，围岩条件及埋深等制定施工方案。在围岩开挖过程中，坚持突出钻爆机械化开挖，抓好三条线，开挖运输线，喷锚支护线，二次衬砌工作线，各工序有机衔接，使各工序有秩序合理的组织，来努力确保工程安按照秩序进行。

特长隧道施工工期较长，为了加快隧道施工进度，确保工期和质量，项目部设置三个隧道施工队（分进口、出口、斜井三队），施工中在东西进出口各安排 2 个作业队，斜井安排 1 个作业队，主洞东西两队对打，斜井队由南向北挺进，进入主洞，再分别向东西方向掘进，形成东西夹击，中间开花，长隧短打，分段施工。

特长隧道还需要解决通风问题，项目部采取在隧道中设置斜井的技术手段保证施工中的通风，隧道共设置了 2 个斜井，1# 通风斜井洞口标高 487.6m，起讫段坡度为 3%，斜井主体坡度－ 8.9%，倾角 α = － 5.01° ，长度 1248m，并与主线 ZK8+700 连通。2# 通风斜井洞口标高为 498.0m，起讫段坡度为 2%，斜井主体坡度－ 8.9%，倾角 α = － 4.936° 。长度 1256m，并与主线 ZK8+720 连通，斜井洞口及洞身段分别为Ⅴ、Ⅳ、Ⅲ级围岩。采取斜井辅助通风之后，施工过程，隧道通风状况良好，施工过程中没有出现施工人员呼吸不畅等状况。

因为本隧道长度极大，开挖过程中的支护及实时监控工作极为重要，加上本路段围岩子自承能力较弱，经过讨论研究，项目部采用了施工中采取了工字钢支护，加网片，顶上注浆等技术措施，效果显著，在隧道开挖过程中没有出现围岩塌方的情况。

（二）施工新工艺新技术

1. 为了进一步保证隧道的施工质量及美观要求，项目部执行“首件工程示范制”，项目部在示范过程中，线外同时建立试验墩、试验墙等，砼外露面采用新模板，涵洞八字墙的顶面使用二次收浆以保证线型美观，采取首件工程示范制技术，使得隧道施工开始后施工控制人员可以在总体上掌握施工动态。

2. 因为特长隧道施工场地过大，给管理工作提高了难度，为了方便管理，不重复建设场地，同时使钢筋不受到污染，项目部采取集中加工钢筋，搭设钢结构遮雨棚，井冈山隧道施工中没有出现钢筋大量锈蚀的情况。

3. 为了解决常用的施工方法中钢筋容易嵌入护壁并且容易生锈，还阻碍钢筋笼下放等缺点，本隧道施工使用滚轮式桩基钢筋笼保护层高强砼垫块，项目部采取以下施工技术：在钢筋笼上安装强度不低于 C25 的小碎石砼滚轮垫块，大约每隔 2m 设一道，每道都沿圆周对称设置，并且大于等于 4 块，确保钢筋笼保护层厚度达到要求。

4. 为了加快施工作业进度，增加工时效率，节约资源，本隧道施工中选用成套模具安装 25m 预制小箱梁、预制 30m、40mT 梁钢筋骨架的新工艺。25m 预制小箱梁、预制 T 梁钢筋骨架的安装，项目部采用成套模具，就是通过顶板胎架、腹板胎架制作钢筋骨架后吊到底座装模的方法，采用此法对提高质量、经济效益、社会效益等方面都效果显著。

5. 除此之外，施工中还使用了桩柱钢筋笼长线胎架技术，在钢筋定位胎架上划分节段预制钢筋笼，并且用直螺纹套筒连接：通过智能数控钢筋弯曲机使钢筋整个加工成型循环过程都采用数字化控制，操作简单，施工连续，模块化，实现了钢筋弯曲工序的自动化，节约工期。

（三）施工效果

井冈山隧道在采取一系列施工技术手段后，施工质量、工期、安全都达到业主的要求，施工中没有出现重大安全事故和质量事故，根据围岩等级选择不同方法开挖，开挖断面周边轮廓线圆顺，经对光面爆破情况检查核实，出口右洞近一段时间掘进起挖约在 5cm 以内。进口左洞起挖约在 8.5cm，有较大的收获。

本部分结合高速公路特长隧道工程，对特长隧道的施工技术展开探讨，给出具体施工方案，施工新工艺新技术，施工效果等内容，该工程按照本书研究方案进行施工，工程如期安全完成，使用性能良好，其技术方法可供类似工程参考借鉴。

第三节　特长隧道工程通风的施工技术

在我国经济的快速发展下，深埋特长隧道越来越多，对通风设计的要求也越来越高。对于特长深埋隧道来说，为了实现隧道的分段通风，常常需要设置很多通风井，通风井的断面积或位置会对隧道的通风造成非常大的影响。基于此，本部分对特长隧道工程通风施工技术进行了探讨。

一、案例介绍

潮州至惠州高速公路 TJ16 合同段路基工程起点桩号 K185+000，终点桩号 K195+300，路线长 10.300km；路面工程起点桩号 K148+025.606，终点桩号 K195+300，路线长 47.275km。主要施工内容为特长隧道 1 座（左线 5190m、右线 5225m）、大桥 2 座、涵洞 11 道、通道 4 道、莲花山服务区、路基挖方 161.5 × 104m3，填方 161.4 × 104m3. 路面工程等，本书重点对特长隧道通风施工技术进行探讨。

二、地质构造

由地质勘察结果，结合区域地质资料，隧址区下伏基岩为侏罗系上统南山村组（J3n）熔结凝灰岩、下统银瓶山组（J1y）砂岩及燕山期（γ52-3）花岗岩等。据 1 ：5 万区域地质资料及本次勘察成果，隧址区共发育有 F13.F14 两条断裂。根据地质勘察的调查成果显示，断裂断层延伸至隧道，ZK189+690 ~ ZK189+840、K189+760 ~ K189+910、ZK191+165 ~ ZK191+225 及 K191+130 ~ K191+190 段围岩受其影响，岩体破碎，自稳能力较差，隧道开挖可能导致突泥突水。莲花山隧道区基岩进口段岩性为花岗岩，出口段岩性为熔结凝灰岩，主要有 3 组节理裂隙，裂隙面平整规则，延展性好，间距较小。从节理玫瑰花图可看出，主节理方向为北东向和北西向，与区域构造主方向一致。根据《广东省潮州至惠州高速公路工程场地地震安全性评价报告》（2011 年 5 月），F13 及 F14 均为非全新活动断裂，已处于稳定状态，区域地质稳定。

三、隧道通风方式的选择

在特长隧道施工过程中，由于隧道深入到山体之中，隧道中的氧气量比较少，并且混有非常多的有害气体导致隧道中的空气质量差，严重威胁施工人员的身体健康。采取相应的通风措施可以使有害气体的浓度得以降低，保证施工人员身体健康，提高施工效率，保证施工安全有序地开展。一般情况下，在公路隧道的施工中，内燃机设备会排放出大量的废气，其污染源也会散落在隧道的沿线，稀释难度大，通风技术难度较大 [1]。当前，使用压入式通风独头通风的最大长度为 3400m，而使用巷道式通风，则可以极大延长通风长度。例如，日本关越公路隧道的开挖长度为 11km，正洞开挖断面的面积为 8513m2，辅助坑道开挖断面积为 2113m2，正洞和辅助坑道都使用全断面开挖锚杆支护无轨运输进行施工。通风机选用压入式巷道通风机，通风总量为 6200m3/min。隧道通风主要是为了使洞内的作业环境得以改善。由于不同的施工工序对洞内环境造成的污染不同，并且随着隧道挖掘深度的增加，通风量也会变大。因此，要分阶段设计通风方案，在制定通风方案之前，应对通风系统需要的风压和风量进行计算。

（一）计算风量

1. 炸药爆炸的需风量，按同时爆炸炸药的最大数量进行计算：

$Q=7.8\times t\,(AS^2L^2)^{1/3}=7.8\times 240\times(325\times 81^2\times 1800^2)^{1/3}=619m^3/min$（1）

2. 需风量要以洞中同时作业人数最多时进行计算，需风量按照以下公式计算：

$Q=Akmq(m^3/min)$（2）

式中，q 为个人需要的风量，$q=3m^3/min$；m 为同时工作的最大人数，m=60 人；k 为风量备用系数。

$Q=kmq=1.1\times 60\times 3=198(m^3/min)$（3）

3. 通风机的供风量大小为：

$QG=k\times76\times Q/p$（4）

式中，k 为风管的漏风系数，取 1.7；p 为海拔高度对应的大气压力，p=105.3Pa。

$QG=K\times76\times Q/p=1.7\times76\times619\times75.01»17.76(m^3/s)$（5）

（二）计算风压

$H_{阻}=\sum h_{动}+\sum h_{局}+\sum h_{沿}$（6）

式中，$\Sigma h_{动}$为动压，大小为 50Pa；$\Sigma h_{局}$为局部压力损失，一般以沿程压力损失 10% 进行预估；$\Sigma h_{沿}$为沿程压力损失，其计算式：

$\sum h_{沿}=agpLQ^2/s^3(Pa)$（7）

式中，a 为风道摩擦阻力系数，a=3×10–4kg·s^2/m^3；L 为风道长度，L=1800m；Q 为风机风量；Q=17.76m^3/s：s 为管道截面积，

S=1.767m^2, p 为管道的内周长, p=4.71m; g 为重力加速度, 为 9.81m/s^2。

$\sum h_{正侧沿}=1426$ (Pa)（8）

$H_{阻}=\sum h_{动}+\sum h_{局}+\sum h_{沿}=1619$ (Pa)（9）

（三）选择风机

经计算，风量要求大于 1066m^3/min，根据施工经验，风压要大于 1619Pa。综合考虑后，本工程使用 SDF-NO12.5 型隧道轴流通风机进行施工，通风效果良好。性能指标如表 1 所示。

表 1 SDF-NO12.5 性能指标

速度	转速 /(r/min)	风压 /pa	风量 /(m^3/min)	高效风量 /(m^3/min)	最高点功率 /KW	最大配用电动机功率 /KW
高速	1480	1378~5355	1550~2912	2385	216.0	110×2
中速	980	629~2445	1052~1968	1610	67.5	34×2
低速	750	355~1375	840~1475	1208	28.4	16×2

四、隧道通风施工技术

隧道通风要对当前的设备进行重复利用，在可以达到通风效果的基础上，对风机数量进行合理的调配。由于隧道的通风属于动态过程，所以，需要根据不同的作业工序对风量的需求情况，对供风进行动态调整。要在达到净空要求的前提下，尽量使用直径比较大的风管来降低损耗。为了进一步降低通风系统日后的运营成本，需要加大一次性投资。考虑到管道压入式通风方法在 1800m 以后不能保证通风效果。为了满足要求，研究决定采用分段抽出式通风和巷道混合通风的方式代替压入式通风 [2]。这种通风方式主要是利用洞中的新鲜空气在掌子面周围形成洞内循环，从而置换出掌子面中的废气，然后在距离掌子

面 300m 左右的距离使用射流风机将废气排出。此外，在防水板台车和二衬台车位置各加装了 2 台小的射流风机，用于解决台车位置对风速的阻碍问题。

（一）进洞 1800m 通风施工

分别在右洞洞口和左洞洞口均布置了 1 台轴流式通风机，由于风机的抽风速度可以根据具体情况进行调整，所以，在使用的过程中可以在保证经济性的基础上，合理地调整风量。为了避免衬砌台车对风速形成阻碍，需要使用 1 台射流风机来提高风流循环速度，使洞中的风速大于 0.15m/s，要求风流中瓦斯的含量要在 0.05% 以上，如图所示。

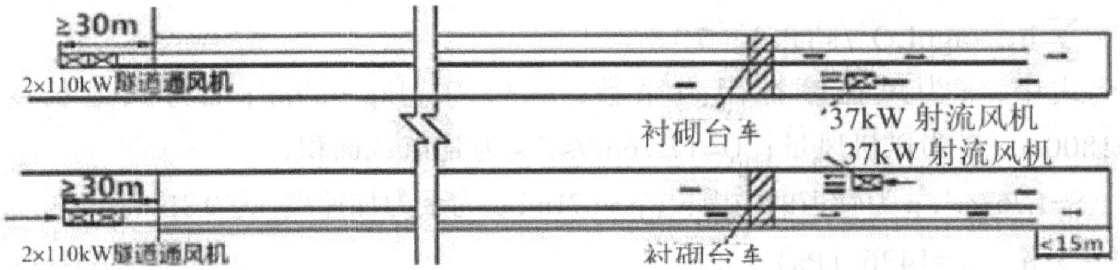

（二）1800 ~ 2600m 混合通风施工

在左洞和右洞均挖掘 1800m 并且连通第 2 个横洞后，采用射流通风进行通过施工，通过利用射流设备吸卷升压的作用，将空气诱导到洞中进行流动，进而实现换气通风的目的。首先，将 3 台射流风机布置到右洞，然后进行全纵向射流通风，提高右洞的排烟速度，由于轴流风机通风会在左洞产生负压，所以可以将洞外的新鲜风流源源不断地送入，并利用轴流风机送到左洞和右洞的掌子面。实践证明，利用这种通风方案来进行通风，通风效果良好。当隧道掘进到 2000m 以上后依然可以保持掌子面的每秒钟的风速达到 1 ~ 2m。如图 2 所示。

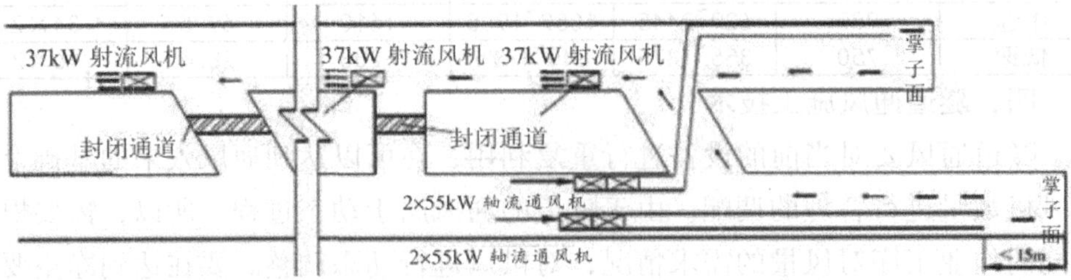

五、保证通风质量的相关措施

（一）建立完善的制度

1. 安排专人进行风机的值守，并严格按照规定要求进行风机的相关操作，定期对风机进行检修，保证风机长期处于稳定的工作状态下。

2. 安排专门的风管维修工人。每板都要对所有的风管进行检查，调整不顺不平的地方。如果发现风管出现了漏风等情况，要立即进行处理，对于破损不严重的管节，使用快干胶水进行补缝。如果管节破损严重，要立即进行更换。为降低漏风系数、提高管道的密封度，需将每100m管道的漏风系数控制在2%以内。

3.做好运输设备的保养工作，要按照管理要求定期对设备进行维护，尤其是燃油系统和进气系统，要做好保养工作，然后进行衬垫过滤，从而降低废气的产生量。

（二）做好岗前培训工作

对于负责通风作业以及各个工区操作的施工人员，要求做好岗前培训工作，讲解设备维修知识、通风操作知识、保养知识，管道的安装、调试、维修的基本原则和操作规范。

（三）使用大循环无风门巷道排烟技术

通过无风门巷道通风技术可以显著提升排烟的速度，在特长隧道中的应用日益广泛。这种排烟技术可以和传统的通风方式并联、串联使用。经测算，使用这种通风方式，每月仅电费可省11万元左右，具有非常不错的经济效益。

（四）利用自制水幕降尘器降低粉尘和低炮烟污染

为了降低粉尘和炮烟，本工程使用直径为20mm的镀锌钢管来进行水幕降尘器的制作，钢管的一端套上闸阀，另一端堵死。然后使用小钻头在钢管上钻出无数个小孔。在放炮之前要安装好，和掌子面紧靠，并在两边的拱腰上安装，最好是每一边安装两个。在放炮时，进行开闸并放高压水喷雾。不仅取得了良好的效果，并且也正确了一定的时间，工作效率显著提升。通过和专用洒水车相互配合定期洒水，保证出碴过程中不产生扬尘。

综上所述，在特长隧道施工过程中，选择合理的施工方案是施工的重点和难点。本书通过实际案例，对隧道的通风风量和通风风压进行了计算，然后根据工程的实际情况，选择了合理的通风施工措施，降低了工程的费用和造价，具有一定的参考价值。

第四节　高压富水地层超深埋特长隧道施工技术

研究目的：

我国修建的锦屏隧道全长17.5km，具有洞身埋深大（2375m），断层、褶皱、可溶岩发育，独头掘进无轨运输距离长（9800m），施工工期紧（50个月）等特点。

迫切需要解决出现高压涌水及跨岩爆地质灾害、威胁隧道施工安全的问题。

研究结果：

通过流体力学模拟试验，采取择机封堵、超前帷幕注浆、径向封堵灌浆、摸袋和索囊封堵灌浆等技术，有效封堵了高压大流量地下水：通过离散单元法数值模拟试验，采取超前应力解除、控制爆破及水胀式锚杆、挂网、钢筋拱肋、喷超细沸石粉添加剂混凝土等岩爆预防措施，有效防治了岩爆灾害：通过气体力学模拟试验，研究了大功率射流风机及射流巷道式通风技术，解决了独头掘进超长距离的无轨运输施工通风技术难题，创造了独头掘进 9800m 无轨运输的世界记录：通过综合超前地质预报、岩爆与富水段喷射混凝土、特长隧道快速施工及监测等技术的深入研究，提高了超前地质预报的准确率（85% 以上）及施工效果。锦屏隧道的成功修建，总结了一套高压富水地层深埋特长隧道综合施工技术及工艺，推进了我国隧道施工技术的发展。

我国修建的四川锦屏电站枢纽交通洞（简称锦屏隧道）全长 17.5km。设计隧道由 2 个平行的线间距为 35m 的单车洞（A、B 洞）组成：隧道纵断面为人字坡，最大纵坡 2.5%，最小纵坡 0.12%：隧道净空断面 34 ~ 55m2：隧道洞身每隔 500 ~ 600m 设置一个横通道。隧道施工分东、西两端掘进，其中西端 9800m 由中铁二局承建，东端 7700m 由中铁十四局承建。如图 1，锦屏隧道位于雅砻江峡谷山区，地形地质条件复杂。隧道埋深大于 1500m 的洞段（12.8km）占隧道全长的 73%，最大埋深 2375m：隧道洞身受 NW、SE 向地质构造作用强烈，形成了 NE 向展布的紧密线状褶皱和多条主干断裂：隧道主要穿越三叠系（T）地层，中部以大理岩为主，两端以绿泥石片岩、砂板岩为主。

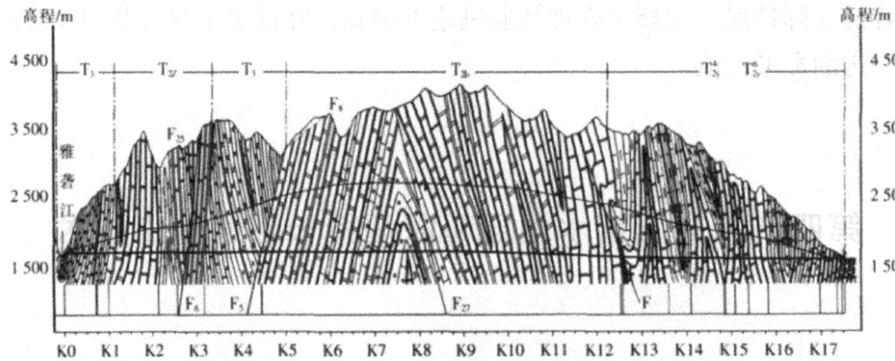

锦屏隧道具有洞身埋深大（最大埋深 2375m），断层、褶皱、可溶岩发育，独头掘进无轨运输距离长（9800m）、施工工期紧（50 个月）等特点，最突出的工程地质问题是高压大流量（P=4 ~ 10MPa，Q=51 ~ 63@104m^3/d）涌（突）

水及高地应力（R=44 ~ 70MPa）产生的强岩爆灾害，严重威胁隧道施工安全。如何解决高压涌水处治、岩爆防治、施工通风、快速掘进等技术难题，是锦屏隧道建设成败的关键。

针对上述关键技术难题，在隧道修建过程中，中铁二局股份有限公司与北京交通大学隧道与地下工程研究所联合开展了科技攻关，优质、高效、安全地完成了隧道施工任务。

一、主要研究内容及技术路线

（一）研究内容

1. 隧道综合超前地质预报技术；

2. 高压大流量地下水处治技术；

3. 高地应力条件下岩爆防治技术；

4. 独头掘进 9800m 无轨运输施工通风技术；

5. 岩爆与富水洞段喷射混凝土技术；

6. 特长隧道快速施工技术；

7. 特长隧道施工监测技术。

（二）技术路线

在广泛调研基础上，采用理论分析、室内实验、数值仿真模拟、现场试验与监测等手段，开展本课题研究，并结合现场推广应用与验证，形成一套高压富水地层超深埋特长隧道综合施工技术及工艺。

二、施工方案、方法与设备选型配套

（一）施工方案

先探后掘，钻爆法施工，无轨运输。

（二）施工方法

锦屏隧道具有独头掘进长、安全威胁大、开挖断面较小、工期压力大等特点，采用的施工方法对施工设备的选型配套有其独特的技术要求。

1. 爆破开挖

采用三臂液压台车钻孔，直眼掏槽，非电微差起爆。

2. 出渣运输

采用挖掘机找顶、正装侧卸的装载机装渣，大吨位自卸汽车运输。

3. 喷锚作业

喷射混凝土使用机械手作业：砂浆锚杆使用液压台车钻孔，低水灰比砂浆泵灌注。

4. 衬砌混凝土

采用 9m 自制液压台车，混凝土泵送入模，插入式捣固器捣固施工：水沟混凝土采用小块钢模板施工：路面混凝土采用人工摊铺，振捣梁捣固施工：混凝土圬工均使用 9m3 的罐车，自洞外拌合站运输至工作面。

5. 施工通风

采用大功率风机射流巷道式通风方式。

6. 隧道超前地质预报

使用 TSP203. 雷达、探孔、地质分析等作为主要预报手段。

7. 地下水处治

贯彻 / 以堵为主、限量排放 0 原则，采用超前预注浆、径向封堵灌浆、岩溶洞穴特殊灌浆等综合方法处治。

8. 岩爆防治

采取超前应力解除、超前支护、控制爆破等措施防治岩爆。

（三）施工组织

以掘进为龙头，系统支护紧跟，A、B 线换边或水路绕排，车辆绕行通过施工后部各工序。排水沟、路面、衬砌、地下水处治等随掌子面掘进，滞后适当距离跟进。

三、关键技术及研究成果

（一）隧道综合超前地质预报技术

锦屏隧道大部分通过高压、富水、坚硬的大理岩地层，大规模岩溶涌（突水）及岩爆灾害具有突发性、随机性等特点，施工安全风险极大，必须开展施工超前地质预报，制定针对性的施工方案（预案），确保隧道施工安全。

项目研究中，先后采用 TSP203. 陆地声呐、表面雷达、孔内雷达、瞬变电磁、电法、红外线、声波 CT8 种物探方法进行对比分析，构建了以 TSP、雷达等物探为主，结合钻探与地质分析的基本预报体系（简称地 – 物 – 钻），将长距离（100 ~ 150m）预报、中长距离（50 ~ 60m）预报、短距离（20 ~ 30m）预报三者有机统一起来，坚持不间断的连续跟踪预报制度，提高了超前地质预报的准确率。特别是首次采用结合 TSP、超前探孔的孔内雷达方法，实现了对掌子面前方一定范围内的含水地层和不良地质体的预报，避免了预报盲区。同时因孔内雷达测试不受掌子面周围环境的干扰，使预报地下水的准确率达到 85% 以上。

（二）高压大流量地下水处治技术

锦屏隧道水压高、流量大，突（涌）水洞段多。根据开挖揭露 A、B 洞 8000m 范围统计，A 洞富水段累计长 3530m、B 洞富水段累计长 3519m，分别约占开挖段的44%。地下水压力P=4 ~ 10MPa，钻孔水射程L=45 ~ 50m，流量Q=（51 ~ 63）@104m³/d。如何对地下水实施有效封堵，加快处理速度，是确保施工安全和工期的关键问题之一。项目研究中，地下水处治贯彻 / 以堵为主，限量排放 0 原则，通过流体力学模拟试验与分析，采取 / 择机封堵、超前帷幕注浆、径向灌浆、摸袋和索囊封堵灌浆 0 等技术，有效地解决了高压大流量地下水的封堵问题。

1. 择机封堵

根据超前预报成果分析，在确保施工安全前提下，先揭露出地下水，当掌子面掘进超前出水点（段）一段距离后，再对地下水进行系统处治。

2. 超前预注浆

高压大流量地下水的超前灌浆，在灌浆材料、工艺上基本与普通超前帷幕灌浆相同，其创新点在于灌浆压力控制和孔口管的设计。当静水压力低于2MPa时，灌浆压力取2 ~ 3倍的静水压力：当静水压力为2 ~ 5MPa之间时，灌浆压力可灵活选取，但不宜超过7MPa。当静水压力高于5MPa时，灌浆压力取静水压力加2 ~ 3MPa。

3. 径向封堵灌浆

高压大流量地下水被揭露后的封堵灌浆不同于超前预注浆，必须分两步完成。即先实施局部封堵灌浆，然后再实施系统的高压固结灌浆。

（1）局部封堵灌浆

以普通水泥砂浆为主，辅以微纤维、麻丝等惰性材料。浆液采用1B1.0.8B1.0.6B1.0.5B1的4个比级：灌浆压力为动水压的2 ~ 3倍。孔深4.5 ~ 8m，保证3m的浅层临时封堵厚度。

（2）高压固结灌浆

以水泥砂浆为主，采用2B1.1B1.0.8B1.0.5B1的4个比级，首段灌浆压力为水压力加1.5MPa或渗水压力的2 ~ 3倍，其后各段灌浆压力5 ~ 8MPa：固结厚度6m（与外水压力有关）。

（3）钻灌设备

使用地质钻、电钻钻孔，灌浆使用普通灌浆泵和砂浆泵等设备。

（4）孔口管

使用<127 ~ <40无缝地质钢管制作，孔口管长度1.0 ~ 3.0m不等：对出水量和压力较大的孔，采用孔口专用封水装置，长度3 ~ 5m不等。

4. 模袋与索囊封堵灌浆

在串珠状溶蚀孔洞、溶蚀管道以及溶洞群等较大规模的岩溶地质环境，使用模袋、索囊技术，提高地下水的封堵处理速度和质量。

模袋与索囊是由特殊的纺织材料织成，织物的强度高，灌注时具有一定的渗水性而不漏水泥。模袋有其独特的优点：

（1）灌注成型，施工简便、速度快，且耐高速水流（15m/s），在高速水流下，保证水泥不分散，不被冲走。

（2）具有一定的透水性，水泥浆经模袋析水后，硬化速度加快，固化强度提高。索囊与模袋类似，是微缩版的模袋，主要针对溶蚀裂隙、溶蚀宽缝、串珠状溶蚀孔洞等小型的漏水体系使用。但需注意：定制的模袋要适合溶洞或管道体积：减压分流孔要截断前方突涌水点：注意灌浆先后顺序及模袋闭浆。

（三）高地应力条件下岩爆防治技术

锦屏隧道平均埋深大于 1500m 洞段占全隧道长度的 73.1%，大于 2000m 的洞段超过 3000m，最大埋深 2375m。实测埋深 1350m 处最大主应力 44.2MPa，最大埋深 2375m 处最大主应力 70.1MPa。围岩强度与应力比（Rc/Rmax）为 1 ~ 3，根据 5 工程岩体分类标准 6 评估基准判别 Rc/Rmax<4 时为极高地应力水平，具备发生强岩爆的条件。经统计分析，各级岩爆分别占岩爆洞段的比例为：弱岩爆 19.7%、中等岩爆 57.4%、强岩爆占 17.0%、极强岩爆 5.8%。强到极强岩爆的破坏方式表现为岩石表层的箔板状弹射，往深部发展为板块状爆裂、劈裂崩落，单块厚 0.1 ~ 0.8m 不等，最大达 0.8m@1.5m@3.2m，多呈板块状、弯曲鼓胀、楔形爆裂。爆坑深一般 1 ~ 3m，最深达 5m。由于中）强）极强岩爆洞段约占隧道总长的 80%，如何保证隧道快速安全掘进，兑现工期目标，是需要解决的关键问题之二。

项目研究中，为协调解决施工安全与进度的矛盾，寻求一种安全、快速处理岩爆的新方法，通过离散单元法数值模拟的理论分析和现场试验，采取如下措施防治岩爆灾害。

1. 构建了超前应力解除（超前钻孔法）、控制爆破及以水胀式锚杆、挂网、钢筋拱肋、喷超细沸石粉添加剂混凝土为主的支护系统取代传统的砂浆锚杆（或机械胀壳中空锚杆）、挂网、型钢拱架、模筑混凝土支护 0 的岩爆预防体系，有效控制了岩爆灾害。

2. 当掌子面掘进超前 2 倍洞径时，滞后的支护系统必须同步紧跟：当岩爆强度较高时，完成临时支护后，同步完成系统支护。

3. 掌子面正前方是岩爆危险或灾害最严重的部位，除对其进行及时喷护和锚杆加固外，还实施了 9 孔和 14 孔超前应力解除爆破工艺，效果良好。

（四）独头掘进 9800m 无轨运输施工通风技术锦屏山绵延数百千米，隧道近东西向横穿锦屏山脉，且埋深大，无条件修建竖井、斜井等辅助坑道。同时，受高压地下水的影响，无条件实施有轨运输。因此，锦屏隧道不得不设计为上下行单线隧道、相互构成平行导洞的无轨运输方案。然而，如何解决隧道独头掘进 9800m 无轨运输的施工通风，是需要解决的关键问题之三。

现行 5 铁路隧道施工规范 6 规定：单线隧道长度在 1000m 以下时宜采用无轨运输，长度大于 1500m 时宜采用有轨运输。洞口设置主扇压入式巷道通风 0。本项目研究中，打破了传统的在洞口设置主扇压入式通风机的巷道通风方式，引入公路运营射流通风理念，取消在洞口附近设置风洞与风门。通过气体力学模拟试验分析计算，研究了大功率射流风机及射流巷道式通风技术，成功地解决了独头掘进长距离的通风技术难题，创造了独头掘进 9800m 无轨运输施工通风的世界新记录，突破了无轨运输施工特长隧道的禁区。根据现场分阶段测试结果统计和理论分析，取得以下研究成果：

1. 特长隧道无轨运输需风量，按内燃设备的总功率和每千瓦消耗风量的乘积计算，不符合实际，大大偏于保守。

2. 经过理论计算分析和 9800m 各阶段通风成果的统计分析表明，射流风机数量可近似用通风阻力和射流风机升压直接估算，与实际吻合性较好。

3. 射流风机选型与布置

（1）宜选用节能型的大功率风机，出口平均风速要大：

（2）射流风机应按照 / 进风洞少、排风洞多 0 的原则进行布置，原则上分散布置有利于改善通风质量：

（3）射流风机设置在横通道的下风方向且离横通道中线 5 ～ 10m 处：

（4）在需开启的横通道部位必须布置一台风机，以平衡横通道与主洞风压。

隧道施工过程中，经西昌环保局多次检测，各项指标均达到 5 铁路隧道施工规范 6 与 5 公路隧道施工技术规范 6 规定的主要环卫标准（粉尘、CO、NO_x、H_2S）限值要求（表 1），直观感觉是隧道内工作人员的鼻孔无黑色污染物。

表 1　隧道主要环卫指标

隧道环卫指标	环卫指标标注准限值	A、B 线实测结构
粉尘	10mg/m^3	1213 ～ 3043mg/m^3
CO	爆破作业面 0.5h 内 100mg/m^3	掌子面处 28 ～ 77mg/m^3
NO_x	5mg/m^3	1274 ～ 2388mg/m^3
H_2S	6ppm	无

（五）岩爆及富水洞段混凝土喷射技术

锦屏隧道富水洞段约占隧道全长的 44%，洞身又以锚喷支护为主，同时受工期的限制，在富水洞段不可能做到完全进行灌浆封堵后再喷射混凝土。因此，研究线状或滴状水洞段的喷射混凝土施工工艺，是确保施工进度、质量的关键。

岩爆区的喷混凝土要快凝、早强、一次喷射厚度大、强度高，在富水洞段还要有较高的抗渗性能和黏结力。因此，寻求一种特殊的外加材料掺入到普通混凝土中，按常规施工工艺就能完全达到安全快速喷射的目的。通过大量试验研究，以 SiO_2 和 Al_2O_3 为主的超细沸石粉（粒径为 0.327Lm，小于微硅粉粒径（1Lm 占 80%）、远小于普通水泥粒径 80Lm），能同时具备这些特殊性要求。研究成果如下：

1. 喷射混凝土水胶比为 0.45 ~ 0.5 时，超细沸石粉以水泥重量的 5% ~ 10% 掺入，速凝剂掺量达到水泥重量的 6% ~ 8% 时，喷射混凝土质量最佳。

2. 岩爆区喷射混凝土，外掺钢纤维掺量 40 ~ 60kg/m3：富水洞段喷射混凝土，外掺微纤维掺量 0.9kg/m3。

3. 岩爆区的喷护工艺与普通喷混凝土相同。富水区必须结合辅助的引排措施，自下而上从水量小的部位开始向出水量大的部位进行喷护作业。

4. 以锚喷支护为主的富水区段，采用锚杆与辅助排水措施，是保证喷混凝土后支护结构不被高压水击穿的必要措施。

（六）特长隧道快速施工技术

锦屏隧道段工期 50 个月，月进度要求近 200m 的掘进指标，除要着力解决地下水处治、高地应力岩爆防治和施工通风三大难题外，还要研究适应坚硬难爆大理岩洞段的设备配套、爆破技术、强富水区开挖和后部混凝土工序的施工组织等相关问题。隧道总体安排贯彻 / 以掘进为龙头，后部工序协调推进 0 的总体思路，采取下列措施有效地解决了后部工序之间的矛盾，确保了施工进度。

1. 采用小断面中孔大直径直眼分段掏槽爆破技术，提高了坚硬难爆大理岩的爆破循环进尺，平均炮孔利用率达到 93% 以上。

2. 强富水区开挖，采用减压分流、特殊装药结构分次爆破，保证了施工安全。

3. 使用进口设备与国产设备相结合的设备配套模式，解决了隧道的快速施工。

4. 充分利用无轨运输射流巷道式通风的特点，有效地解决了施工排水与系统支护、水沟和路面施工、二次衬砌、灌浆堵水等多工序施工组织间的矛盾，实现了 50 个月建成隧道的工期目标。统计分析数据表明：在 8000m 前洞段，实现双洞月均进尺 193m：进入 8000m 后埋深较大洞段，实现双洞月均进尺 186m 的开挖指标。2004 年创造了双洞月掘进 334m 的最好成绩，2006 年进入富水区埋深较大洞段，写下台车月凿进双洞 305m 的较好成绩。

（七）特长隧道安全监测技术

锦屏隧道采用动态设计、动态施工方法，以喷锚支护为主，研究施工通风、高压大流量地下水和超深埋高地应力岩爆的隧道施工风险监测技术，是确保施工安全、结构安全的关键。

项目研究中，通过气（流）体力学数值模拟分析，为施工通风、地下水径向封堵灌浆提供了理论依据：通过离散单元法数值模拟分析，为岩爆防治、难爆的大理岩分段掏槽爆破设计和不连续介质围岩稳定性判断等提供了理论支持。

对围岩变形观测，主要以收敛点为主，结合采用锚杆应力计、多点位移计、巴塞特测斜仪。充分利用四种方法反映围岩变形的优点，相互验证分析，提高了对围岩稳定性的判别。

为满足快速施工的要求，隧道支护分两阶段进行。即初期采用随机锚杆加喷 5cm 后的 CF30 钢纤维混凝土支护：后期完成设计余下的系统锚杆和喷混凝土。而先期的喷射混凝土和滞后的系统支护，都依据监则成果来确定。

四、取得的主要施工经验

超前地质预报纳入合同管理，是推行超前地质预报，规避复杂地质隧道施工安全风险的有效制度。

特长隧道采用钻爆法的无轨运输模式，有利于实现快速机械化施工。

“择机封堵”地下水，实施径向灌浆，对加快施工进度有利。

在双洞互为平导情况下，特长隧道无轨运输的射流巷道式通风，具有 / 可换边组织后部工序施工及施工揭露出高压地下水时，改变施工方法和施工组织灵活，可在短时间内恢复运输 0 等优点。

采用超细沸石粉为主的特殊添加剂材料，能大大改善喷混凝土的质量。在渗滴或线状水情况下，结合采取排水管、锚杆与钢筋网，完全能解决富水区喷射混凝土工艺：在岩爆洞段能实现安全、快速喷护，有利于施工安全。

中孔大直径直眼分段掏槽爆破，能有效解决均质大理岩的爆破技术难题。

锚杆应力计介于多点位移计和收敛点之间，施工观测宜多采用锚杆应力计：巴塞特倾斜仪对围岩表面变形观测灵敏度较高，可推广使用。

计算气（流）体力学分析对施工通风、地下水径向封堵有理论指导意义：离散单元法数值模拟对岩爆防治、爆破设计和不连续介质围岩稳定性判断等有理论指导意义。

低污染设备或带净化装置的内燃设备，有利于施工通风：潮湿环境控制隧道成型不宜使用全电脑台车，宜使用半电脑台车，同时有利于保证测量人员的安全：机械喷射台车对提高湿喷混凝土质量、确保施工安全有可靠保证。

锦屏隧道施工中，将结合隧道研究的科技成果直接转化为生产力，并积极推广应用以下“四新技术”，对控制隧道施工安全、质量、进度等发挥了重要作用。

（一）新技术

隧道施工地质超前预报技术：高压大流量地下水超前灌浆技术与被揭露富水区钻孔灌浆技术：岩爆安全快速处理技术：岩爆区与富水洞段湿喷混凝土技术：中孔大直径直眼分段掏槽爆破技术：无风门射流巷道式通风技术：巴塞特倾斜仪，多点位移计，锚杆应力计与收敛点综合观测围岩变形技术等。

（二）新材料

HD-2 特殊外掺材料（超细沸石粉）、微硅粉、微纤维和膜袋等新材料。

（三）新工艺

电脑台车全自动钻孔工艺：低水灰比（W/C<0.35）砂浆锚杆灌注工艺：水胀式锚杆与挂网结合钢筋拱肋与超细沸石粉混凝土的安全快速支护工艺：超前探孔结合孔内雷达预报地下水工艺：高压大流量地下水处治的封堵工艺：利用膜袋与索囊封堵管道与溶洞涌水工艺：岩爆区与富水段湿喷混凝土工艺等。

（四）新设备

电脑台车、机械喷射手、30MPa 高压灌浆系统、钻孔雷达、TSP203 预报系统、电法、大功率射流风机等。

五、小结

1。本项目研究采用超前地质预报、理论分析、室内实验、数值仿真模拟、现场试验、监控量测等手段，解决了高压涌水处治、岩爆防治、施工通风、快速掘进等关键技术难题。

2. 通过流体力学模拟试验分析，采取择机封堵、超前帷幕注浆、径向灌浆、摸袋和索囊封堵灌浆等技术，有效封堵了高压大流量地下水。

3. 通过离散单元法数值模拟试验分析，采取超前应力解除、控制爆破、水胀式锚杆、挂网、钢筋拱肋、喷超细沸石粉添加剂混凝土为主的岩爆预防体系，有效防治了岩爆灾害。

4. 通过气体力学模拟试验分析，研究了大功率射流风机及射流巷道式通风技术，解决了独头掘进长距离无轨运输的施工通风技术难题，突破了无轨运输施工特长隧道的禁区，创造了独头掘进 9800m 无轨运输的世界记录。

5. 通过 8 种物探方法的超前地质预报综合分析，构建了地 – 物 – 钻的基本预报体系，采用结合 TSP、超前探孔的孔内雷达方法，提高了预报地下水的准确率达 85% 以上。

6. 通过岩爆与富水段喷射混凝土、特长隧道快速施工与监测技术的深入研究，提高了隧道施工的效果。

7. 上述研究成果在隧道施工中直接转化为生产力，结合四新技术的应用，有效控制了隧道施工安全、质量、工期目标的实现。

8. 锦屏隧道的成功修建，总结形成了一套高压富水地层超深埋特长隧道综合施工技术与工艺，推进了我国隧道施工技术的发展。

第五节 其他特殊条件下的隧道施工技术

（复杂地质高原高寒地区黄土地区）

一、复杂地质环境下的隧道施工技术研究

在公路建设施工的过程当中涉及到了大量的隧道工程，为了对复杂地质环境下的隧道施工方法及设计进行优化，本部分特展开研究，首先对复杂地质环境下的工程地质状况进行了分析，然后对不同的施工方法的优缺点进行了比较分析，最后选取了隧道施工技术中环形开挖预留核心土法进行了深入的分析。

隧道施工中，力学形态、地质条件都是处于不断变化当中的，不同的施工技术对整个隧道的影响是有差异的，施工技术的选择直接决定着隧道建设的成功与否，当前隧道施工方式主要有全断面开挖法、台阶开挖法及分部开挖法三种。而要想保证隧道施工的有效监控和指导，就需要对复杂地质环境下的地表沉降、净空收敛、拱顶下沉等做到有效的控制，保证隧道在挖掘的时候能够处于稳定的状态，实现施工质量与安全的全面保证。

（一）复杂地质环境下的工程地质状况分析

隧道的施工地质环境多数较为复杂、地势起伏，并且开挖方式、支护方式的要求也较为复杂，同时由于隧道施工有着复杂性和隐蔽性的特点，所以会对工期造成严重的影响。另外大多数的隧道施工环境都同时伴有复杂的气候条件，这就对隧道施工技术提出了更高的要求，施工难度也就相应地增加了，施工的风险也同步增加。

（二）不同的施工方法优缺点比较分析

近些年来隧道施工技术不断革新，有的施工技术工期较短、有的施工技术施工造价较低、有的施工技术安全性能较好、有的施工技术对环境造成的污染较小，但是对于隧道施工来说并不是一种施工技术完全适用的，如何去选取施工技术需要根据隧道工程的实际情况，对各种施工技术进行充分研究，从各种施工技术当中选取出最佳的施工方案，从而实现在复杂地质环境下保证隧道施

工的质量安全。

1.隧道施工技术优缺点的比较

从力学状态角度来看隧道结构是非常复杂的，施工方案是多种多样的，具体到各种隧道施工技术，其优缺点如下：（1）全断面开挖法技术优缺点分析：这种技术在设计上是依据隧道的轮廓所进行的一次性爆破，据此隧道成型，然后利用支护及衬砌修建的方法进行施工。在施工当中围岩需要具备从全断面开挖的初期到最后支护之前的稳定性。其优点是工作面空间较大，便于大型机械的操作、施工速度相对较快、对工序的干扰较小。缺点是围岩的要求较高；（2）台阶开挖法技术优缺点分析：这种技术从横向上将掌子面分割成为两到三部分，然后分别进行开挖，这种技术对围岩的适用性是较强的，同时对开挖设备的要求也较低，挖掘后的洞内有着非常宽阔的施工空间，台阶开挖法对于隧道开挖面的稳定性保障是非常有利的，当前这种挖掘技术的应用较为广泛。其主要的缺点是在挖掘的时候会出现上部与下部的相互干扰，所以在下部进行挖掘作业的时候就需要对可能产生的上部挖掘的影响考虑进去；（3）分部挖掘技术优缺点分析：在隧道施工的时候经常性的会出现软弱的围岩，这种围岩不适用于进行大断面的开挖，但是较为合适采用分部的开挖，分部开挖法主要有三种，其中环形开挖预留核心土法的工作面较为稳定，且施工的安全性能也较好：双侧壁导坑法技术先是从隧道的两侧进行开挖及支护，然后再将剩余的部分进行开挖及支护，此种挖掘技术初期支护是从下到上形成的，能够有效地解决土壤承载力不足这样的问题，同时还做到了对地表沉降的有效控制，缺点是其施工工序、施工组织、进度控制等都较为复杂，成本相对较高：第三种分部挖掘技术是交叉中隔壁法（中隔壁法），这种施工技术在开挖的时候需要从一侧从上到下分成两或者是三步挖掘，在挖掘的时候每挖一部都要及时地对支护进行锚喷，并及时进行中隔墙施工，隧道的底部设置临时的仰拱，在中隔墙分步联结之后，再对中隔墙的另外一侧进行开挖，最后形成左侧及右侧开挖、支护交叉的情形。综上所述，我们可以将这几种隧道施工技术的优缺点用表 1–1 来描述。

表 1-1　几种不同的隧道隧道施工技术优缺点比较表

施工技术种类	使用条件	工期长短	沉降长短	防水性能	对初期支护的拆除量要求	造价情况
全段面开挖法技术	Ⅰ ~ Ⅲ级围岩两车道及以下跨度隧道开挖	工期最短	沉降一般	较好	无要求	较低
台阶开挖法技术	Ⅲ ~ Ⅳ级围岩两车道及以下跨度隧道开挖	工期最短	沉降一般	较好	无要求	较低
环形开挖法预留核心土法	Ⅳ ~ Ⅴ级围岩及一般土质隧道开挖	工期较长	沉降一般	较好	无要求	较低
双侧壁导坑法技术	Ⅴ级围岩、浅埋、大跨、地表沉降要求严格	工期较长	沉降较小	较好	拆除较多	偏高
交叉中隔壁或者是中隔壁法	Ⅴ级围岩、浅埋、大跨、地表沉降严格控制	工期较长	沉降较小	较好	拆除较少	较高

隧道施工的过程当中隧道开挖技术是确保围岩稳定性的一个重要因素，所以在技术选择方面应该综合安全性能、工期要求、技术施工难度系数等进行考量，依据地质条件、施工现场情况等采取综合性的评估分析，找出适宜的施工方案及技术。

（三）环形开挖预留核心土法施工技术的深入分析

前面已经对环形开挖预留核心土法进行了优缺点的分析，在该部分笔者将对其在具体的施工当中较为常见的施工技术进行深入的分析，主要分为六个部分：分别是超前预支护、上弧形导坑开挖，拱部初期支护、核心土及其下部开挖技术、下台阶初期支护及仰拱施工、全断面的二次衬砌以及防排水技术。

1. 超前预支护技术：首先超前锚杆要以一定的外插角沿着开挖的前方进行钻孔及锚杆的安装，在施工的时候需要注意外插角、锚杆长度等参数，尽早的形成超前预支护；2. 上弧形导坑开挖：机械配合人工开挖，预留好核心土部分，严格按设计进尺掘进，不得超欠挖；3. 拱部初期支护技术：上弧形导坑开挖后及时施工拱部初期支护，初期支护是支护结构与围岩的一种连接体，能够承受围岩应力适量的释放及围岩适量的变形，其可以作为永久性承载性结构的一个重要部分；4. 核心土及其下部开挖技术：利用人工配合挖掘机先挖预留核心土部分，再进行下台阶中部开挖，最后进行下台阶侧壁开挖。开挖时加强掌子面及初期支护的观察，并及时封闭开挖面；5. 下台阶初期支护及仰拱施工：下台阶开挖完成后及时进行下台阶初期支护及仰拱施工，使其及早封闭成环，确保施工安全；6. 全断面的二次衬砌以及防排水技术：当初期支护达到基本稳定之后，整个隧道基本上就已经定型了，需要由上到下的顺序进行连续灌注。二衬衬砌混凝土灌注的时候应该保证捣固密实性、保证灌注的对称性、衬砌在分段施工时要注意伸缩缝及沉降缝合理位置的确定。在二次衬砌拆模的时间要依据混凝土强度的增长情况去确定，当混凝土强度达到所需要求的时候再进行拆模处理。

（四）小结

一般来说隧道所处的地质环境都是较为复杂的，并且相应的气候条件也较为复杂，这就会造成围岩出现稳定性差、支护结构受力变化的问题，所以在隧道的施工过程当中选取合适的施工技术是非常重要的，当前隧道的施工技术主要有全断面开挖法、台阶开挖法及分部开挖法三种，这三种施工技术都各具优缺点，所以在具体的隧道施工过程当中应该根据工程的特点去选择经济合理的、安全性能高的、工期匹配的最适宜的综合性施工方案。

二、高原高寒地区隧道施工技术研究

基于对高原高寒地区隧道施工技术研究，对高原高寒地区隧道的施工要求、低温施工技术、质量控制方法等进行阐述，证明其具有很高应用价值。

（一）工程概况

大坂山隧道，地处祁连山脉，属于青海省境内，国道 227 线上。其设计桩号为 K105+104 ~ K105+109，全长 4km。隧道地处青藏高原，属于高原高寒隧道。

大坂山隧道位于西宁到张掖段，该区域地形复杂，海拔高度超过 3600m，该地区有多年冻土，气候条件十分复杂，施工难度大。

该隧道属于长隧道，按一级公路标准进行施工，隧道净宽 12.5m，采用双向两车道，行车道宽度 3.5m，净高 5m。设计行车速度 60km/h，为避免隧道出现雪海，在隧道下平行设置泄水洞，并在隧道进口和出口各设 200m 长防雪棚。

隧道施工中采用 FiDiC 管理模式，是较先进的并且是国际通用的管理模式。隧道施工中设置防洪泄水洞、复合式塑料防水板、保温层、洞口防寒隔温门、复合隔温层等先进技术措施，防止隧道施工和运营中出现冻胀。

（二）高原高寒隧道低温施工技术

1. 水泥混凝土拌合过程中对其原材料进行加热，提高出料温度。水泥混凝土是隧道施工主要的原材料，拌合过程中可首先对水进行加热，采用热水锅炉加热拌合用水。这样，可以有效提高混凝土的出料温度，对水泥混凝土各方面性能都有好处，尤其是水泥水化的速度会有所帮助。但由于外界温度较低，混凝土拌制过程中应注意保温，运输中也可以适当加盖篷布，缓解温度降低速度。

2. 在水泥混凝土拌制过程中掺加外加剂，如防冻剂，提高其防冻性能。针对高原高寒地区的气候特点，再进行混凝土配合比设计过程中按比例加入适量的防冻剂。在现场施工中，可以采用人工或是拌合设备直接加入的方式，加入前需准确称量其加入量。

3. 对浇筑后的混凝土进行加热，已提供其养生中需要的热量。水泥混凝土养生中需要在一定的温度环境内，水泥水化速度随温度的升高而增加。另外，温度过低会使混凝土出现冻害，使混凝土变脆，开裂，成片剥落。因此，在混凝土达到设计强度前，都应该处在一个合适的温度进行养生，以保证混凝土强度增长，保证工程质量。

4. 隧道施工的加热方式应结合隧道内的情况适当选择。如隧道为高瓦斯隧道，极易出现瓦斯突出，引起瓦斯爆炸，在施工中不应采用明火加热的方式，并应适时进行瓦斯浓度检测。如为低瓦斯隧道，施工中可采用火炉进行直接加热，并适时检测洞内温度，尤其是洞口段温度。但施工中应尽可能避免采用明火加热的方式，可采用暖炉加热、增设保温层等方式。

5. 辅助保温措施。施工中应采用洞口防寒隔温门、设置复合隔温层等方式。洞口防寒隔温门可以有效将洞内和洞外隔离开来，防治洞内温度过快散失。复合隔温层可敷设在隧道二次衬砌表面，可以有效防止寒风直接吹向二次衬砌，对二次衬砌起到一定的保护作用。

6. 喷射混凝土施工方法的应选择湿喷。湿喷可以有效地降低粉尘和回弹。拌制喷射混凝土时可采用热水，提高出料温度，也可以加快喷射混凝土凝结，提高其稳定性。

（三）质量控制措施

1. 水泥混凝土施工温度控制。水泥混凝土温度施工控制主要包括拌合、运输、浇筑和养生中的温度控制。

（1）拌合温度控制。主要包括对原材料温度的控制，拌合用水的加热温度控制，保证拌合好的混凝土温度适中。

（2）运输中的温度控制。水泥混凝土运输中采用水泥混凝土搅拌运输车，搅拌罐外需包裹保温材料，防治混凝土在运输过程中温度降低过快。

（3）浇筑过程中的温度控制。这个过程重要是控制环境稳定和浇筑速度，最大限度的保留混凝土的温度，使其浇筑完成后最低温度不得低于5℃。

（4）养生过程中的温度控制。可在养生中对水泥混凝土进行局部加热，为水泥混凝土化学反应提供足够的环境温度，防治混凝土出现冻害，保证水泥混凝土养生过程中的强度增长。

2. 洞内环境温度控制。

洞内的温度不得低于5℃，可采用各种加热方式维持温度处于合理范围内。

施工中应在施工现场悬挂温度计，一般应悬挂在边墙上，便于观察。

由于温度较高的空气会向上移动，因此只要边墙部分温度符合要求，其他部分的温度也应该符合要求。温度计悬挂应有一定间距要求，洞口处，洞内，掌子面都应进行温度观测。另外，隧道内爆破施工时，应将温度计原理开挖面，防止损坏。

3. 防排水设施的施工质量控制。高原高寒地区应特别注意隧道防排水设施的施工质量，防止出现冻胀。防水层宜采用无破损防水板，并应首先对基面进行清理。排水设施施工应注意坡度、反滤层、接头处的处理，以保证能够及时将隧道衬砌后的积水排除，防止出现冻胀，损坏隧道结构。

4. 防寒泄水洞施工质量控制

为保证隧道内部的水分能够及时排除，防止隧道在施工和运营中出现冻胀。泄水洞的排水系统应和隧道排水系统连接，通过隧道排水系统将水排出洞外。施工中应先随防寒泄水洞进行施工，施工中应注意对温度的控制。

防寒泄水洞的开挖应合理选择施工方法。由于其设计断面小，一般采用全断面法进行开挖。当围岩不稳定时，可采用超前支护的方法进行开挖。开挖中一般采用人工钻孔，小型机具出渣，断面小也可采用人工出渣的方式。为了便于排水，施工后的泄水洞底应平整，并在洞内衬砌预留泄水孔。

高原高寒地区隧道在施工中由于受自然条件限制，很容易收到各种因素的影响，降低施工质量，因此采取有效的措施保证施工质量是十分必要的。文章重点介绍高原高寒地区低温施工技术、保温措施及其质量控制，这是其区别于其他地区隧道施工的一个主要方面，对高原高寒地区隧道的施工有一定的指导作用。

近些年，国家加大对西部地区的投入，支援西部建设。而公路工程建设是其中重要的组合部分之一，高原高寒隧道的施工技术的研究与应用对地区建设起着很重要的作用，也对地方经济发展有着深远的影响。

三、黄土地区隧道施工技术综述

我国黄土分布地域较广，主要集中在西北、华北、东北的广大地区，近年来在公路、铁路工程建设中黄土隧道的施工份额也不断增加，其设计与施工难度也渐趋复杂。黄土隧道有其自身的特点，如易塌方，遇水产生湿陷性，预注浆困难，锚杆施作不成功等，同时，黄土隧道造价高昂，修建小净距和连拱隧道的经验非常少，这些都制约着黄土隧道向更高层次大规模发展。

（一）开挖方法的选择

针对黄土隧道，开挖方法主要取决于两个方面：一是要确定隧道的主控项目，城市地铁以控制沉降为主，传统的双侧壁、CRD,CD 方法能较好地控制地表下沉：山岭隧道由于无严格沉降控制指标，采用的施工方法选择余地较大。二是施工方法的选择与掌子面岩体的稳定状况及节理产状有很大关系。对于隧道开挖及支护过程而言，如果断面开挖时掌子面稳定，无大的掉块、垮塌，无推移、挤出现象，初期支护刚度足够，从受力角度分析就可采用台阶法施工。

（二）进洞施工要点

隧道洞口段支护、衬砌结构不但承受竖向和横向荷载，还要承受山体纵向压力，这种三面受力的情况，对结构的安全性极其不利，因此安全进洞对洞口段的施工有着重要意义。为此采取以下进洞技术措施。

1. 洞顶截、排水沟

调查洞顶水系，系统了解水流走向、流量，看设计文件是否能满足实际需要，从而指导截、排水沟的设置。截、排水沟的设置能减少地表水渗入地下，减少对黄土围岩稳定性的破坏。

2. 加强量测工作

现场量测是新奥法施工的重要组成部分它不仅指导施工，预报险情，确保安全，而且通过现场量测获得围岩动态和支护工作状态的信息（数据），修正和确定初期支护参数。在明洞开挖前沿隧道中线可隔 5 ~ 10m 布设一组测点进行地表沉降观测，为明洞开挖提供依据。

3. 洞内外临时排水设施

进洞时，洞内永久排水系统尚未形成，洞内积水不易排出，影响围岩稳定。为此，在暗洞里程处设一挡水埂，阻止洞外水流入洞内，在有降水时随时备抽水机排出洞口积水。为防止拱脚部位积水，在基底拱脚处抹 50cm 宽砂浆水沟（与喷射混凝土衔接），并设置水泥砂浆集水坑，随时用抽水机排出洞外，保持洞内干燥。

4. 洞内强支护

洞口段围岩差，为确保安全，将此段原设计初期支护加强，如减小钢拱架间距、增加锁脚锚杆、减小锚杆间距，拱脚围岩较为松软时在拱脚处铺设木板、增大受力面积、按照上下分部留核心土法开挖等。

（三）防排水设计

1. 明洞段防水。采用双层土工布夹防水板防水，洞顶回填黏土隔水层，采用干砌片石盲沟及 Φ100mmPVC 排水管排水。

2. 洞身段防排水。在衬砌背后，防水层与喷射混凝土之间设 Φ100 环向排水半圆管，每（4 ~ 6）m 设一道，在渗水地段加密设置：隧道边墙底部设

Φ100 半边打孔纵向 PE 排水管，并且用防水板包裹碎石及 PE 排水管。隧道仰拱底部设横向引水管，每（10 ~ 15）m 设一道，采塑料三通与纵向 PE 排水管相通，将水流入隧道中心排水沟并排出洞外。

3. 洞门上方排水。洞门上方设截水沟，引地表水至路基边沟或洞门外端自然沟谷。

4. 路面排水。路面水流入路侧的边沟中排到洞外（与地下水分开排放），以此形成完善的洞内外排水系统。另在工作缝、沉降缝、变形缝均设橡胶止水带止水。

（四）防排水施工

1. 隧道防水层的施工

（1）铺设前的准备工作：在洞外认真检查防水板的质量，检查防水板有无断裂、变形、穿孔等缺陷，保证材料符合设计质量要求；

（2）做好初期支护断面检查，凿除侵限部分：将初期支护表面钢筋网、锚杆头等凸出部分，先切断后用锤铆平抹砂浆素灰；有凸出的管道时，切断、铆平后用砂浆抹平；补喷混凝土使其表面平整圆顺；

（3）挂设半圆管，排水半管在无水地段每 5m 设一个，富水地段应根据渗水痕缝加密。在喷射混凝土中打孔，将水引出后用半管排走。排水半管用高标号水泥砂浆包裹密实或用灰浆喷射密实，待初凝后再浇筑二衬混凝土，保证不渗漏水；

（4）挂设土工布，将土工布用衬垫贴上，然后用射钉枪钉上水泥钉锚固，水泥钉长度不小于 50mm，平均拱顶点 3 个 /m-4 个 /m，边墙点 2 个 /m-3 个 /m。

2. 止水带的安装

施工缝、沉降缝、变形缝是结构防水的薄弱环节，须认真处理。为防止施工缝、沉降缝、变形缝处出现渗水现象需设置预埋式橡胶止水带，其安装工艺如下：

（1）沿衬砌设计轴线间隔 0.5m 在挡头板上钻 Φ12 钢筋孔，将加工成型的 Φ10 钢筋卡由待模筑混凝土一侧向另一侧穿入内侧卡紧止水带的一半，另一半止水带平结在挡头板上；

（2）待模筑混凝土凝固后拆除挡头板，将止水带靠中心钢筋拉直，然后弯曲 Φ10 钢筋卡套上止水带，模筑下一环混凝土。

（五）锚杆施工质量控制

1. 锁脚锚杆

锁脚锚杆在黄土隧道的施工非常关键，必须按设计长度、数量随钢拱架的作业及时跟进。锁脚锚杆要在端头加工成L型弯钩焊接在钢拱架上，确实起到锁脚作用，防止钢拱架下沉过大。

2. 系统锚杆

为了确保系统锚杆沿法线方向布设，系统锚杆的工作台可放在上导坑核心土的后面，系统锚杆作业必须是喷射混凝土厚度达到10 ~ 12cm后进行，且一定要使用垫板，垫板焊接在钢拱架的腹部，以便加强钢拱架的稳定性，提高其刚度，系统锚杆的设置及喷射混凝土达到设计厚度的断面与掌子面的最大距离不超过6m。系统锚杆可以在数量不变的情况下，增大环向间距，减小纵向间距，锚杆必须与钢拱架焊接，系统锚杆的注浆必须按照设计要求达到注浆压力。

（六）喷射混凝土质量控制

1. 喷混凝土前试验员一定要做好配合比，同时现场抓好混凝土施工操作。

2. 喷射混凝土时，速凝剂的添加要均匀，喷射混凝土一定要分层喷射，喷射混凝土的平整度要求不超过5cm。

3. 喷射混凝土应采用硬质洁净的中砂或粗砂，细度模数宜大于2.5。速凝剂使用前应做速凝效果试验，要求初凝不超过5min，终凝不超过10min。喷射混凝土中的骨料应不小于40%。

4. 喷射混凝土必须表面平整、圆顺，不合格处打凿后补喷平整，尤其是上，中导和中下导接茬部位。严格按2m靠尺进行测量，确保平整度达到要求，拱部喷射混凝土必须回填密实，不得有空洞。

（七）二次衬砌质量控制

1. 为确保二次衬砌的密实度和外观质量，应在模板台车上加设附着式振动器，并按设计要求在拱顶布设纵向注浆花管，紧贴初期支护混凝土面，孔位向上，在二衬混凝土外留注浆孔。同时应加强对衬砌台车的支撑，为防止模板台车整体上浮，可采用地锚，或在已完工的二衬上预留钢筋，锚固模板。对台车各部位螺栓进行全面检查，变形较大应打磨，修正模板，同时对模板表面进行全面清理。

2. 为避免二次衬砌施工中的收缩裂缝，除严格控制混凝土塌落度外，还须对其拌和时间、振捣时间严格要求。为防止混凝土离析，混凝土垂直落距不得大于1.2m，混凝土拌和站操作人员需配备秒表，做好拌和时间及用水量的精确控制，拆模时要求混凝土强度必须达到设计强度的70%。

3. 已施工后衬砌表面缺陷部位要立即整修，重点是施工接缝部位，修整时禁止大面积抹浆粉刷，做到混凝土表面光滑平整，颜色一致。

施工中应加强围岩观察及观测，对洞内初支表面裂纹进行认真分析，及时对监控显测围岩的各类数据进行汇总分折。现场监控人员要及时按要求做好各项内业资料，每道工序施作后应及时报现场监理检查并取得签证，施工现场必须有技术干部指导施工，同时做到 24h 监控。总之，黄土隧道施工是一个贯穿施工全过程、全方位的综合工作，需要施工单位各部门、各岗位的通力协作和有机配合，只有抓住施工过程中的每一个关键点和施工工序，严格按照施工规范和相关标准要求去积极实施落实，才能使工程质量得到有效的控制。

第六节　连拱隧道施工工艺

一、设计概况及特点

双连拱隧道是在通过山势不高，纵向长度较短，横坡较陡，下行线，公路上，下行线在此分不开的情况下，设置双跨连拱隧道，其单跨断面为单心圆结构，边墙为曲墙，中隔墙也为曲墙，单跨净宽 10.8—11.0M，净高 7.8M—8.0M，开挖断面为 9.9M—10.0M，上下行线通过厚 3M 的钢筋砼中隔墙相连，初支采用工字钢（正洞）和钢花拱锚杆，挂网锚，喷砼与单跨隧道基本相同，二衬采用钢筋砼结构，联拱隧道由于通过地段的地质条件特殊性，决定了其设计和施工具有以下特点：

（一）埋深浅长度短

因连拱隧道通过的地段一般山势较低，其最大埋深在 50—80M 左右，纵向长度在 500M 以下，在长度较大，山势较高一般不采用连拱隧道，而采用上下行线分开的单拱隧道。

（二）偏压

连拱隧道通过地段地势较陡，上下行线两侧埋深不同。整条隧道也就不同程度的存在偏压，特别是洞口偏压严重，这给隧道口施工带来很大困难。

（三）由于埋深浅，双拱隧道一般地质条件复杂，围岩软弱破碎，节理发育差。隧道内的水，受地表水影响较大。雨季施工困难，给隧道施工的安全增加了难度。

（四）跨度大

与铁路隧道相比，单跨公路隧道本身跨度就较大（12.8M），两个单拱隧道连在一起，其跨度是单供隧道的 2 倍达 26.4M。相当铁路隧道车站的跨度，而且结构复杂，施工非常困难。

（五）施工工序复杂，工序间相互影响大

双拱隧道的设计特点：偏压、跨度大。决定其施工必须分多个步骤进行。各个工序相互影响很大，就要求双连拱隧道的施工必须要有科学合理的施工组织设计。要理清各个工序的先后顺序及相连关系，在施工过程中尽量减小各施工工序之间的相互影响并根据施工中的实际情况灵活的调整，工序安排保证安全、优质建好双连拱隧道。

二、施工工艺

（一）开挖施工

因连拱隧道具有埋深浅，跨度大，地质条件复杂、围岩风化破碎，受雨季地表水影响大的特点，开挖必须遵守“短进尺、弱爆破、强支护、早闭合”的原则。按设计要求严格进行监控量测。并把量测结果反溃到施工中，每天的水平收敛值0.1—0.2mm/d，拱顶下沉值0.1mm/d以下一般基本稳定，如果大于此值加强每天的找顶工作。目前，双连拱的施工，主要有中导洞和三导洞两种施工方法。

根据隧道进出口地形条件及施工场地的实际情况，中导洞开挖可以从隧道两端同时施工，在隧道中间贯通，也可以从隧道一端开挖，在另一端贯通，根据地质条件中导开挖分全断面和短台阶两种施工方法，在围岩较好的Ⅳ类围岩可采用全断面开挖中导，加快施工进度在围岩破碎，节理发育及在洞口地段采用短台阶也可保证安全。无论采用哪种方法，皆采用光面爆破技术尽量减少中导洞对两侧正洞围岩的扰动，每一循环进尺要控制在1M以下，围岩好的情况下也不能超过1.5M。支护要紧跟开挖面，不允许围岩暴露时间太长，杜绝坍方，中导洞即使有小面积坍方，也会给正洞开挖带来很大影响。

中隔墙砼的施工顺序刚好和中导开挖顺序相反，根据现场情况，可采用从隧道中间向两端施工的顺序。如一座隧道只设一个拌和站。一般采用远离拌和站的一端向靠近拌和站的一端的施工顺序，但在工期紧的情况下可采用从隧道中间到两端同时施工。

为减轻相互影响，上下线正洞开挖一般错开40M左右，单跨正洞采用先拱后墙法分台阶施工。拱部开挖高度3.5M—4M比较合适，爆破技术要尽量减少对中隔墙的影响，决不允许将中导洞作为临空面进行爆破设计，下部开挖要先在边墙处开槽，将拱部初期支护接下来后，在开挖中间部分注意不能进尺太长，最多开挖出两榀拱架距离的长度并尽快施工初期支护；封闭围岩，防止因拱部支护长时间悬空而造成塌方。

（二）三导洞施工方法

三导洞施工方法除在中隔墙处开挖一导洞外，在上下行线两侧分别开挖一条侧导洞在中墙砼与边墙砼施工完后再开挖上，下行线正洞施工步骤如下：

侧导洞的开挖方法与中导洞相似，三导洞施工完后，再开挖上、下行线的正洞。。正洞开挖Ⅱ类围岩用台阶法施工，顺序与中导洞法不同，属与先墙后拱，不是先拱后墙，因在侧导洞开挖过程中，正洞边墙初期支护已施工爆破设计时，均要尽量减少爆破对中隔墙及侧墙的影响，不能因初期支护已全部完成而随意加大药量，加大进尺，造成的施工初期支护坍塌。

从以上两种施工方法，施工过程中看出：中导洞施工法具有工序简单，临时支护及拆除量小，工期短、成本低，但在地质条件复杂，围岩地段不利于安全施工，而三导洞施工具有正洞支护闭合早，施工安全的优点，但工序复杂，工期成本高，两种施工方法主要根据隧道实际地质情况灵活运用，在地质条件复杂，涌水量大及洞口浅，偏压、围岩软弱一般用三导洞法施工，而较好的地段采用中导洞施工。

三、几个特殊问题的处理措施

（一）连拱隧道Ⅱ类围岩一般采用 φ108 超前管棚支护，但如果管棚设计太长大于 40M，且洞口位于曲线上，一次施工很难保证安装位置准确，也可以在洞内开挖洞室，分两次施工，因此水平钻机操作平台必须牢固、安全，相连两接头不允许在一个断面上。终压 1.5—2.0Mpa

（二）初期支护要遵循“短进尺，早封闭”的原则，必须一炮一支，防止围岩爆露太长而引起的坍方，特别是正洞下部开挖，钢架接脚时要控制好进度（不能过长）绝不能使拱部初期支护长距离或连续长时间悬空，钢架架立要控制在 2 小时以下（工艺安全、人身安全）。

（三）隧道内的超前支护，注浆锚杆，除加固围岩的同时，也一定起堵水的作用（要有这个认识）。所以说联拱隧道结构上的特点决定了其施工过程中必然会有不同于单拱隧道的特殊性问题，如何科学地处理好特殊问题，是安全、优质的施工好连拱施工过程中必须根据具体情况，科学、合理、灵活的选择处理方案。

（四）中侧导洞断面的选择

中侧导洞为安全开挖正洞而首先贯通的辅助导洞，其断面大小；在设计上一般没有严格的要求，选择断面主要是考虑导洞开挖施工机械配备情况，在单口开挖长度大于 100M 时的情况下，一般采用装载机配汽车出渣，断面宽度最好在 5.5M 左右，在单口长度小于 100M 的情况下，4M 宽就可以满足要求，中导洞的高度一般比中隔墙高出 0.5M 即可。

（五）中隔墙的水平推力平衡

上、下正洞在中导洞施工结束后开始开挖上下行线的正洞太低不利于种隔墙施工，太高会造成中隔墙顶会填量大，且不利于安全，侧洞同样。为减小开挖施工的相互影响，上下行线的开挖施工，不能齐头并进。必须一前一后错开 40M 左右。这样在上、下行线两个开挖面之间一侧正洞的初期支护已完。而另一侧支护还未施工，该段中隔墙必须要受到一个向未开挖一侧的水平推力，为了中隔墙的施工安全，在中隔墙上要打临时支撑。支撑可用方木或钢管纵向间距 2 米一排，必须支撑牢固，开挖另一侧时再拆除。

（六）中隔墙防水

设计图中隔墙的排水方案顶部设一条 φ80 的纵向透水管，每隔几米用硬塑引管将水引至水沟中，中隔墙平铺防水板将水引至排水沟。

（七）在开挖施工过程中及时做好洞内排水系统，严禁洞内积水、排水沟不能沿边墙设置，避免软化边墙基底围岩，使其强度降低造成隧道坍塌。

（八）仰拱最好在二次衬砌之前施工，使支护体系尽早形成封闭系统，

（九）由于联拱隧道跨度大、洞口一般偏压严重，洞口刷坡后极易造成山体松动下滑，进而失稳，从开挖到支护时间间隔不能太长，同时加强边仰坡的变形观测。

（十）中导洞的开挖施工，对正洞来说（时最好的），最准确的超前地质预报，因而在开挖过程中要对围岩进行详细、准确的记录，指导正洞施工。

（十一）由于联拱隧道跨度大，即使在围岩好的情况下也要坚持短进尺、弱爆破、强支护、早闭合”的开挖施工原则，以减少或杜绝坍方。

四、偏压连拱隧道合理开挖方案的分析

采用 ANSYSV5.6 版有限元分析程序对云南元磨高速公路桥头隧道采用的施工过程进行了二维有限元分析。通过有限元计算，模拟了三种开挖顺序，获得了偏压连拱隧道在采用不同开挖顺序施工时各阶段围岩的应力、应变状态、地表沉降以及隧道支护结构中的内力变化情况，通过对比、分析，并和现场量测资料相比较，得出一些结论，为高速公路连拱隧道采用的施工方法提供了科学依据与技术指导。

（一）概述

本部分计算所模拟的桥头隧道位于元江 ~ 磨黑高速公路 16 合同 K342+375 ~ K342+655 之间，全长 280 米，为带中墙的整体式双跨连拱结构隧道，隧道单跨净宽 10.53 米，净高为 7.2 米。单跨采用单心圆，边墙为曲线，

中墙为直线，中墙厚为 2 米，隧道净宽为 23.05 米，最大开挖跨度为 24.65 米。围岩类别为Ⅲ、Ⅳ类，隧道最大埋深 74 米。路线位于云贵高原西部，横断山脉南延地区。云南省地貌分区的哀牢山中山亚区，区内属构造侵蚀地形，路线主要位于高中山地区。隧道上部岩体是一明显的斜坡，使隧道处在偏压状态中。

隧道施工中采用先中墙，再上下台阶开挖法施工。隧道最大开挖跨度为 24.65 米，无论从设计角度，还是从施工角度而言，其结构的受力状况都是十分复杂的。而且连拱隧道在国内外的研究还为数不多，为掌握连拱隧道在开挖过程中引起的地层变形、地表沉降和支护结构的力学状态，特别是隧道施工顺序对围岩稳定及应力、应变影响，必须对连拱隧道结构的开挖过程进行有限元计算和分析，以便为该区段连拱隧道的设计和施工提供科学依据和技术指导。

目前的施工中所采用的施工顺序有先左洞后右洞开挖、先右洞后左洞开挖以及两洞同时开挖，对于偏压条件下双洞连拱隧道的开挖顺序，究竟哪种施工顺序更为合理，本书进行了一定的分析。通过计算，并结合现场量测资料分析，得出一些可引为规律性的东西，从而对指导设计、施工、量测测点埋设位置及对施工中出现的问题和不合理量测结果的解释提供理论帮助。

（二）隧道结构的计算模型

依照初步设计中所提供的桥头隧道地段地质资料，将该地段围岩类别定为Ⅲ类，并结合初步设计中连拱隧道断面的相关尺寸建立了桥头隧道的二维有限元计算模型。在有限元计算当中，边界约束条件对计算结果影响较大。因此，为尽量减少二维有限元模型中边界约束条件对计算结果产生的不利影响，计算模型的边界范围按照以下原则进行了确定，即二维有限元计算模型所取地层的范围是：水平方向上隧道两边的长度均取洞跨的 3 倍为限，即计算模型的水平宽度为开挖隧道跨度的 7 倍；垂直方向上，隧道下的距离为洞高的 3 倍，而隧道上方按实际地形尺寸。

1. 加固措施的简化

在本次有限元计算中，隧道结构的有限元计算采用隧道与地层共同作用的受力模式，模拟分析各种施工顺序对地层和隧道结构的受力与变形的影响。在现场隧道开挖过程当中，为防止开挖引起的洞周岩土体的垮塌，通常根据围岩类别采用锚杆、超前小导管注浆和管棚等支护措施对其进行加固处理，以提高围岩的稳定性。锚杆等加固的有限元模型，目前仍是国内外正在研究中的课题。根据文献资料以及以往的工作经验，锚杆的主要作用并非其自身强度对整体结构的贡献。因为在整个系统中，锚杆刚度和周围岩体刚度相比是微不足道的，而锚杆的真正作用在施工过程中起到及时加固，限制塑性区的发展，使岩体能保持较好的连续性和整体性，从而能够很好地起到自承作用。所以，通常的锚杆模拟计算中采用提高 C、ϕ 值的方法。根据大跨隧道初步设计方案，模拟计算必须考虑锚杆和超前小导管对围岩的加固稳定作用，因此在有限元计算时，依据国内外研究及现场经验所建议将围岩参数中的 C、ϕ 值提高 20%-30%，本书对上述加固措施采用了将其所处位置围岩参数中的 C、ϕ 值提高 20% 的方法加以模拟。

2. 计算模型和计算参数

根据隧道围岩的物理力学性质，在本次有限元计算当中，采用了弹塑性的非线性有限无法。在有限元计算中，围岩材料的本构模式采用 Drucker-Prager（D-P）模型，以计算隧道结构与地层在开挖过程中发生的非线性变形特性。在对连拱隧道进行开挖过程的有限元模拟分析中，计算程序采用了 ANSYSV5.61 版有限元分析软件。由于该计算软件提供了对有限元计算单元进行“生（alive）”与”死（kill）”的处理功能，因此可以利用该功能来模拟隧道施工的分步开挖过程。在计算过程当中，主体和隧道结构的支护均采用 ANSYS 程序中的 PLANE42 单元加以模拟。在进行有限元计算时，围岩的物理力学参数依据铁路隧道锚喷构筑法中Ⅲ类围岩的参数确定，而支护采用混凝土 C25 的参数。

对偏压连拱隧道开挖过程模拟所建立的有限元模型划分有限元网格，总共划分为 2024 个 PLANE42 单元。计算时所施加的边界约束条件是：地表为自由边界，未受任何约束；计算模型的左右边界分别受到 x 轴方向的位移约束，模型的地层下部边界受到 y 轴方向的位移约束。

3. 开挖过程的模拟计算

计算分三种开挖顺序分别计算。

（1）先左洞，后右洞

实施步骤是：①先开挖中导坑，用改变中墙单元材料属性来模拟；②开挖左洞上半部，用杀死单元来模拟；③对左洞上部初期支护，用激活单元并改变单元材料属性来模拟；④开挖左洞下半部；⑤对左洞下部初期支护；⑥右洞上部开挖，同时做左部仰拱；⑦右洞上部初期支护，同时做左洞二衬；⑧右洞下部开挖；⑨右洞下部初期支护；⑩做右洞仰拱，右洞二衬。

（2）先右洞，后左洞

实施步骤是：①先开挖中导坑，用改变中墙单元材料属性来模拟；②开挖右洞上半部，用杀死单元来模拟；③对右洞上部初期支护，用激活单元并改变单元材料属性来模拟；④开挖右洞下半部；⑤对右洞下部初期支护；⑥左洞上部开挖，同时做左部仰拱；⑦左洞上部初期支护，同时做右洞二衬；⑧左洞下部开挖；⑨左洞下部初期支护；⑩做右洞仰拱，左洞二衬。

（3）左右两洞同时开挖

实施步骤是:①先开挖中导坑,用改变中墙单元材料属性来模拟;②开挖左、右洞上半部，用杀死单元来模拟；③对左、右洞上部初期支护，用激活单元并改变单元材料属性来模拟;④开挖左、右洞下半部;⑤对左、右洞下部初期支护;⑥做左、右部仰拱；⑦做左、右洞二衬。

4.计算结果和分析

通过对偏压连拱隧道开挖过程的模拟计算，得出三种开挖方法所得的结果是不同的。

（1）对连拱隧道中墙的计算结果分析

在结果比较中发现，中墙与左洞初衬拱脚的交点（59 结点）和与右洞初衬拱脚的交点（905 结点）的应力是最敏感的。

由数据可以得出下列分析：

①两侧同时开挖的应力值明显大于另外两种开挖顺序；

②在先左洞后右洞开挖和先右洞后左洞开挖中，X 向最大应力为 –4.365Mpa，出现在先左洞后右洞开挖顺序；Y 向最大应力为 –8.148Mpa，出现在先右洞后左洞开挖顺序；而 X 向位移是先左洞后右洞开挖顺序小于先右洞后左洞开挖顺序。

（2）三种开挖顺序的结果中隧道拱顶最大竖向位移均在左洞拱顶，其中两侧同时开挖顺序的位移值最大，为 12.466mm：先左洞后右洞开挖顺序的位移值最小，为 10.738mm。且左洞竖向位移比右洞大。

5. 现场量测资料分析

桥头隧道的 SK342+403 断面和 XK342+402 断面，收敛量测。由量测结果可得出如下结论：

（1）左洞 XK342+402 断面周边收敛表现为负值缩小，拱腰最终收敛值为 9.571mm，边墙最终收敛值为 1.521mm；而右洞 SK342+403 断面现为正值扩大，拱腰最终收敛值为 16.853mm，边墙最终收敛值为 0.963mm。

（2）从整个量测断面的数据分析，两个断面的受力均为偏压状态，左大右小。

（3）桥头隧道开挖初期采用左、右洞同时开挖法施工，左、右洞的掌子面、下台阶以及二次衬砌均在同一个断面上。在 6 月 8 日，XK342+403 断面就因为两个洞的下台阶对称开挖而出现量测数据异常变化，表现为中隔墙开裂，靠近中隔墙的拱腰位置，喷射混凝土壁面有环向的裂纹；左右洞的水平收敛值都有较大增长；靠近中隔墙的拱腰位置的压力盒数据显示，左右洞的围岩压力分别达到 400kPa 和 500kPa；且拱腰部位的多点位移计在不同深度的各测点的位移值在这段时间也有大幅增长。初步估计是两个洞的掌子面和下台阶均在同一断面上开挖，这样使得围岩垂直压力比只开挖一个洞的压力要大得多，不利于结构的受力和稳定，导致初期支护及中隔墙开裂。故重庆交通科研设计院现场量测组建议：上行线掌子面先掘进，待其二次衬砌超过下行线掌子面 30 米后，下行线的掌子面再开挖。施工队按此法施工后取得了较为满意的结果。

6. 小结

从以上结果可以看出，实测结果与有限元计算结果是有一定差别的。通过对计算结果及现场量测资料的分析，得出以下结论：

（1）⑴通过偏压连拱隧道的有限元计算结果，可知在桥头隧道施工中所采用的先做中墙，再对左、右隧洞进行上下台阶开挖的施工方法是完全可行的。

（2）从有限元计算结果可以得出，隧道变形最明显位置在拱顶、拱腰，与现场周边收敛、拱顶下沉的埋点一致；而应力测点的埋设应根据开挖顺序，最明显位置出现在拱顶及拱腰，故应根据开挖顺序对相应拱顶及拱腰进行应力监测。另外，对中墙的应力监测也是必需的。

（3）由计算结果可知在偏压状态下，左右两洞同时开挖，其产生的应力值较其他两种开挖顺序大得多，故建议不宜采用。开挖先左洞，后右洞和先右洞，后左洞的开挖顺序对围岩的影响，以及其产生的位移，应力等结果是各有利弊的，但综合塑性区的范围，可以得出先右洞，后左洞的开挖顺序比先左洞，后右洞的开挖顺序更为合理。

（4）在实际工程中由于地质条件的复杂性，使得量测结果与计算结果有出入（如现场量测分析的结论⑴），这就进一步体现了岩土工程问题的不确定性，解决这一问题，就得采用半理论半经验的方法，并结合现场监控量测，灵活的进行设计、施工。

当然，偏压连拱隧道作为一种较新的隧道形式，还有很多问题有待于研究，本书只是作者的一些看法，希望能对连拱隧道理论上的发展有所帮助。另外，关于空间效应对连拱隧道的影响，还有待于进一步的研究。

五、连拱隧道综合防水施工技术

隧道工程的防排水施工历来是隧道施工的难点与重点。防排水施工的成功与否，直接关系到隧道工程的质量及使用寿命，而对于隧道中的极品——双洞连拱隧道，由于工序复杂、施工周期长，其防排水施工就更成为难中之难、重中之重。

（一）工程概况

漳龙高速公路三 [D] 段如山头隧道位于溪柄水库大坝脚下，施工里程为 K69 + 925 ~ K70 + 280，总长 355m，进口设计标高为 639.32m、出口设计标高为 649.45m，纵向坡率 3% 为单线双洞边拱隧道，在中央分阶隔段设置连续的中隔墙形成双连拱，中隔墙厚 1.4m。

溪柄水库为溪柄电站发电的储水水库，常年蓄水，水库最高水位达 653.4m，远远高于如山头隧道的设计标高，如山头隧道内地下水极其丰富。

整条隧道洞身穿越强弱风化石石英砂岩夹碳粉砂岩，中薄层状，岩石质密坚硬，层理裂隙发育、易滑塌：并穿越两处破碎断裂带，风化极其严重、地下水汹涌，曾发生塌方现象。

（二）防排水系统施工方法

隧道防水采用以“排”为主，防排结合的综合治理措施，着重从“排”和“防”两个方面介绍本隧道的施工方法。

1. 隧道排水施工

（1）拱部排水

本隧道失部采用 YAS 暗埋式排水排水系统，在喷射初期支护混凝土时，先喷一层 5cm 厚 C25 混凝土。根据实际渗水情况埋设 YAS 半圆管，再喷一层大于 5cm 厚的混凝土，再观察其渗水情况埋设 YAS 半圆管，最后再喷上第三层混凝土。半圆管沿初支表面引到中墙顶及边墙纵向排水管中云。

（2）中墙顶部排水施工

在中墙顶部中央纵向设置 ϕ10PVC 排水管，把拱顶半圆管中的水穿透初支引入排水管。在排水管每隔 10m 用三通管把排水管中水通过中墙内顶埋的竖向引水管引入隧道中央排水系统中去。

①中墙顶排水管施工工艺是检查中墙顶防水板是否破裂、及时修补；

② ϕ10PVC 管沿其 1/2 断面钻孔孔距环向 5cm、纵向 10cm、孔眼 10mm，外包无防布；

③三通管与竖向引入空连接，粘补三通口处防水板；

④做混凝土集水槽，把半圆管引入集水槽。

⑤沿排水管周围堆石子，回填 C10 混凝土。

（3）边墙排水的施工

边墙沿隧道纵向设置 ϕ16PVC 排水管，把拱部半圆中积水引入 ϕ16PVC 排水管，排水管每隔 10m 用变径三通管 ϕ10PVC 横向引入管到线路中央排水管中去。

（4）中央排水系统施工

行车线路两侧，沿隧道纵向设置 ф10cmPVCHDPE 双壁透水波纹管，把穿透仰拱上溢的地下不引入波纹管：再通过横向引水管引入中央排水管。在线路中央仰拱上部，通常设置 ф30cm 混凝土中央排水管。把边墙、排水管 HDPE 排水管、中墙顶排水管中的积水泄集。中央排水管以线路纵坡坡率设置，使积水沿排水管流到洞外，排到如山头高架桥下。

①中央排水管（沟）施工工艺；

②仰拱施工完毕后立模，预留出中间排水管埋设位置，回填 C20 混凝土；

③抄平标高 C15 片石混凝土找平基座；

④混凝土笠包无纱布；

⑤挂线整齐排放到笠沟基座上去：f. 调整后，回填洁净碎石。

（三）施工要点及质量控制措施

1. 拱部排水施工

半圆用水泥钉及铁丝固定，在施工中不得直接有钉子钉破半圆管上的塑料皮来固定，以免漏水，失去引水作用。半圆管必须接到中墙或边墙排水管中去，不得随便中途断开，使水流横溢。

2. 纵向排水系统施工

（1）中墙防水板铺设前须清理干净中墙顶杂物，以免混凝土块等杂物刺破防水板；

（2）初支工字钢立于中墙防水板上时，必须加垫砂浆垫层，不得直接落于防水板上，以免钢支撑底脚与中墙混凝土法锐物夹破防水板；

（3）中墙顶防水板铺设搭接时要严格粘贴牢固、密实，不得渗水；

（4）中墙顶竖向引水管穿破防水板处必须粘贴密实，以防渗水；

（5）边墙纵向排水管与边墙基础混凝土交错施工，施工中必须注意不能让基础钢筋混凝土压破 ф16PVC 管，使混凝土进入 ф16PVC 管中去。

3. 中央排水系统施工

（1）HDPE 透水波管质软易变形，施工中注意不得过分挤压；

（2）中央混凝土排水管的埋设要保证按纵坡设置，不得出现反转。排水覆碎石透水层要选用洁净碎石，不得让二衬混凝土流浆，污染碎石，甚至结块。

4. 每一道工序都必须认真填写隐蔽工程检查证，并报请监理检查。

（四）小结

本隧道原设计中采用拱部挂半圆管，中墙、边墙排水管引入路基两侧水沟形成排水管网，但结合本隧道处于水库大坝下，地下水源丰富，排水系统无法排出隧道内部积水，在雨秀易因洞内积水造成交通中断（已有隧道相关内容报道）。故在隧道增设中央排水系统，形成更通畅的排水管网，保证隧道在任何情况下都不会因积水都塞交通。

连拱隧道施工，工序复杂繁多。防排水施工又错杂于中墙、初支、二衬等分项工程中，工序繁杂、周期长，再加上本隧道地下水源极其丰富，防排水施工成为一个难点和重点。通过分析本隧道的地质结构、地下水源情况，并结合以往的施工经验，在本隧道施工中变更增加或改变，采用以上施工方法取得较好的防排水效果。

六、测量总结

测量工作的重要性是不可忽视的。从工程开始的围挡，地面基础设施的施工，盾构的出洞进洞，直至工程的竣工验收都有着测量工作人员的汗水结晶，更是智慧与科学的体现。

隧道测量的误差主要由地面控制、联系测量、地下控制及盾构仪的精度四方面构成。为了减少误差确保贯通，我们做了大量的工作。现对前期测量工作进行回顾总结，以更好地做好下一步工作。

（一）控制测量

隧道施工在公路、铁路施工中都是一个重点。对于长隧道或曲线隧道，确保盾构推进能沿着设计轴线推进及全线贯通，主要取决于控制测量、联系测量和地下控制测量。

1. 地面控制测量

地面控制测量误差对地下横向贯通误差的影响较为复杂，主要控制其测量终点横向点位误差即终点的横向位移。这是盾构机能否顺利进洞的关键因素之一。终点的横向点误差是由测角误差和边长误差的共同影响所产生。开工前由业主提供地面控制网。我们严格按照要求对控制点进行 3 个月一次的复测，保证其点位的稳定。平面控制我们选用了 Leica 的 TCR1201 进行观测，此仪器为一秒级，其相对精度均符合规范。在盾构推进前项经部还委托有专业资质的第三方采用二等 GPS 测量，对平面控制点进行复测以确保精度。

高程控制我们也按规范进行联测，选用 Leica 的 NA2 水准仪加平行玻璃板，使精度达到 0.1 毫米。同样在盾构推进前项经部还委托有专业资质的第三方采用二等水准及跨河水准测量，对高程控制点进行复测以确保精度来有效地控制隧道高程贯通误差。

2. 联系测量

在隧道施工中为了保证隧道正确贯通，就必须将地面控制网中的坐标、方向及高程，经由竖井传递到地下。这个传递工作称为竖井联系测量，是联系测量中常用地一种。坐标与方向地传递又称为定向测量，通过定向测量，使地下平面控制网与地面上有统一地坐标系统。而高程传递则使地下高程系统获得与地面统一地起算数据。提高测量精度及分析测量误差通常我们可采用附和或闭合路线来完成这项工作。定向工作可分为几何和物理方法。但隧道测量是工程测量中很特殊的一个部分，由于受条件的限制无法按常规的方法。我们公司在高级工程师（教授级）的主持下，经过无数次的深化，确立了运用几何法进行定向测量（联系三角形测量）的方法将地面控制点传递到地下。实践证明，几何法定向成本低、收敛快、可靠性强、不受施工影响，施工企业在经济上容易承受。根据几何学原理通常情况下在竖井内投放两根钢丝与井上测站沿轴线布置成狭长三角形，钢丝下挂重锤，使其构成铅垂。建立竖直面，在该面上两垂线间任意两点连线的方位角均相等，同一垂线上任意点的坐标也都相等。测量是一份责任心相当重的工作，每个测量人员对自己都是严格要求，考虑问题相当的严密谨慎，顾由唐工倡议由原有悬挂两根钢丝的基础上增加一根。使之组成两个联系三角形，以提高精度又能校核成果。对于三跟钢丝的布置也有相当的讲究两根钢丝与仪器的夹角不能超过 2 度，这样在平差过程中可以减少计算角的误差。定向悬挂高强度的钢丝（0.3mm），并吊以重锤拉直钢丝，由于定向测量有 4 — 5 个方向、9 个测回且需井上井下同时进行，将地面和地下连成一个整体，形成一个系统。难度较高，故重锤需置于油桶中，是其更为稳定不易晃动同时又可减轻钢丝的压力。根据现有设备及隧道长度及施工要求，我们已经将传统定向中用钢尺人工量边改为全站仪无棱镜测距。使每条边的精度达到 0.1mm, 大大高于限差≤ 2mm 的规范要求。同时我们准备每条隧道施工期间安排三次定向测量。定向测量由总公司唐震华高级工程师把关，并有多名技师现场参与，现已完成了二次。结果比较满意。各方面的误差均小于规范要求。

高程控制点我们采用高程传递的方法将地面控制点传递至地下，这也就是所说的高程导入法。在进行高程传递前，必须对地面上的起始水准点的高程进行核对。在井上井下设置两架水准仪，钢尺悬挂在固定支架上，下端悬挂重量为 10kg 的重锤。由地面上的水准仪在起始水准点的水准尺上读书 a, 钢尺的读数为 β1。井下水准仪的钢尺读数为 β2，而井下水准点的读数为 b。井下水准点的高程 HB 可用以下公式计算：

$$HB=HA+a-\left[(\beta1-\beta2)+\Delta t+\Delta 1\right]-b$$

式中：△ t 为钢尺的温度改正

△ 1 为尺长改正

HA 为井上水准点的高程

在经过 3 次同样的高程传递后，才可以确定井下水准点是否稳定，有没有受到竖井和隧道自身沉降的影响。同时不同仪器所求得的井下水准点高程不同，一般高程的不符值不应超过 2mm。

3. 地下控制

地下控制测量包括导线及高程测量。地下导线测量的目的是以必要的精度，按照与地面控制测量统一的坐标系统。建立足以确保盾构顺利进洞的井下控制系统，为盾够姿态的测定提供依据。由于隧道内没有足够的空间无法随意布设导线，只能以支导线形式向前延伸。然而支导线精度较差，势必造成较大的误差，所以我们采用工作量较大的双导线测量，以提高精度，是保证隧道的贯通的较佳方法。导线点通常设在隧道衬砌的上弦位置，其位置相对稳定不易受到外来因素的影响。但是由于上中路隧道目前是世界第一大直径隧道，考虑到安全及施工问题，我们将导线点设在腰部，仅保留靠近井口的两个观测台。用以定向后的数据比较。井下导线复测不少于三次。测角、测距选用的仪器为一秒级的全站仪，用全圆法测角、用往返正倒镜测距，测回数不少于 4 次。

地下水准测量的目的同样也是为了建立一个与地面统一的高程系统，作为隧道施工中路面铺设、中板放样之用，当然主要目的也是为了隧道贯通做好保障。高程测量均为支水准线路，因而需要用往返观测及多次观测进行检核。由于坡度较大使测站增加，故工作量比较大。为确保盾构测量使用数据的准确，我们几乎每二天要测一次水准。大直径隧道增加了空间，但也给我们测量增加了难度，习惯的测量位置都在隧道顶部，自动测量系统又限制我们只能在车架上完成一系列测量工作，导线及高程都需要在车架的行架上进行空中接力。我们使用 LeicaNA2 水准仪，采用悬挂钢尺的方法将控制点高程连接至仪器台面上，保证了盾构高程沿着设计轴线掘进。

（二）盾构仪安装

所谓盾够仪就是盾够测量的标志。盾够在掘进时，在土层中的姿态必须通过测量的方法来测定。不管是我们传统的人工测量还是先进的自动测量系统都需要在盾构机上作一个标记，使我们的仪器可以清楚地看到它。自动测量系统的标志安装在盾构中心的上方，其标志有一个棱镜及一个光靶组成，稍后在自动测量系统中将结合其他功能做详细的介绍。虽然我们所用是当今世界最大的，设备最为齐全的 TBM。有利必有弊，对于我们测量可以利用的空间并不宽敞。理论上说盾构仪的前靶后靶的距离应尽量的拉长，这样就提高了反算到切口和盾尾的精度。同时前靶后靶的位置尽量应该靠近盾构的中心，这样收到盾构旋转的影响较小。进行盾构机内标志的安装，对盾构起始姿态的测量十分重要。贯通测量影响精度的误差一部分来自于标志安装是否正确。所以在掘进前测量的头等大事就是正确地测好盾构机的起始姿态。当盾构机主体结构完全焊接安装完成，静止在基座上时，通过垂吊麻线求出盾构切口及盾尾的外壳两端地象限点，实测其坐标。然后将切口两端象限点坐标与盾尾两端象限点坐标的平均线作为盾构机的平面中心线，同时求出盾构机的转角。然后实测切口与盾尾顶和底的高程求出盾构的高程中心线，以及盾构静止状态的坡度。在盾构机内选择合适的位置安装姿态测量标志，由于盾构机中心部位已被自动测量系统占据，因此我们只能安装在尽可能靠近中心线的位置，与此同时只能将后靶加长至千斤顶顶块的后部，使前后靶距离增加至两米。为了避免标志被破坏或变动，同时也可以进行校核，安装了三个标志，通常情况下使用两个，一个备用。接着按实测的静止盾构坡度及转角安装坡度板，坡度板的垂线距离同样要求尽可能的放长，以消除坡度板的制作误差。同时我们打破常规，淘汰了原有通过环号累积来求得盾构里程的做法，在标志上安装棱镜，通过实测坐标反算切口及盾尾的里程，同时通过这一里程更为准确的判断盾构的偏离值。但是，随着精度的提高，井下测量人员的素质也需要相应的提高。采用这种新的标志后，人工测量必须能够熟练操作全站仪，所以对测量人员又是一种挑战。

（三）盾构及管片姿态的测定

在隧道施工过程中，测量人员的主要任务是随时确定盾构的掘进方向。虽然现在我们有自动测量系统，人工测量还是一种让人较为放心的方法，毕竟在我们隧道施工过程中得到了广泛和长久的使用，而且效果显著。人工测量还是每天担当着复合自动系统的重任。利用安放在控制台上的仪器测量盾构前后靶的坐标。特别要提的是控制台上所使用的是可以消除对中误差的强制对中盘，以前的强制对中盘是通过插入铜螺丝来固定，但是随着现在仪器摩擦制动运用的增多，铜螺丝与孔之间存在间隙，所以使用铜螺丝固定并不理想。因此我们采用了螺纹式的强制对中盘，将螺丝焊接在对中盘上，基本消除了对中误差。在得到切口盾尾坐标后，反算盾构的位置也就是求出里程。对于盾构平面来说通常都会经过直线—缓和曲线—圆曲线—缓和曲线—直线这一过程，因此里程的判断相当重要。

由于隧道的坡度盾构的直径较大，在盾构的长度上需要用坡度加以改正，这在以前的地铁盾构中是可以忽略不计的，同样转角改正也是不可忽视的，盾构标志高出盾构中心将近六米，盾构每旋转一分就会有 Xmm 差值。坡度、转角及盾构总长的改正使盾构姿态测定能有较高的精度（小于 5mm）。有了正确的里程后，用实际坐标与设计坐标进行比较就可以得出盾构得偏差值。在直线、缓和曲线、圆曲线得计算方法都有所不同。

高程偏离的测定，是利用观测台的高程加上盾构转角改正后的标高归算前靶处盾构的中心高程。然后通过盾构实际坡度归算切口中心标高及盾尾中心标高，同样通过里程算出设计高程与实际高程比较得出差值即偏离值。

管片中心偏值是实量管片成环后管片四周与盾壳的间隙加上根据测定的盾构姿态按几何尺寸与定分比数字公式导出推算管片拼装位置的偏离值。

使用公式：$(L-S)\div L\times B+S\div L\times A+X(Y)\div 2$

L —盾构总长

S —管片前沿至盾尾距离

A —实测盾构切口偏离值

B —实测盾构盾尾偏离值

X —为管片与盾壳左右两侧的间隙之差

Y —为管片与盾壳下上两侧的间隙之差

在测定盾构偏离值时需要运动大量的计算，为了不影响施工进度，我们使用携带方便的 CASICfx-4800,SHARPPC—E500 计算机，运用 Q-BASIC 语言编写计算程序来完成，避免了人为的失误。

（五）自动测量系统

南线隧道大型盾构机的测量原先完全采用法国 PYXIS 系统。如何使 PYXIS 系统在我们上中路隧道工程中顺利应用，上中项经部领导着实花了大力气。丁志诚经理更是运筹帷幄，得知香港落马州地铁盾构运用的也是 PYXIS 系统，早在工程的初期就已经派测量人员赴香港地铁工地学习。虽然落马州地铁盾构已经拆除，不能进行实地的勘察，但还是在香港测量工程师那里了解到许多关于 PYXIS 系统情况，并对盾构推进过程中的使用与维护有了较为清晰的概念。结合后期法国人的说明和讲解，使盾构推进前 PYXIS 系统的安装调试进行得非常顺利。

经过一段时间的实际运行及一系列 PYXIS 的界面操作，我们觉得这套系统能与瑞士（VMT）、英国（ZED）相媲美，给我们耳目一新的感觉，其功能强大，所有测量数据的采集、计算和反馈及一些盾构的参数设定、管片拼装选型等都能简便的操作于界面上。

针对这套测量系统方面，我们认为可以再增加适当的测量距离，频繁的转站会使系统不能发挥其最大功能，而我们的导线转站的累计误差也会相应增大。另一方面，激光器的选型应与全站仪配套，其功率要大型号的，尽量减少对其的调节使之增加使用寿命。

总之，地下测量的工作项目较多，每天都在进行。盾构姿态测量更是受到领导重视。的确，盾构的姿态直接关系到隧道施工的进度和质量。所以盾构姿态测量我们淘汰了以前一贯使用的普通经纬仪，而使用全站仪测量，使盾构里程的精度大大提高，那么偏差值的准确性也更高了。可以及时准确地反映出盾构机的趋势。

为了更详细地了解隧道的变形情况，我们对管片的横径、管顶的沉降进行监测，横径通常是五环一点，每一点测三次（盾尾、一号车架后、二号车架后），如数据变化大，我们会在管片离开车架后运用对边测量进行监测，确保数据的准确及时和完整。与此同时管顶的沉降也是我们的一个重要工作，受车架的限制，测点只能布置在管片的顶部，5 环一点，特殊时期会增至两环一点，测量次数有 2—4 次不等。当盾构穿越江底时，覆土不足九米，我们及时增加了测量次数。对于管顶的沉降相当的敏感，管顶的沉降并没有规律，有时上浮有时沉降。所以针对不同的情况我们会进行调节，满足各方面的需要。

由于隧道施工采用错缝拼装，管片的旋转是行业中公认的难点。需要及时发现及时的纠正，我们每五环设一点测量，当旋转度过大时，就要及时向有关人员反映，以帮助现场施工员和拼装工及时的纠正管片的位置，满足设计要求。综合前期的测量工作，成绩是肯定的。主要是由于项经部领导管理有方，各部门通力合作。因为测量工作需要多方配合，如测量台的制作、焊接、灯光照明等。

第七节　特长隧道施工技术难点及解决措施

随着社会发展，隧道施工技术不断更新，如何进行特长隧道快速施工，防止岩爆、塌方、涌水以及车辆伤害等恶性事故的发生值得工程技术人员深入思考和探讨，故就特长隧道施工技术难点和解决措施进行阐述，以期为相关工程的施工提供参考和借鉴。

随着国家基础设施建设的不断深入，高速公路建设重心已由沿海发达地区向西、北部，平原地带向山岭重丘地带转移，这就意味着高速公路建设隧道密集程度加大，出现的特长隧道越来越多，且地质条件越来越复杂，可能出现的地质灾害越来越多。为此，应熟练掌握特长隧道施工要点，对如何确保特长隧道施工安全，防止涌水、塌方、岩爆等恶性群死群伤事故的发生，又获得应有的经济效益，值得深入思考。

一、特长隧道的突出技术难点

（一）施工方案选择

隧道长，则地质更加复杂，施工通风更加困难，通风方案的选择成为控制安全及进度的关键技术。

（二）工期进度压力

特长隧道施工中，工期往往成为关键，进度压力通常较大。

（三）岩爆

特长隧道由于贯穿山体比较长，因此埋深普遍较深，可能存在岩爆，岩爆的发生主要有地应力和岩性两个决定因素，在埋深大于200m的地段和混合麻岩段，极易形成岩爆，岩爆对施工人员的安全威胁较大，其中爆炸抛射型岩爆对机械和施工人员的安全威胁较大，对隧道的破坏也有一定的影响。

（四）塌方

这是任何隧道施工中，在不良地质段极易发生的事故，造成的群死群伤事故教训比较多。

（五）涌水

特长隧道在施工过程中可能存在涌水现象，对施工人员安全威胁较大。

（六）车辆伤害

因特长隧道施工作业面路线长且集中，施工车辆较多，且因路线过长驾驶员极容易形成视觉疲劳，对其他在洞内施工的人员容易造成车辆伤害。

二、解决措施

（一）通风措施

1. 对于长隧道，机械通风成为控制进度的关键技术，机械通风及时到位。但首先要对通风量参数进行计算，这在特长隧道中尤为重要。

（1）施工人员所需风量按下式进行计算：

$V_P=V_PmK$

式中：V_p——施工人员所需风量，m^3/min；

v_p——施工人员每人所需新鲜风量，取$3m^3/min$；

m——洞内同时施工作业的人数，取150人进行计算；

K——风量储备系数，取1.2。

则施工人员所需风量为：

$V_P=3\times150\times1.2=540(m^3/min)$

（2）爆破散烟所需风量

按瑞典大断面隧道通风估算式进行计算并取大值进入总风量的计算：

$V_B=36V_Q/t=36\times160\times1.2/20=345.6(m^3/min)$

式中：V_b——爆破散烟所需风量，m^3/min；

V——爆破体体积，m^3，取爆破进尺 3m 计 $160m^3$；

q——炸药单耗，kg/m^3，取 $1.2kg/m^3$；

t——通风时间，min，取 t=20min。

（3）使用柴油机通风量计算

由于在使用柴油机通风量计算上尚无标准公式，采用以下通量计算公式：

$V_g=V_0\times N=2.8\times610=1708\left(m^3/min\right)$

式中：V_g——使用柴油机时的通风量，m^3/min；

V_o——单位功率需风量指标，一般取 $2.8m^3/KW\cdot min$ ~ $8.1m^3/KW\cdot min$，计算取 $2.8m^3/KW\cdot min$；

N——同时在洞内使用的柴油机的总额定功率，KW，计算时取 610KW。

（4）维持洞内最小风速所需风量

$V_d=60Vmin\times Smax=60\times0.50\times50=1500\left(m^3/min\right)$

式中：V_d——洞内最小风速所需风量，m^3/min；

V_{min}——洞内最小风速，m/min，取 0.50m/min；

S_{max}——隧道断面积，m^2，取 $50m^2$。

（5）洞内需要的最大风量

根据以上计算，可知洞内需要的最大供风量由内燃装渣、运输设备控制，取其最大供风量为 $1708m^3/min$。

2. 通风机工作风量

$V_1=(1+PL/100)V=(1+1\%\times2670/100)\times1708=2164(m^3/min)$

式中：V1——通风机工作风量，m^3/min；

P——100m 风管漏风量；

PVC 风筒漏风量取 1%；

L——风管长度，m，取 2670m；

V——工作面需要的有效风量，m^3/min，取 $1708m^3/min$。

3. 通风方案的选择

根据以上计算，特长隧道在进洞 1500m 后即采用三级混合式通风，将一台 SDF（C）—NO12.52 × 110 型压风机安设在离洞口 20m 处，并连接 150 风筒布至掌子面附近，掌子面炮响后开始送风。通风 10min 后，掌子面 100m 范围内空气即可置换完毕；将一台 SDF（A）—NO602×22 型风机安设在 1 号衬砌台车上，掌子面炮响 10min 后开机工作，将浊烟吸入排向洞口；将一台 SDF（A）—NO602×22 型风机架设在距掌子面 500m 处，随掌子面的推进适时前移，连接 60 的风筒布至洞口，将浊气抽出。通风机开关由调度室专人负责，除爆破通风外，钻眼、出渣等仍保持经常性通风，确保机械通风经常化。这样才能保证在 10min 之内机械可到掌子面运渣，大大缩短通风等待时间。

（二）特长隧道加快进度措施

1. 首先合理组织，使设备与劳动力有机组合，特长隧道施工机械化配套是重头戏。必须满足工期需要，成龙配套。能力必须有储备（储备系数 >1.2），形成几条机械化作业线（掘进、出渣、支护、衬砌与仰拱、后配套）。既要舍得投入，又要合理投入。原则为：一是开挖能力大于施组要求能力；二是装渣能力大于开挖能力；三是运输能力大于装渣能力；四是设备配置的富余系数不宜过大，以避免造成部分设备能力的浪费。

2. 用足时间，环环相扣；高效调度指挥；工序衔接紧凑，合理安排每道工序，压缩衔接时间。

3. 选用长药卷，可以节省时间。

4. 加强炮眼堵塞，使用光面爆破，控制超欠挖，可以提高爆破效果。

5. 多工作面开挖；多工序平行作业（开挖、衬砌、铺底等）；启动一切能够启动的工序；对特殊断面，要最大限度地利用隧道空间。多分部、同步开挖。

6. 出渣期间洞内排除一切阻路干扰。整平层浇筑、防水板供料等影响道路通畅的作业，出渣期间应统统避开。

7. 分工明确、责任到人、考核到位。掌子面钻爆开挖分立三个班组，每个班组施工时分区、定人，钻眼、装药、连线一体化，即每个部位的作业人员基本固定，钻眼作业者同时负责所钻孔的装药连线。每月底根据爆破质量、循环进尺及综合进尺对班组及个人同时进行考核评比。

8. 机械车辆保养及时到位。每循环出渣结束后，司机配合专职修理工对各自机械车辆进行仔细检修，检修完成后将燃油料加好，做好日常检查保养，避免运输过程中损毁。

（三）岩爆防护措施

1. 岩爆段开挖前，仔细核对相关地质资料，根据上述判断方法进行判断、分析，提前做好岩爆防治的技术准备和施工准备工作。

2. 给施工人员配备钢盔、防弹背心，主要防治弹射型岩爆伤人。在支护区设专职安全员，同时通过视频监控，随时观察围岩状态，如发现险情，通过人员识别卡及时向作业班组负责人警示，做到及时支护或组织人、机暂时躲避。

3. 在岩爆地段，开挖后及时向掌子面及洞壁进行喷洒高压水，降温除尘，润湿岩面，调高围岩的塑性，这在一定程度可以减轻岩爆的强烈程度。

4. 对施工打眼台车进行改造，在台车上方及侧面设立柔性双层钢绳防护网。在进行钻眼施工时，必要情况下需在掌子面处也设立钢绳防护网，以确保施工人员安全。

5. 加强光面爆破，保证开挖洞室轮廓圆顺，避免造成局部应力集中而加剧岩爆，在中等岩爆、强烈岩爆地段采取短进尺、多循环、弱爆破措施。

6. 针对岩爆类型及大小，在岩爆段洞壁上提前打应力释放孔、爆破减震孔或施作超前摩擦锚杆支护，超前卸压、释放高地应力，减弱岩爆强度。

7. 改变开挖方式，预留岩爆层。在强雷岩爆段，容易造成大量超挖，处理困难。施工中采用短进尺 2m/ 循环，预留 2m 厚的岩爆处理层，岩爆过后再进行二次扩挖爆破、支护。

强雷岩爆对施工人员及施工设备的威胁最大，必要时进行避让，等岩爆强度基本平静下再进行支护，对强雷岩爆区域必须进行钢拱架支撑、锚喷挂钢筋网进行支护，钢拱架 1 榀 /m，与锚喷网形成联合支护体系。

（四）塌方的治理

1. 预报先行，心中有数

要做好必要的超前地质预报。必须有预案，打有准备之战。包括施工材料的准备，开挖断面的提前改变，队伍的技术交底，跟进工序的调整（衬砌、仰拱作业的安排）及安全预案。

2. 选择合理的开挖工法

大跨隧道辅助工法有全断面法、CD 及 CRD 法、双侧壁导坑法、弧形导坑法、台阶法等。CD、CRD 都要求用临时仰拱封闭断面。

在 CD 和 CRD 法中一个关键技术是中壁的拆除工艺。在中壁拆除作业的施工管理中，最重要的问题是判定中壁拆除时间和中壁拆除后的安全性。一般来说，在隧道施工中维护断面的稳定基本上是用拱顶下沉和净空收敛来判定的。因此，在中壁法中，中壁拆除时间的判定和作业的安全性基准，也是以这种方法为依据的。一般在拱顶下沉 7d 内增量在 2mm 以下，作为拆除中壁的基准。

同时，要计算中壁拆除后的下沉增量，根据拱顶下沉的增量，作为中壁拆除的管理基准。一般单线铁路隧道宜采用短台阶。必须抛弃长台阶法等不合理开挖方法。只有短，才能封闭及时；只有短，才能衬砌适时跟进；只有短，才能预防“大变形”。在不良地质中采用长台阶，上部已开挖断面，一旦变形，常常不可收拾，这就是规范取消长台阶的重要原因。越是不良地质，越需要“全断面”、超短台阶来实现。

临时横撑虽然简单，却十分有效。对于变形收敛速度慢的不良地质段，除了加强支护外，在下台阶开挖前，主动在上台阶支护拱脚加一道横撑，限制变形是十分有效的。下半断面闭合后，再拆除临时横撑。也可以理解为这是 CRD 法的变通。

3. 加强围岩的排险及进行开挖面的观察

在每次开挖后对开挖面用挖机排险，排险包括拱顶及掌子面，并对开挖面进行观察：岩层种类和分布情况，岩层强度、风化和变质情况；节理裂隙发育程度和方向性、填充物的形态；断层的位置、走向和破碎程度；开挖面稳定状态，拱部有无围岩剥落和坍塌现象；当发现围岩条件恶化时，应立即采取相应处理措施。

4. 控制爆破限制单响药量。

合理断面，才有合理爆破。狂轰滥炸是安全、效益的罪魁祸首，控制爆破的临界震动速度。

5. 断面及时封闭

在软弱围岩中，断面及时闭合是成功的关键。许多工程实践都充分地证实了这一点。在任何情况下，使隧道断面能在较短时间内闭合是极为重要的，这就是常说的“鸡蛋壳理论”。

6. 选择合理的支护手段

应选择合理的支护手段，要按设计做到位。

7. 选择合理衬砌时机

按新奥法设计隧道衬砌，根据新奥法原理在初期支护完成后适时进行。二次模注衬砌应在围岩量测净空变化速率小于 0.2mm/d，变形量已达到预计总量的 80% 以上，且变形速率有明显减缓趋势时方可进行，适时衬砌。在不良地质段、浅埋地段，需要特别强调衬砌紧跟，及时衬砌。按整体式衬砌设计的隧道，一般要求衬砌紧跟。在不良地质段，衬砌离掌子面约 20m 左右，围岩条件较好时，衬砌离掌子面约 150m 左右，根据施工机械活动空间灵活掌握。

8. 必须重视监控量测

建立量测体系，实现信息反馈，是指导动态设计、指导施工的关键。虽然麻烦，但是在不良地质隧道、特殊地段、特殊结构隧道施工中，量测尤为重要，不可小视。可采用超前钻孔并辅以地质雷达、地质素描等物探手段进行超前地质预报，探明前方的陷穴、塌滑，针对不同的情况采用相应的技术措施，稳扎稳打，步步为营，确保隧道质量和施工安全。

9. 仰拱先行

现代隧道施工的实践证实：隧道的失稳，通常是从底部开始。在软质围岩中，使全断面尽早封闭，以发挥围岩和支护结构的功能，维护隧道的整体稳定，是一个重要原则。关于仰拱，由试验得知，仰拱位移均比拱顶位移大。从有无仰拱的情况看，有仰拱时位移减小很多，尤其是仰拱处的位移，其次是边墙处。这充分说明：底部结构控制位移的作用是很明显的。从毛洞和有仰拱的情况看，毛洞的最大位移不是发生在拱顶，而是在仰拱顶；而设置仰拱后，最大位移多转移到边墙。也就是说，仰拱不仅控制了位移的发展，也改善了位移的分布。这是极为重要的。试验证明：在 $\lambda>1$ 的条件下，修筑仰拱是必要的。隧道的破坏或失稳，常常是从底部开始的，由此影响到两侧壁，从而造成整个隧道崩塌，这是普遍性规律。

（五）隧道涌水的防治

隧道防水采取“以排为主，截、堵、排相结合”的综合治理原则，如掘进前方有大型隐伏含水体地段，需要结合施工开挖揭示的地质情况、水文地质勘查资料、地质探水钻孔及超前地质预报手段综合判定，查明前方地质构造及地下水的分布状态及水量大小，根据涌水量大小、出水点、水压等实际情况合理确定帷幕注浆堵水方案（全断面预注浆堵水或局部预注浆堵水），并配备大功率排水机械，确保涌水及时排出，可采用隧道帷幕注浆止水。

（六）预防车辆伤害措施

1. 在隧道内设置明显的反光警示标识牌，提醒驾驶员控制车辆速度。

2. 可通过视频监控等有效的手段，密切关注车辆行驶速度，如发现超速车辆，及时通过广播喇叭进行警示，并对该驾驶员进行安全教育。

3. 因洞内光线不如洞外，所有进洞人员均需要穿反光背心或反光服。

本部分针对特长隧道一些突出的技术难点以及在施工中经常会遇到的技术难点的解决措施所谈的体会，是在特长隧道施工中不断地摸索，不断地总结，同时借鉴国内外一些先进的经验，对特长隧道的施工具有很大的借鉴意义。

第八节　案例分析

一、山西省西山隧道工程

隧道建设伴随着我国铁路和高速公路的迅猛发展及业主对安全、质量、工期的要求越来越高正逐渐朝向长、大、深的方向发展。而长大隧道在工程中往往起着工期控制的作用，为此寻求长大隧道安全、快速工的有效方法是必要的，本部分结合山西省西山隧道的施工对长大隧道的施工技术进行了介绍。

长大隧道往往是一个项目乃至一条线路的重点工程、关键工程、控制工程，因此选择正确的施工方法，严格按施工技术施工，保证工程的施工安全和质量，不断提高施工工效、长大隧道实现快速、按期施工能起到加快整个工程项目的建设进度，对整个工程项目建设有促进作用，意义重大。

（一）工程概况

西山特长隧道左洞长 13654m，右洞长 11357m，是我国第二长公路隧道（仅次于秦岭终南山隧道）。该隧道设计为分离式，隧道左右洞最大间距 55m，最小间距 48m。隧道主洞为双行单洞断面，净宽 10.25m，内轮廓采用三心圆。紧急停车带净宽 13.0m，内轮廓采用五心圆。隧道左右洞之间设人行横通道和车行横通道，人行横通道设置间距为 250m 左右，车行横通道设置间距为 750 ~ 1000m。

其中 S3 标段的左洞全长 7110m，右洞全长 7030m。隧道最大埋深 441m，最小埋深 42m。隧道中部设半径 R = 5000 的圆曲线，曲线长 1002.55m，隧道其余地段位于直线上。隧道纵坡为单面坡，从隧道分界点里程至出口依次为 0.4% 上坡、0.715% 下坡。

设计为解决运营通风和施工需要，设 2 号斜井和 2 号竖井，2 号斜井全长 424m，设计坡度为 25°，斜井中部设隔板分为进出风道，负责左洞的运营通风。2 号竖井设计为圆形断面，深度 156.8m，衬砌后直径为 8.2m。竖井中部设计为 0.3m 厚的钢筋砼隔板，将竖井分隔为进、出风道，在井底设送风道和排风道分别与右洞联通。

（二）施工方案

西山特长隧道 S3 标段设计为解决运营通风和施工需要，设 2 号斜井和 2 号竖井，2 号斜井全长 424m，设计坡度为 25°，斜井中部设隔板分为进出风道，负责左洞的运营通风。2 号竖井设计为圆形断面，深度 156.8m，衬砌后直径为 8.2m。竖井中部设计为 0.3m 厚的钢筋砼隔板，将竖井分隔为进、出风道，在井底设送风道和排风道分别与右洞联通。

实际施工中通过对斜、竖井位置附近的现场勘查，并经过反复比选，确定在线路右侧、竖井所在沟谷的下游增设一处斜井，新增斜井长度 1130 米，斜井与隧道右洞交于 YK9+500 处，夹角为 21.1°。斜井采用双车道断面，最大坡度 12.5%，采用无轨运输。后期经过通风设计优化，隧道左右洞运营通风同时利用 2 号竖井进行，原设计的 2 号陡坡斜井取消。

竖井开挖施工方法采用正井法，正井法国内采用最多，利用竖井来开挖主洞时这种方法是必需的。竖井衬砌工艺采用滑模施工，此法适对竖井深度不受限制，尤其对异性断面、设置有一道或者多道中隔板等竖井衬砌，优点突出，确保砼质量，工期有保证。

（三）长大隧道施工技术

1. 掘进方法选择

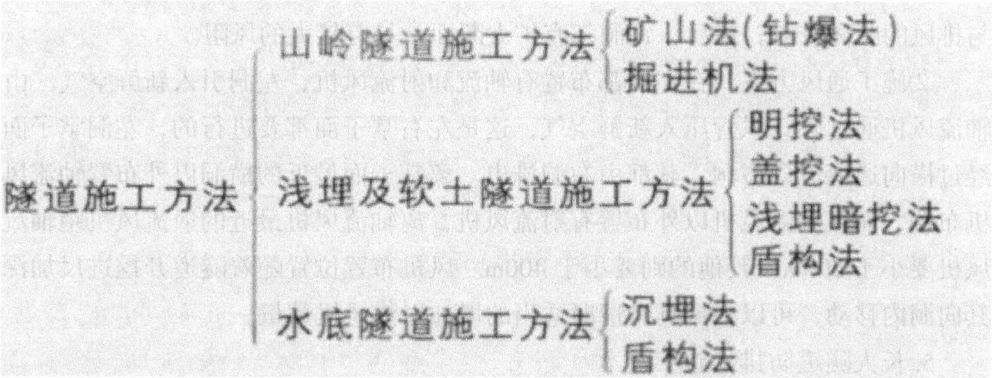

隧道掘进方法很多，可以分为矿山法（钻爆法）、掘进机法、沉管法、顶挖法、明挖法等：

矿山法又称钻爆法。其优点是：机械简便、小型、机动性能好、适应性强、成本低。缺点是：施工过程中人员多、距离掌子面近、安全性底、工序变换频繁。

掘进机法，主要包括隧道掘进机（TMB）法和盾构机掘进机法。TMB 法适用过于岩石地层，岩性变化不大，岩石较完整地段。盾构机法适用与土质地层，目前在地铁建设中应用较多。沉管法、顶挖法、明挖法主要用于修建水底隧道、城市地铁及埋深很浅的山岭隧道等。

可供长大隧道选择的施工方法以钻爆法、TBM 法、钻爆和 TBM 相结合的掘进方法为主。本隧道 S3 标段就采用钻爆法掘进方法。

2. 出渣运输方式

目前隧道出渣运输可以采用无轨运输和有轨运输两种方式。无轨运输以大型自卸汽车、大功率装载机为基础；有轨运输方式以大容量梭式矿车、大功率铲装机为基础。选用何种出渣方式应根据现场施工条件、现有机械配备、通风条件、施工人员的素质等综合确定。隧道通风条件较好时，长度在3km以内的小断面隧道及大断面隧道应优先选用无轨运输；长度大于3km的小断面隧道应优先选用有轨运输。本隧道S3标段施工时采用无轨运输的方式。

3. 工程实施进度控制方法

施工单位在施工进度落实方面制定了有力措施，①实行工期目标管理，作业队长目标责任制；②合理配置资源，满足进度要求；③优化施工方案，科学组织施工；④抓关键环节，加快工程进度；⑤加强机械设备管理与维护；⑥加强材料供应及物资储备工作，避免因停工待料而影响工期。

4. 通风技术

①施工通风难点。首先，无轨运输，车辆机械尾气污染严重；其次，上下边坡在沿掘进方向纵向存在，对于空气流通有不利的影响；再次，隧道较长，通风与排风的距离较长；最后，每洞都有扩大断面，具有较大的风阻。

②施工通风方案。在左洞都布置有轴流和射流风机，左洞引入新鲜空气。由轴流风机通过软式风管压入新鲜空气，这是左右掌子面都要进行的，左洞掌子面经过横向通道流向右洞，其都由右洞排出。离掌子面最近的横洞以外布置轴流风机布置，而在轴流风机以外布置有射流风机，离轴流风机最近的射流风机距轴流风机要小于200m，其他的则要小于400m。风机布置位置随着隧道开挖进尺加深其向洞内移动，可以根据具有情况适当的增加射流风机数量。

5. 长大隧道防排水施工技术

（1）隧道放排水施工理念的发展目前我国铁路、公路的山岭隧道尤其是岩溶山区长隧道的防排水设计贯彻“防排结合，以排为主”的综合治理原则。以往大量的工程实践均表明，以排为主的隧道内会存在不同程度的水害，且逐年发展，影响衬砌结构和行车安全；同时，贯彻“以排为主”的治水措施直接导致了隧道洞顶地下水位下降、地表水和井泉枯竭、地面岩溶塌陷、生态环境恶化，严重影响了人民的生产和生活，隧道部门也苦于补救和巨额赔偿。今后一段时间，随着岩溶、断层发育的富水区隧道修建的日益增多，上述问题愈发突出，“以排为主”的无限制排水原则已不能适应经济和社会发展的需要，因此富水地层的隧道建设应逐渐摈弃“以排为主”的治水理念，开始实施“以堵为主、防排结合，限量排放”的控制型防排水原则。同时，随着国内铁路的提速，长大隧道采用整体道床已经成为现在通用方法，无节制排水将造成隧道基底水土流失，导致整体道床产生不均匀沉降，影响使用功能。

（2）限制排放的主要技术措施

阻止地下水向隧道内排放的技术可以从两方面考虑，其一是通过改变围岩的渗透系数，降低地下水向隧道内的涌入量，这是限制排放的根本；其二是通过设置防水层和增强衬砌混凝土的抗渗抗裂性能，以达到阻隔地下水的目的，这是结构防水的最后保障。但事实上真正起到限制排放作用的主要在于降低围岩的渗透系数。长大隧道限制排水的技术措施如下：

①超前预注浆。超前预注浆不仅仅是对围岩的提前加固和防止突水涌砂等地质灾害，其更深层的意义是对周边围岩裂隙的充填和堵塞，降低围岩的渗透系数，从而在隧道周边形成一定厚度的止水帷幕，达到限制地下水向隧道内的渗流排放。国内在圆梁山隧道施工中，采用超前帷幕注浆，达到了 $5m^3/km/d$ 的排放标准。

②回填注浆。隧道施工中，特别是有钢架或挂网联合喷射混凝土时，由于钢筋的骨架作用，难免会在围岩与喷射混凝土层之间产生空隙，因此，在有钢架和挂网支护的情况下，需要根据施工状况对喷混凝土后进行回填注浆，达到充填喷混凝土层与围岩之间空隙的目的。

③径向注浆。超前预注浆通常是处理较大范围或较大量的地下水，对于小的局部涌水或渗水，常采用径向注浆。

6. 安全保证措施

竖井工程为爆破、高空、带电高危作业，安全工作必须放在首要地位。在开工前必须制定各项安全管理措施，逐层签订安全责任合同，横向到边、纵向到底，不留死角，保证施工安全。如竖井开挖，严格按爆破设计和《爆破安全规程》操作施工，加强监测，根据监测的地质情况及时调整爆破参数，保证爆破安全。

7. 长大隧道的地质超前预报技术

长大隧道不但长度大，而且一般埋深也较大，且常常要穿越断层、涌水、高温、瓦斯、溶洞、暗河、岩爆、泥石流等水文地质及工程地质条件十分复杂而多变的地层。因此，长大隧道施工地质灾害防治是长大隧道施工技术的关键。我国在预报的方法技术上和实践上有很好的进展。目前用于隧道超前预报的地球物理方法主要有：隧道地震超前预报系统 TSP、水平声波剖面 HSP 法、陆地声呐法、探地雷达 GPR 法和红外探水法几种。我国当前隧道施工超前地质预报主要采用 TSP 和探地雷达，并在隧道施工中将隧道超前地质预报纳入施工工序。通过实际中长隧道的施工，逐步形成并提出了以中、长物探和水平地质钻探验证为主，短距离地质素描分析和红外探水为辅，超长炮孔加密确认为主要内容的“多阶段、多层次、多方法”的“综合立体式超前地质预测预报技术”。本工程施工过程中，也注重了超前预报技术，保证了施工的安全。

综上所述，在长大隧道施工技术中，应合理选择掘进方法和出渣运输方式，并因地制宜，兼顾成本、安全、环保等方面的要求，合理确定工作面的位置和数量。对主要影响施工速度的因素进行探索，并采用适当的方法，经济、合理的应对这些影响因素，使长大隧道的施工能更加协调、稳步、快速地进行。

二、大河湾长大隧道工程

以大河湾长大隧道施工工程作为实例，分析了该工程的总体施工方式，以及应用到的相关技术（其中包括有 TSP 地质情况报告技术、TSP 探测技术、GPS 全球卫星定位系统）等，希望能给相关施工行业的从业者提供一些帮助，并期待这些先进技术能更多用于长大隧道的工程施工当中。

大河湾长大隧是道位于金沙江溪洛渡水电站之外的外界通车定制公路“2 道 1 桥”的重大工程项目之一。其中，隧道的起始里程为 K1+414 ~ k4+530。本书以大河湾长大隧道修建为例展开讨论。

（一）工程简介

大河湾隧道的长度为 3116m，根据我国的隧道长度划分规定，该隧道属于特长公路隧道，隧道内要求的最低空间为 10.7m（宽）× 7.25m（高），原定计划是设计成可上下通行的双车道双向道。隧道当中，单车道的宽为 9m，隧道的纵切面积为 103m2, 在隧道当中共计建有 9 个紧急减速带，减速带的宽度为 12m, 隧道开挖截面面积为 137m2, 隧道中还建有两个回车路，其路面宽度达到 20m。回车路的挖掘断面面积达 223m2, 在行业当中属于大型隧道断面与超大型隧道断面。大河湾隧道横穿金沙江背面的一座山体，在进入山体之前，山体十分陡峭，与所修隧道制定的高度差超过了 300m。在该山体最深处，隧道离山顶的距离超过了 800m，大河湾隧道处于第三沉降带之中，该沉降带中的岩层主要由砂岩和碎石土构成。隧道周围的岩石较为松散，属于不良地质，很容易在施工过程中发生塌方等突发事件。

（二）整体施工方式

大河湾隧道的整体施工方式采用双口挖掘模式，使用喷锚构件法开展对隧道的施工工作，在挖掘隧道之前，先使用相关技术，对前方的地质状况进行监控，并使用自创的简易钻孔支架与 YT–28 风枪钻机设备进行钻孔处理。在隧道挖掘伊始，先对山体进行光面爆破处理，并使用自行卸载式货车利用无轨运输的方法，将山体中多余的渣运送出山体，整体钢化车衬砌，利用罐车进行混凝土的运送工作。混凝土运送到相关泵车，泵车将混凝土浇筑建模。在整个隧道之中，使用到的混凝土全部都在隧道之外的两个搅拌点进行集中制造，然后运往隧道中，对隧道中的洞口进行混凝土浇筑工作。

1. 风力、电力、水力的供给

在隧道的两个入口处，分别建设 1 座压缩空气制造站，每个制造站当中安装 5 个 30m³ 的电动空气压缩机。除此之外，再配置 2 台 30m³ 的内燃空气压缩机，以备不时之需。抗高压风管使用半径为 80mm 的钢管，并将该导管引导进隧道之中。在隧道的进出口，都使用远距离单头压缩式通风装置，并且各安置 1 台天津制造的 DT-125 型号的大型横轴式通风设备，半径为 0.8m 的橡胶材料软管对隧道进行风力的运送。在隧道的所有进出口建设 1 座变电站，其变电的大小为 700kV · A。除此之外，还需要配置 1 台 200kV · A 的运动变压器将电力资源安全运往隧道口之中，在山体隧道的每一个洞口之中各修建 1 个 150m3 的高位水坑，其高度应高于隧道洞口高度 70m 以上，它的入口利用了水往低处流的特点，出口是金沙江，并且经过 4 层过滤。

2. 超前支护方式

在大河湾隧道口的出口，针对 1 类脆弱围岩岩层利用 R25N 自动锚杆组成预先短管棚，杆长约为 6m，其中，锚杆每 2.4m 会出现 1 个循环节，所有循环节打进 4m 长的 R25N 自动锚杆 201 根。它的纵切面的水平连接长度不低于 1.5m，支护方式的有效控制距离为隧道拱部到隧道墙体之间的最大横跨距离。

3. 隧道挖掘办法

针对山体中的 1 类岩层，使用上台留内核土质法，2 类岩层使用短台阶法，3 类岩层使用台阶法，4.5 类岩层使用完全截断法。1.2 类岩层在进行施工的过程中，都使用挖掘机设备进行隧道挖掘，一些少数的零散石块利用爆破的方式，最大程度降低岩层的松动，同时提前对山体开展封闭工作。对于山体的数据变化，进行多方面测量，以此为基础开展对大河湾隧道的挖掘工作。3.4.5 类的岩层直接运用爆破的方式，隧道的回车路都是属于 5 类岩层之中，在开展相关的挖掘工作时，首先针对普通的断层截面进行挖掘工作，再进行较为简易的支护施工，紧接着再开始相关的挖掘工作。这样做既可以让先头施工部队的工作不被延误，同时也可以增强后续维护人员的安全性，相关检测人员需要加强对山体状况的检测，一旦出现山体变动，需要立即撤出，确保相关人员的施工安全。

（三）相关施工技术介绍

1.TSP 地质情况报告技术

在与其他地质技术相比较的过程中，笔者发现，更为先进的 TSP 地质情况报告技术用于检测范围广，检测准确率高，受到电磁干扰时对数据无影响等优点。

且相关的技术设备十分便于携带，所以，先进的TSP地质情况报告技术是在长大隧道挖掘过程中一项值得大力推广的技术。

2.TSP检测程序

（1）在检测开始前的准备工作

大体有两点准备工作，首先是震源布置，依照长大隧道的已经挖掘地面的现有状况与该片已挖掘区域所处的岩层带，在离挖掘机工作处10m左右的地方钻设一爆破点，直径约为40mm，爆破点的深度约为10m，和隧道底部之间的距离大约在1m左右。并且与隧道轴之间呈现出90°的夹角，按照这个规律，每1.5m左右向隧道洞口之外设置20个震源引爆点，并且每个引爆点当中放置40gTNT炸药，用雷管进行相互连接。第二步就是安装接受传感装置，在距离隧道施工挖掘点50m左右的地方，安装最后一个爆炸点，在山体隧道中对称安装2个传感器点，每个点位的深度约为2m，每个传感器点孔的半径约为20mm。并且，在离隧道底部1m左右的位置，朝下往隧道洞口偏斜15°左右。在安装完所有的爆破点之后，使用固定装置将每一个爆破点填满，之后再插入相关的接收设备。需要注意的是，接收装置的安装必须要保证岩层与雷管之间不存在有缝隙，才可以真正保证传感器所接受到的相关信息准确无误。

（2）现场监控

首先把隧道挖掘过程中的相关数据包括该工程的名字、修建时间、修建全长等以及测量的数据即接收器和爆破点的具体坐标位置输入计算机当中。接下来将传感器每一个都插进相应的管套至之中，确定连接完毕，检查信号无误。再把挖掘过程中其他设备的电线等连接妥当，开启数据记录设备，并对计算机进行噪声检测与线路故障检测。最后，在离传感器设备最近的一个爆破孔当中注入清水封死爆破口，并拉动引爆装置，引爆该爆破孔。对于爆破产生的振幅与震波进行数据采集，并以上述动作作为循环，开始完成所有爆破孔的数据采集。

（3）分析数据

在现场数据采集工作完毕之后，相关检测人员利用电脑所记录下的相关数据开始对施工地段地质状况开始加以分析。依照计算机绘出的该隧道的相关图像和数据的分析，结合现场初步调查所采集的数据样本，解读在接下来的挖掘工作中可能会出现的岩层的状况、位置，还有规模大小。

3.使用GPS系统用于隧道挖掘工程中的数据测量

大河湾隧道在进行挖掘工作时，在入口的山体与地面呈现的夹角接近90°，并且与隧道之间的高度差达到了300m以上。所以，在挖掘隧道的过程中，想要对隧道内的数据监测往往有很大的难度，若采用传统的布网方式进行数据监测，那么，所布网的长度将会接近有 20km。如此长的网，控制精度会出现极大的困难，针对这种状况，运用到了先进的 GPS 卫星定位导航就可以很轻松解决这个问题。在大河湾隧道挖掘期间，工程队在进行隧道挖掘的过程中，运用了 GPS 技术，并使用了其他相关监控技术给予辅助。结果表明，GPS 技术用于大河湾隧道的挖掘工作，所给出的数据误差极小，完全满足施工方对大河湾隧道施工所提出的要求，其在进行测量中，主要表现出以下几个优点。

（1）不需要建立多个测量站台，节约了测量站台在建立过程中的花费。

（2）给出的数据准确度较高，降低了因为大河湾隧道在进行挖掘工作时因为复杂的地理条件的限制而产生的数据精度偏低的现象。

（3）测量数据的耗时较短，大量降低了人力资源的消耗，若采用传统方法进行定位或数据测量，往往需要 9d 甚至更长的时间。但是，使用 GPS 数据仅仅需要传统方法一半的时间就可以得到比原有数据更为精准的数据，大大降低了人力资源的使用，节省的施工企业的成本。

（4）操作方便。GPS 卫星定位设备具有极高的自动化程度，在进行位置监控和数据采集时，相关测量人员只需要安装装置的相应开关，测量海拔高度和控制相关仪器的正常运行就可以了，因此,GPS 系统操作极为简单。

（5）可全天工作，使用 GPS 系统，可以不受到天气的影响，在任何地点都能够自由运行。

在对大河湾隧道这样的大长隧道进行施工挖掘的工程当中，因为山体地质欠佳，所以，使用传统的数据监控手段以及施工技术就很有可能会造成在该工程修建过程中出现严重的问题。因此，施工单位大胆使用 TSP 技术和 GPS 全球卫星定位导航技术来增强获取数据的准确性，也让该工程在开展时，安全系数大幅度提升，有效地降低了施工成本，使得大长隧道施工质量有了保证。

第九章 案例分析
——老红坡隧道施工技术

第一节 工程概况

大瑞铁路（保瑞段）土建4标起止里程为DK154+271.834 ~ DK191+265.9（怒江特大桥保山台尾），正线全长36.475km，设计旅客行车速度为140km/h，为单线Ⅰ级铁路，位于保山市隆阳区蒲缥镇和潞江镇境内。

本标段主要工程有：隧道7座，总长32.646km，占线路总长的89.5%；桥梁11座，长2.377km，占线路总长的7.3%；路基及车站段长1.452km，占线路总长的3.2%；新设车站3个：蒲缥车站（客运站和货运站）、上坝会让站和永新会让站。

本项目合同总额为14.59亿元，合同工期66个月，开工日期：2015年12月1日，竣工日期：2021年5月31日。

老红坡隧道全长9851m，进口里程D2K158+362，出口里程D2K168+213，位于蒲缥站~上坝站区间。隧道进口538m为Ⅰ、Ⅱ线合修的双线隧道，隧道出口613m为上坝车站双线隧道，其余8700m均为单线隧道。隧道不良地质主要有：进口段浅埋且下穿既有砖厂和G320国道、滑坡、岩堆、错落、危岩落石、岩溶、顺层偏压、高地热害、放射性、高地应力等，无特殊岩土。全隧预测正常涌水量66000m^3/d，雨季最大涌水量99000m^3/d。

为满足施工要求、改善隧道施工条件、缓解施工通风和岩溶发育段的顺坡施工，并结合救援疏散工程设置需要，本隧道设计采用进口工区和3个横洞辅助工区施工。

第二节 施工工艺

一、健全自控体系强化管理团队建设

开工以来，我项目部以总监首件示范样板工程为标准，以安全质量管理为核心，严格执行云桂铁路公司、大瑞指挥部、中铁二院和北京中铁诚业监理的有关要求，精心组织，明确分工，责任到人，强化工序管理和过程管控，规范作业流程，确保隧道施工安全、优质、稳健有序推进，努力将大瑞铁路建设成为“规范有序、质量达标、安全可控、环境和谐”的标准化工地。

二、提高施工工艺水平杜绝隧道施工安全事故、质量通病

为避免隧道施工中不重视超前地质预报工作，不重视初期支护喷射混凝土平整度，不按设计要求安装止水带，不重视仰拱、衬砌混凝土浇筑质量，造成隧道翻浆冒泥、衬砌渗漏水、衬砌厚度不足及背部脱空，导致隧道发生安全、质量事故。为解决此问题，我部召开隧道施工工艺标准学习培训会，明确了隧道施工各环节的工艺标准。

为了不折不扣的落实云桂铁路公司大瑞指挥部开展的总监首件示范工程，我部以“四个杜绝”为目标的隧道管理方针，即：杜绝不重视隧道超前地质预报工作，导致对掌子面围岩辨识不清而造成隧道塌方现象；杜绝隧道初期支护平整度不足，导致隧道防排水施工质量差现象；杜绝隧道止水带、透水管及防水板施工质量差，导致隧道衬砌渗漏水现象；杜绝隧道仰拱、填充及二衬混凝土施工质量差，导致隧道底板翻浆冒泥现象和隧道衬砌混凝土背后脱空或不密实等通病。我们的做法是：

（一）高度重视超前地质预报工作，确保隧道施工安全

老红坡隧道主要地质为石灰岩和白云质灰岩，洞身位于水平循环带，极易发生突泥涌水地质灾害，超前地质预报工作至关重要，我部将超前地质预报工作纳入正常的工序管理，采用以地质调查法为基础，物探法为辅，超前钻探法为主的综合方法对掌子面前方及洞周进行预测探查，即：地震波反射法（TSP）、地质雷达法、红外探水法、超前水平钻探及炮眼加深。我部超前水平钻探使用孔山牌（KS-668）履带式液压潜孔钻机，一次性钻孔深度达 50 米以上，钻进时间约 4 个小时。

（二）提高初期支护平整度，杜绝防排水施工质量差现象

目前，老红坡隧道进口施工段落为双线车站段，洞身位于浅埋地段，埋深13米左右，采用三台阶法组织施工，重点做好地表沉降观测和洞内围岩量测工作，严格控制开挖进尺和步距，初支闭合成环位置距离掌子面不大于25米，仰拱、填充距离掌子面不大于30米，衬砌到掌子面距离不大于60米。

隧道采用湿喷工艺，我部使用安徽佳乐建设机械有限公司生产的HSC-2515系列混凝土湿喷台车，每小时喷砼10方左右，平整度可控。

（三）提高止水带、透水管施工工艺，杜绝隧道衬砌渗漏水现象

仰拱、二衬环向施工缝设计中埋式橡胶止水带和背贴式橡胶止水带；仰拱矮边墙纵向施工缝设计中埋式钢边止水带和背贴式橡胶止水带。二次衬砌防排水采用分离式结构，由土工布和防水板组成，设计采用Φ50环向透水管和Φ100纵向透水管将水引入侧沟。

1. 仰拱、二衬环向止水带定位和安装

仰拱施工前，做好5线上墙，即：上下钢筋线、止水带高度线、矮边墙高度线、透水管位置线。仰拱环向中埋止水带夹在上下分离的两层“L”形弧形钢模板中间，二衬环向中埋止水带平铺在弧形端模板上，中间外露和埋在混凝土中的宽度及平顺度易于控制。

2. 仰拱矮边墙纵向止水带的定位和安装

纵向中埋式钢边止水带先用紧线器拉直，然后采用角钢夹具固定，以保证纵向钢边止水带的顺直度和埋置深度，搭接长度不小于15cm，采用铆枪对称铆接。纵向背贴式止水带紧贴防水板布置，采用Φ12钢筋按2m间距顶撑固定，背贴止水带搭接长度不小于15cm。

3. 环纵向透水盲管的定位和安装

施做仰拱矮边墙前准确布置Φ50环向透水管和Φ100纵向透水管。环纵向透水管用土工布包裹后按设计标高、位置帮绑钢筋固定出水口方向，Φ100纵向透水管出水口设置在环向施工缝左右1m的位置，在矮边墙模板预留孔洞，出水口高度为水沟底向上30cm处。

4. 仰拱钢筋工艺要求

仰拱钢筋采用定位卡具控制钢筋的间距及层距；仰拱钢筋矮边墙上预留长度满足：短筋不小于35D，长筋不小于80.5D（D为钢筋直径）；衬砌无钢筋段，矮边墙与衬砌纵向施工缝按50×50cm的梅花形预埋Φ18接茬筋，埋置和外露长度不小于30cm。

（四）提高仰拱、填充和二衬混凝土浇筑工艺，杜绝衬砌混凝土拱墙背后

脱空或不密实现象

1. 仰拱、填充混凝土浇筑工艺

仰拱开挖采用挖机配合人工开挖并清底完成后，利用大块弧形钢模板作为背模分次浇筑，仰拱端头模板采用上下分离的两层弧形钢模板，溜槽下料，插入式振捣的方式确保仰拱、填充混凝土的施工质量。填充与仰拱错台浇筑，错台宽度不小于 50cm。

2. 二次衬砌混凝土浇筑工艺及步骤

二次衬砌混凝土采用 12m 液压衬砌台车拱墙一次性浇筑成型，边墙采用插入式振动棒，拱部采用 12 台 1.5KW 附着式平板振动器，模板顶部布置 5 个泵送顶管，台车定位后接缝严密并达到零错台，浇筑后二衬混凝土达到内实外美标准。首先，泵送高强砂浆湿润管道，然后由下向上、对称分层、先墙后拱连续不间断浇筑。浇筑拱部混凝土先从台车搭接端最近顶管开始浇筑，依据拱部混凝土的走向和位置选择更换顶管，拱部混凝土铺满台车厚度达 20cm 时开启振动器 6 ~ 8s 时间，将拱部混凝土振捣密实，逐渐封堵端头预留观察窗，然后继续浇筑混凝土至端头模板顶部翻浆，然后再次开启拱部振动器 4 ~ 6s 时间，将拱部混凝土振捣密实，再次继续浇筑混凝土至端头模板顶部翻浆即可停止浇筑混凝土，避免二次衬砌混凝土顶部脱空或浇筑不密实。

第三节　铁路隧道施工机械化见证与展望

一、铁路隧道施工机械化的发展简述

（一）国外隧道钻爆法施工机械的发展

十九世纪 20 年代，在英国的铁路线上，开始修建了第一座铁路隧道（长 1,190m）。到 1861 年出现了第一台风动凿岩机，1866 年发明了黄色炸药后，在法意边境的仙尼斯隧道施工中，首先采用了风动凿岩机和简易凿岩台车钻孔。二十世纪 40 年代，由于凿岩机具的几次重大革新，采用门架式凿岩台车及其配套机械进行隧道全断面施工，到二十世纪 70 年代，以高压风为动力的隧道全断面综合机械化施工已成为一种首选施工方法。使单线铁路隧道的平均单口月成洞达 170m。随后，具有凿岩速度高、能耗低的液压凿岩机的成功应用，很快地取代了风动凿岩机在凿岩台车上使用的统治地位，出现了钻臂少且凿孔范围大的轮胎式全液压凿岩台车并很快广泛应用于铁路隧道施工，使钻爆

法施工机械及其配套技术水平得到一次飞越，单线铁路隧道全断面月掘进达到240m（麦克唐纳隧道）。

（二）我国隧道钻爆法施工机械的发展

1. 隧道分部开挖施工机械

20世纪50年代初期，我国隧道多数为人工开挖，60%左右的短隧道（500m以下）月成洞仅14m，30%左右长2000m以下的隧道为30m。

1954年开工的宝－成线秦岭隧道（2364m）第一次使用手持式风动凿岩机、电瓶机车和碴斗车。到60年代中期的川－黔、成－昆和贵－昆铁路隧道建设中，学习煤矿和金属矿山的巷道快速掘进模式：采用手持式凿岩机配以自制的分风、分水器，长短钢钎搭配多台凿岩机同时凿孔；全部采用人工元木支撑；采用H762型（或华－1型）铲斗后卸式装碴机、平移调车器、$0.75m^3$V型斗车、XK-8型电瓶机车及762mm轨距组成装运系统，最高月进尺301.3m（沙木拉打隧道）；当配套形式中的装碴机采用国内新研制的ZCQ-4型风动装碴机后，于1975年在长潭1号隧道导坑掘进中创造了月掘进359.5m；又当装碴机改为8HR立爪装碴机与12t电瓶机车和$8m^3$梭式矿车配套时，1988年在大瑶山隧道北端的导坑掘进中，达到月进尺425m；虽然隧道的衬砌作业仅使用了J1250-1.J1400和J1400A混凝土搅拌机进洞作业、木模板和插入式振捣器等机械，此期间的单线铁路隧道平均月成洞已达到80m，最高为152m（关村坝隧道）。

2008年以来，建设中的贵昆线六盘水至沾益段乌蒙山2号隧道（全长12266m），其中横洞工区负责横洞2026m、平行导坑3645.5m，正洞双线隧道4270.94m施作。横洞和平行导坑的掘进断面分别为$25m^2$和$15m^2$。采用多台手持风动凿岩机打眼；ITC-312大能力挖装机、3台$25m^3$梭式矿车和25t内燃机车、43kg/m钢轨、900mm轨距、4轨3线布置轨道组成的装运作业线；TK-961型湿喷机支护作业；大风量长管道压入式通风方式等。在岩溶地区水害很大条件下，月掘进近300m，代表了当今平行导坑掘进机械化水平。

2. 铁路单线隧道全断面施工机械化的发展

铁路单线隧道全断面施工机械化起步较早，可分为以高压风为凿岩动力和以液压为动力的两个阶段。

（1）早期的风动凿岩台车及配套模式

成昆铁路修建期间引进10台套隧道全断面风动凿岩台车及部份配套设备，在15座隧道施工中掘进7876.68m，机械配套作业线归纳起来有两种形式。

①以自制SQT-1型梯架凿岩台车为主的全断面掘进配套技术在白云岩1号隧道中施工，台车分三层，共布置17台BBC-24W风动凿岩机（进口）沿梯架

自动推进凿孔，洞口供风量为 $100m^3/min$; 2 台 LM-250H 风动装岩机、19 辆 $4.25m^3$ 侧卸式大斗车、3 台 LJU-10 内燃机车和起重能力为 10t 的风动平移调车器等组成装、运作业线；采用 01-45 锚杆钻机钻孔、安装楔形锚杆并挂网支撑；人工立木模板衬砌等，全断面掘进仅 580m。

②另一种形式是以日本 ZC419 型液压钻臂式风动凿岩台车为主的全断面掘进配套技术在成昆线蜜蜂菁 2 号隧道施工。台车分三层、共 15 台液压钻臂上分别安装 1 台 ASD-35 中型导轨式风动凿岩机凿孔，洞口供风量为 $100m^3/min$；RS-85 型风动装岩机、120 辆 $0.75m^3$V 型斗车、三台 BL-10-M 电瓶机车和自制三线平移调车器组成出碴作业线；金属锚杆挂网支护；人工立木模衬砌等。全断面掘进长度 658.38m，平均月掘进 153.11m，最高月掘进 200.58m。这种配套形式继后又在沙通铁路梨树沟隧道、襄渝铁路蜀河隧道中再次使用。

（2）凿岩台车及配套设备研究制

1974 年铁道部科学研究院西南研究所与铁道部第二工程局合作，总结了隧道全断面机械化施工的经验教训，研制了第一台 CGJ15-3 型铁路隧道全断面凿岩台车、SC8.5m3.SC16m3 梭式矿车、TP865 型混凝土喷射机械手等施工机械，1977 年在四川广（元）-罗（坝）铁路普济隧道（长 405m）进行全断面试掘进，取得了月掘 112m 和每米掘进工天为 56 天的好成绩。与凿岩台车配套的相关机械有 YG-40 型导轨式凿岩机，ZCY-45 电动装碴机及 SC$8.5m^3$ 风动梭车等，其中研制的梭式矿车在铁路隧道施工中首次使用，深受施工单位喜爱。1984 年按 CGJ15-3 改型的 CGJ12 型台车在四川映秀渔子溪二级电站引水隧洞修建中再次成功应用。

（3）单线铁路长隧道快速施工配套技术与设备研究

二十世纪 90 年代侯月、宝中、南昆、西康和内昆单线铁路的修建，由于单线铁路隧道断面净空小、施工干扰大，成功的双线隧道施工机械配套模式不适于单线长隧道施工，因此，1992 年铁道部针对米花岭隧道（9,392m）工程实际，由铁路工程总公司牵头，进行了"单线铁路长隧道快速施工配套技术与设备"的研究。以引进、研制单线隧道门架轨行式全液压凿岩台车为龙头，使用国产机械组成装运作业、喷锚支护作业和衬砌作业线等。以洞内轨道布置为纽带，使几条作业线在运行尺寸、工作范围、生产能力等方面合理配套为该研究的重点和难点。经过几年努力，研制出了适用于单线隧道支护作业的 TK-961 型湿喷设备、研制了类似 ITC-312.KL-20ES 大能力挖装机，使用了 T12t 电瓶牵引机车与 $14m^3$ 梭式矿车新产品，首次在隧道内使用 43kg/m 重轨，建立了单线铁路隧道快速施工机械配套方案，实现了单口月成洞 120-150m 的目标。

随后在西康铁路秦岭隧道Ⅱ线（长 18,456m）施工中，将上述配套方案中的轨距由 762mm 改为 900mm、四轨三线制布置轨道、使用 ITC-312 大能力挖装机、14m³ 以上梭式矿车和大马力内燃机车组成的装运作业线；使用具 TK-961 型湿喷机为主的支护作业线；采用长管道压入式通风方式等。形成了我国单线铁路隧道快速施工机械配套模式。具有 90 年代国际先进水平，在隧道施工中发挥了极其重要的作用。

3. 铁路双线隧道全断面施工机械化模式研制

1982年后，衡广及大秦铁路加速修建，大瑶山、军都山特长双线隧道建设中，采用传统的施工方法和施工机械难已满足工程建设要求。为此，引进国外先进机械和施工技术进行全断面综合机械化施工，推动我国隧道新奥法施工技术、液压凿岩技术和大型轮式隧道施工机械等跨入国际先进行列。在引进设备的同时，各专业厂家采取技贸结合或入门费加提成的方式，引进了工程机械专有生产技术 111 项，到 1989 年底，其中 67 项国产化率达 70% 以上，不少项目基本实现国产化，其中隧道机械专有生产技术 9 项，如 H174 ~ H178 全液压凿岩台车、COP1038HD 液压凿岩机等，促进了隧道施工机械的研制和发展。国产配套施工机械主要有钢模板衬砌台车、HB30、HB60 混凝土泵。引进的隧道机械组成了几条作业线：由 TH286 液压凿岩台车、LM1641 或 CAT966D 装载机、DP205 自卸汽车组成挖、装、运作业线；由 B1.5-4.Robot75 机械手组成的支护作业线；由国产模板台车、引进的 M30 混凝土拌合楼、混凝土搅拌输送车组成衬砌作业线；另外还配有通风机械、注浆机械和找顶反铲等。大瑶山、军都山双线隧道机械化的施工，建立了具有世界先进水准的铁路双线隧道机械化施工模式，其月掘进和成洞速度达到了世界先进水平。

2007 年以来，正在施工的雅砻江锦屏电站引水隧洞中，发包人提供承包人全额回购的施工设备 13 台（套），在铁路双线线隧道机械化施工横式基础上，适当变换机械，形成了当今最先进的隧洞掘进机械化模式，该模式由 RocketBoomer353E 液压凿岩台车、0.5 ~ 1m³ 长臂挖掘机组成掘进作业线；用 CAT980、CAT966 胎式正装侧卸式装载机、反铲挖掘机（清底）、大型自卸汽车（20t）等组成装运作业线；进口锚杆凿孔台车（工作高度 11m、动力约 100KW）、使用水胀式锚杆、Spraymec7110WPC 喷混凝土台车（35m³/h）组成支护作业线；衬砌钢模台车、砼运输罐车、砼土泵等组成衬砌作业线。

二、铁路隧道掘进机施工法的发展

（一）外隧道掘进机施工法发展

掘进机是由盾构技术发展而来，具有掘进、出碴、导向、支护四大基本功能，使隧洞全断面一次成形。

1851 美国工程师设计了世界上第一台掘进机，由于存在难以克服的刀具问题和其他各种困难，不好与隧道钻爆法施工相比。直到 1952 年，美国工程师再次采用滚刀获得了成功，使掘进机在硬岩中的掘进速度超过了钻爆法的掘进速度。

现代的掘进机采用了机械、电气和液压领域的高科技成果，运用计算机控制、闭路电视监视、工厂化施作隧道，无论是隧道的一次成型、施工进度、施工安全、施工环境、工程质量等方面，还是在人力资源的配置方面都比传统的钻爆法施工有质的飞跃。

目前，国外掘进机技术已经相当成熟，有敞开式、单护盾、双护盾掘进机等不同类型，适应不同的地质条件。德国维尔特公司 1999 年制造的用于西班牙 Paracuellos 项目的 TBE450/1140H 型掘进机，直径为 12.35m；德国海瑞克公为马德里一座隧道提供了一台双刀盘土压平衡盾构机，外刀盘直径达 15.2m；上海长江隧桥工程成功使用 2 台德国海瑞克公司生产的世界上最大直径（15.43m）的泥水平衡式盾构等，代表目前大直径掘进的先进水平。

经过半个世纪的发展，国外的掘进机制造技术在以下方面取得了长足进步：

1. 掘进机在适应地质条件方面可根据不同的条件设计掘进机及其后配套设备系统，并有多种形式的机型供选用；

2. 掘进机的直径范围也扩大了，从直径小于 1.0m 的微型掘进机到 12.35m 左右的大直径岩石掘进机均能生产并投入使用；

3. 掘进机的一次掘进长度可达 20–25km，在更换一次刀盘大轴承及轴承密封后，整机寿命达 40km，有利修建特长隧道；

4. 当前，有单一圆形断面、双圆、多圆断面、扩孔式掘进机和任意断面的掘进机修建岩石隧道；

5. 有水平隧道掘进机、竖井掘进机、斜井掘进机；

6. 掘进机激光制导和 PC 控制系统及液压伺服调节技术也非常成功在掘进机上得到应用；

7. 滚刀直径进步加大，19 英寸（ ¢ 483mm）滚刀已投入使用，其单刃滚刀的承载能力达 31t，刀具的破岩能力和使用寿命得以提高；

8. 特大型刀盘的分块设计、刀盘钢结构焊接变形控制、刀盘整体热处理技术，刀盘、护盾的耐磨保护技术及耐磨材料的研究成功；

9. 大型铸钢件的冶炼、浇铸、质量控制和成品检测技术，大型焊接件（掘进机主梁）的选材、焊接成型工艺、变形控制和质量检测等；

10. 可自动延伸的特长皮带机连续运渣，使掘进速度加快，是钻爆法隧道施工不可比拟的。

（二）国内掘进机及施工发展

国内全断面掘进机的研究开发始于 1964 年。由上海勘测设计院机械设计室、北京水电学院分别进行方案设计。1965 年，掘进机的研制列入国家重点科研项目，当时的水电部抽调技术力量，集中在上海水工机械厂进行现场设计，1966 年制造出了 1 台直径 3.5m 的掘进机，先后在云南西洱河水电站引水隧洞进行试验，洞轴地层为花岗片麻岩、石灰岩，抗压强度为 100 ~ 240MPa。最高月进尺为 48.5m。

上海水工厂制造直径 SJ-58 型掘进机，于 1977 年 4 月 ~ 1978 年 4 月在云南西洱河水电站的水工隧道中进行工业性试验，共掘进了 247.3m。1981 年，SJ-58 型掘进机经过优化设计后，于同年 11 月 25 日投入引滦入唐工程古人庄隧道施工，共掘进 2747.2m，穿越的岩层系白云质矽质灰岩，最高日进尺 19.85m，最高月进尺 201.5m，该工程于 1983 年 3 月 15 日贯通，这是中国第一条用国产掘进机施工的中型断面隧道。

1985 年 ~ 1992 年，天生桥二级水电站引水隧洞工程使用了美国罗宾斯公司制造的开敞式掘进机，直径为 10.8m，平均月进尺仅 65m。

1991 年 ~ 1992 年，引大入秦工程 30A 号和 38 号输水隧洞，总长约 17km，相继采用了美国罗宾斯公司制造的 φ5.53m 双护盾掘进机施工，平均月进尺 980m，最高月进尺 1400m。随后，引黄入晋工程中使用了 5 台罗宾斯、1 台法国法马通公司制造的双护盾掘进机，开挖了总长为 122km 的隧道，创造了日掘进 113m、月掘进 1637m 的纪录。

秦岭Ⅰ线隧道全长 18.456km，采用掘进机法和钻爆法施工，铁道部 1996 年引进两台 φ8.8m 开敞式掘进机，秦岭北掘进机掘进隧道 5.244km，秦岭南掘进机掘进隧道 5.621km，1998 年平均月进度为 252.36m，1999 年平均月进度为 290.64m，最高月进度为 528.48m。

2003 年招标建设计的辽宁大伙房水库引水工程，引水隧道全长 85.308km，采用掘进机法和钻爆法施工，使用了 3 台 φ8.03m 开敞式掘进机顺利完成。

建成的武汉长江隧道是一条双孔双向四车道设计的公路隧道，盾构段长 2.5 公里，2009 年 4 月 19 日双线贯通，隧道内车行 8 分钟即可过江。

上海长江隧桥工程起自浦东五号沟，经长兴岛，止于崇明陈家镇，全长约25.5公里，其中浦东至长兴岛为7.5km隧道，建成后，上海市民从市中心乘车只需40分钟左右就可直达崇明。隧道成功使用2台德国海瑞克公司生产的世界上最大直径（15.43m）的泥水平衡式盾构，上行线盾构段已于4月23日贯通，下行线盾构段到5月底已完成总掘进量的85.1%。到2009年6月30日，上行线路面铺装总量88.3%，下行线路面铺装总量86.1%。

南京长江隧道位于南京长江大桥与三桥之间，连接河西新城区——江心洲——浦口区。整个工程通道总长约6.2公里，按6车道快速通道规模建设，设计车速80km/h，盾构开挖直径14.96m。左线于2009年5月20日贯通右线于2009年8月22日贯通。

新建广深港铁路客运专线是内地连接香港的快速通路，线路长度约105km。狮子洋隧道工程为全线控制性工程，全长10.8km，其中盾构段长9277m，采用四台泥水平衡式盾构分别从左线、右线两端工作井相向掘进，地中对接、洞内解体完成隧道掘进。隧道内径9.80m，外径10.80m，采用“7+1”分块式的通用契形环钢筋砼单层管片衬砌。总工期35个月，目前正顺利掘进。该工程为目前国内最长、标准最高的水下隧道，是广深港客运专线的控制性工程。

兰渝铁路西秦岭隧道，隧道长28236米，为我国长度第二铁路隧道，仅次于在建的新关角隧道。隧道为双洞单线，由中国隧道集团及中铁十八局采用两台TBM和钻爆法施工。西秦岭隧道于2008年8月开工，工期约5年。

西安至成都客运专线前期勘测工作已全部完成，并计划于2009年底正式开工建设。西安北至江油段线路建筑长度510公里，其中穿越秦岭山区地段线路总长达到135公里，隧道合计长度高达127公里，超过10公里的特长隧道就有6座，将采用掘进机法施工。中国城市地铁建设中，将有几百台盾构机投入掘进，有人估计，世界上70%左右的掘进机（含盾构机）在中国掘进。

（三）掘进机的国内外合作生产与施工

国外掘进机制造商为了降低制造成本，选择国内的制造厂合作生产掘进机及后配套设备，把一些钢结构件如刀盘、机架、盾壳、后配套平台车等钢结构件交由国内的制造厂生产，外方负责图样、技术及监督制造。关键配件由外方制造或采购，运到国内组装。例如：

1.1996年维尔特公司与铁道部宝鸡工程机械厂合作生产用于秦岭隧道维尔特TB880E掘进机后配套设备。制造了7号～18号平台车12节，20m³出碴矿车26台。

2.1998 年罗宾斯公司与上海隧道股份有限公司合作生产 2 台 φ4.84m 双护盾掘进机，刀盘、盾壳等结构件由上海制造，外方负责图样、技术及监督制造。其他部件由外方制造或采购后运到上海组装。1998 年底出厂，用于山西引黄入晋南干线工程。

3.2001 年以来中国二重与美国罗宾斯公司合作，为新加坡制造了 φ4.2m 双护盾掘进机刀盘、盾壳等结构件，外方负责图样、技术及监督制造，其他部件、配件由外方制造或采购后，运到中国第二重型机械厂组装。2002 年 7 月 ~ 2003 年 3 月为云南掌鸠河引水工程制造了 φ3.65m 双护盾掘进机，该机已于 2003 年 4 月在现场完成安装并投入使用，整机设备运行良好。

4.2004 年罗宾斯公司与大连重工 · 大连起重集团公司合作生产 2 台 φ8.03m（MB264—310，MB264—311）开敞式掘进机，部分结构件由大重大起公司制造，外方负责图样、技术及监督制造。其他部件、配件由外方运到大重大起公司组装。2005 年用于辽宁省大伙房引水工程掘进机一标及三标。

5.2004 年维尔特公司与河南新乡中铁隧道股份有限公司合作生产掘进机后配套平台车的结构件，由维尔特公司提供图样及督造，2004 年底用于辽宁省大伙房引水工程掘进机二标。

6.2004 年海瑞克公司与广州重型机器厂（简称广重）、武汉重型机床厂以及陕西宝鸡工程机械厂合作生产一台直径 6.76m 的双护盾硬岩掘进机，主机钢结构由武汉重型机床厂生产，后配套台车架由宝鸡工程机械厂制造，刀盘由广重生产，海瑞克公司负责图样、技术及监督制造，其他部件、配件由外方运到广重，整机组装在广重进行，2005 年用于新疆大坂引水隧洞工程。

2007 年 8 月，北方重工以绝对控股方式，成功并购德国维尔特控股集团公司 / 法国 NFM 公司，从而拥有了世界隧道掘进机知名企业控股权。至此，经过历时两年的精心运作和多轮谈判，北方重工对拥有世界隧道掘进机知名品牌和核心技术的德国维尔特控股集团公司 / 法国 NFM 公司的并购终于落下帷幕。据透露，并购后德国维尔特控股集团公司 / 法国 NFM 公司成为北方重工（NHI）旗下的 NFM 公司，将作为具有独立经营、自负盈亏的分公司继续运营。

2008 年 08 月，成都南车隧道装备有限公司与美国罗宾斯公司合作生产的第一台隧道掘进机下线并交付使用，标志着中国西部装备制造企业首次进入隧道掘进机制造领域。此次竣工下线的是双护盾隧道掘进机，专门为陕西省南水北调引红救济石工程所生产。该工程年平均引水量 1 亿立方米，有效缓解咸阳、杨凌和西安等城市水资源供需矛盾，改善渭河生态环境，促进区域经济社会可持续发展。南车集团正在合作为西秦岭隧道、成都地铁生产隧道掘进机和盾构机。

三、隧道施工机械化展望

（一）大量新建隧道需要隧道施工机械化

截至 1999 年，中国现在有铁路隧道 6876 座，总长度为 3670 公里，中国公路隧道总数已达 1782 座，总长度 704 公里，分别是改革开放之初的 4.7 倍和 13.5 倍，是世界上隧道最多的国家。为适应我国国民经济的需要，铁道部于 2004 年制定并颁布了《中长期铁路网规划》，规划中明确指出到 2020 年，全国铁路营业里程达到 10 万公里。其中“十一五”期间我国在建或开工新建的铁路隧道超过 4000km。为满足快速增长的旅客运输需求，建立省会城市及大中城市间的快速客运通道，规划 " 四纵四横 " 铁路快速客运通道以及发达地区城际快速客运系统。建设客运专线及城际轨道交通 1.8 万公里，10km 以上的特长隧道比重增加，它的快速施工需要实现机械化。

（二）隧道钻爆法施工机械化是推广发展重点

自液压凿岩台车应用隧道施工，隧道钻爆法施工纪录不断刷新，创造了 18 个月贯通秦岭隧道（18.46 公里）的奇迹。推广和创新发展“新奥法”施工和机械化配套技术，是实现隧道钻爆法施工机械化的重点。其中掘进机械化，装－运－卸机械化，锚杆－湿喷砼支护机械化，衬砌（含仰拱）砼施工机械化仍是推广和创新的重点、难点。

（三）隧道掘进机成为重点研制设备

由于国内掘进机与国外掘进机相比，在机器工作可靠性、自动导向和调向系统、液压及伺服系统、刀具及刀具轴承、主机大轴承的设计与制造、自动控制系统及元件等多方面的差距很大，为满足当前高速铁路特长隧道建设需要，我国正与世界知名掘进机（含盾构）制造厂技术合作，在上海、广州、沈阳、大连、成都、武汉等地都设立了本地化生产工厂，为国内研制、生产各类隧道掘进机及配套设备。

（四）隧道掘进机的发展趋势

1. 既要设计适合复杂地质条件使用的多功能掘进机，又要制造用于地质条件简单的、功能单一的掘进机。

2. 目前双线铁路隧道及公路隧洞因多车道的需要，要求大断面掘进机，直径 20m 的掘进机正处于“预研究”阶段。大直径掘进机的设计制造和部件运输组装是技术上的重难点。

3. 未来的发展趋势之一是全自动化。掘进机的设计制造在一定程度上反映了一个国家的综合科学技术和工业水平，体现了计算机、新材料、自动化、信息传输和多媒体等的技术的综合水平。目前，在办公室所在地可以直接从计算机屏幕上获取远距离的掘进机施工图像和参数，并可以发出指令进行控制。

4. 计算机硬件和软件的迅速发展，掘进机的计算机优化设计和施工系统的开发也是发展方向之一。随着科技的发展，一门叫作“地质机械电子学”应运而生，它把机械原理、电子学原理和机器人原理应用到岩土工程学中。

5.TBM 导洞扩挖法在特长隧道施工中的研究，即先用小直径（3.5 ~ 5m）TBM 开挖导洞，然后用钻爆法扩挖至设计断面的复合式施工方法。小直径 TBM 具备技术成熟、造价低廉、操作快捷的优势，在高效、低耗、环保等方面已被证实有突出表现，适宜在众多山岭特长隧道施工中采用。意大利自 20 世纪 80 年代初期开始使用这种方法，已有 100km 以上隧道的建成经验。

四、隧道施工中的机械设备配套技术

随着近年来我国交通运事业的快速发展，导致了我国进入了一个全新的交通时代。特别是隧道施工技术的发展，就可以直接利用隧道施工，简短公路的路程，给人们提供更加快捷的交通服务，所以说隧道施工技术的提高有利于我们每一个人。我国隧道施工也进入到了一个机械化时代。我国隧道施工中的机械化配套有什么好处，机械施工设备配套技术有什么原则。机械化配套施工的方法，保障措施都做了一个简要的介绍和归纳总结。希望对隧道施工中机械化的普及，机械的合理使用，施工效率的提高都有一些帮助。

我国的隧道施工技术开始的时候发展较慢，主要就是我国隧道施工中机械化进程开始的比较晚。我国隧道施工中使用机械，是从 20 世纪 80 年代才开始的。这就导致我国隧道施工技术，直到近年来才开始得到飞速的发展，这都是源于国外先进技术的引用。所以说我国的隧道施工中，机械设备使用的问题，机械设备配套技术发展的问题，机械设备效率提高的问题，都值得我们好好地研究学习。只有我们好好地做了施工的归纳总结，才能让施工中施工机械设备的时候减少出现问题，出现失误。

（一）施工机械配套，提高施工工厂化的程度

从我们当前的施工实际出发，采用最多的施工方法是台阶法，其次是全断面法。在大断面的情况下，单侧导坑法（中隔壁法）和双侧导坑法（眼睛法）采用较多。由于施工机械的开发，施工方法有更多地采用全断面法的趋势，即全断面法和超短台阶法相互结合的全断面施工。因此，隧道施工机械化配套技术，必须考虑施工技术的发展，以适应隧道施工技术发展的需求。例如，大遥山隧道施工的机械化模式，基本上是双线铁路隧道机械化的基本模式，而米花岭隧道则是单线铁路隧道机械化施工的典型模式。“台架模式”是一种以多功能台架集约开挖与支护作业，并紧跟铺底和衬砌的施工方法，也是一种以全断

面法为主，局部不良。

（二）隧道施工机械化配套的基本原则

1. 隧道施工机械基本上是由掘进、支护（初期和二次支护）、出渣运输及洞内作业环境的保障设备四大部分构成。这四部分机械和设备的有机配合，就会形成强大的生产能力。但在配套中应将重点放在掘进和支护的机械选择上。因为这是形成生产能力的关键。

在配套方案的研究中，首先要建立基本配置模式，但应留有余地，采用者可根据具体条件，提高或降低其中某些配置的水准。也就是说，机械化的程度，应因地制宜，但都应在基本配置模式的基础上进行，视工程的具体条件和施工单位的机械设备情况，可将机械化分为不同的水平，并按不同水平配置相应的机械。

机械配置水平主要是以开挖机械来划分的。二次衬砌的修筑，不管施工方法如何，多数是采用各种类型的模板台车进行。而运输机械则应与开挖机械协调配置。从目前的实际情况看，大型施工机械，如多臂液压钻孔台车还是比较少的，而隧道的修建数量却大幅度地增长，在这种情况下，采用多功能台架或自行研制的门架式钻孔台车是很自然的。同时，发展适应各种条件下的全断面法和半断面法开挖的各种机械是很重要的。

2. 应首先建立配套的目标函数。配套的终极目的是形成一定的、均衡的生产能力。也就是说，在满足工期的条件下，设备最简单、效率最高的配套方案是最佳选择，是我们追求的目标。为保证实现均衡速度的目标，配套的生产能力应具有一定的富裕。即：配套的生产能力 >（1.2 ~ 1.5）均衡的生产能力。

3. 运输设备是保证充分发挥开挖机械和支护机械能力的关键设备，是完成目标函数的基本条件。因此，在配套中必须使运输能力大于开挖能力，为不断提高掘进速度创造条件。

从目前的技术进步看，出碴作业的基本要求是迅速、大容量地将石碴撤离掌子面，使掌子面能及早恢复作业。因此，二次倒运的运输方式和大容量斗车的采用，在国外已成为隧道运输的主流。这一点，在我们研究机械配套方案时应给预足够的关注。在机械配套中必需改变“轻运输机械、重视开挖机械”的观点。在单线铁路隧道中采用无轨运输和有轨运输都是可行的。从运输方式看，机械化配套方案要包括两种方案以供选择。因此，研究在何种条件下，选择何种配套方案的问题是十分重要的。

在运输方式上目前采用的有以下几种方式：有轨运输方式；无轨运输方式；集装箱运输方式；皮带运输机方式；管道运输方式。

目前运输方式主要在有轨运输和无轨运输两种方式中选择。在大断面隧道中偏重选择无轨运输方式，在中、小断面或独头掘进长度较大的隧道中，则多选择有轨运输方式。

4. 铺底或仰拱超前的施工机械。在支护机械中，发展湿喷技术。在地质条件急剧变化的情况下，为保证施工安全，特别是要保证掌子面的稳定，必要时，应采用“先支后挖”技术，即采取超前支护的方法进行施工。

为充分发挥综合机械化施工的预计能力，加强维修管理，使机械经常处于“备战”状态，是十分重要的。必须改变“重使用、轻维护”的观念，应该在施工循环中给出一定的维修养护时间并储备比较富裕的配件。

除了机械要经常处于良好状态外，更为重要的是要保证洞内外轨道或道路的良好状态，这也是施工管理水平的一个标志。过去由于“抢工期”、“抢进度”，我们经常忽视了对道路或轨道的维修养护，带来了不应有的损失，这个问题在大型机械化施工的条件下尤为严重。

在有轨运输的条件下，轨道类型的选择与车辆的体积及隧道长度（总出碴量）有关，在使用小型车辆时，使用24kg/m轨是合适的，但随着车辆的大型化，轨道类型也应随着变化，以满足隧道施工运输快速重载的需要。例如米花岭隧道和正在施工的秦岭隧道，基本上都是采用38kg/m轨。而在采用大容量矿车时，如目前在一些隧道中采用的14m³的梭矿、16m³及20m³的矿车等，都必须采用重型轨道，研究指出，在这种情况下，采用43kg/m类型的轨道可能是合适的。

随着重型轨道的出现，与轨道结构有关的问题也必须同步解决。如与轨道配套的道岔结构、调车、线形等。

在无轨运输中，重要的是大型车辆的行驶路面，必须保证在行驶车辆的重量、速度条件下的安全行驶，并减少车辆行驶中的轮胎磨损。因此，路面结构必须牢固、平整、耐磨损、耐冲击。在隧道施工中，采用超前铺底或先修筑仰拱的方法，可以较好地解决隧道路面问题。

道路或轨道状态的好坏，直接影响机械效率的发挥和综合生产能力的发挥，是不容忽视的。

5. 对我们目前经常采用的各种施工机械进行生产能力的统计分析，发挥单一机械的生产能力是形成综合生产能力的基础。而配套机械的协调配合则是形成综合生产能力的关键。为了形成均衡的、综合的生产能力，必需首先摸清但一机械在各种使用条件下的生产能力。当前，这只能用统计的方法，把各种施工实例进行数理统计，寻求合理的数据。而对配套机械综合生产能力的统计，也只能在统计已成功的隧道施工数据的基础上进行。因此，确定几个工点进行统计分析是必要的，也就是说，在进行机械效率和配套机械效率的分析中，一定要引进数理方法，不能单凭主观的臆断。

（三）坑道开挖机械化作业

为加快坑道工程建设速度，进一步提高坑道开挖机械化作业水平．现就目前国内外坑道开挖机械化作业情况做一简要介绍。当前．坑道开挖主要有两种方法：一是钻孔爆破法（简称钻爆法），二是隧道岩石掘进机法。两种方法各有千秋，但现在以钻爆法为主。钻爆法主要由钻孔、爆破、出碴三项工序组成。其中，钻孔和出碴作业劳动强度大，工时消耗多，钻孔所需时间一般约占开挖循环时间的40%～50%，出碴约占35%～40%。因此，合理选择钻孔与出碴机械设备，对于缩短作业时间，提高作业效率，降低劳动强度，是十分重要的。

1. 钻爆法施工机械化成套设备攻关

近年来，我国隧道钻爆法施工机械化技术水平有逐步下降的趋势，主要表现在20世纪80年代后大量引进的一些先进设备如全液压凿岩台车、低污染自卸车、喷锚三联机等设备因投入大、台班费用高已逐步退出施工现场，取而代之的是传统的人工凿岩、国产设备装渣运渣、小型湿喷机喷浆衬砌等。再加之我国劳动力资源丰富，劳动力价格低，可显著降低工程造价，施工企业对国外技术依赖程度也降低了。

赖教授从这种现象背后看到了积极的发展趋势。他想，如果在这些低成本配套的基础上通过技术创新和科技攻关，使这些“土设备”具有比较先进的技术性能、作业线的综合效率和安全环境，就可能完全依靠自己的力量形成一种符合我国现阶段国情、更有普遍推广应用前景的机械化配套模式。

2. 非钻爆法施工机械的开发应用研究

隧道施工久有“怕软不怕硬”的说法，意思是软岩或土质隧道围岩稳定性差，安全风险大，事故隐患多，支护困难，进度慢。这些固然是由软岩的本质决定的，但也与钻爆施工法关系密切。要改变这种现状，关键是采用非钻爆法施工，减少对围岩的扰动，采用分部开挖、短进尺、快支护、早封闭的方法，则可大大提高安全性。目前，适于这种施工模式的设备主要是臂式掘进机、全断面掘进机和盾构。后二者用于掘进距离长的隧道是最经济的。

自西康铁路秦岭特长隧道成功使用全断面掘进机以来，我国已引进多台大直径全断面掘进机机组成功地建设了多座水工、铁路隧道，盾构技术更是在地铁施工中得到广泛应用，这为非钻爆法施工大型技术装备的国产自主创新开发打下了坚实的基础。

但赖教授客观地认为，若要实现完全的中国制造，还必须组织较大规模的科技攻关，以解决诸多设计和制造中的关键技术难题。特别是全断面掘进机机组，由于每个工程的特点和对机组的实际要求不同，通常在订货前都要根据工程的实际情况进行设计和技术组合。这样，掌握全断面掘进机的基本理论和设计方法就成为技术开发的基础性工作。但目前我国在该方面的研究成果甚少，必须进行全面系统的研究，形成完整的理论体系，为自主创新创造条件。

（四）隧道机械化施工设备配套保障措施

在隧道施工过程中，机械的使用已经成为三大要素之一，只有更好地使用机械，才能有更高的效率。所以要根据整个工程的工程总量，合理的做好保障工作。要准备好所有的机械设备的零部件准备，也要准备好所用以替换的零部件，这样的保障措施是很有必要的。第一，要成立设备管理领导小组一般有项目经理主要负责人来担任组织负责人，备管理员的工作要有专职的人来做。要有专职的人来从事机械设备的管理工作。要做好机械设备的调配，准备工作。整个领导小组要对设备保养工作，机械设备零部件的维修维护等日常工作来负责。其次，就是日常的工作不能忽视，必须要把日常工作落到实处，实行责任制度，谁负责出了问题就谁担责任，所有机械设备操作人员必须有相应的从业资格，一定要做到持证上岗。最后也是最重要的就是还要加强机械设备维护保养工作。这个工作对于隧道机械施工配备技术来说是最重要的一环。只有通过日常细致负责的维修和保养，设备才能以最好的状态开工使用，就可以实现设备的高效率。所有机械设备必需百分之百的完好，百分之百的正常工作。对于那些替换下来的机械设备和其零部件，也要做相应的工作，主要就是要来很好的检修。在达到完好的标准后就可以做封存处理，正常的机械，还有所有备用零件等等都要一起到达施工现场，随时做好准备。只有这样设备的配套保障措施才算是到位了。

总之，对于隧道机械化施工来说，隧道施工的机械设备如何选型，又怎么样来配套都会对整个工程的成败起到影响。必须要所有问题综合考虑，隧道的施工效率和施工水平才能有整体的提高。

五、结论

本书通过对我国现在隧道施工中的机械化配套有什么好处，机械施工设备配套技术有什么原则，机械化配套施工的方法，隧道施工机械化配套的保障措施都有做了简要的研究。其实我国近年来施工技术都已经得到了快速的发展，已经开始在国际范围内崭露头角，其实对于每一个隧道施工人来说都是欣慰而高兴地。我们可以期待，我国隧道施工技术还在不断地发展提高，隧道施工机械化进程还在加快。机械化的普及率还在不断提高。当让未来还有很多的发展空间，值得我们去期待。希望真的整个行业的技术水平能够飞跃性提高。